Top Secret over KOREA
韓半島極秘實話
한반도극비실화

중대명예교수 **장 화 수 (張和洙)** 저서
경제학 박사

광개토대왕비석 · 필자

이 책을 읽기 전에☞《머릿말》

　이 책의《핵심내용》은 마치 야담(野談)과 실화(實話)처럼, 허상(虛像)과 실상(實像)을 밝히는『한반도 근현대 역사를 뒤집는 날벼락』이다. 그의 이와 같은 흥미진진한 주요사실의 요약된 내용을 먼저 참고삼아 아래와 같이 몇 가지로 간추려 힌트를 정리해 보았다.

　{중요사실요약} ;
　{1편} : 미국 트르만대통령과 중국의 모택동간의 극비(極祕)협상이
　　<한반도37도 휴전선 설치밀담에 의한 남북분단>을 획책한 사실.

　{2편} : 이등박문이 <한반도 대한제국을 식민지(植民地) 아닌
　　보호국(保護國)만으로 영구통치>를 획책한 극비(極祕)사실.

　{3편} : 일본군국주의 침략전쟁비용(侵略戰爭費用)을 당시
　　<조선은행권(朝鮮銀行卷) 화폐(貨幣)>로 한반도를 착취한 사실.

　{4편} : 만주 간도(間島)의 한반도 영토권(領土權)을 1909년
　　<청-일(淸日)의 간도협약(間島協約) 비밀책략>으로 말살한 사실.

　{5편} : 한반도의 도약을 이끈 <박정희 쿠데타의 주역들, 만주
　　군관학교 출신>들이 성공한 이유(理由), 미군에게 발탁된 사실.

　{6편} : <한반도만이 완전 식민지(植民地)>로 전락한 비운(悲運),:
　　중국은 반식민지(半植民地) ; 일본은 독립한 선진국(先進國);

　{7편} : <한반도 분단(分斷) 속의 "남북한 경제교류"〉 지역간
　　무역-남북교역(南北交易;물물교환, 전력, 우편, 관계)등의 실체.

≪ 차 례 ≫

1편〉 [6·25 국제전쟁] – <중공군과 미군>의 "37도 휴전선(평택-동해)" 밀실 흥정.

1) 『6·25 한국적화통일전선』 발발 동기와 최초의 "국제화 UN참전 16개국전쟁" 비화./19
2) [미국·중국]간의 "37˚ 휴전선" 밀약(密約) : [소련] '중국공군에 MIG21 전투기 비밀원조/63
3) "한국 남침전쟁(1950)"의 『개전(開戰)과 전쟁책임(戰爭責任)-<김일성·스탈린·중공군>/101
4) 『6·25 한반도 국제전쟁-UN16개국+북한·중공·소련』 등이 "한반도"에 끼친 영향(影響)/124

2편〉 [일본] 이등박문(伊藤博文,1909사망)은 [한국]을 식민지⇒<보호국>으로 농락.

1) <이등박문>은 [대한제국+일본]=<[영국]의 잉글랜드+스코트랜드>와 똑같은 [국가연합] 시도 《일·한연방》 속에 "만동제국" + "중화연합제국" = [영국연방]형태 《대동아공영권=연방》 계획/155
2) <이등박문 암살>은 《한국의 일제 식민지 합병과 일제 영구종속 보호국》 책략의 상실/187
3) 『한일합병조약(1910)』은 [일제군국주의]의 '보호국+식민지'로 국가주권+영토를 빼앗겼다./215

3편〉 《일제 침략전쟁비용》은 <조선은행화폐⇒인플레 통화착취>로 강탈.

1) [중·일·태평양]전쟁후 [일제]는 "전쟁손해배상 회피+조선은행권 중심 금융세탁"/223
2) [일제 식민지 조선은행]의 "인플레 통화 팽창조작"은 사기+강탈성 전쟁비용 수탈./230
3) [일·중·태평·인도양 침략전쟁]에서 [일제]는 "조선은행 통화인플레, 700배"를 착취./237

4편〉 [박정희] 만주군 《5·16 군사쿠테타 정부》는 "고도 경제성장"으로 성공.

1) [박정희]의 만군-만주국 건설계획, 1941년~45년 장교체험이 <한국근대화>의 모델./255
2) [박정희]가 도입한 《만주관동군의 국가지도 대전략》이 "한국고도성장의 초석"/269
3) 《한국 경제계획과 [만주국 통제경제 모델]》은 "박정희 개발정책 목표"의 본질./279

5편 > [만주국·몽고중국] 일본군의 작전권은 <간도=백두산+정계비>가 한국영토

1) [백두산 천지+정계비+간도극비협약(1909)]은 《일제와청국》간 "한국 보호권 협잡"/297
2) 「동·서·북 간도영유권(1712)」은 역사적 정당성이 유일한 『대한제국의 영토』이었다./308
3) 『동·서·북 간도+백두산 천지+고구려영토』이외의 "보호권 빙자 조약"은 전부 무효/319

6편 > 극동3국: [대한제국=식민지] [중국=반식민지] [일본제국=독립국] 국운분석.

1) [대한제국]=완전식민지, [중국]=절반식민지, [일본]=선진독립국, 3가지 근대화 특성/335
2) [일본의 명치유신]은 '사쓰마 번왕+조슈 번왕'과 "도구가와 장군" 결투의 부산물/345
3) 《중국의 반식민지 종말》은 "서구열강 침탁+중국군벌 쟁투" 때문에 죽음의 자멸./356
4) [대한제국]의 <완전 식민지>의 몰락은 최악의 결과로 자폭한 "비극적 국운(國運)"/364

7편 > 《남·북한 경제교류·협력= 남북교역》의 <해방직후 법적근거, 방식, 사례>.

1) 《모스크바3상회담+미소공동위원회협정》의 "3·8(밀)무역+연안교역+용어+개념" 해석/381
2) 《남북한 바터제=물자반출입+우편+전력+통수》등 합의의정서와 거래실무수속절차/391
3) 《시장과 계획》간의 "남북교역=정산계정+계약+결제방식+ 품목표+수속절차" 등 실무/405
4) 해방직후, 1945~49년 기간 「남북한 경제교류」의 "총체적 특성분석과 오늘의 비교"/414

이 책을 저술한 뜻을 밝힌다./ 421

{핵심 사건들에 대한 해설}

1 편요약 : 〖트루만·모택동<37도선·남북분단>협잡(挾雜)휴전선:

　이　책에서 최초로 공개하고 폭로하는 내용, 즉 ≪미국·중공의 국제음모(陰謀)≫를 아시나요! 벌써 70년 전, [한국전쟁(1950년 6·25동란)] 이듬해 유명한『1·4 후퇴와 중공군 인해전술로 남침할 때』마침 <미국-트루만 대통령과 중국공산당-모택동 주석>은 극비로 [남한(南韓)]을 "공산측에 양보하는 굴욕적 휴전협상(休戰協商)"을 추진하고 있었다(朝鮮戰爭-韓國編<다>:佐佐木春降,1976).

　1951년 불과 1~3월 기간에 [한국]은 물론 귀신도 모르게 국운을 좌우하는 ≪역사적 난도질 = 37˚ 군사분계선(평택→동해)을 긋기 위해, 남북(南北)을 분단(分斷)하고, 전쟁(戰爭)을 끝내자는 비밀흥정≫을 다 해먹었다. [한반도]를 분할했던 해방직후와 같은 <38도선>은 절대 아니고, 현재의 <휴전선-DMZ>도 결코 아닌, 오히려 축소된 ≪37도 분할(分割)≫이라는 끔찍한 협작흥정을 했다는 사실이다. 만일 ≪37도선≫이 실현 되었다면, 지금 남한의『서울을 포함한 북동부 3분의1 남한 땅』은 완전히 북한으로 넘어갔고, [대한민국]이란 국가도 쇠망하는 불행을 당했을 것임이 틀림없다.

　결국 '미·중공 난도질' 때문에 생긴 증거는 일부러 "1·4후퇴(1951)"라는 엄동설한속의 평택-천안까지 후퇴작전(後退作戰)이 증명하고 있지 않는가. 이 때 [미·한국 및 UN 16개 참전국군대가 최대의 전투력과 최신 무기(武器)를 갖추고 있어서 거꾸로 북진(北進)을 했어도, 「맥아더」말처럼 **통일(統一)**이 되고도 남았을 만큼 우리가 막강했는데, 비굴하게도 트루만 미국 대통령의 자기의 재선거를 의식하고(출마 못했음), 한반도의 <휴전안·전쟁 포기안>을 극비로 제시하고 협잡으로 흥정했단 말이다. 혈맹(血盟)이라고 굳게 믿었던 [**미국의 국익**]이 미국내정치, 미군수독점자본과 미국경제의 공황방지, 전쟁경제의 유효수요(有效需要)-소모전, 한반도 국지전 때문에 영문도 모르는 [**한국**]을 **희롱하고 농락한** 것이 사실로 나타났다.

2편요약: 《이등박문 통감의 보호국(保護國) 영구통치》는 <식민통치>를 부정:

1905년 날조된 『을사늑약=보호조약』을 빌미로 [대한제국]을 삼킨 "이등박문(伊藤博文-이토 히로부미)은 고차적 간악한 <통감보호통치>만으로도 <식민지>를 능가하는 지능적으로 <한반도의 보호권=대리권=지배권>을 행사하고, ≪**일본제국주의 영구 종속국**(從屬國)≫을 구축하려했던 희귀한 역사적 극비사실<日本近代史の虛像と實像—大月書店, 1990 · 이왕무, 대한제국기·순종의 남순행연구. 정신문화연구30권, 2007>이 극비자료들을 통해서 최근 발견되고 있다.

이 책 속에서 일제가 전쟁경제를 교묘하게 착취해서 물자동원을 하고, 금융조작을 본토를 제외한 식민지와 전쟁터에서 사기행각을 벌린 실상이 생생하게 공개되고 폭로되어 있다. 이것은 "한일합병(韓日合倂)=일제식민지"를 만들 필요도 없이 '보호국' 만으로도 [대한제국]을 영원한 [일본제국]의 노예로 동화(同化)시키려는 무서운 음모를 물경 5년 동안 추진하다가 이등박문이 암살되면서 합병으로 이어졌다는 사실이다.

실제로 '이등(伊藤)의 죽음(1909.10.26.안중근 의사에 의한 피살)'이 없었다면, [한반도]와 한국민족(韓國民族)은 말살되고, [국가]는 영원히 해체되었음이 틀림없다. 물론 "**대동아연방제국**"의 [**종속국=대한제국**]이란 흉계(凶計)는 <이등 조선통감>이 독자적으로 창안한 간교하고 천재적인 지략 (智略)이지만, 이미 **"통감초창기에 한국민족을 과소평가 했다가 크게 경악한 결과"** 차선책으로 나온 지능적인 대정략(大政略)으로 평가된다.

당시 [대한제국]은 전혀 국력(國力)은 허약하고 국제관계 외교(外交)도 고립되어 주변 열강제국들에게 무시당하는 **후진약소국**(後進弱小國)으로서, 항상 [대청국이나 섬기는 **속방국**] 형태로 왕따 당한 독립을 유지해 왔었다. 그러나 [고종과 명성황후]가 1882년부터 친정체제를 시작하여 **<자주독립 (自主獨立)과 부국강병(富國強兵)>정책**을 뒤 밀어, 주변열강(청,러,일)들이 서로 경쟁하는 틈새를 유리하게 이용해서 강력한 주권국가(主權國家)를 독립(獨立)시키겠다는 계략(計略)을 폈으나, 간악한 **<통감>**의 책략(策略) 때문에 **종속국**(從屬國)이 되고 말았다는 사실이다.

더구나 국운(國運)마저 불행하여 [한국]의 근대화 100년 기간은 망하는 길로만 들어갔다. 이미 그 때부터 한반도는 식민지(植民地)를 거쳐, 해방 후 지금까지도 역경 속에 살고 있었지 않는가. "을사늑약" 당시 **<한반도의 국운>**은 험난한 위기가 중첩된 상황 속에 미래 앞날을 한 치도 내다 볼 수 없었다. 결국 국운이 불행하다 보니까 **<이등 통감>에게 농락당한 내용이** 이 책에 적혀있다.

3 **편요약** : 일제 침략 전쟁비용은 <조선중앙은행권>으로 착취:

<나치스·히틀러>는 전쟁비용(戰爭費用)을 주로 유태인 재산으로 갈취해 쓰기 위해서 인종청소를 감행하였다. 약 600만 명의 유태인을 학살(虐殺)하고 그 대가로 약 600조 $(달러)에 해당되는 막대한 비용을 염출해서 제2차대전 전쟁(戰爭)비용으로 충당한 것은 세상이 다 아는 사실이다. 물

론 <히틀러>는 유럽 전체를 침략해서 수많은 국가를 독일에 합병해서 전쟁비용 조달에 확대 재생산을 감행하였지만 전쟁비용의 대부분은 그 당시 가장 방대한 재산을 소유하고 있었던 수백만 명의 유태인들에게서 학살과 강탈을 서슴치 않았던 사실은 그리 상세히 밝혀져 있지 않다.

<히틀러>에 비해서, 10분의1 국력을 가진 <**일본제국의 동양침략 즉, 태평양전쟁을 치루는 막대한 비용**>을 과연 어떻게 만들어 썼을까. 그것도 패전(敗戰)의 경우, 손해배상이나 전쟁범죄 일본 본토내의 인플레를 은패하기 위해서 <일본중앙은행>은 전혀 손대지 않고, 무슨 재주로 방대한 대동아침략전쟁(大東亞侵略戰爭:조선, 만주, 중국, 몽고, 연해주, 대만, 홍콩, 싱가폴, 필리핀, 인도네시아, 인도차이나3국, 말레이지아, 미얀마(버마), 방글라데시, 인도, 파키스탄, 태평양군도 그리고 미국 등 연합국)의 침공을 감행했을까.

<전비(戰費)>와 물자조달, 군인징집, 징용, 정신대 등의 강탈>에 관한 역사적 사료(史料)들은 [일제]가 흔적도 없이 깡그리 증거인멸(證據湮滅)을 시켜 버렸지만, 다행이도 전쟁비용 조달에 관한 증거자료는 가까스로 옛 동경의 [구단시다]에 있었던 <조선은행일본지점>에 남은 희귀한 일부 자료가 유일하게 색출되었다. 또한 [아사이신문사] 지하 창고에 일부가 있었다. 이것들이 당시 조선은행 상무이사가 저술한, 소위 『**조선은행사**(朝鮮銀行史)』라는 귀중한 증거사료로 이 책속에 수록되어 있다.

<**전쟁비용을 강탈하는 사기범죄**>를 감행한 비법(秘法)은, 『**조선식민지 중앙은행**』을 이용해서 통화팽창(인플레이션)과 뻥튀기 **사기계정**(詐欺計定)을 만들어 일제 산하 식민지 5개국 중앙은행(일본은행은 제외)을 이용하여 화폐신용창조를 해서 천문학적 비용을 지출하였다. 이들 화폐는 침략자금으로 전쟁터에서 군표(軍票)로 살포해 썼다는 결정적인 사료(史料)를 완벽

한 증거물로 찾아낸 것이다.

마치 최신 21세기 금융공학(金融工學)과 비슷한 **파생상품**처럼 교묘하게 착취하고, 사기적인 신용창조 방식으로 통화팽창을 시키면서, 침략전쟁을 수행하고 수탈과 강탈을 자행한 기법(技法)이었다. 다만 '일본중앙은행'만은 <스와프 **차명**(借名)**계좌**>만 개설하고 빠져버렸다. 일본 본토는 인플레이션 피해를 입지 않기 위함이었다. 물론 패전 시에도 배상금이나 청구권 및 전쟁범죄를 면탈하기 위함이었다.

예컨대 만주중앙은행(장춘-신경), 중화연합중앙은행(남경), 대만중앙은행(대북) 및 동남아전지역의 금융계정(金融計定)들을 겹쳐서 조선은행(서울)을 최고 중심으로, 그 속에 네트·웍을 구축하고, 화폐발행과 뻥튀기 **금융계좌**를 개설하고, 이들끼리 상호투자(相好投資)를 벌려서, 종자돈도 전혀 없는 **종이화폐**(**가짜통화=불환지폐**)로 필요한 전쟁물자들을 강제로 징발하여 무자비하게 전쟁소모품으로 사용하였다. 결국 [일제]는 **패전**(敗戰)후에도 후환(後患)을 없애버리고, 모든 전쟁범죄도 은폐(隱蔽)시키면서, 전쟁배상, 청구권, 위자료 등 **전쟁보상금**도 **증거를 소멸**시켜 버렸다.

4 편요약: 『간도협약(間島協約→1909년 청·일 비밀협약)과
독도영유권(獨島領有權)→미·일 샌프란시스코 강화조약』:

이들 협약들은 틀림없는 [대한제국]의 역사적 고유한 영토(領土)임을 협약 초안(草案)에서도 이미 밝혀 놓았다고 한다. 간교한 [일제군국주의(日帝軍國主義) 도둑놈=주범(主犯)들의 **꼼수**에 말려, 러일전쟁 때의 죽도(竹島=독도) 기득권만(해방 즉시소멸된 것)을 고수한 채로, 오늘날까지 오기를 부리면서 분쟁(紛爭)을 조성하고 있을 뿐이다. 이상 간도문제와 독도 문제 등 2가지 문제의 모든 경과와 왜곡된 현황과 지금껏 방치된 **밀계(密契)**를 밝혀, 이 책속에서 **이를 공개하고 세상에 고발한다.**

4H1 "**독도(獨島)**" 문제는 [러·일 전쟁(1904)]때, <일본군>이 처음 군사적으로 제멋대로 사용한 것을 가끔 연고권을 주장하다가, 드디어 「샌 프란시스코 미·일 강화조약(講和條約, 1951.9.8)」때에 일부러 방치(放置)시켜 놓고, 마치 [미국]이 묵인(黙認)한 것처럼 트집 잡아, "일본의 독도 영유권"을 주장하고 있으니, 해괴망측한 억지주장이 아닐 수 없지 않은가! 물론 [미국]도 초안에는 당연히 " **일본이 [대한제국]을 식민지로 통치한 일체의 행위는 무효(無效)다**"라고 명령했었다.

이와 함께 "[대한제국]을 대리(代理)해서 보호(保護)한다" 라는 미명하에, 그들 <청·일>끼리 협잡(挾雜)한 외교조약, 재산권, 대리권 및 보호통치권 등 불법적 강탈행위는 당연히 일본제국주의 행위, 일체가 해방과 동시에 무효(無效)라고 취소(取消) 되어 버린 사실이 너무나도 확실하다.

하필이면 [미국]이 [일본]의 흉계(凶計)에 말려, 6.25 전쟁 중 정황 없는 가운데 [한국]의 옴서버도 불참한 **틈새를 악용해서 「독도(獨島)」를 명기(銘記)하지는 못했지만**, [한국영토]에 포함시킨다는 어구가 빠졌다는 억지주장을 펴서 [일본]이 지금까지도 독도를 자기들 영토라고 억지 주장을 늘어놓는데 격노(激怒)하지 아니 할 수가 없다. 또한 [미국]이 암묵리에 방임했던 사실도 사실여부를 떠나서, [한국]을 무시한 우방의 처사로서 크게 실망(失望) 안할 수가 없다.

핵심사건의 요약 / 11

　이와 비슷한 사건들은 여러 가지 있지만, 특히 [미국]의 이해 못할 무책임한 사유도 여러 건이 있다. <남북한(南北韓)의 "38도 군사분계선(DMG)" 설정>도 미국의 국익만 내세운 처사이고, 2차대전 종료 시 이미 전쟁 당사국 [일본]이 분단되었어야 마땅한 사실조차도 직무유기한 미국은 정당성을 상실하고 있었다는 비난을 받기에 당연하다. 무슨 악운(惡運)으로 **죄 없는 [한반도]를 우방 연합국이라는 [미·소]가 무자비하게 희생**(犧牲) 시켰는지 전대미문의 비극(悲劇)이 아닐 수 없다.

　"일찍이 300년전, 숙종12년에 확정된 백두산정계비(定界碑)와 간도(間島) 영유권문제를 위시로 한국전쟁 및 남북분단" 등 일련의 사태가 전부 [한국]의 주권(主權)을 무시한 그들만의 흥정에 의해서 꼬이게 된 사실은 틀림없는 일이다. 이야말로 "[미국(美國)]의 직무유기(職務遺棄)이고, 배임(背任)행위" 임에 틀림없다. **"한국령 독도**(獨島)**"는 [신라]이래 천년 동안 역사가 증명하는 영토**(領土)**인데, 겨우 1904년 이후 [일제**(日帝)**]가 <날조된 을사늑약**(乙巳勒約)**>을 빙자해서, 대리권, 보호권을 앞세워 이를 강탈하고 갈취**(喝取)**하려드는 흉계**(凶計)**는 생사를 걸고 항복**(降伏)**을 받아내야 할 것이다.** 이 책속에는 바로 이 같은 사실왜곡을 고발하고 있다.

　4-2 두번째, 『청국(만주)의 <간도(間島-북,서,동,)지역>이 원래 [한국]의 영유권(領有圈-숙종12년,1752)』이라는 근본적인 논거(論據)가 이 책속에 명백히 입증(立證)되어 있다. 그럼에도 불구하고 [대한제국]이 1905년 《일본에게 보호국(保護國-위조된 을사늑약으로 날조된 보호·대리권(保護代理權)》을 총칼에 눌려 송두리째 빼앗긴 뒤로, 이를 총지휘한 원흉(元兇) "이등박문 조선통감"이 「대동아연방국가」 건설을 획책하느라 조선의 <식민지>까지는 잠시 보류한 반면, 더욱 간악한 [대한제국의 종속]을 강력히 추진하느라 <보호국>으로 조선을 남겨두면서 <대한제국을 일본제국에

동화시키려는 흉계>를 강력히 추진하였다.

　이등박문은 영국처럼 "대일본제국, 즉 <한반도, 만주, 중국, 몽고, 대만, 인도차이나 3국(베트남,라오스,캄보디아), 인도네시아, 방글라데시, 버마(미얀마), 인도, 태평양군도 등 포함>"을 건설하기 위하여 [조선]은 보호국으로 제2의 [일본]을 본떠서 식민지 본국처럼 만들고, 나머지 동남아 국가들은 "대일본제국연방"으로 건설하려는 대전략을 추진하고 있었다. 그래서 이등은 [러시아 외무장관]을 만나 극비리에 흥정을 벌리려고 대한제국의 통감자리는 자기직계 부하 부통감에게 물려주고 <하얼빈>으로 찾아갔었다. 그때 극적으로 <이등박문>은 <안중근 의사>에게 사살되었다.

　그리고 한국은 곧바로 "일제의 가쓰라 총리대신에 의해서 식민지"로 강점되었고, 악독한 <데라우찌 총독>이 초대 총독이 되었다. 1909.10. 26. "이등박문"은 <러시아령 만주 하얼빈>까지 밀계(密契)를 모의할 목적으로 갔다가 피살(被殺) 당하게 되었다. 그 뒤 9개월 후 이듬해 1910년 『한일합병=식민지』 때문에 [한국]은 거의 영원히 방대한 <간도(間島) 영유권>이 소멸(消滅) 당하고 말게 된다. 물론 **이와 같은 사태를 촉발하고 한편 오늘의 결과를 초래시킨 주범**(主犯)**은 당연히 [일제**(日帝)**]이고, 공범**(共犯)**은 [청국**(淸國)**] 이홍장+원세계] 북양대신들이다.**

　1909년 멸망한 [청국]과 [일본]은 그들만의 국제사기를 쳐서 [한국]도 전혀 모르게 극비리에 『간도협약<間島協約>』을 맺었다. 이들 협약의 핵심내용은 극비에 속해 상세한 음모는 알 수 없다. 현재도 음모(陰謀)의 핵심(核心)은 일제가 간도를 조선영토처럼 위장했기 때문에 비밀로 남아 있을 뿐이다. 일제는 "간도협약"을 통해서 일거에 <남만주철도-안봉선>을 매수하고, 침략을 감행하여 [만주국]건설의 전초를 세운 뒤 만주로 진출하였다.

<한국령 간도>를 통째로 희생한 대가로, **한국의 "간도영토"는 포기(抛棄)**되는 결과로 자연 멸실되고 말았다. 현재도 이를 원상복귀 시키기는 커녕 이제는 [중국]까지 가세해서 "패권주의=대국주의"로 나오는 통에, 사태를 더욱 악화시키고 있다. 그나마 간도(間島) 및 백두산 천지의 영유권(領有圈)은 혼돈(混沌) 속에 빠지고, **<중국의 동북공정(東北工程)>이란 역사왜곡(歷史歪曲)**」에 억압당하면서 "북한과 중국과의 밀약"이 포함된 역사적 전말을 단편적이지만, 이 책속에서 고발하고 있다.

5편요약: 『박정희 만주군관 출신 군사쿠데타가 성공한 기적(奇績)』

현재 [한국의 위상]은 변화가 많지만 선진국(先進國)의 전열에 들어섰다. 이와 같은 세계 10위권의 [대한민국]을 성공(成功)시킨 주요한 요인(要因)들을 분석해서, 박정희의 위대한 국가건설 업적을 이 책속에 서술(敍述)하고 만주인맥의 정신을 해명해 보았다.

첫째 ①, 『박정희의 한국 경제대국건설』은 어떤 방식으로 어떠한 국가전략을 구사해서 무에서 유를 창조 했는가 ?

그는 [일제시대]에 사범학교(師範學校)를 나와서 만주군관학교(滿洲軍官學校)를 거쳐 **철저한 일본군국주의(日本軍國主義) 교육만을 받은 인간성**의 소유자임에 틀림없지만, 그가 지닌 쿠데타 정신은 목표나 방향이 무엇보다도 [일제]때와는 사뭇 달랐다. <일제군국주의>가 침략해서 [만주국(滿洲國)]을 건설하는 과정(1931~1945)은 '5개년경제통제계획'과 '고도경제발전등' 병참기지에 주력하면서도, 주로 침략전쟁(侵略戰爭)을 최우선해서 총력을 기울이고, 가용재원을 만주에서 강탈해서 중국으로 그리고 동남아로 침략전선을 확장해 나가다가 식민괴뢰국이 실패하니까 그들이 말하는 "통제경제(統制經濟)"는 결국은 멸망하였다.

　　반면 만주국통치를 가장 잘 아는 만국출신 "박정희"는 침략전쟁 대신 빈곤(貧困)의 탈출에 국가의 목표와 온갖 정책방향을 집중했다는 점을 꼽을 수 있다. 모든 재원은 경제건설에 총력을 집중하였다. 일제가 만주괴뢰국을 세운 뒤에 이른바 "통제경제(統制經濟)"를 실시하여 국가독점자본주의를 건설하고는 대륙침략을 위한 철저한 병참기지로 침략만을 위한 수탈을 감행하였다. 반면 만주국 건설의 주모자 '이시하라 중장'을 그대로 답습한 한국의 "박정희"는 무자비한 침략대신 빈곤으로부터 고도경제대국 건설에 매진하였다. 예컨대 수출진흥, 외화획득, 외자유치, 중화학공업, 국토개발 등 경제발전과 고도성장을 최우선시해서 엄청난 세계10위권 경제대국을 이룩했다는 사실이다.

　　둘째 ②, <박정희 만군 출신들의 최고 정예군대>를 관찰해 보자.

　　해방 후 나약한 잡탕 '국방경비대'로부터 1948년 [대한민국]의 국군(國軍)을 창설하고 정규군대를 조직하고 있다가 "6·25 전쟁"이 발발했던 불과 5년 기간에 오직 [미군]들에게 <만군출신>들이 가장 정예군(精銳軍)임을 인정받게 되었다는 점을 들 수 있다. 실은 군사훈련이나 전투경험을 비롯하여 [미군]과의 합동작전에서 타군출신들보다도 특히 [미군 고문관]들에게 과거 <만군 시절>의 '일제 고문관 훈련'을 받은 경험이 풍부하여 능숙하게 인정을 받았다는 사실을 지적할 수 있다. 고문관 정치를 잘한 것이다.

핵심사건의 요약 / 15

셋째 ③, <6·25 전쟁중에 **만주군 출신 정규한국군** >들은 누구인가.

  그들은 불과 5년전 까지도 <북한 인민군(주로 중공한인 8로군 출신들로 인민군 최초에 3, 5, 7사단들 임)>들은 이미 중공 8로군들의 **전투기법**이나 상대 **지휘관들의 전투성격**을 미리 터득하고 있었다. 또한 <중공의용군(장개석군과 싸운 홍군)>들과는 크고 작은 수없는 전투(戰鬪)를 치렀던 역전의 용사들, 즉 '**만주군수비대**' 출신인 관계로, 상대방 적(敵)을 너무나 잘 알고 전투를 승리로 이끌 수 있었다. 또한 처음 <중공의용군>이라고 비정규군인양 속이고 [한반도]에 남침할 때, <**만군출신 장교**>들은 이들이 <**정예 중공군 홍군부대**>라는 사실을 수없이 [미군사령부]에 보고했고, 그런 첩보는 적중하여 공로를 세웠다. 실제로 중공 의용군이란 정규 중국 인민군들이었다.

  결국은 "1·4 후퇴"가 있은 뒤 3개월후 '충청도 평택-천안'까지 후퇴했던 <국군(國軍)>이 일거에 북진할 때에는 <중공군 100만여명의 **인해전술**>까지 일체의 정보(情報)를 정확히 꿰뚫고 있었기 때문에 [미군]들의 신뢰를 받는 동시에, 원래 <일본군 고문관>들의 지휘를 받았기 때문에, [미군고문관]들과도 가장 익숙한 협조가 생겨서 신뢰를 받았다. "서부전선 전투"에서 북진(北進) 임무를 명령받고 선두에 서서 압록강까지 진격하는 공로를 세웠다. 만군출신 <백선엽대장>이 1사단장으로 서부전선을 총 담당하면서 평양점령을 감행했던 사실이나, 또한 만군출신 <정일권 육해공군 참모총장>을 보아도 만주군관학교 출신들의 최상위 위상을 알 수 있다.

  위에서 설명한 3가지 요인들 때문에, 한국전쟁(韓國戰爭) 도중에 "미국에 유학시켜 최신 군사 훈련을 받은 수많은 군간부"들 중에서도 <**5·16 군사쿠데타(1961)**>가 진행될 때에 '**만군출신 군사 에리떼**'들이 타군출신 장교들보다도 [미군]들의 인정을 받은 관계로, 먼저 유리하게 정권장악(政權

掌握)에 적극적 주도권(主導權)을 행사하고《군사정부(軍事政府)》를 통치(統治)할 수 있었지 않는가 싶다. 한편 그때 <만주군 및 일본군> 출신 고급장교들은 <만주국> 침략을 위하여 <일본 본토>에서 일어나 군국주의 정권을 장악했던, 일제 2가지 군사쿠데타, 즉「5·15(1931년) 사건과 동시에 2·26(1935년) 군사쿠데타」를 잘 알고 <5·16쿠데타>에 활용하였다.

또한 당시 <일제 군국주의정치의 총리대신 도조(東條英機) 대장>의 팟쇼정치에서 황국신민의 추진력을 보았기 때문에, 박정희에게는 훌륭한 **개발독재(開發獨裁)**의 본보기가 되었을 것이다. 그리고「중일전쟁과 제2차 세계대전」을 어떻게 치렀는지 또한 일제 침략전쟁의 결과는 어떻게 파멸로 귀결되었는가를 파악하고 있었기 때문에, 적어도『**박정희 18년 군사정권**』의 신화(神話)는 <월남파병과 중동건설 및 5개년계획>을 통한 <**수출 지상주의에 의한 외화획득, 외국투자재원의 조달 및 고도성장과 경제건설만이 지상목표(目標)**>이었다. 그런 내용이 이 책속에 상세하게 설명되어 있다.

6편요약 : 이 책『6편, 왜 [대한제국]만이 <중국·일본>과는 달리 완전한 식민지(植民地)로 몰락했는가? 세계사적으로 볼 때, 일본은 유색인종으로 유일하게 선진국(先進國)이 되었고, 중국은 반식민지(半植民地)가 되었는데, 한국만이 일제의 완전식민지(完全植民地)가 되었는가? 경제사적인 분석을 통하여 3가지 유형 중에서 가장 처참한 국운을 겪은 비운(悲運)의 "대한제국" 그의 운명을 서술해 보기로 했다.

7편요약 :『해방직후 남북한간 물자교역=38무역』즉 물물교환, 전력송수신, 우편교류, 농업용수수급 및 인적교류 등, 그 당시 통계(統計)가지 색출해서, 사실 그대로 해설(解說)해 놓았다. 즉 <**경제교류**(交流)·**협력**(協力)=**지역간무역**(地易間貿易-Interzonal Trade)>의 해방 직후 및 대한민국 건국 초기 4년간 교역개념과 경과는 무엇이었던가? 남북한분단국의 경제교류 및 협력에 관한 상황은 지금도 본궤도(本軌道)를 찾지 못하고 방황하고 있다. <한반도 특수과제(課題-테마)>의 초창기 본질을 파악해서 완전통일 없는 그나마 최대공약수를 남북한 사이에 찾도록 서술해 보았다.

   2021년(辛丑), 강동(江東) 혜화랑(惠和廊)에서
     오양(五洋) **장 화 수**(張 和 洙) 저서

18 \ 한반도극비실화

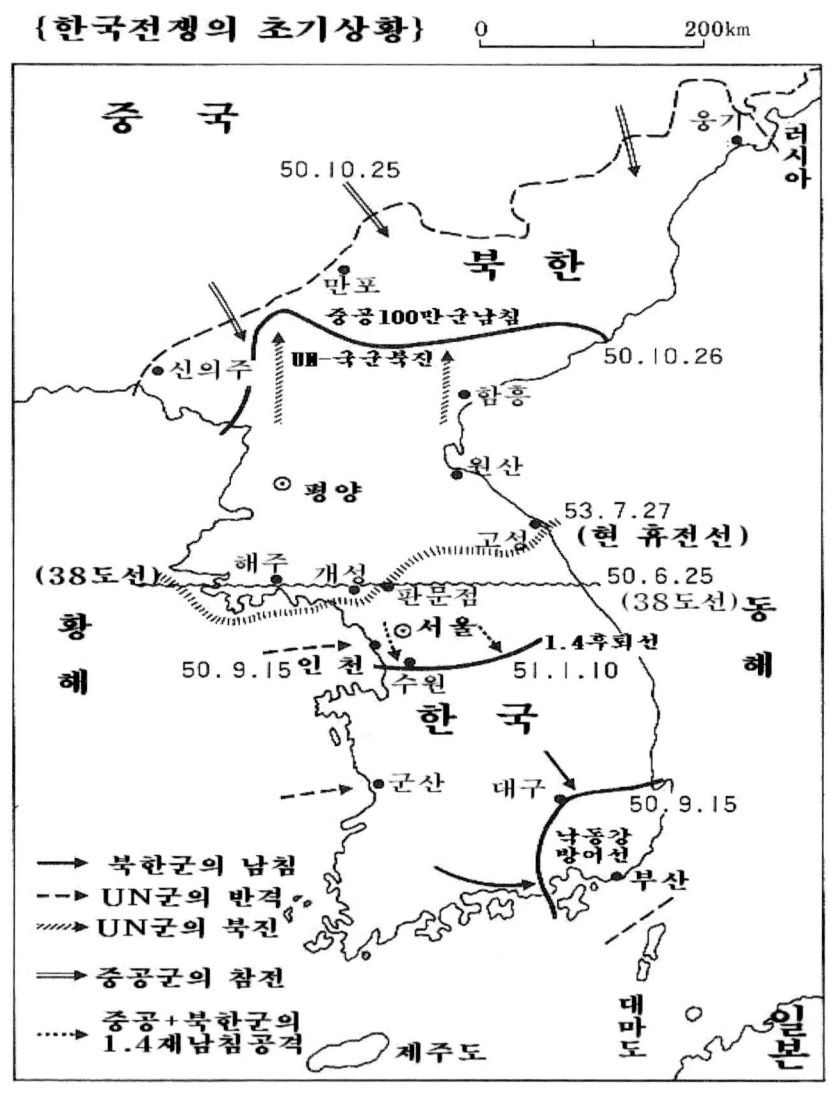

미국·중국 [37°휴전] 밀약/ 19

{1편} <6·25,한국전쟁>중, 《모택동·트루만》 간에 <38°선> 아닌 엉뚱한 <37°휴전선(평택-동해)>을 흥정한 극비실화.

1장) 『6·25,한국남침전쟁』 <UN 참전16개국 국제전쟁> 확대

"한반도"는 1945년 8월 15일, <제2차 세계대전>이 종료되면서, [일본제국주의]의 착취를 받았던 36년 동안의 식민지(植民地)에서 해방되는 즉시 <38°한반도 남북분단>을 경계선(境界線)으로 <남한>은 [미국 군사정부(美軍政府)]가 통치하고, <북한>은 [소련군 군사정부(蘇軍政府)]가 '남북양측지역'을 군사력으로 분단(分斷)하고 점령(占領)하면서, 독단적이고 강압적인 군정통치(軍政統治)를 각각 시행하게 되었다. 문제의 관건은 자유(自由)와 공산(共産)이란 이념(理念)과 체제(體制)가 인류 역사상 전혀 상반되는 대립과 갈등을 지닌 채, 전쟁으로 출발되었다는 참담한 비극이다.

또한 일제치하의 한국임시정부(韓國臨時政府)는 전혀 고려의 대상도 되지 않은 채, 36년을 되풀이 되는 강대국들의 이해득실 속에 산산조각으로 희생되었다. 오직 [한반도]는 해방(解放)과 독립(獨立)에서 처참하게 무시되어 버렸다는 참담하고도 기막힌 사연이 연출되었다.

상상해 보지도 못한 새로운 [한반도]에 "미·소(美蘇)의 38도선 분단

(分斷)체제"를 낳았고, 그와 같은 목적은 <일본패잔병>의 무장해제(武裝解除)라는 전제조건으로 [미·소]양군이 각각 점령한 다음 자기네 통치지역으로 삼아 버렸다. 이로서 "한반도의 남북지역"은 별개의 『자유주의와 공산주의』라는 2가지 서로 이질적이고 대립되는 체제(體制)와 이념(理念)에 따라, 「분단국가(分斷國家-Divided Nation 또는 Divided Countries)」라는 단군(檀君) 이래 5천년 역사상 고금동서를 통해서 전 세계 어느 곳에서도 미처 경험하지 못한 "분단국"으로 최초로 탄생하게 되었다.

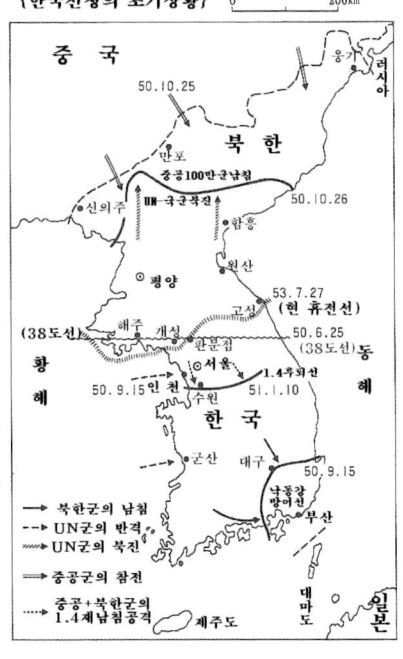

5천년 오랜 역사 이래 유일한 '단일민족국가' [한반도]는 20세기에 진입하면서 [식민지]로 몰락하고, 독립(獨立)과 주권(主權)을 송두리째 빼앗기고, 국가는 파탄나고 민족은 파열되었다. 한말로 [한국]은 근대화(近代化) 과정에서 완전히 탈락하고 말았다. 이미 {식민지 36년} 동안 <일제의 대륙침략>을 위한 병참기지(兵站基地)로 종속되고 분해과정을 초래하였다. 다시 말해서 {일제군국주의}의 대륙침공전쟁을 수행하기 위

한 군수기지로 전체 국토와 민족과 식량 및 광물자원은 징발당하고, <노동력>마저 징용(徵用)으로 그 넓은 동남아, 시베리아, 연해주 최전선에 노예(奴隷)처럼 끌려가서 흔적도 없이 짐승만도 못하게 죽어갔다.

이로서 [한반도]는 제1차적으로 대륙침략의 병참기지(兵站基地)로 전락되었고, 이에 따라 남농북공(南農北工)이란 경제적 취약(脆弱)상태로 고착되어 경제(經濟)는 파행되고, 전재동포들은 만주(滿洲)와 북중국쪽으로 남부여대 유이민(流移民) 신세가 되었으며, 심지어 <구소련 스탈린>치하에서 수십만 명은 <중앙아시아—카자흐스탄, 우즈베키스탄>으로 또는 <사할린>등으로 강제이주 당한 채, 해방된 지 80여년이 흐른 아직까지도 귀국(歸國)의 길이 막힌 채 이산동포들은 수 없이 흩어져 버렸다.

그럼에도 불구하고, 원칙적으로는 제2차 세계대전(태평양전쟁)이 종결되면서 제1차로 먼저 독립(獨立)되었어야 할 [한반도]가 또다시 몽상도 못해본 "미국군과 소련군"들에 의하여 분단점령(分斷占領)당했다는 사실은 언어도단의 변란일 뿐더러, 뜻하지 아니한 2개의 {남북한 국가}가 사실상 존재하면서, 해방 후 5년 만에 <6·25 한국전쟁—Korean War>이 터졌다. 고금동서를 통해 유래가 없는 <동족상잔>의 피맺힌 전쟁, 자유와 공산의 사상전쟁, UN 16개국과 미국군, 남북한군, 중공군이 대량 참전한 국제전쟁(國際戰爭), 그리고 2차대전 직후 최대의 물량소모전쟁—인명사상자 약 600만명과 약 2000억$(달라)라는 천문학적 [미국의 국지전

(局地戰) 비용]을 소모하고, 그나마 종전(終戰)도 평화(平和)도 통일국가(統一國家)도 없이, 휴전(休戰)상태로 1953년에 끝내 버렸다.

특히 [경제]는 완전히 파행(跛行)상태를 면치 못하게 되었다. 해방당시(1945년) 인구는 전재동포의 귀국과 월남피난민들이 몰려와서 2배로 늘고, 농업생산은 파탄나서 식량자급(食糧自給)은 고갈되어 기아선상을 헤매고, 북공남농의 식민지 산업생산은 기형(畸形)적으로 열악하기 짝이 없이 황폐한 불모지를 면치 못하였으며, 그나마 소비재 원조(援助)도 무역(貿易)이나 통상도 없고, 따라서 외화(外貨), 기술(技術), 원자재, 공장(工場)등 광공업(鑛工業)이나 교육(敎育) 또는 난국을 헤쳐 나갈 선각자(先覺者)나 지도자(指導者)그룹 어느 하나 한 가지도 갖춘 것 없이, <독립국가> 자립(自立)의 기반이 전무한 형편이었다.

결국 [미·소 양대진영]의 심각한 <이데올로기>의 대립과 갈등에 따른 냉전(冷戰-Cold War)은 점차 [한반도]에서 긴장을 고조시키면서 세계 최초의 열전(熱戰)으로 폭발되어 {민족}은 분열되고, 반 조각 {국가}는 파탄나고 말았으며, 결국 {점령지역}은 완전히 단절되어 버렸다. 왜냐하면 해방직후만 해도 단순히 <일본군(日本軍)> 패잔병들의 무장해제 때문에 [한반도]를 분할 점령하는데 불과하다고 대수롭지 않게 생각되었으나 점차 사태는 걷잡을 수 없이 대립과 갈등이 첨예한 쌍곡선을 긋고 있었다.

무엇보다도 분단된 남북한 양측점령지역에는 각각 [미국군]과 [소련군]의 지원을 받는 {군사정부(軍事政府)}가 각개 점령지역을 고압적으로 통치(統治)하더니, 서로 다른 정치체제를 3년간 정착시킨 뒤에는 곧 이어서 양측 지역에 [독립정부]가 각기 단독으로 성립되면서, 급기야는 민족 내부에서 <동족상잔(同族相殘)>의 피비린내 나는 "6·25 사변 – 한국전쟁 –Korean War"이 발발하고야 말았지 않았겠는가. 분단국 내전(內戰)에서 동족간의 이념(理念)전쟁이 되고, 다시 냉전(冷戰)은 열전(熱戰)으로 또한 국제전쟁으로 사상 최대의 재래식 무기(武器)를 사용하는 대규모 대량전쟁으로 확대일로를 치닫게 되었다.

　인류 6천년 역사상 크고 작은 전쟁(戰爭)이 매년 2번꼴로 발생되었고, 그중에서도 1·2차 세계대전은 가장 큰 집단국가전쟁으로 알려져 있지만, 참고로 위에서 지적해온 《한국전쟁(1950~53)》의 전쟁비용(戰爭費用)이나 사상자(死傷者) 통계 숫자를 불과 5년 전에 소모(消耗)된 《일제의 태평양전쟁(1941~45)》 당시 규모와 비교해 보면 아래와 같다.

　그런데 일개 국지전쟁에 불과한 {한국전쟁}에서 통계숫자로 나타난 피해상황만 보아도, 적어도 600만명에 달하는 사상자(死傷者)가 희생되었고, {미국의 전쟁비용}은 물량전쟁을 치루는 [미국]측 통계만 보아도 약 2000억$(달라)"를 능가하는 최대 소모전쟁이 되어버렸다. 2차대전시 일제의 태평양전쟁(太平洋戰爭) 희생자는 대충 '일본국내–250만명 및 해외-1500만명' 정도가 희생된 것으로 기록되어 있다. 아래 <사진>은 '일제의 만주침략 초기 파괴상황'이다.

<사진 1-1-2> : {일제 태평양전쟁(1941~45)의 대륙침략 군수물자와 사상자}

 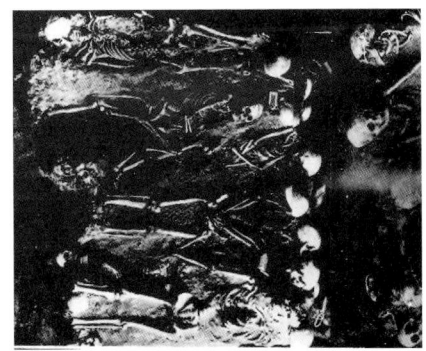

결국 <한국전쟁비용지출>은 비록 제2차 세계대전에서 쓰고 남은 막대한 재고품(在庫品)과 엄청난 재래식 군수품(軍需品)들 중에서, 일반 소비재(消費財)들은 거의 5년 동안 '마샬-원조(유럽)' 등으로 [소련 팽창주의]를 억제한다는 명분아래 살포했고, 또한 갈리오아 원조(남한군정지역)로서 특히 식량과 피복 수송장비등을 지원한 뒤에 완전한 무기로서 도저히 원조를 줄 수 없는 "B29등 전투장비"들만 남겨두었다가 『북한 공산집단 군대』의 남침에 대항해서 무한전쟁으로 소모전쟁을 3년간 '한반도 남북을 오르락내리락'하면서 깡그리 인명(人命)살상과 국토(國土)파괴와 국부(國富)탕진을 감행했다는 사실이다. 혹자는 이를 가리켜 <미국의 소모적인 남침전쟁 유도설>을 주장하기도 하지만 필연적인 국지전쟁의 발

생이 [한반도]를 강타한 것만은 사실이다.

결과적으로는 《한국전쟁-Korean War》 때문에 [미국경제]는 2차 대전후 무서운 '디플레이션'의 공황위기를 잠재울 수 있었고, 불경기를 그나마 '고원경기'로 계속 유지시키면서 경제파탄을 억제시킬 수 있었으며, 동시에 <디플레이션-Deflation>과 <대공황(大恐慌-Great Crisis)>을 완벽하게 차단시킬 수 있었다. 아마도 1929년 '대공황'이래, 2번째로 제2차세계대전후 '대공황'을 오직 [한국전쟁]을 통해서 수습할 수 있었다는 사실이 된다.

그때 '아이젠하워' 대통령이 지적한 명언(名言)처럼 <군산복합체(軍産複合體-Military·Industry·Complex)-중화학 군수산업(軍需産業)>은 <세계독점자본(世界獨占資本)>으로 군림하면서, 최대의 불경기를 흥청망청 호황기로 맞이할 수 있게 만들었지 않는가. 이것이 곧이어 재래식 전쟁으로는 마지막 최대 전쟁으로 터진 《월남(越南)전쟁-Vietnam Wars》을 확대시켜서, <전쟁수요(戰爭需要), 즉 유효수요(有效需要-Effective Demand)>를 '가속도+승수원리'로 세계경제를 지배하고 있다. 동시에 드디어 유명한<다국적기업(多國籍企業-Multinational Corporation)>또는 『기업국가(企業國家-Conglomerate)』를 탄생시켜서 우주산업(宇宙産業), 인공위성, 미사일 탄도탄과 첨단열핵무기(尖端熱核武器) 및 MD방어망을 가지고 [초대세계국가]의 탄생을 만들고 있다.

오늘날 가히 [미국]은 매머드 공룡과도 같은 패권국가(覇權國家)로 변모되어 각기 유럽 선진국들을 종속시키는 '세계패권·경찰국가'로서 유일한 지배권(支配權)을 장악하는 동시에, 마치 천년전 '팍스-로마나'를 비롯하여 2차세계대전 종전(終戰) 때까지, [대영제국] 중심의 '팍스-브리타니카'의 위력이 전세계를 지배(支配)했던 것처럼, 이제는 [미국]의 '별들의 전쟁' 밑에서 참된 《팍스-아메리카나(Pax-Americana· 즉 세계의 모든 질서는 미국중심으로 통치된다)》라는 초국가 위상으로 자리잡게 되었다.

따라서 1950년 불과 2차대전 종료후 5년만에 발발한 [6·25사변]은 최초에는 별것 아닌 '38°선상'의 무력충돌 정도로 간단히 인식되었을 뿐이었다. 그러나 실제로는 동서고금(東西古今)을 통한 세계 역사상 전무후무(前無後無)할 정도로 특이한 전쟁양상을 나타내었다는 점에서 가히 「재래식전쟁과 별들의 전쟁-Star Wars」을 동시에 전개하는 과도기적인 특성(特性)을 지닌 동시에, 획기적인 첨단(尖端·Hi-Technology)전쟁을 잉태하고 있었다는 요인을 지적할 수 있겠다. 여러 가지 측면에서 『한국전쟁(韓國戰爭)』은 종(縱)으로 보나 횡(橫)으로 살펴보나 전례 없는 엄청나고 이상한 특성을 가졌다. 위와 같은 요인을 몇 가지 정리해 보면, 아래와 같이 간략하게 정리된다.

①뜻밖에도 분단국내에서 식민지로부터 해방 되는 즉시 대규모 대량살상(大量殺傷)의 전쟁이 격렬하게 터져버렸다. ②분할된 한나라 국토(國土)는 3년 반에 걸친 내전으로 초토화(焦土化) 되어 버렸다. ③같은 민족은 600만 명이 피비린내 나는 포화로 살상(殺傷)된 것은 말할 나위도 없으려니와 공산주의와 자유주의의 이념(理念) 대립이 극에 달하는 파멸(破滅)을 키우고 있었다. 또한 ④"UN군, 한·미국군과 중국군·북조선군과 구소련군과 맞붙어 대결하는 인류 최초의 국제전쟁"으로 확대되어 대규모 국지전인 동시에 물량전쟁으로 벌어졌다. 더구나 ⑤결과적인 전쟁 상황은 마치 자칫 잘못하다가는 불과 5년 전에 끝난 2차세계대전을 이어서, 새로운"제3차 세계대전"이라도 터질 것만 같은 [한반도]의 전장터는 가히 숨 막히는 집단 안전보장(安全保障)체제가 극한대결을 벌리면서'원자탄 사용'까지 발표된바 있었다.

이로써 분단된 단일민족(單一民族)의 분열과 갈등과 경제파탄의 고통은 급기야 [공산군]측의 『적화통일전쟁(赤化統一戰爭)』이란 특별한 성격을 띠게 된 동시에'북동아시아의 화약고'로서 전 세계의 이목이 집중되었다. 1950년 6월 25일 새벽을 기해서 시작된 1개'전면적인 남침전쟁'이 극동(極東)의 화약고(火藥庫)로서 걷잡을 수 없이 터져버렸다. 실제로 <한반도의 남북한 전체면적>은 22만㎢ 에 불과하였지만, 양측에서 동원된 국가는 개전초기부터 약 20개국이나 참전하는"국제전(國際戰)"의 성격을 최초로 보여 주었다.

동시에 더욱 특이한 현상은 점령군도 아닌,"외국군(外國軍)"의 영구주둔과 장기 휴전상태로'냉전체제(冷戰體制)'라는 소리 없는 새로운 전쟁(戰爭)이 반세기를 훨씬 지나도록 현재도 계속되고 있고, 각기"상호방위조약"을 통한 <집단방위체제(集團防衛體制)>로 대결하게 하면서, 특히 UN(국제연합)의 군대가 요즈음의 다국적군(多國籍軍) 형태로 전면 참전하게 된 점도 특이한 양상이었다. 결과적으로 [한국전쟁]은 그 많은 희생을 치르고도 끝내 승자도 패자도 없이, 종래 분단될 때 국제협약(國際協約)에 따라 [미군과 소련군] 사이에 열강국(列强國)들의 국제법에 따라 <한국민족>의 의사와는 전혀 상관없이'미·소 강대국'들이 제멋대로 맺어진"38°군사분계선(軍事分界線)" 즉 「휴전선(休戰線, 1953)-DMZ」에서'전쟁정지상태'라는 잠정적 보류형태로'휴전협정(休戰協定)'을 맺은 지 80여년, 지금껏 21세기에 20년대에 들어서도 요동치고 있다.

　　지금까지 "평화협정(平和協定)이나 강화조약(講和條約) 또는 종전처리(終戰處理)"도 없이 현상유지(現狀維持·Statas-Quo) 그대로 항상 위험천만하게'휴전=전투보류'가 지속되고 있을 뿐이다. 물론 이상과 같은 「종결 끝도 없는 이상한 전쟁」 이기 때문에, 결국 『전쟁배상(戰爭賠償)』도 『청구권(請求權)』도 『위자료(慰藉料)』도 『평화조약』조차도 전혀 없는 것은 당연한 일이다.

다시 [한국전쟁]을 되돌려 이른바 1947년 "남조선과도정부"라는 과도정권 이양시기를 설명해 보기로 한다. 최초 해방과 동시에 [한반도]의 38도선 이남의 남한 땅에 [미군정부]가 3년간 점령통치를 하다가 점차 [분단정권-대한민국]을 세우기 위해서 정권(政權)을 이양하기 시작하였다. 이러한 과정은 38도선 이북에 진주했던 [소련군정부]가 더 먼저 [분단정권-북조선인민공화국]을 세우고, 사회주의식으로 안정된 공산정권(共産政權)을 이양하기 시작하였다. 이로서 [한반도]는 남북으로 분단(分斷)된 국가수립으로 가고, 동시에 극한 대립으로 치닫는 일촉즉발(一觸卽發)의 전쟁위협 속에서 국제관계는 새로운 질서를 정립하려 요동치고 있었다. 문제는 <남한>이 극도로 혼란에 빠져 무질서 속에서 헤매는 동안에 한때 <북한>은 착착 경제안정과 사회체제와 정치권력을 완전히 장악하고 초기 수준에서 가속적으로 국력을 발전시키고 있었다.

이상과 같은 와중에서 막강한 전투력을 확보하고 뒤에서 [중공과 소련]이 강력하게 밀어주는 이른바 <한반도 무력통일전쟁>을 시도하는 일은 필연의 귀결점이 아닐 수 없다. 앞서도 누누이 지적한 바와 같이 [6·25 한국전쟁]은 불과 20일내에 <남한 땅> 전체를 석권할 수 있다는 치밀한 계산 하에서 본격적인 남침전쟁으로 돌입한 셈이다. 이날 새벽을 기하여 '소련제' T33 탱크를 선두에 앞세운 [북한(北韓)]의 인민군(人民軍)은 "국경선=38도선" 전체 전선을 기습으로 돌파하고는 곧장 무방비상태에서 제대로 저항조차 못하는 [남한(南韓)]의 수도 '서울'을 향해서 전면적인 공격을 속전속결로 몰아치기 시작하였다. 항상 무력을 앞세운 패권주의(覇權主義)로 세력확장(勢力擴張)만이 <북한과 중공·소련>등 공산진영 최대의 전략과 전술임은 주지의 사실이다.

　　이때 [남한(南韓)]의 『국군(國軍)』은 이미 <미국점령군>도 완전히 철수해 버렸고, 약 500명의 '미군사 고문단'만이 남아있었을 뿐 전투력은 미약하기 짝이 없어서 <북조선 인민군>의 상대가 되지 못했다. 그러니까 불과 3일만에 [남한]은 힘없이 괴멸되고, 곧 바로 투입된 [미군 사단병력]마저 <대전> 전투에서 해체되고 말았지 않았던가. 위에서도 설명한 바와 같이, 그 당시 <남한의 총병력>은 잡다한 군대들을 다 합해서 약10만 명(육군 총병력은 8개사단 6만7,416명 및 지원부대 2만7,558명)이나 되었기 때문에 조금만 훈련을 시키고 최신 무장만 갖추었다면 병력(兵力) 숫자만 비교해 볼 때, <인민군>의 절반은 되었다. 그렇다면 최소한도 6월 27일 「UN-안전보장이사회」에서 결정한 "16개 참전국군과 막강한 미군 육,해,공군"30만 병력이 전투에 참여할 수 있는 최소한의 시간 약 15일간의 방어능력(防禦能力)은 되었어야 했고, 또한 지연전술(戰術)을 갖추었어야 했다. 그렇게만 되었다면 즉시 막강한 'UN군 공군력(空軍力)'에 의해서 '남방 수도권'에서 역전이 가능했을 것이다.

　　그러나 <국군의 전투력>은 아마도 <인민군>의 10분의 1도 채 못 되었을 것이다. 군장비(軍裝備)나 무장(武裝)은 1차 세계대전 때의 전투력에도 못 미칠 뿐만 아니라, 개인화기도 과거 [일본 후방군]이 남기고 간 구닥다리 38식 및 99식 소총과 몇 종류의 경기관총과 소구경 대포(大砲) 십 수문 그리고 1인 장갑차 10여대와 정찰용 경비행기 5대정도가 고작이었다. 전혀 군사력도 훈련도 중무장도 없을 뿐만 아니라, 지휘관도 전략, 전술이란 군사교리도 모르는 소부대들이 육탄으로 돌진해 보았자 무기력하기 짝이 없었고, [미군(美軍) 제24사단]—이때 사단장 <띤소장>은 영동에서 포로가 되어 휴전 후 졸병으로 송환되었지만…, 어떻든 불과 3일 만에"수도 서울"이 대전 전투에서 괴멸되고, 정부(政府)는 부산으로 잠적하고, <미군 사단> 병력도 해체되었으며, [남한]은 해체상태에서 겨우 대구 이하 낙동강 하류만이 남아서, 적은 파죽지세로 남하하는 반면 풍전등화로 존망위기에 놓여있는 순간이 아니었던가. 참담한 상황이었다.

이에 반해서 <북한 인민군>의 총병력은 최강의 정예부대로 과거 <중공군>에서 전투(戰鬪) 경험을 충분히 쌓았던,"10개 사단 12만880명과 이에 특수전투부대(特殊戰鬪部隊) 6만1,800명을 통합해서 최신 자동화된 개인화기로 무장한 최정예군대만도 18만2,680명에 달하는 압도적인 대군이 개전(開戰) 초기에 파죽지세로'서울'을 총공격해 왔다. 다시 말해서 이들 인민군들은 일찍부터 <중공군 특히 8로군> 출신 조선족 정규군들로 <일본 관동군>이나 <장개석 국민당군>들과 십 수 년간 수없는 전투를 승리로 이끈 정예군들이었다.

동시에 [소련]이 <나치스·독일군>에게서 전리품으로 노획한 최신예

'중무장 기계화(탱크) 부대'들이 선두에서 기선을 제압하는 강력한 무기를 다량 확보하고 있었다. 또한 개인중화기와 <타이가T34탱크> 및 비행기(야크)를 앞세운 막강한 전투부대들이었다. 따라서 전투역량은 최신 기계화사단을 맨 앞 선두에 세워 서울로 진격하면서, <중공군 8로군> 출신 조선족'정규 인민군'들은 막강한 전투력(戰鬪力) 경험과 훈련된 작전기술 및 순간 지휘경험이 풍부하기 때문에 속전속결로 [남침]을 계속하여 3일만에 서울을 점령하였다.

<1-1-3> [한국전쟁]'중앙청을 통과 남대문'을 향한 <T34 인민군탱크(6,28)>

<자 료> 朝鮮戰爭-韓國編<다>:(佐々木春隆, 原書房. 1976)

또한 "관동군을 비롯한 <장개석 국부군>들과 대부대 전투를 바로 <6·25 전쟁> 직전까지 승리로 이끈 역전의 정예군"들이 진격하였기 때문에 한말로 파죽지세(破竹之勢)의 전투로 압도할 수 있었다. 기타 <만주군>이나 <토비 및 마적단 출신까지 왕년에 군사훈련을 익힌 조선독립군(공산당)>들과 비정규 게릴라전투를 비롯하여 수많은 전투경험과 고도의 훈련

을 받은 <조선족(朝鮮族)> 정예부대가 선두를 담당하였기 때문에 <남한의 국군>은 순식간에 무너지고 단 3일(6월 25일~27일)만에 『남한의 수도 서울』을 단숨에 점령해 버렸다.

또한 소련제(蘇聯製) 군사 장비들은 2차대전 때에 독일에서 노획한 최강의 대포와 전차들 및 전폭기와 중무장 군수품들을 포함하고 있었다. 이들 군사장비들은 한반도 남침전쟁을 벌이기 이미 3년 전부터 소만국경을 넘어서 전달되었고 주로 육로로는 두만강을 통한 대규모 이동이었고, 해로로는 소련'블라디보스톡'항구에서 반출되어'청진항구'로 양육되었다고 일본 NHK방송이 작성한"조선전쟁"책에 생생히 기록되어 있다. 그러니까 인민군 주력 전투장비들은 전량"소련"에서 공급한 군수물자들이었고, 특히 육군 장비와 장갑차와 탱크들은 불과 5년 전 2차 대전 때 유럽 전투에서'히틀러의 나치스 독일군'을 물리친 장비들로서 [남한의 국군]들은 전혀 구경도 못한 것들이었다.

특히 속전속결을 자랑하는 최신 60톤급의 대형 특수강철로 제작된 '인민군 T34 탱크부대'들은 간단한 [미국제 무기]나 어떠한 무기로도 방어가 불가능한 압도적인 전투력을 과시하고 있었다. 결국'인민군'은 '소련의 스탈린'과'중공의 모택동'이 강력하게 지원하는 치밀한 작전계획에 따라, 마치 어른과 어린애 싸움처럼 파죽지세(破竹之勢)로 서부전선 미아리 고개를 넘어 [서울]을 점령하는데 불과 3일간 밖에 걸리지 않

34 \ 한반도극비실화

았다. 따라서 막강한 전투 역량을 총동원하여 <북조선 인민군>은 6월 25일~27일 불과 3일만에 [대한민국(大韓民國)의 수도(首都) 서울]을 완전히 점령하고 <국군(國軍)>을 괴멸시켜 버렸다.

<1-1-4>「1950.6.25~28」<수도권 "서울" 함락>『인민군 20만 남침』전투지도

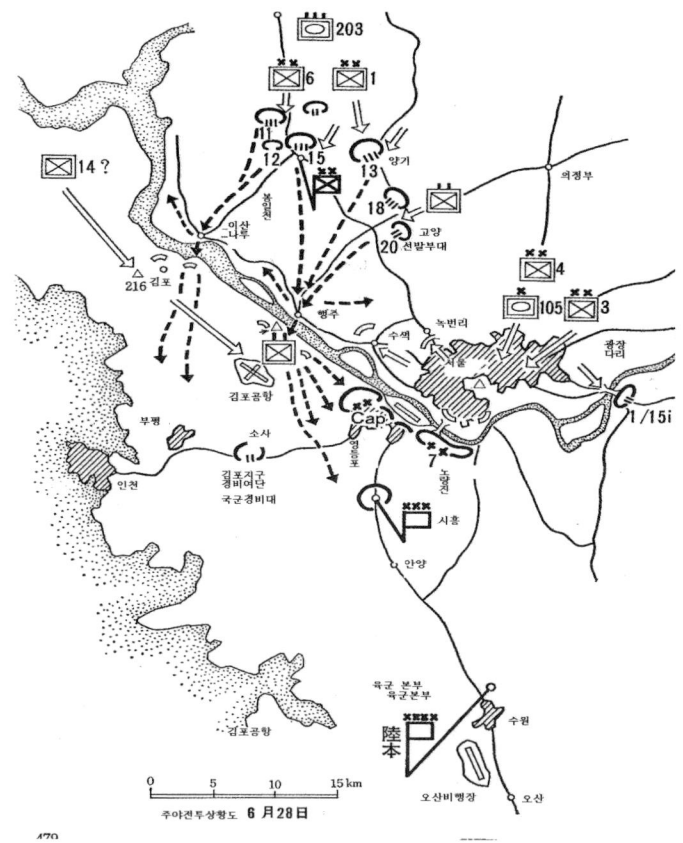

이때 대령(大領) 복장을 입고 나타난 [북한]의 <김일성(金日成) 총사령관>은 승리에 도취한 감격을 '서울'에서 선포하기 시작하였다. 즉시 전국의 인민들을 향해 "이제 조국통일이 되었다"라고 방송하면서, "조국의 절반 남반부를 완전히 해방시키고, 반역자를 처단하여, 조국통일의 대업을 완성하였다."라고 전쟁목적이 달성된 것을 선포하였다. 이로서 [북조선 김일성]은 '서울'에서 3일간 대령복장을 하고 여유있게 머물면서, 6월 27일~29일까지 손쉽게 '한반도'를 점령한 것으로 판단하고 안심하고 있었다. 왜냐하면 '남한'의 전체 모든 지역에서 민중폭동과 '빨치산'들의 비정규전투에 의해서 자동적으로 공산화 점령이 가능하다는 '박헌영' 이하 남조선노동당(원래 조선공산당) 간부들과 나중에 지리산을 중심으로 약12만명의 유격군(빨치산)을 지휘하게 된 '이현상' 남부군총사령관 등의 요청에 따라 이미 '남조선'은 조국통일이 완성된 것으로 속단하고 있었기 때문이었다. 물론 이들 <남로당>들은 곧 이어서 전쟁패배 책임과 [미국]의 간첩(間諜)이란 명목으로 일당은 사형(死刑)당하게 된다.

한편 맨 처음에 한국전쟁이 6월 25일 '인민군의 남침(南侵)'으로 급박한 상황이 전개되는 동시에, 3일 만에 '수도 서울'이 함락되는 즉시 6월 27일에, UN안전보장이사회는 [북한(北韓)]을 "침략자"로 결의하고, 세계 역사상 최초로 <미국군>을 중심으로 한 "UN군(16개국 군대)"을 파견하게 되었다. 이날부터 <한국군>과 <미군> 중심의 <UN군>이 격렬한 반격을 개시하였지만, 6·25~9·28 기간에 <인민군>은 적어도 한반도 최남단 낙동강 지역만을 남긴 채로 거의 '대전 이북'을 석권하고 있었다. "UN안전보장이사회"가 반격(反擊)을 결정한 명령에 따라, 이미 7월 7일 "UN군총사령부"를 편성하고, [일본]에 본부를 두고 있었던 '맥아더 주일미군총사령관'이 작전 지휘권(指揮權)을 장악하게 되면서, 즉각 한국전쟁(韓國戰爭)은 일대 반격작전을 감행하게 된다.

<사진 1-1-5> 『한국전쟁을 반전시킨- '인천' 상륙작전 상황』

<자 료> : 朝鮮半島の軍事學(小谷豪治郎. 敎育社,1978)p.37

따라서 "인천상륙작전"은 3개월간의 소강상태를 겪은 뒤로, 전세가 역전되어 <인민군>의 급속한 전투력(戰鬪力)의 쇠퇴와 더불어 퇴각으로 뒤집힌다. 왜냐하면 인민군은 개전 초기에는 적어도 오합지졸의 <국군(國軍)>보다는, 4배나 압도적으로 큰 군사력과 장비를 가지고 <국군과 초기 소규모 미국군>을 불과 1주만에 속전속결로 괴멸시켰으나, UN군(주

력은 미국군)과 크게 보완된 한국군의 거대한 육,해,공,해병들의 군병력과 최신무기와 엄청난 장비 및 넘치는 보급지원은, 가뜩이나 한반도 최남단까지 침략한 [인민군]의 종심전투력(從心戰鬪力)을 잃게 만들었다. 그래서 길고 긴 보급선(補給線)이 제일 먼저 고갈되는 원인이 되었다. 더 큰 결정적 요인은 <미국>이 지닌 세계최강의 공군력(空軍力)과 해군력(海軍力)이 <한반도>를 포위하고, 제공권(制空權)을 완벽하게 장악함으로서, 육지 전투에서 <공산군>을 깡그리 제압시키는 계기가 되어, 전투상황은 뒤바뀌고, 인천(仁川)상륙작전으로 <인민군>은 파멸되고 말았다.

결국 9월 15일, <북한군>의 보급로를 복배(腹背), 즉 <한반도>의 중앙부위인'인천(仁川─서울서쪽)'상륙작전이   성공함으로서, '황해(黃海)'바다로부터 대규모'기습상륙작전'은 별로 저항도 받지 않은 채 [수도 서울]을 수복하고 9월 28일에는"3·8도선의 돌파"여부를 놓고 1주일동안 머무르게 된다. 왜냐하면 <UN안전보장 이사회>의 원래 지령은 "UN군의 전쟁이전 상태로의 원상복귀"즉 38도선이었기 때문에 그의 임무는 끝난 셈이었다.

따라서 본래 <국제법>에 의거한'38°군사분계선'이란 현상유지선=38도선을 파괴시키느냐의 여부를 놓고 몹시 고민하던 [미국정부]는 미국군과 UN 16개국 참전군 및 한국군 전체에 대해서, 본래의 작전임무를 확대시켜 10월 1일을 기하여 일제히 3·8도선을 넘어서 북진(北進) 공격을 개시하도록 명령하였다 이 때문에 뒷날 [국군의 날]이 10월 1일이 된다. 그러자 10월 7일에는 [미국]의 결정을 존중해서, "UN안보이사회도 미국정부의 3·8도선 돌파를 추인하는 결의"를 행하게 된다. 찬성47표, 반대5표, 기권5표로서 새로운 추가 안건(案件), 즉 <한반도 남북통일>이라는 목표가 승인되고 동시에 북진정책은 정당성을 발휘하게 된 것이다. 이제 10월 1일부터 '한국전쟁'은 북한지역으로 향해서 물밀듯이 진격하였다. 그러나 11월 말경 혹한 속에서 '한미연합군과 UN군' 전체병력을 집결시켜 "압록강 국경선"에 다다랐을 때, [북한]은 확실히 소멸되고 있었다. '한국전쟁(韓國戰爭)'은 금방 종결되는 것이 확실하게 보였다.

그러나 순간 "중공군 100만명"의 첫 번째 기습이 시작되었다. 바로 11월 25일(참전 기념일)을 기해서 중공군 18만명이 뜻밖에 청천병력과도 같이 한국군과 UN군을 공격하였다. "중국의용군(中共義勇軍)"이라고 부르는 거대한 군병력이 선전포고도 없이 얼어붙은 '압록강'을 도강하기 시작하였다. 실제로는 [대만 국민당군]과 교전중인 최정예부대 100만명의 <중공군=홍군>들이 중국 남동부 복건성에서 출발해서 압록강으로 이동되고, 직접 한국전쟁(韓國戰爭)에 참가하게 된 것이다. 그때 11월은 영하 30°를 넘는 매서운 겨울 동장군이 기승을 부리는 [한반도]의 겨울 지금의 '자강도' 산골짜기를 따라서 '장진호' 일대 주로 미군을 공격하고 있었다.

이들은 인해전술(人海戰術)을 무기로 <한미연합군>들의 기계화무기나 모든 장비 및 현대화된 <참전 16개국 UN군>들의 전투기술을 단박에 무력화시켜 버렸으며, 동시에 이들 <중공지원병>들은 무서운 인해공격을 감행하여 또다시 "한반도의 전쟁을 남진(南進) 공격"으로 되돌려 놓기 시작하게 된다.

1946년 10월 1일 [중화인민공화국]을 창건한 "모택동 주석"은 불과 1년도 안되었는데, '국민당과 공산당의 국공내란'을 승리로 이끈 여세를 몰아서 <한반도의 적화통일(공산화)>을 시도한 것이다. 이미 5개월 전에 <북조선 인민군>은 '한국전쟁'을 일으켰다가 한때 낙동강 하류까지 남진했던 승리가 무너지고, 결국 전쟁개시 3개월만(6.25~9.28)에 이미 괴멸(壞滅)당한 [북한 인민군]을 대신해서, 이번에는 <중공군>이 "인민해방전술"이라는 역사상 초유의 전략·전술을 구사하면서 [한반도]를 공격하기 시작한 것이다.

그러나 선전포고도 없는 침략을 철저히 위장(僞裝)하기 위해서는 마치 '중국의 의용군(지원병)'이란 비정규군들이 자발적으로 [한반도]에 공격해온 것 인양 위장전술을 구사하는 가운데 뜻밖에도 "100만명 인해전술(人海戰術)"로 혹한 전투에 투입되기 시작하였다. 어디까지나 정규전이 아닌 의용군(義勇軍)이란 명분을 내세웠었고, 나중에는 150만명에 달하는 대군(大軍)을 몇 교대로 그것도 가장 추운 엄동설한(嚴冬雪寒)에 백두산과 장진호가 높이 솟은 깊은 산골짜기로 침투함에 따라, 그 어느 군대도 살아남기 어려운 최악의 조건 속에서 <UN군>에게 인해공격(人海攻擊)을 감행한 것이다.

그래도 세계에서 가장 용감한'미군 해병대 스미스 1사단'만이 <중공의용군> 시체더미에 방벽을 쌓고, 그 속에 참호를 파고는 기계장비와 유류 및 식량이 얼어붙어 생존이 불가능한「장진호 및 개마고원」사수작전을 15일간 견뎌내었다. 이 때문에 전멸 직전의 <미·한 연합군>들은 "1·4후퇴 즉 흥남 철수작전"에 성공하게 되고, 이로서 약 5개사단(국군1개사단 포함)의 <미군>들을 해상으로 선박 후송시키는데 커다란 전공을 세운'흥남철수'사례가 발생한 것이다. 실로 전사(戰史)에 비춰 본 사례로는'나폴레옹이나 히틀러의 모스크바 패퇴'보다도 훨씬 값진 전투(戰鬪)로 평가된다고 한다.

[한반도] 북부압록강, 두만강과 시베리아에 뻗은 장백산맥과 백두산이 펼쳐지는 험준한 산악 고원지대, 지금의 자강도와 양강도를 끼고 해발 2000m를 넘나드는 협소한 산골짜기 통로를 통해 이른바 <중공의용군>이란 색다른 병력(兵力)들이 방대한 물줄기처럼 떠밀려 내려오고 있었다. 아무도 이를 막아낼 만한 저지선도 무력(武力)도 없이 만주에서 만포 압록강을 건너온'중공군 남방 집단'대부대가 영하 40°를 오르내리는 혹한속의 한겨울로 접어든'조중(朝中)국경선'을 넘어'인해전술(人海戰術)'로 처들어왔다. 실제로 이들"의용군"은 대장전과 국공내전 및 항일

전쟁에서 단련된 정예군들 이었다. 말이 의용군이지 산악, 야간이동, 침투, 매복, 기습 등이 몸에 밴 정규군들이었다. 무전기 대신 피리 나팔로 공격신호를 보내며 군기도 삼엄하게 갖춘 전쟁에 단련된 군대들이었다. 최초에 한국군 청천강 오른쪽을 지키던 2군단이 쉽게 괴멸되었고, 미8군 주력부대가 포위 공격을 받고 퇴각하기 시작하였다. 의용군들은 적을 거의 포위한 뒤, 기습 공격하는 기본전술을 사용하였다. 그럼으로 허술하게 보이는 의용군처럼 위장하고는 있었지만 실은 고도로 훈련된 역전의 정예 정규군들을 지원병처럼 위장전술을 쓴 것이며, 동시에 압도적인 전투력을 가지고 있었다.

그들은 '중국의용군(中國義勇軍)'이란 명칭으로 북조선 원조(援助) 즉, <북조선 인민군>을 지원한다는 명분을 내걸고 [북조선 영토]로 침공해 왔다. 실제로 이와 같은 사례는 앞으로도 얼마든지 한반도에서 되풀이 반복될 수 있다. 어떻든 전체 중국에서 지원병 형태로 약 150만명이 모였다고 발표된 바 있으나, 실은 1년전 '중화인민공화국' 1949년 10월 1일 건국 때 까지 '장개석 국민당군대'와 수많은 전투를 경험한 '정규군─중국공산당군=홍군'들이었다. 이들은 소모성 군대였다. 이들은 [중국] 동남방의 복건성과 광동성을 중심으로 대기 중인 '공산당 5로군' 중심의 <집단군 병력>이었으며, 6·25전쟁이 발발하기 직전까지도, [대만 장개석 국민당군]과 바다를 끼고 치열한 전투를 벌리고 있었다.

일찍이 그들 중에서 '조선족 8로군' 등은 이미 [북조선 인민군]에 편입시켰으며, 나머지 대부분 병력을 6·25전쟁 발발 직후에 벌써 [만주]로 이동시켜서 '요령성 심양'에 <조선군원조 총사령부>를 대규모로 설치해놓고 [한반도 침략]의 모든 준비를 완벽하게 갖추고 있었다. 총지휘관은 "<모택동>의 호남성 고향친구인 최측근 당시 국방부장(장관) <팽덕회 장군>"이었으며, 바로 그의 영도 하에 중국을 공산화로 통일했던 모든 <중공정규군=홍군> 제5군(15개 사단)과 제20군과 제26군 및 제66군 등 총계 5개통합군 약 60개 사단, 총 100여만 명이 1950년 12월초에 [한반도]로 진군해 왔다. 물론 패전해서 대만으로 퇴각한 금문도 대만군 전투에서 교체된 소모성 군대를 한국지원군으로 보냈다.

실제로 '압록강'을 건너서 "한반도 북반부로 직접 100만 대군을 1선에서 총지휘하고 공격해 온 야전군 총사령관은 유명한 <림표>이었으며, 그는 일찍이 '만주 사평전투'에서 '장개석군 300만을 괴멸시켜 전투에 최고 달인'이란 칭호를 <모택동>에게서 받은 인물이었다. 바로 그의 총지휘(總指揮)하에 '인민해방전술(人民解放戰術)'은 이른바 '모택동 전술'을 구사하면서, 혹한 속의 동계전투, 고도산악전, 현대전 및 중국고래전투 및 '인해전술(人海戰術)'을 사용하고 있었다. 따라서 압록강까지 진출했던 <한미연합 UN군>들은 최신 현대식 거대한 장비와 보급과 고도로 훈련된 개인화기(個人火器)를 지니고 있었음에도 불구하고, 장비는 얼어붙고 산악전술에 끔적할 수도 없어서, 결국 방망이 수류탄 몇 개 지니고, 총 한 자루 변변히 갖지도 못했다는'중공군'들의'인해전술'에 속수무책으로 괴멸(壞滅)당했지 않은가. 워낙 숫자가 100만에 이르는'중공의용군(中共義勇軍)'들의 급속한 공격을 저지할 수 없게 되었다.

이로서 불과 2개월 만인 1951년 1월 4일에는 또다시 수도 서울이 두 번째로 함락(陷落) 당하고 <UN군 및 한미연합군>들은'중공의용군'들에게'서울'을 빼앗긴 채로 현재 [남한 땅]의 3분의 1북쪽 부분을 내어주고, 지금의'충청도 천안'즉 37°선아래까지 후퇴를 거듭하게 된 것에 음모가 있다. 다만 이 부분"1·4 후퇴"가 과연 중과부적이었는가 아니면 모종의 [미·중] 사이에 비밀흥정이 있었다는 단서가 최근 증거자료로서 발견되었기 때문에 「이 책 제1편」에서 이를 폭로하고 또한 역사적인 사실관계를 주변정세와 더불어 분석해 보고 그 당시의 상황판단을 기하고저 한다. 소위"미국 트루만이 중국 모택동과 비밀리에 맺은 37도선 한반도 휴전협상(밀약)"을 이에 지적하게 된다.

실은 <한국전쟁>이 발발된 1950년 6월2 5일 이후 불과 5개월도 못된 기간에 [북조선 인민군] 주력부대가 사실상 항전불능(抗戰不能) 상태로 파멸되면서, 이를 급히 대체하기 위하여 [소련]의 강력한 지원을 받는 <중공 남방집단군>이 신속하게 동북방으로 이동하는 동시에'조·중국경'을 넘어서 [북조선 영토]로 침공하게 된 셈이다. 그들 <중공 의용군>들은 실제로는 ≪정규 중공군≫임에도 불구하고, 처음 외국(外國)에 알려진 위장된 허위보도에 의거해 보면, 1949년 10월 1일 [중국인민공화국]을 개국한지 만1년도 채 못 되는 9월경부터 [북조선 인민군]들의 괴멸에 의분을 느끼고 [중국]내 넓은 각 지역에서 자청하여 지원병(志願兵)으로 구성된 ≪의용군(義勇軍)≫에 불과할뿐더러 풋내기 장비도 물론 훈련도 없는 오합지졸(烏合之卒)군대일 뿐이라고 발표하였다. <중공정예군>이 아닌 것처럼 기습작전을 벌린 것이 바로 <모택동 전법>이었다.

실제로 [중공군의 개입경로와 목적]은 어디에 있는가. 그런데'인해전술(人海戰術)'로 밀어 닥친 {중공군}들은, 아래 <사진 1-1-6>에서 보는 바와 같다. 일찍이 한국의 인천상륙작전이 9월 15일에 성공을 거둔 즉시 <중국 남방과 산동에 주둔해 있었던 중공군 정예부대>들로서 이때 한만국경(韓滿國境)에 집결하는 동시에, 10월 초순부터는 [한반도 북부] 산악지대 골짜기로 소리 없이 대규모 정예병력이 침투하고 있었다. 이미 한겨울로 접어들면서 11월 25일부터는 본격적인 제1차 공세가 시작되었고, 갑자기 11월 15일 15만 대군, 그리고 50만 대군(곧 이어서 100만 명으로 추가됨)이 침입해 들어 온 뒤에 다음해 2월 18일까지 {총 3차에 걸친 대규모 인해전술공격}을 감행하였다.

핵심쟁점은 원래 <38도 남북분단>도 아니고 현행 <휴전선-DMZ>도 전혀 아닌 《굴욕적인 37° 휴전선 제안》이"1·4 후퇴를 전후한 약 3개월 기간"에 다음 <지도 1-2-2 및-3>에서 확인되는 것처럼 공식 및 비밀리에 2중으로 표출되었다는 사실이다. 다시 구체적인 자료가 제시되겠지만, {중공군=홍군(紅軍)의 침공경로와 목적}을 볼 때, [한국 수뇌부]와도 전혀 협의가 없었던 [미국 백악관]의 중공에 대한 오판(誤判)은 확실하였다. 왜 상황판단을 그르쳤는가에 대한 의도와 목적은 무엇이며, 그것이 고의(故意)였나 아니면 양보(讓步)였나, 그리고 공식(公式)적인 UN의 제안과 극비(極秘)에 속하는 {미(美)—트루만)·중공(中共—모택동)}의 비밀 흥정, 즉 2중성을 지닌 2가지 밀약(密約)은 특히 [미국]의 '남한영역의 3분의1 굴욕적인 양보안'이 어떠한 의도(意圖)에 근거하고 있었는가를 명확하게 이 책에서 해명되고 있을 뿐이다.

"중공군의 한반도 침공은 모택동(毛澤東)과 소련(蘇聯—스타린)의 목적(동상이몽)"에 의해서 실천되었지만, <중공 주은래(周恩來) 수상>의 1950년 10월 10일 성명(聲明)은 전혀 다른 견해를 피력하였다. "지금 [한국 전쟁]은 어디까지나 국내전쟁이다. 한국군의 북진은 정지할 필요 없이 극히 자연스런 일일 뿐만 아니라 외국이 간섭할 일이 아니다. 만일 한국군이 압록강까지 진격하더라도 당연하다. 그러나 미군이 북진한다면, 강 하나를 두고 대치하고 있는 중공(中共)의 심장부와 만주공업지대가 위협을 받기 때문에 완충지대로 막아야 된다."라고 언급하면서 「대규모 중공군」의 침공을 정식으로 밝혔다.

<UN 미·한군> 주력부대가 '중공의 속셈'도 모른 채, '압록강' 국

경선에 도달되는 즉시 벌써 9월부터 이동시켜 은밀하게 집결된"중공의 용군"75만 명과 경비대 및 지원병과 빨치산을 합해서 약100만 대군이 [한반도] 북쪽 산악 지대로 침공해 들이닥쳤다. <중공정규군>은 산동의 제39군과 화중의 제50군(軍) 등 5개군(15개 사단)을 비롯하여, 화중의 제20군과 제26군 및 66군 등 4개군(약12개 사단)이 먼저 제1차 대공세(10.25~11.5.까지 10일간)를 압승으로 이끌어서 이들을 얕잡아 보던 <미·한군>은 미제1해병 및 제2기병사단과 한제2군단 약 7만여 명은 <중공의용군> 약 30만 명에게 완전포위당하는 참패를 맞이하게 된다. 그 뒤를 이어 제2차대공세(11.25~ 12.10.까지 15일간)를 남진(南進)으로 뒤밀어 38°선 아래로 중공의용군은 침공을 계속하였다.

중공의용군은 정예군이었다. 제3차 1월대공세(12.31~1.10.까지 10일간)는 또다시"1·4 서울 후퇴"로 이어졌고, 제3차 2월대공세(2.11~2.18.까지 7일간)를 통하여 <중공군·인민군>을 합한 약 100만 병력(兵力)때문에 미국은 결국"37°전선"즉, 아래 <지도 1-2-3>에서 보는 바와 같이,'평택-제천-삼척'을 잇는 전투지역에서 『극비 미·중공 휴전밀담』을 이루었다는 사실이다. 상세한 핵심 내용은 다음 2절에서 설명이 나온다."모택동"중국공산당 주석이 대규모의 <중공군>들을 계획적으로 [한국전쟁]에 참전시킨 이유는 여러 가지가 있겠지만, 필자가 파악해 본 여러 가지 종합된 내용은 다음과 같이 집약된다. 이때의 극비흥정을 <미국 트루만>의 "2중 플레이"라고 밝혀 본다.

첫째, ① 신생 [중공]의 위력을 [미국] 및 전 세계에 알림으로서 겁먹은 {미국 트루만이 남한영토 3분의 1을 양도하는 극비 2중 플레이 뒷거래}를 되받아서 {소련 스탈린의 공군원조를 3중 플레이로 유인(誘引)}해낸 중공의 대성공. 둘째, ②"공산정부"를 수립한 직후라서 <모택동사상>의 본보기로 현대전을 압도하는 《인민해방전술》의 위협적인 공개. 셋째, ③ [소련]의 지원을 끌어들여, <중공군>에게 가장 시급한 『중공이 MIG21 신예 전폭기 공군창설(空軍創設)』을 노린 점. 넷째, ④ [한국전쟁]에서 괴멸당한 <북조선인민군>을 구출하고, 북동아의 '공산통일'을 노린 점. 다섯째 ⑤ [미국]과의 긴밀한 뒷거래 비밀흥정을 밀착시켜 {중·미 양국간 쌍무관계}를 다지고, 장차 [중공]의 UN 국가승인(國家承認)을 전략적으로 계산한 것. 여섯째, ⑥ 결국 1953년 [소련의 스탈린]이 사망하면, <후루시초프의 수정주의>를 비판하면서 "중·소 이념분쟁(理念紛爭)"으로 [중화인민공화국]은 오늘의 동지로서 [미국의 지원]을 받게 되는 공산권의 분쟁과 다극화 및 냉전(冷戰)→'데땅뜨'로 가는 극적 변화가 예측된다.

따라서 당시 <중공군>이 주도적으로 <한국전쟁>에 대규모 참전(參戰)을 감행한 것은 그 당시로도, 우선 계획경제, 국제정치 및 [소련]과도 분리된 독자적 "중화대국주의(UN상임이사국 가입-5대강국)"을 구축하려는 전략들이 숨겨져 있었다. [중국]은 개국 60년 동안에 중소분쟁, 월남전쟁지원, 중소국경전쟁, 개혁−개방 및 2천년대 올림픽에 이르기까지 급속한 경제발전을 이루고, 오늘날'팍스−아메리카나에 미국과 경쟁하는 팍스−시니카'즉 중화인민공화국대국 중심의 세계 신질서를 장악하겠다고 이미 벼르고 있었던 셈이다.

<지도1-1-6> 『1950년9월15~10월24일. :중공의용군(정규군) 50만명(1차)의 [한반도] 이동경로·남침공격 준비

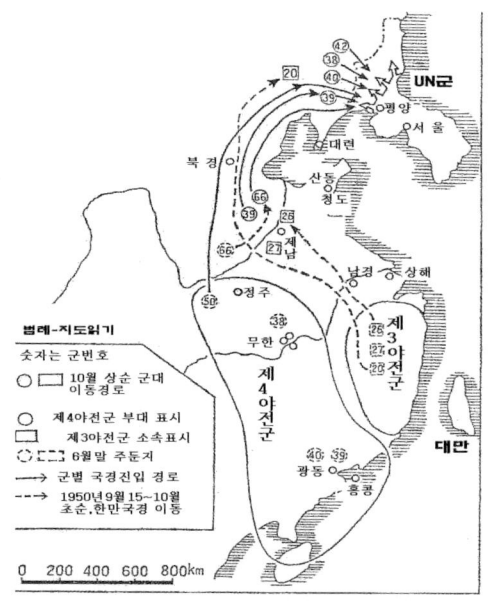

《한국전쟁 때 미국은 원자폭탄 사용을 언명》 : 어떻든 <모택동>은 모든 국력을 동원해서 [한반도]를 공격해 왔다. 오죽하면 장남(長男−딸 둘만 아들하나 있음)까지도 한국전선에서 미군폭격으로 사망하는 고통을 당

했을까. 그렇기 때문에 비록 [중공군]이 전혀 장비도 훈련도 없는 구식무장으로 미약하게 얽어진"중공의용군"이란 <비정규군>들을'선전포고(宣戰布告)'도 없이 <한만국경> 넘어 참전했다지만,《미·한국군》을 인해전술과 막강한 산악전으로 압도하면서 전선을 파죽지세(破竹之勢)로 38°선 이남 37°선 평택까지 남하시켜 버렸다.

실로 11월부터 참전한 <중공군> 대부대가 겨울 혹한 속에서도'제1,2차 대공세(11.25~12.10. 까지)'를 통하여 뜻밖의 전투위력을 발휘함에 놀란 미국은, 처음으로 <미국의 트루만 대통령>이 그 당시 기자회견(記者會見)을 열고서 11월30일 날 역설(力說)하기를,"위와 같은 <중국의 인민해방전술(人民解放戰術)>이란 괴력(怪力)을 파괴시키기 위해서는 하는 수 없이 『원자폭탄(原子爆彈)을 사용할 용의』가 있다"라고 강력한 발언을 시도한 바도 있었다. 그러나 [미국]의 최초 속셈은, 생전 처음 보는 <모택동>의 인해전술(人海戰術)앞에 속수무책이었음으로 우선 엄포를 놓을 수밖에 없었고, 하는 수 없이 다른 한편 <중공>과의 막후밀담(密談)을 소통하고 있었던 것 같다.

실제로는 <장개석 국민당군>과 전투를 겪었던 막강한 정규군 즉, <중국 동남방 정예군>부대 즉, <지도 1-1-6>에서 알 수 있듯이 100여만 명이 [한반도]에 투입되었다는 정보(情報)를 [미국의 트루만]은 이미 간파하고 있었으나, 딴 뜻이 있었다고 한다. 이런 사실을 깡그리 숨기고, 겉으로는 숫자만 많은"중공의 오합지졸(烏合之卒)에 불과한 <의용군(義

勇軍)>"이라고 표현하면서'핵무기(核武器-원자폭탄)로 마치 과거 [일본]을 멸망시켰듯이 <중공침략>을 분쇄(粉碎)'시킬 수 있다고 장담한 것은 "트루만"의 술책이었던 것이다.

그러나 막상"맥아더 장군이 대규모 물량전술(物量戰術)을 동원해서 만주폭격과 보급로 차단, 그리고 인해전술(人海戰術) 대량격파, 그리고 원자폭탄 만주투하"등 새로운 대중공군전쟁지휘를 주장하게 되자, [트루만]은 즉각 태도를 돌변하여 <맥아더>를 파면하고, 결국 다른 한편 공개 반 비밀 반으로 전쟁중지를 비밀리에 획책하고 있었던 음흉한 사실이 뒷날 밝혀지고 있다. 그때"트루만"은 재선을 바랬었다. 따라서 그때까지 [미국정부]가 공개적으로 내세운 국가지도(國家指導) 차원의 목표(目標)는 최소한 38°선에서,'현상고착(現狀固着)'을 염두에 두고 한 말이라고 간주되지만, 다른 한편 극비리에 흥정하고 있었던"트루만의 정략(政略)은 37°선에서 휴전(休戰)하고, <남한> 땅의 서울을 포함한 3분의1"을 양보하는 최악(最惡)의 상황까지 상정하고 있었던 것이다. 그 뒤 극도로 당황한 [미국정부]는 비밀리에'UN안보이사회'를 시켜서 넌지시 대폭 양보하는 굴욕적인"37°선 휴전안(休戰案)"까지 공개하도록 하였다.

물론 이 제안은 당시 [중국]을 승인하고 있었던 서구제국들이 공식적으로 만든 휴전안이었지만, 이것에 부연해서 [미국]은 직접 비밀리(秘密裏)에'서울과 평택~삼척'까지 포함한"37°선 이북의 모든 북쪽지역을 [중공군(中共軍)]에게 양보"하겠다는 일종의 이면각서(裏面覺書)의 제안 등을 양다리로 걸치고 있었다. 그것은 종래 전쟁 전의 "38도 군사분계선(軍事分界線)"을 일단 폐기시키고 새로운 휴전선으로 대치시키겠다는 조건으로, 또한 [남한]의 영토 3분의 1(수도 서울 포함)을 통째로 <중공-모택동>에게 내어주는 굴욕적인 '트루만' 단독의 6·25전쟁 패전(敗戰) 종결안인 셈이었다. 이때 <미국 트루만>은 한편으로는 자기의 재선당선을 목표삼고, 다른 한편으로는 <한국전쟁>을 패전으로 양보해서 끝내 버릴 심산인 것 같다. 물론 "트루만식-37°선 휴전안"을 제안하게 된 결정적인 원인은 다음 몇 가지로 집약해서 살펴볼 수 있다.

     (1) [미국]이 벌써 인적손실(人的損失)과 물적 소모전쟁(消耗戰爭)에 지쳐 있었고, 동시에 2차대전 이후 쌓여 있었던 <재래식 막대한 무기 약 6백억달러($)의 재고품(在庫品-Inventory)을 이미 처분했기 때문에 "미국의 군수산업(軍需産業)은 활발하게 재투자 가동되고, 신(新)투자와 신기술 및 신설비를 '투자승수이론과 가속도원리"에 입각해서 엄청나게 고차원적으로 고도화되고 있었다. 한편 공황(恐慌)위기에 내몰린 평화산업(平和産業)은 디플레이션(공황-Panic)을 억제시키는 임무를 다했다고 판단되었기 때문에 [미국경제]는 당분간 안정된 형편이었고, 세계정세는 [미국]의 주도 하에 좌우되고 있었다는 점.

이에 따라 [미·소]간의 냉전(冷戰)체제와 군비경쟁(軍備競爭)은 한층 더 격화되기 시작하였다. 새로운 최신 첨단무기(尖端武器-뒷날 베트남 전쟁후, 별들의 전쟁-Star Wars)와 무기체계(武器體計)의 상상을 불허하는 신규개발 및 대규모 대량생산으로 인하여 <한국전쟁>의 의미는 벌써 상실되어 버린 상황에서 [한반도]는 초토화되고 오히려 전시에 준하는 휴전(休戰)만이 영구분단 상태로 국제미아처럼 고립되기 마련이었다. 특히 '동북아시아'에서의 <냉전(冷戰)>에 뒤따른 <열전(熱戰)>은 [한국전쟁의 휴전]을 맺는 경우, 충분히 완충역할이 됨으로써, 동아시아의 안전보장(安全保障)과 공산진영의 팽창주의(膨脹主義)를 잠재울 뿐만 아니라, [대만(臺灣)]을 비롯한 태평양 방어를 위해서 "중·소, 이데올로기 분쟁(紛爭)"을 유발(誘發)시키는 동시에 [미·소]간의 현상유지(現狀維持)가 가능하다는 판단이 <휴전(休戰)>을 요청하게 된 요인으로 간주된다.

　　(2) 결국 <한국전쟁>의 목적은 끝난 것이다. 즉 [미국]의 전쟁산업 '재고품(在庫品)'이 심각한 위협이 되고 있었던 군수산업(軍需産業)과 종래 넘쳐나는 과잉 평화산업(平和産業)까지 겹쳐서,'[미국경제]는 디플레이션-물가하락' 등 공황위기(恐惶危機)에 시달리다가 6·25국지전 즉, 소모전쟁으로 공황위기는 일단 넘겼다고 판단한 것 같다. 다시 말하면, 종래의'군수재고품(Inventory) 2천 100억 달러($)'중에서 약 1,500억 달러($) 분량은'마—샬 원조'로 세계 각국 민간소비에 충당했음으로 나머지 완전한 전쟁무기들, 예컨대 M1소총이나 B29전폭기 등이 남아 있었으나, 일단 <한국전쟁>을 통해서 충분히 소비되었음으로 [한국의 휴전]은 <미국의 전쟁경제>에서 더 이상'물량전(物量戰)'은 당분간 휴전

(休戰)할 필요가 간절했다고 본다.

　　한마디로 지적한다면 가급적 확전(擴戰)을 그때부터 피하고 [한국]이 죽든 살든 아랑곳하지 않고, 미국의 과거 제2차 세계대전 종결 후 남은 재고품 군수무기의 소모를 위시로 막대한 전쟁산업(War Industry)은 계속 생산을 가동시키게 만들겠다는 목적으로 간주해야 한다. 그 대신'디플레이션(Depression)의 위기를 맞고 있는 미국경제로 봐서는 평화산업(Peace Time Industry)으로 집중시킬 수도 없다. 왜냐하면 대공황(大恐慌)의 위기가 도사리고 있기 때문이다. [한국전쟁]은 군수산업(軍需産業)의 소모용이나, 반전(反戰) 여론의 확산과 '맥아더 장군'의 파면(罷免)등 [미국] 내부의 사정은 안정되어 있었다. 또한 <한국군>의 전투력도 막강해져서 중동부 전선은 자체 감당이 가능한 때문이었다.

　　(3) 실제로 전쟁영웅(戰爭英雄)'맥아더 원수'가 지휘하는 <한국전쟁(韓國戰爭)>은 충분히'만주폭격'으로 [중공군]의 보급선(補給線)을 차단하고 인해전술(人海戰術)을 초전박살할 수도 있었으나, 반면 정치가인'트루만 미국대통령'에게는 먼저"국제법상 38도 군사분계선(軍事分界線)"을 존중하면서 동시에 [미국의 공황위기]가 해소된 것 그 자체로 충분히 <6·25 국제전쟁>은 소기의 성과를 거두었다고 판단하였다. 때문에 어떻게든"휴전(休戰)"을 원상회복(原狀回復)의 선상에서 체결하려는 정치적 목적만이 도사리고 있었다. 만일 [한국]의 국운(國運)이 이 당

시"맥아더 선택"을 추진할 능력만 지니고 있었다면 아마도 [한반도의 북진통일]은 그대로 밀어붙일 수 있었을 것이다.

왜냐하면 <트루만 대통령>식 군수재벌 위주의 정치적 사고방식이 최고의 권한을 행사하는 입장에서 [한반도]를 초토화시킨 요인이 되었을 뿐, 반면에 <맥아더 원수>처럼 대전략에 입각한 군사행동을 중요시했다면 당연히 <공산세력>을 뿌리채 뽑아 버렸을 것이 아니었겠는가. 여기에 "정치와 군사"의 커다란 차이가 발생하는 동시에 결과도 역사를 뒤바꿔 놓는 정반대의 현상이 나타나는바, 결국 [한국]은 미처 기회를 놓치고 또한 <미국정치>에 희생되고 완전히 농락당한 셈이 된 것이다. 위에서 지적해 온 바와 같이 [독일]은 전쟁잠재력을 영원히 폐기시키기 위하여 '통일국가'를 강대국들이 하나같이 절대로 반대했음에도 불구하고 오히려 완전한 통일(統一)을 성취한 반면에, [한국]은 '모스크바 협정에서 단일독립국가 수립'을 확정 지워 놓았고, 동시에 '6·25 전쟁'을 통해서 <공산군>들이 괴멸되었음에도 불구하고, <민족통일>은 커녕 "38°분단선이나 DMZ휴전선"만이 더욱 강화되어 영구적인 준전시(準戰時) 상태 하에서 세계유일의 분단국(分斷國)의 굴레를 80년이 지나도 벗어날 길이 아득하다는 처지가 너무나도 아이러니컬한 사례가 아닐 수 없다.

참고: 모스크바3상협정제3장;;미소공위;;한만국경정당성;;미국+유엔 해석결정;중공병참한계;;

《북진통일에 대한 미국의 지지와 포기》: 한국전쟁이 '9·28 수복'

이후 [북조선]을 <미·한·UN군의 물량전술(物量戰術)>로 완전히 괴멸시키게 되자, [대한민국]은 북진통일을 주장했고, 이에 따라 [미국] 역시 [한반도 통일]이 충분히 가능하다고 판단됨으로서 완전히 동의하게 되었다. 따라서 한국에 침입한 북조선 군사력을 괴멸시키고, 한반도 전 지역(地域)에 평화를 회복하는 동시에 안전을 확립한다."라는 목적을 달성했음으로 <UN 역시 본래 국제법적인 38도선 정지라는 원칙>을 되풀이 강조하였다. 곧 이어서 '이 지역'의 뜻을 수정하여 [한국과 미국의 한반도 통일이란 목적(目的)]에 UN도 동조하여 '이 지역=한반도 전지역'이란 개념을 확대해석해서 이때 최초로 도입된 『미국이 압록강 한만국경 이내에 제한전략(制限戰略)으로 규정한 <한반도>만을 UN도 동의하여 북진통일(北進統一)의 범위』로 승인(承認)하게 된다. 이상과 같은 상황판단(狀況判斷)은 2021년 오늘의 현실에도 능히 {한국}은 가능한 일이다.

한편 그러나 10월 <중공의용군 100만 명이 동계혹한전투와 산악전에 능한 인해전술(人海戰術)>로 전세가 급변하여 이번에는 [미·한·UN군]이 37도선까지 1·4후퇴한 다음, UN은 서유럽제국의 평화안(平和案)이란 건의를 받아들여서 12월 31일 "중공대표 오수권(吳修權)장군"과 북경회담(北京會談)을 열었는데, 이때 자기승리를 앞세운 [중공측]은 다음과 같은 강력한 요구조건을 내세웠다. ❶ UN군은 즉시 퇴각할 것. ❷ 대만(臺灣) 문제에 불간섭한다. ❸ 중공(中共)의 UN가입(대만 축출과 중공의 상임이사국 대치)을 즉각 시행할 것.

또한 <미국대통령-트루만 회고록>에 따르면, 이때 [미국의 제한전략(制限戰略)]에 의거해서 <중공의 모택동>에 대하여 정식으로 강화(講和)를 요구하면서, [중공]측에게 휴전결의안(休戰決議案)을 제안했는데 바로 "37도선 휴전-정전안"이다. [UN]은 ❶ 즉시 정전(停戰-37도선)한다. ❷ 정전하는 동안에 <한국문제>의 정치적 해결을 도모한다. ❸ 외국군(外國軍)은 철수한다(조기철수를 뜻함). ❹ 중공의 UN가입문제와 대만문제는 미, 영, 중, 소 등 4대국이 협의(요즈음'북핵무기'에 대한 6자회담과 같으나, 남북한 제외)한다.

위와 같은 답변은 [미국]이 최악의 궁지에 몰려서 굴욕적이나마 《38도선 아닌⇔37도선 휴전안》으로 전투를 정지시킬 수밖에 없는 막다른 결심(決心)을 직접적으로 표명한 것이다. 그래서 표면적인 형태는 "서구제국의 제안이나 UN결의안"으로 공식적인 외교(外交) 통로를 활용하고 있는 듯싶으나, 실제로는 엉뚱하게도 이면에서 [미국:트루만]이 독선적으로 양보하면서,"비밀흥정을 통한 『남한 축소~포기』아울러 『중공에게 양도 방안(方案)』으로 굳힐 뻔했다는 중대한 사실을 이 책에서 폭로하고자 한다. 이때'트루만'의 고민은 대통령 임기도 끝나고 재선을 앞에 둔 판에, [한국]의 북진통일이란 목표와 원자탄 사용까지 엄포를 놓았던 언급은 사라진 채 완전 무시하고, 독자적인 비밀외교를 [중공·미국] 사이에 구체적으로 진행시키고 있었다는 사실을 잊을 수 없다.

《비밀흥정의 막다른 판단》:'트루만'은 사태를 위급하게 본 나머지 1월 13일 실용정책을 쓴다는 미명하에 <38도선 UN의 휴전결의안>에 눈물을 머금고 동의(同意)하고 만다. 그런데 이 속에 숨은 내막은 또 다른 <비밀 흥정 휴전배후>가 있었다는 사실이다.'트루만'의 판단에 의하면, [중공군]을 막을 수 없고(실은 즉시 반격해서 결국 38°DMZ 현재 휴전선이 됨), 더욱 후퇴하면 완전히 [한국]을 포기해야 되고 동시에 [미8군은 일본]으로 철수해야 하며, 반면 제한전략(制限戰略)에 묶여서 "만주폭격이나 중국 본토의 군사력 행사는 불가하고, 원자탄사용은 제3차 대전까지를 감수해야 한다"라는 진퇴유곡의 기로에 서있었다는 심경이었다고 알려졌다(朝鮮戰爭-韓國編 下. 452項 참조).

한편 [중공]의 분수에 넘치는 과신(過信)도 결정적인 문제를 야기(惹起)시켜 결국 북(北)으로 퇴각(退却)하는 반전의 사태를 전혀 오판(誤判)하고 있었다. 1951년'1·4 후퇴'이후, 승승장구한 <중공군>은"남한의 37도선까지 속전속결로 남진(南進)"하면서, 1월 17일에는 계속해서 '무조건 항복(降伏)'을 강요하는 억지 회답(回答)을 UN에게 보내고 있었다. 즉 그 내용은 몹시 위압적이었다. ❶ 교섭(交涉)된 결과(그동안 부산까지 진공함)에 따라 휴전한다. ❷ 교섭 개시와 더불어 [중공의 UN가입(안보이사국+거부권)을 행한다. ❸ 교섭 참가국은 소, 영, 미, 프, 인도, 이집트, 중공으로 정하고(결국'남북한'을 제외함으로서'한반도'

는 인정 않고, 중공의 위성국으로 삼는다는 뜻) 장소는 중공영토 내에서 진행한다. [한반도]를 무력통일하겠다는 포고로 간주된다(참고 : 1953년 한국전쟁 중 스탈린 급서 후, 소련 공산당 서기장 후루시초프 회고록).

그러나 먼저 명백히 기록해 둘 사실은"중공의 모택동은 미·소 양다리 절충에서 드디어 소련이 MIG21전투기 2000대를 공여함으로서 『중공의 공군창설』이 가능해 짐에 따라, '트루만의 비밀협상 즉 남한의 37°선 이북 서울 포함 3분의 1땅을 취득하는 극비흥정'이 거부(拒否)되었다"라는 사실이다. <중공>의 <소련> 선택이 굴욕적인 [미국]안을 3개월 만에 정식으로 거부한 셈이다. 그러나 <중공>은 [미국]에게 충분한 강대국의 위력을 보였다는 점과, 반면 [중공]의 한계가 더 이상 공격을 취할 수 없었던 절박한 처지도 면할 수 있었다.

이때 급격히 <중공군>의 전투력(戰鬪力)은 우선 병참부족(兵站不足)이 결정적인 치명상을 입고 있었다. 더 나아가서는 [미·한국군]의 압도적인 물량전 및 병력확충을 당할 수도 없어'중공군이 후퇴'하게 되었다. 물론 [미국]은 모독감에 젖어 격분하기 시작하였고, 이때부터 일대반격을 강화하여, [한국군]을 대폭 증강시키고 무장과 훈련을 고도로 2배 이상 증가시키는 동시에 [UN 안보이사회]에서 그날 즉시 중공군을 침략자로 규정하고 공세를 개시하게 된다.

실제로 1951년 2월부터 <중공군>의 전투력(戰鬪力)은 급속히 소멸되고 상실되고 있었다. 병참선이 너무 길어서 보급품(補給品)과 식량부족으로 장병은 굶주리고, <미공군>의 제공권은 더욱 강화되고, 기계화 부대는 '중공군 인해전술'을 깡그리 유린하여, 따라서 주간전투는 불가능한 정도이었다. 또한 <중공군의 병력보충>도 없는 상황에서 무기(武器)는 낙후되고 탄환(彈丸)까지 부족하였으니, 정치력만 가지고 전쟁수행은 불가능하였으며, 기고만장한 <중공군>의 결정적인 오산(誤算)으로 2월 8일부터는 퇴락의 후퇴를 겪게 된다.

결국 "UN군은 강력한 전투력을 갖춘 '한국군'을 주축으로 먼저 중동부 전선에서 38도선을 넘어 3월 2일에 또 다시 북상(北上)"하게 되었다. 한편 <미군>과 더불어 서부전선에서 '국군 제1사단은 3월 15일에 또 다시 수도 서울'을 탈환하게 된다. 이 때 <맥아더 장군>은 3월 27일에 '트루만과의 불화 즉 전쟁확대에 대한 문책성 인사' 때문에 불명예스럽게 해임당하게 되고, 후임으로 온 '릿지웨이' UN군 및 미제8군 사령관이 대통을 이으면서 [한국전쟁]은 다시 새로운 국면을 맞게 된다. 그는 첫 인사에서 "나는 한국을 수호하려 왔다. 적의 병참능력으로 보아서 더 이상의 남침은 불가능하다. 반듯이 격퇴될 것을 확신한다"(릿지웨이 회고록-'Soldier The Memory of Mathew B. Ridgway')라고 각오를 새롭게 다지면서 즉각적으로 북진을 시도하여, 현 DMZ 38도선 서부전선은 <해주와 개성>을 빼앗기고 양보한 반면 중동부전선은 <화천

발전소와 고성과 금강산> 문턱까지 장악하게 된다.

《한반도 최악(最惡)의 비극(悲劇)-진상과 결과》 : 그러나 한때 『1·4 후퇴를 전후로 약 3개월』 동안, "트루만 미국대통령과 중공의 모택동" 사이에 《37°선 극비 전쟁중지 밀담》 이란 비공식적인 비밀흥정이 이었던 것은 여러 가지 최근 공개된 자료를 검토해 볼 때, 사실이었다. 어떻든 [한국전쟁]이 후반기로 갈 무렵, 그 뒤를 이어서 [미국의 정권(政權)]이 '공화당의 아이젠하워 대통령'으로 이양됨에 따라, 앞에서 논의해온 "37°선 휴전안(休戰案)"은 그 자체 공개적이든 비밀흥정이든 전혀 논의(論議)조차 없었던 사실이 되었고, 동시에, "미국의 대한 정책(政策)"도 전면 바뀌져 버렸다.

또한 3개월을 기다린 끝에 [중국의 모택동] 측에서 완전 거부(拒否)하니까, 하는 수 없이 <UN안전보장이사회>를 소집해서 "중공도 침략자(侵略者)"라고 규정하는 동시에 '트루만 비밀제안'은 1951년도 3월 이후에는 완전히 포기하였다. 오히려 <미군>에게 대량무기를 투입하면서, <정예 한국군>을 10만 선에서 60만 대군으로 최신예 무장을 갖추게 하여 무섭게 북진공격을 <38도선 부근>까지 뒤밀고, 현재의 'DMZ 휴전선(休戰線)'에서 멈추게 한다. 이 전투는 1951년도 [미군과 한국군 및 UN군]을 총동원하여 <휴전>에서 실제로 오늘날과 같이 더 넓은 중동부 산악지대와 60만 <국군>을 유지하게 되었다.

<사진 1-1-7> 『1·4후퇴-2번째 중공군에 의한 수도 서울 철수』

 따라서 모든'UN군 산하 군사력(軍事力)'을 총동원해서 일제히 38도선 부근까지 또다시 북진(北進)하여, 서부전선은 황해도 연백과 해주 및 경기도 개성과 장단을 북(北)측에 내준 대신, 중동부 전선은 화천과 고성까지 이르는 넓은 면적을 남(南)측이 차지하게 되었다. 현재의 <휴전선-DMZ>에서 나머지 2년여를 소강상태(小康狀態)로 유지하다가, 위의 <사진>에서 보듯이 1953년 7월 29일 [남한]이 불참한 가운데"정전협정(停戰協定)에'미국과 북한(중공군은 철회)'만이'협정의 조인(調印)'을 마쳤다. 실은 이것조차 오늘날 지적되는 「통미종남(通美從南)」

이 성립되어, "북한은 미국과 직거래"를 행하는 반면 [대한민국]은 당사국으로 인정도 못 받고 종속되는 형태가 아닌가. 나중에 결과는 오늘날과 같은 <휴전선-DMZ>로 고착되어 버렸지만, 바로 위에서 지적한 그 당시 『트루만과 모택동의 37도선 휴전안 비밀흥정』은 1950년 12월~1951년 3월 사이 약 3개월 추진하다가 흔적도 없이 사라져 버렸다.

한국전쟁의 역사를 결과적으로 볼 때, 동서고금(東西古今)을 통해서도 사상 최대의 인적 물적 희생(犧牲)을 3년 반 동안 깡그리 소모하고, 겨우 원점에서 현상유지(現狀維持-Status Quo)로 멈춘 것이 현재의 [휴전선(休戰線)]이고, 악명 높은 1953년 7월 29일의 『휴전협정(休戰協定)』이 아닐 수 없다. 따라서 휴전상태란 벌써 70년이 넘어선 오랜 동안이나 불안한 위험상태로 남아있다. 실사례를 든다면 "영구 분할될 것으로 여겨 왔던 동서독(東西獨)"은 이미 1990년에 통일을 이루었으나, 해방직후 가장 빨리 "통일 민주국가를 건립하기로 '모스크바3상회담'에서 약속되어 있었던 '한반도의 남북'사이에는 민족통일"이 지지부진하다.

국제정치(國際政治)에서 힘의 권력균형이 첨예화되어, 처음에는 냉전(冷戰-Cold War)체제가 길게 계속되다가, '데땅뜨'시대로 그리고 다시 [소련(蘇聯)]이란 공산국가들이 모조리 붕괴(崩壞)된 뒤 20여년이 지났어도 <소련>은 <러시아로 대폭 축소되었지만 전망은 어둡다. <소련>이 축소된 뒤에 오히려<중국=중공>이 공산국가이기보다는 오히려 대국주의(大

國主義)로 <미국>을 위협하는 이른바 [2G]로 팽창하고 <미국>과 다투고 있지 않은가. 오늘날 첨단무기(尖端武器)로 천지개벽(天地開闢)의 변화 속에서'별들의 우주전쟁(Star Wars)'을 맞이하여 "남북한 교류와 협력 대신 북(北)의 핵(核) 보유국"이란 기상천외의 사태를 맞이하고, [한반도]의 운명은 기약이 없을 뿐이다.

2장) [미국·중국]간의 "37°휴전밀담설"굴욕적 흥정은 [소련]이 "중국공군(中國空軍)의 창설-MIG21전투기 비밀원조"로 깨짐.

위의 1장)에서 지적한 바와 같이, 이 책에서 결정적으로 주목받는 극비실화(極秘實話)로서, [미국(美國-트루만)과 중공(中共-모택동)] 사이에 이른바 역사상 지금까지 숨겨져 왔던 소위 『한반도에 관한 모종의 비밀흥정』이 은밀(隱密)하게 추진되고 있었다는 놀랄만한 자료가 최근에 밝혀졌다. 이후에 거래된 밀약(密約)은 몇 가지 그 당시의 상황변화 때문에 양측이 다 같이 합의(合意)할 수 있는 "공통의 조건들 즉 최대공약수가 개입되어 있었다"라고 알려졌다. 왜냐하면, 최초에는 대수롭지 않게 생각하고 있었던 <한국전쟁>의 예측 못했던 상황국면이 [UN군과-한·미군]측에게 매우 불리한 악조건으로 돌변했기 때문에 파국으로 빠져버렸다. (참고: 日本近代史의 虛像과 實像, 大月書店, 1987)

대규모 <중공군>의 공격은 [한국전쟁]과 [미국]의 입장과 모든 상황(狀況)이 엄청나게 변해버리는 동시에 이른바 세계질서(世界秩序)의 커다란 변화(變化)를 초래하게 되었다. 이상과 같은 새로운 상황판단(狀況判斷)을 필요로 하는 그 당시 시점에서 역사상 감추어진 "<중공과 미국의 한반도 휴전내용>에 관한 비밀흥정"이 엄연히 있었다는 새로운 사실자료를 이제 구체적으로 열어 보고자 한다.

<사진1-2-1>: 『UN군과 미국군, 한국군을 총지휘한 사령관들』

<주>: 1951년3월 '중공군의 남침에 의한, 1·4후퇴' 이후, '릿지웨이' 미8군사령관, '정일권 한국육해공군 참모총장과, 마지막 전쟁지휘를 수행한 「맥아더 원수」

이미 <한국전쟁>은 3개월 만에 북진(北進)해서 <북한인민군>은 이미 괴멸(壞滅)되었다고 판단하고 "한반도의 최북단" 압록강-국경선(國境線)까지 장악해놓은 상태이었다. 그런데 한겨울로 접어들던 11월 초부터 뜻밖에 '중공의용군(中共義勇軍)' 약 70여만 명이 먼저 인해전술(人海戰術)로 압록강 얼음을 타고 몰려오기 시작하더니, 곧 이어서 약 100만 여 명으로 증강되었다.

<지도 1-2-2> 『한·만 국경(압록강) 넘어 <중공의용군> 남침전투 지도』

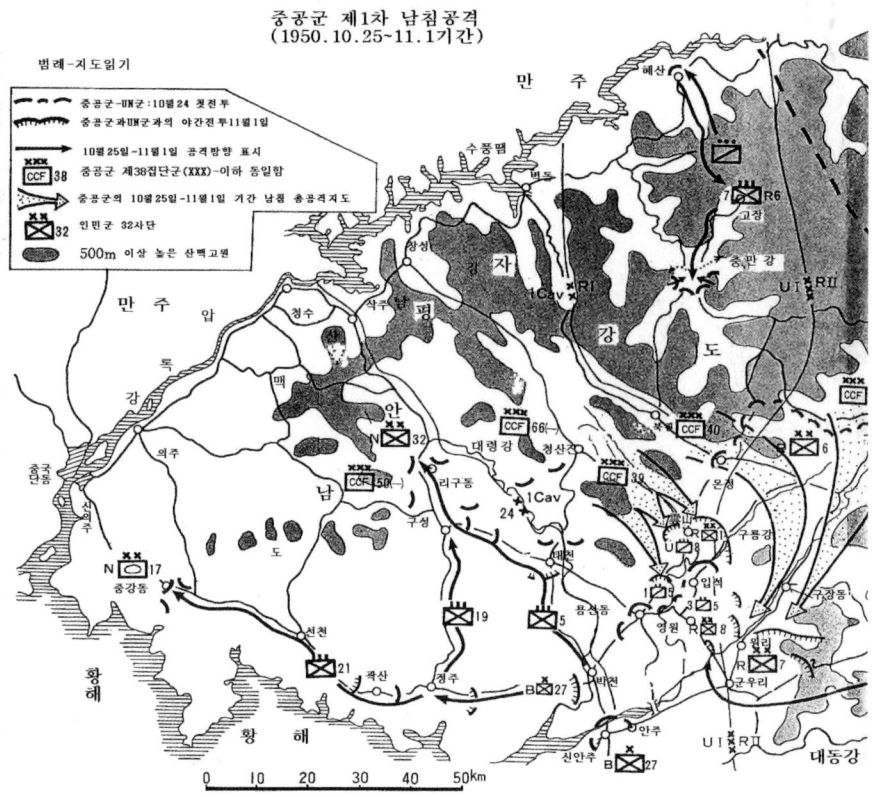

 이제 전세(戰勢)는 급변하여 '미국해병 제1사단(세계최강의 스미스사단)'이 해발 1800m의 개마고원에서 방어하고 있었으나, 전혀 장비는 얼어붙고 보급은 끊어지고 혹한의 추위 속에서 압도적인 인해병력(人海兵

力) 앞에 속수무책(束手無策)으로 고립되어 현대전투(現代戰鬪)는 전혀 쓸모없이 의미를 잊어버리고 전투(戰鬪)가 불가능한 최악(最惡)의 상황에 빠져버렸다.

　이로서 "흥남 철수퇴로"를 성공시키도록 45일간의 방어임무를 사수(死守)하라는 명령을 받은 <미해병 스미스사단>에게 '중공의용군'이라고 부르는 오합지졸(烏合之卒)들이 몰려와서 공격을 가하는 사태에 직면하여 고전(苦戰)을 겪게 되었다. 그들은 처음에 위장된 '지원병군대(志願兵軍隊)'임을 나타내기 위해서 약 16~25세 사이의 훈련도 없는 허약한 군대들이 '인민해방전술(人民 解放戰術)'로 공격을 가하였는데, 당시 무장(武裝)은 몸에 두른 10여발의 수류탄이 전부이었고, 구식 소총을 간간히 들었을 뿐 죽창과 쌀가루 전대와 백주(白酒)병이 개인 화기의 전부이었다. 실은 최고 정규, 정예군이었다.

　맨 처음 9월 15일에 "인천상륙작전이 대성공을 거두어 <북조선 인민군>이 박살나는 순간에, 이미 <중공정규군>들은 '대만(臺灣)과 교전(交戰)' 중에 있었던 남방 복건성을 비롯한 화중, 화동 등 [중국] 전역에 주둔하고 있는 약 75만 명의 대부대 <집단군>들이 속속 압록강변에 집결하였었다. 이를 철저히 위장하기 위해서 선전포고(宣戰布告) 또한 참전예고(參戰豫告)도 전혀 없이 허술하게 우선 '의용군 지원병'이라고 속이고, 훈련도 없이 초라한 무장을 갖춘 경비병이나 그야말로 지원병들 일부를 자강도 및 양강도 산골짜기에 침공시키고 있었다. 초기에 그들은 전멸을 당하면서 죽어도 험준한 산악지대(山岳地帶)를 뒤덮으면서 라이~라이 호궁(胡弓)을 불면서 꾸역꾸역 공격해 오는 소위 '인해전술(人海戰術)'을 <미군>들은 혹한 속에 도저히 인식할 수 없었다.

절망 속에 빠진 <미·한국군>들의 장비는 얼어붙고 보급은 끊기어 산악전(山岳戰)에 서툴기 짝이 없어, 급속히 후퇴하게 되면서 겨우 "장진강+부전강 지역전투와 흥남항 철수(撤收)"를 사수하면서 [북조선 전체지역]을 포기하기에 이른다. 이때가 <중공정규군>들이 본격적으로 투입되어, 제1차 공세를 11월 15일~11월 25일까지 이미 50여만 명이 <장진호> 산골짜기로 공격해 오기 시작한 때로서 <미·한 기계화사단>들을 상상 밖으로 압도하고 있었다. 이어서 급히 철수하고 있는 <UN군>들에게 그들은 제2차 대공세를 11월 25일~12월 10일간 이른바 '크리스마스 대공세'를 취하여 처들어옴으로서, 앞서 동중부 전선이 괴멸되면서, 동시에 서부전선도 급속히 후퇴한다. 결국 동북부 대부분과 서부전서 대부분이 포함된 한반도 북반부는 완전히 포기상태로 들어갔다.

<미군 최정예 스미스 해병사단>도 많은 희생을 내고 흥남으로 철수하였다. 대부대 병력들은 그래도 차질 없이 세계사상 최대의 선박철수로 유명한 "흥남철수"를 성공리에 끝마치게 되었다. 즉시 이와 같은 위급한 전투상황(戰鬪狀況)에 직면하여 「극비의 휴전밀담」이 비밀리에 제기되기

시작한 것이다. 물론 공개적으로도"서구열강(西歐烈强)들의 중공지원(홍콩, 마카오 및 동남아 식민지관계 포함)" 때문에 《UN 평화(平和) 제안》 이란 공식적인 제안으로 휴전강화방안이 <중공>측에게 호소되기 시작했다고 생각된다.

<지도 1-2-3> 『37°선 [미·중공 밀담]의 10.25.~3.2. 사이의 전황(戰況)』

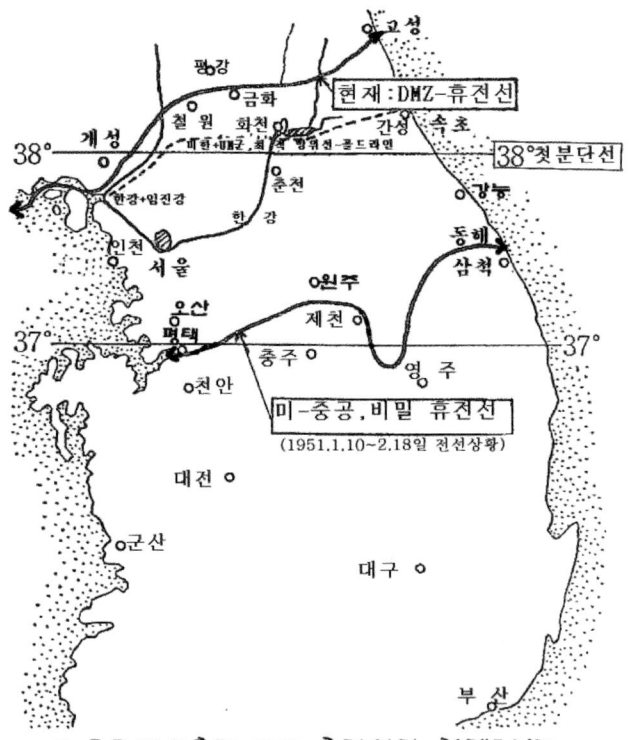

<미-중공,비밀흥정 37도 휴전선과 현재DMZ>

1951년 1월초에 본격적으로 대책을 강구하였는바,'UN안전보장이사회'에서는"한국전쟁(1950년 6월 25일)"이 최초에 발발되기 이전의 상태(38˚ 분단선)를 원상회복(原狀回復)시키는 새로운'휴전회담(休戰會談)'을 구상하다가 그러는 며칠사이에 [수도 서울]까지 파죽지세(破竹之勢)로 함락당하고 비관적인 <1·4 후퇴(後退)>를 겪게 되자, 최대한으로 [중국측(中國側)]에게 유리한 반면, [한국]측에게는 일체 협의(協議)도 수상한 징조도 보이지 않은 채, 지극히 굴욕적인 <트루만의 37˚선 전쟁중지조건>을 비밀리에'모택동'에게 제시하기에 이르렀다는 음모론적 <트루만 제안>이 나온 것이다. 물론 뜻하지 아니한 <중공군>의 압도적인 공격력 앞에 무력하게 패퇴하고 있는 <미군 지휘부>는 속수무책으로, (1) [한반도]를 포기할 것도 고려한 바가 있는 것 같고, 아니면'극비로 트루만이 모택동'에게 <남한>을 할양하려는 흥정까지도 분명 제안한바 있으며, (2) 극도로 당황한 나머지'중공을 일찍이 승인(承認)했던 <친 중국 서방국가>들, 예컨대 영국, 프랑스, 인도, 이집트'등을 시켜서 공식적으로"UN의'한국전쟁 현 전선(戰線)'즉 1·4후퇴 이후~남한 37˚선 작전지역(作戰地域)을 경계로 전쟁중지(戰爭中止)와 휴전조약(休戰條約)을 맺자는 최초의 제안"을 공포한바 있었다. 이때 (3) <중공의 모택동> 역시 속으로는 더 이상 전쟁지속이 한계(限界)에 왔다는 반성을 하고 있던 터라 표면적으로는 <UN안>을 검토하는 한편 비밀로는 <트루만 (2)의 제안>을 심각히 차선책으로 확정하면서, 최선책은 (3)의 목적(目的) 즉"소련으로부터의 최신예 MIG21전폭기 원조에 의한 공군창설(空軍創設)"만을 약 3개월간 애타게 기다리다가 결국 (3)안을 성공(成功)시키고 말았다는 사실이다.

그런데 당시 "서방국가들은 '1년도 채 못 된 [한국전쟁]은 더 이상 무의미하다'라고 속단하면서 <중공>의 승리를 전제로 다음과 같은 2가지 이유(理由)만을 지적하고 있는 점이 자못 흥미를 돋운다. (1) 중공의 안전보장에 관한 문제로서, 어차피 각오하고 있었던 바이지만 "맥아더 UN군 총사령관"이 실제로 만주폭격(滿洲爆擊)을 가할 것이라는 공포감(恐怖感)을 가졌다는 점을 들 수 있다. (2) "중국과 북조선 간의 즉각 상호방위조약"에 의해서, 또한 과거 [중국]의 '국·공 내전'때에 수많은 조선인들이 중공군에 참전했던 보답으로, [모택동]이 '북한 인민군의 패전(敗戰)'을 다시 반격시키기 위해서 대규모 <중공군 100만명>의 출병을 명령할 수밖에 없었다고 평가하고 있다.

즉 [미국측(美國側)]으로서는 위에 지적한 <휴전조약(休戰條約)>회담을 '한국(韓國)'에게도 극비(極秘)에 부치고 일을 진행했기 때문에 그 외 '참전16개국'에게도 전혀 눈치채지 못한 그야말로 남한측[南韓側]에게는 굴욕(屈辱)적인 제안을 [미국정부의 최고위층—트르만 대통령]이 직접 개입한 것으로 알려진 사항이었다. 물론 이 때 한국전쟁(韓國戰爭)을 직접 지휘하고 있었던 <맥아더 원수—UN군 총사령관>은 오히려 만주폭격을 주장하면서 '중공군(中共軍)'의 후방 보급로를 차단하면 <중공군>을 괴멸시킬 수 있을 뿐만 아니라 또 다시 [한반도(韓半島)]를 통일시킬 수 있다는 <전쟁지도(戰爭指導) 및 군사전략(軍事戰略)>차원의 일대 최고도 군사정책을 적극 주장했으나, 이미 물량소모전, 즉 <제2차 세계대전의 재고무기(在庫武器)>를 처분한 [미국의 최고위 정치지도자]들의 <국가지도(國家指導)차원의 군사정책(軍事政策)>은 '현상유지(現狀維持)'로 기울고, 굴욕적이고 불리한 결과는 아랑곳하지 않았다. 이것이 군략가와 정치지도자와의 근본적인 차이점이라고 말할 수 있을 것이다.

《트루만-모택동 : 37°비밀 휴전밀담(休戰密談)의 2중 플레이》 : 주요한 내용은 [37°휴전선=전투분계선]을 상하로 대치중인 위에 지적된 <표 1·4후퇴 전황 지도>에서 보는바와 같이 '휴전완충지대(休戰緩衝地帶)를 설치하고 그 이북의 전체지역을 <중공>에게 무조건 양보한다'라는 다음과 같은 구체적인 사항들 이었다. 즉 <37°선>-지금의 "평택, 안성, 제천, 영월, 태백, 삼척 및 동해시"까지의 동서로 연결된 휴전선(休戰線)"을 기준으로 남과 북을 분할해서 우선 전투부터 중지한다는 정전협정(停戰協定)을 말한다.

이렇게 되면 그 결과는 당연히 [한국의 수도 서울]을 북측(北側)에게 넘겨주는 것은 말할 나위도 없으려니와 당시 '남한 땅(영토)'의 인구(人口)의 적어도 3분의1이상이 중공군과 인민군(人民軍)의 땅으로 넘겨주는 휴전조건(休戰條件)을 즉시 시행하자고 제시한 협정이 된다. [중공]은 방대한 [남한 땅]까지 빼앗아, [북한]에게 넘겨주면서 완충지역(緩衝地域)을 확장시키는 동시에, [북한]에게 상호방위조약을 체결해서 유사시 즉각 전투에 개입할 것을 약속한다. 또한 형제국가로서 각종 물자를 원조해주는 동시에'남한의 수도 서울'을 포함한 엄청난 인구자원을 장악하게 되어 <남북한의 불균형은 완전히 깨지고 북한의 압도적 우위 속에 남한은 낙동강 교두보를 갖는 정도 아니면 존립(存立)이 불가능해진다. 혹시 "UN 감시하의 총선거(總選擧)"를 실시해도 [남한]보다 2배의 국력을 갖게 된 [북한]은 이로서 [한반도]의 주도권을 장악할 것은 말할 나위도 없다. 결국 [남한]은 마치 [대만]과도 같이 존재여부가 불투명해진다.

이로서 지금까지 알려지지 않았던"한반도 휴전선(休戰線)의'트루만식 2중 플레이'37°정전(停戰) 극비실화"는 즉 <미국 트루만>을 위시로 극우파(독수리파)"군산복합체(軍産複合體)의 국익(國益)과"중공-모택동이 노리는 <미·소> 양다리 외교 사이의 이해득실(利害得失)"이 맞아 떨어진'비밀 드라마'라고 평가할 수 있을 것이다. 이와 같은 극비 흥정은 비정한 국제정치 세계에서 흔히 발견되는 사례이며, 영원한 비밀(秘密)로 남는 것도 있으나 수십 년이 가도 발각되는 음모(陰謀)는 분명 실패한 작품이 아닐 수 없다. 동서세계 아무도 모르고 물론 당사자인 [한국]도 모르게 극비로 추진된 사건의 일부를 여기에서 최초로 폭로하고 우선 수집된 자료를 공개하는 바이다. 아직도 이에 관한 구구한 학설과 견해가 각기 다르지만, <중국 공군창설>이란 요인이 [중공―모택동]의 핵심 복안이었고 한편"남한의 3분의 1 이북 땅의 양보를 미끼로 37°선 정전(停戰) 협정제안 자료를 폭로 공개한 것"은 이 책(冊)이 최초이다.

『트루만과 모택동의 2가지 각기 다른 2중 플레이―파워게임』 … 위에서 밝힌 극비자료들은, 물론 <우방(友邦)>들과도'UN의 공식적인 휴전제안'이외에는 아무런 언질도 주지 않은 채, [한국정부]나 [국군 및 여타 UN군]에게도 전혀 협의조차 없었던 전격적인 제안으로서 물론 당시 <소련 스탈린>도 몰랐을 또 다른 <모택동의 2중플레이―중국 공군창설>이라는 음모가 숨겨져 있었던 것임에 틀림없지만, 앞에서 지적한 바와 같이 [미국 트루만] 역시 더 이상 귀찮은 한국전쟁을 무조건 제멋대로 끝내려고 한 것만은 틀림없는 것 같다. 원래 [미국]이 몇 가지 방안을 놓고, 숨겨진 전쟁목적(戰爭目的)속에는 아래와 같은 **❶**~**❸** 및 ①~④ 및 ❶~❸ 등 여러 가지 분석들을 지적할 수 있다.

위에서 여러 차례 지적해온 바와 같이 [미국]은 순수하게 휴머니즘에 입각한 세계평화나 인류의 행복을 위한 복지구현만을 위하여'미국중심의 세계질서→팍스・아메리카나'를 작동시키고 있지는 않다. 물론 국가이상이나 민주주의의 정신이 가장 합리적으로 법치주의로 또한 윤리(倫理)적으로 모범을 보이는 것은 사실이지만, 역시 패권주의나 국익우선의 독선적 행위는 허다하다. 따라서 1950년~1953년 7월 사이의 [한국전쟁]을 치루면서 [미국] 나름의 여러 가지 잡다한 요인(要因)들은 아래와 같이 몇 가지 측면에서 음미해볼만 하다.

1 제2차 세계대전 후에 남아있던 전쟁물자 재고품(在庫品)들 약 600억$ 어치의 재래식 무기를 처분하고, 전쟁 산업(戰爭産業)의 지속적인 재생산과 새로운 신투자 개발이란 '전쟁경제적인 의미'가 제일로 크다. 왜냐하면 [미국]의 군수산업(軍需産業)은 제2차세계대전 5년 기간 동안에 물경 5배나 생산력이 증가해서 평화산업(平和産業)보다도 훨씬 더 막강하였는데, 전후에 만일 공황(恐慌)위기에 시달리는 [미국경제]가 군수산업(軍需産業)까지 평화산업(平和産業)으로 전환된다면 [미국]은 당장 디플레이션, 즉 <대공황(大恐慌)> 때문에 파멸의 위협에 시달리기 마련이다. 제2차 대전이 종결된 직후에는 미국만을 제외하고는 어느 선진 국가들이든 간에 승자(勝者)도 패자(敗者)도 없는 빈곤 속에서 세계경제(世界經濟)가 완전히 파탄(破綻) 속에 빠져 있었다. 따라서 2차 대전 종결 후 5년만의 [한국 전쟁]은 공황을 막는 대량 소비처로서 국지전쟁은 필수적이고, 결국 '유효수요(有效需要-Effective Demand)의 쓰레기통'으로서 '한국전쟁 및 월남 전쟁'은 최적한 단기 소비적인 정책수단 이었다.

2 [미국]은 앞에서 지적한 바와 같이, 과잉생산(過剩生産) 때문에 "공황(恐慌)위기"에 시달리고 있는 경기부양(景氣浮揚)과 미국국민의 세금을 거두어 막대한 재정자금(財政資金)을 조성할 수 있도록, [한국전

쟁]과 같은 국지전쟁(局地戰爭)을 일으킬 수밖에 없음으로 이들의 전쟁명분을 축적(蓄積)하기 위한 당면한 [미국의 적]을 항상 확보해야 된다. 따라서 600억$(달러)의 전쟁비용을 쏟은 다음, 그 뒤 [베트남 전쟁]에서는 재래식 전쟁으로는 천문학적인 2.1억$(달러)의 전쟁비용(戰爭費用)을 [미국의 재정자금(財政資金)]으로 지출하였던 사실이 이를 증명해 주고 있다. 물론 대량 소모 전쟁이나, 물량전쟁은 장기적으로 승수배의 투자지출을 초래하기 때문에 결국 더 큰 유효수요를 가속적으로 촉발하게 되고, 이 때문에 재래식 무기를 사용하는 전쟁은 여기에서 끝이 나면서 "별들의 전쟁"이나 최첨단전쟁기술과 우주산업으로 전환되어 버렸다.

3 당시 확대일로에 있었던 『공산권, 특히 소련(러시아)과 중국 등』의 팽창세력(패권주의(覇權主義))을 방어할 수 있는 유일한 탈출구는 [미국]의 <전쟁억지전략>이나 "미국의 전쟁지도이고 국가전략"이지만 다른 한편 [미국]의 막대한 재정지출은 역시 세계경제의 경기상승(景氣上昇)을 좌우하기 때문에 현실적인 적(敵)을 항상 끌어안고 공생하면서 살기 마련이다. 이미 [미·소]간의 냉전체제(冷戰體制)'로 들어간 이 시대에 [미국]은 동북아시아의 국제정치의 주도권(국제경찰력)을 장악해서 다음에 오는 세계공황(世界恐慌)까지 대처하려는 "국제정치경제학적 자본동원(資本動員)과 정치권력(政治權力)의 행사"를 '항구적 전쟁경제'로 유지해야 되는 필연성이 [미국경제]의 기본자세로 밑바탕에 깔려있기 마련이다. 당시 [중국·소련 등 공산국가]의 패권주의(覇權主義), 즉 통일전

선(統一戰線) 전략과 맞물리는 <한국·베트남 전쟁>은 비록 국내전쟁이고, 좌우충돌이며 국제전의 성격을 동시에 갖추고 있었지만, [미국]의 입장에서 무정부적(無政府的)으로 움직이는 세계독점자본(世界獨占資本)의 유효수요(有效需要)…→대량소비=전쟁의 논리는 필연적 이었다고 말할 수 있을 것이다.

『한국전쟁』에 관한 당시 [소련(蘇聯-러시아)]의 내면적인 의도는 '국제공산주의의 세력 확장과 혁명지원'에 목적이 있었다. 특히 [중공(모택동)]의 속셈은 그 때가 <중화인민공화국>을 개국(開國)한지 채 1년도 못되는 기간에 '국공내전(國共內戰)'에서의 승리한 여세를 몰아서 [소련]의 경제 및 기술과 공군력(空軍力) 즉 '전폭기(戰爆機)의 확보'가 초미의 주요한 관건이 되고 있었을 것이다. 결국 [미국과 중공] 사이의 이해관계는 여기에서부터 새로운 국면전환(局面轉換)을 맞이하면서, 양측은 다 같이 최대한의 <물량전쟁과 대량소모전쟁>의 양상을 띠우게 되는 일대 전환기에 처해 있었다고 말할 수 있겠다. 왜냐하면 [미국]의 소모전쟁은 이미 '한국전쟁'에서 끝났기 때문이다.

이때 [중공]은 왜 "미국의 37°휴전선 비밀제안"이란 굴욕적인 양보에도 불구하고, 이 같은 유리한 조건하에 '한국전쟁' 전리품(戰利品)을 승리로 획득할 수 있는 절호의 기회를 저버리고, 지극히 안이한 판단, 즉 <중공-모택동> 최대의 염원인 『공군(空軍)의 창설』을 최우선적으로 채

택함으로서, 이른바 "37°휴전선 미국의 제안"을 깡그리 무시해 버릴 수 있었을까. 또한 [모택동]은 [한국전쟁]의 앞날을 과거 <통일전선 이론>처럼 엉뚱하게 오판하여 오로지 <공산홍군(共産紅軍)이 승리(勝利)>할 것이라고 과신함으로서, [중공의용군(中共義勇軍)]은 [미국]의 제안을 거부하면서 [한국전쟁]을 낙관하고 있었다. <중공군 최고 사령관, 팽덕희와 야전군 사령관 림표>는 '보급품의 부족과 수송애로 때문에 최대 침공은 「38°선 원위치」까지만 가능'하다고 판단하고 있었다.

결국 <중공─모택동>은 꿩 먹고 알 먹는 식으로, [소련]에게서 최신예 전폭기 MIG21기 2000대를 원조받아 소망의 '공군력(空軍力)'을 확보하는 동시에 [미국]에게서는 '인해전술'로 밀어부쳐 "38°선 이남으로→점령지역을 확대하여, '37°선 동서전선'에서 정전(停戰─전쟁중지)"함으로서 다면적으로 커다란 횡재를 노리고 있었다고 지적할 수 있다. 가히 <모택동>식 대전략이요 아직 [미국]의 막강한 물량공세와 대량보복(大量報復) 전략을 오판했지만, 이때 '트루만'의 2중 플레이는 '모택동'의 책략에 크게 실패한 셈이다.

어떻든 앞에서도 지적한 바와 같이, [중·소 비밀음모]라는 '2중플레이'는 뒤늦게 첩보(諜報)를 통하여, 정반대의 상황임을 파악하게 된 [미국]이 커다란 분노를 자아내기에 이른다. 즉 '트루만의 대통령 임기'가 다된 시점에서 그대로 후퇴한다면 [미국의 국익]과 체통이 떨어지게 될 것이고 또한'트루만'은 선거를 포기해야 될 것이고, 반면'만주폭격(滿洲爆擊)'을 하거나'원자폭탄'을 쓴다면 제3차 대전을 각오해야하는 동시에 방사능(放射能)과 대량살상(大量殺傷) 때문에 국제적인 비난을 막아낼 길이 없었다. 결국 [미국]이 적절하게 전쟁을 종결할 수 있는 적정선은 무엇보다도 원초의 [38도선] 부근으로 환원해서 국제법에 따라, '원상회복(原狀回復)'하는 전쟁으로 끝내는 길 밖에 없는데, 이런 경우 [한국전쟁 참가]는 완전한 소모전 공황방지 대량 유효수요(有效需要)의 군수물자 처리라는 일종의 제국주의 침략전쟁이란 비난을 면치 못하게 될 것이 틀림없게 되었다.

{중국공군(中國空軍)을 창설(創設)하겠다는 <모택동의 2중 플레이>}의 염원은 무엇이며 얼마나 간절하였기에 [미국]의 굴욕적인 <한반도 37°선 트루만식 휴전안>까지 버렸는가. 이를 선택할 경우 종래'38°휴전선'이남의 거의 3분의 2의 영토를 [중공·북한]측이 확보하게 되는 막대한'전리품(戰利品)'을 획득할 수 있음에도 불구하고, 이를 뿌리치며 오히려 [소련의 스탈린]이 지원해 주는 최신 MIG21기 약 2100대를 원조 받기로 하고, "중국의 공군창설(空軍創設)"에 혈안이 되었을까 하는 해답을 찾아보면 다음과 같이 설명된다. 그리고 이 같은 사정은'스탈린'도 전혀 예측 못했던 정보이었기에 결국 [미국과 소련]은 다같이 <모택동>의 탁월한 지략에 속은 것이다.(朝鮮戰爭, 日本 NHK放送局 간행, 1990, p.153 참조).

1 [모택동]의 어록(語錄)을 보면, 세계전쟁사상 유명한 "인민해방전술(人民解放戰術)"에 관해서 다음과 같이 말하고 있다. "자력갱생(自力更生)을 기본원칙으로 삼고 자주독립(自主獨立)을 최우선시 한다. 반면 외부로부터의 원조(援助)에 의존하는 태도는 원칙적으로 철저히 배격한다. <중공의용군>의 전술은 인적자원(人的資源)이 풍부함으로 적보다 몇 배 많은 병력을 투입하면서, 여기에 공군(空軍)까지 포함해서 충분한 장비를 갖추고, 독립자주와 민족주의 입장에 따라 혁명전술로서 상대 적군을 압도하는 일이다."라고 말하면서 '한국전쟁'에 1949년 10월 1일 [중화인민공화국]을 건국한지 만1년이 되는 1950년 10월 25일~11월 5일경 제1차 공격을 1주일간 압도적 승리로 이끌었다.

우선 <한반도>에서 '인천상륙작전'이 성공하고 동시에 막강한 <북조선 인민군>이 완전 회복불능으로 괴멸당한 것을 파악하고, 즉시 9월 15일부터 [중국 남방(제4군 및 제3군)과 경비군과 지원병(조선족 포함)]들을 한만국경(韓滿國境)에 배치 완료해 놓았다. 약50만 의용군(실은 정규군)'을 주축으로 '경비대와 지원병'을 모집해서 앞에 허약한 형태로 내세우면서, 제1차로 압록강(鴨綠江)을 넘어 '북한의 자강도 만포진'을 통하여 '미·한군=UN군'을 속전속결(速戰速決) 산악전과 혹한전술을 통한 인해전술(人海戰術)로 공격하기 시작하였다. 이것이 세계 3대 전투로 유명한 '미국의 장진호' 혈전이었다.

2 《37°극비휴전밀담의 핵심내용》을 유추할 수 있는 다음과 같은 요인들을 검토할 수 있을 것이다. [모택동]이 인민해방전술 즉'인해전술(人海戰術)'을 구사하면서 [미국]에게 자기들도 막강한 군사대국임을 인식시키는 한편 장차 UN가입(거부권+안보이사국) 등 관계개선을 도모하는 동시에'UN가입(加入)'을 앞당기려는 깊은 전략이 첫 번째 이유가 될 것이다. 두 번째 이유는 패전(敗戰)한 [북조선]을 복구해서 종속국가로 남기는 목적과 <북한 인민군>을 최소한 복구하는 목적, 그리고 무엇보다도 [북조선]에게 [남한 영토]를 더 많이 빼앗아 주면서'완충지역(緩衝地域)'을 만들겠다는 목적이 될 것이다.

또한 세 번째 이유는 <모택동의 음모>인 동시에 최대 목적(目的)이 되는 사항인데,'장개석 국민당군대'를 몰아내고 천하통일을 기한 막강한 600백만의 <중공정규군>을 마지막으로 써먹으면서 소모시키는 기회로 삼는 한편, 가장 중요한'중국 공군(空軍)'을 창설하기 위해서는 [소련]의 최신 최고의 현대식 무기(武器) 특히 전폭기(戰爆機)-MIG21를 <중공군>에게 확보시키려는 최대 목적이 있었다고 볼 수 있다. 그래서 [소련'스탈린'의 막대한 군사장비 및 보급]을 지원받으면서 이때 막 건국한 [중화인민공화국]이 [한반도 점령]을 위하여 무려 100여만 명에 달하는 <중공의용군>을 파견하도록 결정한 다음과 같은 <회의내용>을 보면, 그의 의도(意圖)를 금방 알아차릴 수 있다.

즉'한국전쟁'참가보고서(報告書)- [참전목적과 작전구상](1950년 10월 8일)을 보면, 위의 내용을 확연히 찾아 볼 수 있는데, 무엇보다도 "소련 공군(空軍)의 지원문제"를 주안점으로 삼고 있는 것이었다. 그것 은"중국 공군"을 창설하기 위한 목적으로'소련의 MIG21 전투기'를 먼저 대량 도입하고, 실전경험을 쌓는 동시에'중국이 빠른 시일 내에 전폭기 생산'체제를 자력갱생(自力更生)으로 이루고, "중국의 공군(空軍)"을 최신예 전투기로 무장시키기 위한 포석이었다. 결국'모택동'은 이점에서 커다란 성과를 거둔 셈이다.

3 실제로'소련'은 <한국전쟁>에서 물량(物量)만을 충분히 간접적으로 지원하였다. 때문에'북한인민군'이 홀로 남침했다가 일패도지해서 압록강까지 3개월만에 패퇴(敗退)하게 되자, 10월말 경부터'중공군'을 대량 참전하도록 권유하였다. 그러면서 [모택동]의 요청에 따라 특별히 [스탈린]은 이미 1950년 6월 19일에 최초로"중국에 공군여단(空軍旅團)을 만들고, '항공학교(航空學校)'6개교를 설립하는 동시에 '각종 비행기(飛行機) 434기'를 양도해 주고 전문가(專門家)들의 파견"을 약속한바 있다. 따라서'10월 19일부터 MIG15 전투기 100대를 중국에 판매'하였으며, 그 뒤부터는 2,000대를 무상원조로 UN군을 압도하기 위하여 집중 투입한 것으로 되어 있다.

이때부터 「중국공군(中國空軍)」들이 'MIG21 제트전폭투기'를 조종(操縱)하고 출격하는 것을 본 '미공군 파일럿'들이 경악을 금치 못하는 사이에 중국의 공군은 급속히 확장되었다. 1951년 6월에 기록된 자료(朝鮮戰爭, NHK放送局 刊行, 1990, pp.153~160)에 의거해 보면, 이미 '중국공군'은 MIG15 전투기 400대를 보유하고 전투를 미리 시작했으나, 워낙 낡고 전투력이 약해서 UN군의 적수가 못되었다. 순식간에 전멸당하고 말았다고 한다. 전쟁말기(戰爭末期)에는 2000대를 보유하였다고 한다. 당시 '소련의 MIG15'전투기생산량은 연간 5000~6000대에 달하였으므로 '중국공군'에게 실로 막대한 수량을 지원한 셈이다. 물론 소련제 MIG15 전투기는 미국제 F86 전투기와 비교해서 '공중전(空中戰)'에서 손실률이 10배에 달한 사실을 비추어볼 때, "중국은 한국전쟁에서 공군 파일럿트들의 신병 훈련장으로 사용했다."라고 지적할 정도로 '중국공군'은 초창기 많은 희생을 치렀다.

4 그래서 결국은 [중공의 모택동]이 <중국공군> 창설이라는 '스탈린'의 군수지원에 따라, <미국의 37도선 휴전안>으로 생기는 이익, 즉 남한영토의 거의 3분의 1을 [중공]이 점령할 수 있었던 기회조차 포기한 채로 오로지 공군(空軍) 때문에 [미국밀약]을 거부하게 되었다. 이 때문에 무려 3개월 동안 '중공의용군'이란 위장전술을 인정했던 [미국]이 다시 본래의 <38도선>을 원상회복하기 위하여 북진을 명하게 된다. 동시에 1951년 2월에는 "UN안전보장이사회"로 하여금 이번에는 <한반도를

남침한'중공군을 또다시 '침략자'로 의결(議決)하면서,'UN군과 한미 연합군'의 강력한 북진(北進)을 개시하게 된다.

이에 따라 3월 14일 부터는 <한국군>이 주축이 되어, 또 다시 "수도 서울"을 탈환하는 동시에 일제히 북진(北進)하게 된다. 결국 [한국전쟁]이 발발한지 1주년이 되는 1951년 6월 달에는 모든 전선이 본래의 '38도선'부근에 머물면서, 서부전선은 <미·한군>이 밀려서 '개성'이 남까지 수세를 유지하고 있었고, 반면 중동부 전선은 월등하게 확충된 <한국군>을 주축으로 금강산과 고성 밑까지 깊숙이 점령지를 확대하고 있었다. 이때부터 양측은 일진일퇴를 거듭하면서 약 2년여 기간을 현상유지작전으로 메우고 있었고, 현재의 《38°DMG 휴전선(休戰線)》에서 지금껏 70여년을 정전(停戰)으로 유지하고 있다.

5 {참고 : 모택동 공군창설(空軍創設)의 경위와 실제 상황자료}→
이 책의 핵심자료(核心資料)가 되는 『모택동(毛澤東)의 차원 높은 다목적(多目的) 대전략(大戰略)』 소위 "모택동 사상"이란 최상위 목적을 초과 달성한 총 수익(收益)은 전혀 예측(豫測) 불가능한 천문학적인 실적을 거두었다고 평가될 뿐이다. 과연 어느 만큼이나 되었는가. 이를 분석해 보면 다음과 같다. 『Korean War－한국전쟁(韓國戰爭, 1950.6.25.～1953.7.29)』의 특수성(特殊性)은 이 책에서 수없이 언급되고 있는바와 같이 종횡(縱橫)으로 무한한 창발력을 발휘했을 뿐만 아니라, 종합체계적인 다양성(多樣性)을 무제한으로 확장하고 있었다. 특히 거대한 [중화인민대국]에서 "모택동의 최대 염원인 공군창설(空軍創設)"이란 과제는 난제중의 난제임에도 불구하고, [미국의 트루만 대통령의 2중 플레이]를 또다시 되치기로 절묘한 <모택동식 2중 플레이>로 완벽하게 성공(成功)을 거두어 낸 것이 아니었던가.

　사태의 전말은 다음과 같다. ❶ 1950년 6월 25일에 <북조선 인민군> 20만 정예군들이 "한반도 남침전쟁"을 시작해서 3일 만에 수도 서울을 점령하고 무풍지대를 가듯이 '낙동강 전선'을 구축하고는 <UN군 및 한·미군> 대부대와 낙동강전선에서 드디어 일진일퇴 소강상태를 보이고 있을 때, [중국공산당 중앙]은 이미 8월 13일에 "한반도 출병(出兵)"을 결정하고 특히 <총사령관 고강(高岡)>이 지휘하는 동북국경수비대 간부회의>에 당중앙군수뇌까지 합석해서 출진준비를 마치고 있었다. 그 무렵 전세(戰勢)는 급변해서, 9월 15일에 'UN군 인천상륙작전의 성공'으로 <인민군>이 괴멸(壞滅) 당하게 되자, <모택동>은 9월 30일까지 모든 출병준비를 완료하라는 국가원수의 지령을 하달하였다. 이로서 [중화인민공화국(1949.10.1.)]이 창건된 지 불과 8개월만에 이미 [한국전쟁]에 <중공군>이 개입할 것을 결정하고 있었다는 증거가 확실하다.

　이어서 구체적으로 참전(參戰)경과를 볼 때, 8월 31일 정식으로 취임한 <모택동>의 오른팔 "주덕(朱德) 인민해방군총사령관"이 제출한

'작전보고서에 의하면"속전속결(速戰速決)을 이상적 목표로 설정하고, 3가지 필요조건(必要條件)을 결정하여 <모택동>의 승인을 받고 있다. 첫째로는 공군(空軍)의 투입이 필수이며, 소련(蘇聯)의 최신 장비, 기술 및 최신예 MIG전폭기가 없다면 참전은 불가능하다는 조건이다. 둘째로는 병력(兵力)은 <2개집단군(軍)>을 통합시켜 여기에 대포, 전차 및 고사포(高射砲) 대부대는 필수적인 조건일 것. 셋째로는 충분한 보급(補給)과 병참(兵站)이 필수이며, 탄약, 식량 및 운송수단과 병원의 설립을 우선적으로 해결할 것 등이었다. 벌써 평양에 파견된 <중공군 고위참모>들로부터 <미군>에 관한 정보판단보고서에 의거해 보면, (1) 엄청난 미국공군력의 폭격(爆擊)과 (2) 100만 대군을 유지하기 위한 보급로(補給路) 확보가 없다면 비관적이라는 판단보고에 따른 결정이었다.

　　10월 제1차공세를 시작할 때, <중국공군>의 형편은 겨우 육군조차도 게릴라부대가 근대적인 <인민해방군>으로 변신한 처지이기 때문에 연습단계에 불과하였다. [한국전쟁]이 발발하기 직전 1950년 6월 19일에, 훗날"중국공군총사령관에 취임했던'유아루(劉亞樓)'가 [소련]을 방문해서 원조를 요청한 결과 받아낸 항공학교 6개, 각종 비행기 434기, 전문가의 파견을 얻어서, 최초로「공군여단(空軍旅團)」이 창설되었을 뿐이다. 그 후 4개월 지나서 10월 19일에 상해(上海)에서 중국공군들의 작전연습이 있었다는 기록이 있으며, 그 때 [한국전쟁]에 참전하면서 공식적으로'중국의 공군조종사가 처음 MIG15기'를 몰고 나온 것을 목격하고는 <미군조종사>들이 놀랐다는 기록이 보인다.

이때 극히 초보적이지만 <중국 공군>은 한만국경 동북지방에 MIG15기 400기를 확보했고, 전쟁말기에 겨우 [소련]의 원조로 2000대를 보유했다는 자료가 있다. 물론 당시 [소련]의 연간 생산능력은 6000기 정도라고 한다. 그런데 [미군기] F86 세이버와의 대결을 비교해 보면, 중국이 10배의 손실을 입었고, 파일롯트도 신인들이라서 기술수준이 취약하여 [한국전쟁]에서 실전연습을 행하는 정도라고 기록되어 있었다. 결국 3면이 바다로 둘러싸인'한반도의 참전은 게릴라식 인해전술과 산악전이 유일한 <중공군의 우위일 뿐이란 정세판단이 결정되었다. 우선 <모택동>은 육군에 주력해서"미국의 3로향심우회전략(三路向心迂回戰略―육,해,공)에 대항하는 제13(집단)군과 제9(집단)군 및 제19(집단)군들 약 25만 병력이 압록강을 넘어 침공하라"는 명령을 내린다.

9월 20일 <주은래(周恩來) 수상>은"한국전쟁에 참전하는 <중공군>의'한미전쟁은 자력갱생과 지구전이다'라는 작전기본지침(作戰基本指針)"을 책정한다. (1) 압도적인 병력(兵力)을 집중해서'인해전술'로 <미군>의 병기, 소수병력을 무력화시킨다. (2) <미·한국>들을 소수부대로 분산되도록 유도시켜 섬멸한다. (3) 장기전에 유리한 방향으로 포위하고 사기를 꺾는다. 동시에 <미군>이'38°선을 넘는 순간 본격적으로 <중공군>은 압록강'을 건너 한국전쟁에 물밀듯이 쳐들어가기로 결정하고 있었던바, 10월 2일 정식으로 <미·중 전투>는 시작되었다. 이날 <모택동>은 참전목적과 작전구상까지 기록한 전보(電報)를 [소련의 스탈린]에게 보고하면서, 구체적으로 "중국 공군 창설에 관한 계획서"에 군사지원 문제가 포함되었다고 '중국전문가'들은 언급하고 있다.

<모택동>이 주최한 "중국공산당 중앙군사위원회 겸 전국인민해방군 최고 간부회의"는 [한국전쟁에 관한 중공식 전술적 상황판단]을 다음과 같이 [소련]에 보고하였다.

<사진1-2-4> 『38°휴전선상의 "판문점 정전회의장" 1953년 ~ 현재까지』

<자 료> : 朝鮮半島の軍事學(小谷豪治朗. 敎育社, 1978) p.44

(1) 중공의용군(지원군)이란 용어로 <미군>의 북조선 침략을 기정사실로 받아들이면서, 선전포고 없이 위장전술을 사용한다. (2) <미군>이 침략한 것으로 명분을 앞세우고, 한편"미공군이 중국의 대도시나 공업기지를 폭격하던가 동시에 미해군(대만군 포함)이 중국의 연안을 공격"하는 경우에 철저히 대비한다. 결국 <중국에도 막강한 공군력>의 창설은 시급한 과제이다. (3) 참전(參戰)으로 중국내부에서 경제건설이 안되면서 <미군>의 본토 폭격이 나오는 경우, 인민대중들이나 자본가들의 반란이 우려되는 최악의 사태가 우려된다. (4) <미군> 1개군단(보병 2사단+기동1사단)에는 전차 대포와 고사포를 포함해서 7~24구경 각종대포가 1,500문(門)을 소지한 반면, <중공군>은 1개군(3개사단)에 겨우 36문이 있을 뿐 빈약하다. <중국 공군>도 1951년 2월에 생겼으나, 훈련기 등 잡다한 300기뿐 취약한바, <미군>을 섬멸시키려면 적보다 4배 이상의 병력과 2배 이상의 무기가 절대 필요하다. (5)<중공군>은 앞서 투입된 남만의 12개사단+장강의 24개사단+의용지원병 20만명을 합한 총계 74만군대를 기차로 즉시 수송시키는 동시에, [한반도 전투]에 투입시켜야 한다.

이상 [대소련 요청서]처럼 <중공군>의 한반도 침공=조선출병이란 명분은"<UN군>의 38°선 이북 9·28 북진(北進)"이 실행되는 즉시 <북조선선 방어(防禦)>를 위하여 대규모 반격작전을 시행한다고 공언해 놓았다. 실제로'제4야전군이라 불리는 <중국인민의용군> 20만명'을 림표(林彪)사령관의 지휘하에 10월 5일을 기하여 먼저 급속히 남파했다. 물론 모든 병참보급은 [소련]이 '항공기계화부대 5개사단'을 압록강변에 배치해 놓고 충분한 지원을 다했으나, 다만 공군만은 불필요하다고 [소련]이 거절하였다. 이를 괘씸하게 여긴 <중공>측은 일단 주은래(周恩來) 수상이 10월 8일 "소련의 공군지원을 스탈린에게 요청"하는 동시에 독자적인 행동을 선포한다. 한편 "스탈린은 소련이 3차대전 위험으로 공군 파견은 불가능하고, {김일성(金日成)}은 만주지방에 망명정부(亡命政府)를 수립하라"는 제의로 <주은래>에게 창피하게 답했다는 자료도 나와 있다. 아마도 "중·소 이념분쟁이나, 김일성의 독자노선"은 이때 싹튼 것 같다.

　　<모택동>은 독자노선을 선포하고, 오직 [소련]에게는 유일하게 공군의 창설만을 위한 관계를 유지하면서 본격적으로 '북조선 수복과 한반도에서 UN군의 격퇴'라는 명분을 내걸고, 세계여론을 유리한 방향으로 유도하는 동시에 인해전술이란 <미군>이 당해낼 수 없는 기상천외의 전투를 속전속결 승리로 연결시켜 불과 10월~3월까지 1~3차 대공세를 10일 간격으로 치루면서 전선(戰線)을 남한 깊숙이 37°선상의 평택과 충주, 동해시로 압축시켰다. 겁먹은 <트루만>이 "37°선 전쟁중지 비밀휴전안"을 몰래 양보한 것도 이 무렵이다. 물론 이때는 <북조선>도 구출하고, [소련]에서 약2000대의 최신 MIG전폭기를 무상으로 원조받게 되어, 드디어 <모택동>의 '겹 2중 플레이(공군창설)'을 성취시키게 되었다. 동시에 '<트루만>의 2중 플레이(37°선 휴전흥정)을 무시하면서 <미군>을 위축시켜 [중공]과 대등한 국력을 과시하게 되며, 결국 UN안보이사국으

로 가입까지 이루어 5대강국으로 부상하는 대성공을 거두게 되었다.

한편, <UN군>은 9·28수복 이후 인민군이 완전히 붕괴되었기 때문에, 충분한 북진통일(北進統一)의 여력이 있었음에도 불구하고, 38°선을 넘어서 북(北)으로의 진격여부를 결정하는데 무척 주저하고 있었다. 그 후'UN의 이지역이란 용어개념을 압록강까지'라는 해석으로 겨우 조정하면서, [미국]의 새로운 작전(作戰) 명령만을 기다리며 3일간이나 심상치 않게 일진일퇴(一進一退) 소강상태를 거듭하게 된다. 이때부터 지루한 '백마고지 전투'등 일련의 소규모 작전이 거의 2년여를 계속하는 동안에 원위치의 현재"휴전(DMZ)선"이 전쟁중지로 끝맺게 된다. 이는 평화(平和)도 전쟁(戰爭)도 없는 준전시(準戰時) 상태의 기약 없는 휴전(休戰)일 뿐이었다. 이것 역시 <주한미군>의 주둔이 계속 유효하다는 이해관계가 있을 뿐이었다.

그러면서 웬일인지 [미국]의 <트루만 대통령>은"중공군을 격파하기 위하여'만주폭격'을 주장한 총사령관 맥아더 원수"를 1951년 4월에 이르러 갑작이 해임(解任)시켜 버렸다. 실은 미국정부의'전쟁목적(戰爭目的)'이'제한전략(制限戰略)'방향으로 크게 변했기 때문에 더 이상의 확전(擴戰)이 필요없다고 판단한 것이다. 물론 <맥아더 총사령관>의 해임사유에 관해서 <트후만>은 ❶ [미국]의 전쟁지도(戰爭指導) 책임을'맥아더 총사령관'에게 씌워서 한 사람을 희생시켜 국면전환을 노린 것, ❷

'맥아더'가 중국본토에 대규모(大規模) 폭격(원자탄을 포함)을 가하자고 주장하여 [미국정부]를 혼란에 빠뜨린 점, ❸ 이때부터 <한국전쟁>을 장기전으로 바꾼다는 [미국]의 "대전략(大戰略)에 관해서 '맥아더'가 적합지 않다"는 이유를 핑계로 항명(抗命)했다고 주장하고 있지만, 결국 <트루만>이나 <모택동>의 각기 전혀 다른 속셈(2중의 2중 플레이)을 가지고 비밀 회담에 임하는 2중 플레이는 어느 한쪽이든 파워게임에서 깨어지게 된바, 바로 <트루만>이 실책을 저지르게 된다.

  <모택동>은 1949년 10월 1일, [중화인민공화국]을 최초로 건국하면서, 6천년 중국 역사상 <진시황제> 이래 [미국]보다도 넓은 중국대륙과 변방국가(邊方國家)들을 완전히 공산주의(共産主義)=사회주의(社會主義)로 통일해 버렸다. 그는 일찍이 호남성 부자집에서 태어나서 그가 창안한 이른바 『모택동 사상』에 의거해서 "모순론과 실천론"이란 '자연변증법 철학'에 기초하고, '농촌 소비에트(인민공사—Peple's Soviet)'을 각처에 거점으로서 확보하는 동시에 유격전(遊擊戰)—'빨치산 게릴라 전투'를 벌여서 이른바 "장개석 국민당 정부와의 국공내란(國共內亂)을 승리"로 이끌었다. 그런 뒤에 <모택동>휘하에 일사불란한 인민독재(人民獨裁—People's Dictatorship)체제를 구축하고, 티베트, 위구르, 청해, 신강, 내몽고 및 운남을 포함한 엄청난 영토(領土)를 확장하였다. 또한 그 어려운 대륙통일(大陸統一)을 완수하고, '장개석'의 <중화민국>을 대만 섬으로 내쫓아 버리고 오늘의 <중공대국주의>를 성취하기에 이른다.

<모택동>은 제2차 대전이 끝나자 [미국]에 대해서 자기는 "연합정부론(聯合政府論)과　신민주주의론(新民主主義論)-New　Democracy)"을 신봉한다고 들고 나와서, [미국]을 현혹시키면서,'농촌으로 도시를 포위한다.'는"농촌소비에트　이론"을　들어'소련　볼셰비키'와는　전혀　다른 독특한 중국식 사회주의혁명(革命)인양 속여 먹었다. 인민(人民)의 개념을 5가지로 분류하고, 양심적인 자본가(資本家)나 지식인(知識人)과 지주계급도 진짜 프롤레타리아트인 노동자(勞動者) 및 농민(農民)들과 다 같이 공존한다는 중국의 국기(國旗)인 5성홍기(五星紅旗)가 바로 이것을 뜻하고 있지 않는가."인민해방전술(人民解放戰術)에　의한　통일전선이론(統一戰線理論)"은 <모택동 사상>에 입각한 <신민주주의> 국가에 의해서 일찍이 강력한 홍군(紅軍) 650만 명에 달하는 단합된 정예군대를 조직화시키게 되었고, 토지개혁(土地改革)과 인민공사(人民公社)를 통하여 전국토를 혁명(革命)기지로 무장시키면서, 물론 1965년부터는 비록 실패했지만,　좌익모험주의(左翼冒險主義)로서　문화대혁명(文化大革命-Cultural Revolution)을 일으켜"홍위병(紅衛兵)"소동을 벌리기에 이른다.

　　따라서 현대식 <UN군과 미국·한국군>이 전혀 이해할 수 없는 독특한 인해작전(作戰)을 구사하는 <모택동 사상>과 이에 기초하여 군번조차 없는"중공의용군의　인민해방전술"이 [한국전쟁]에　100만　명을　투입하였으니, <미국식 작전개념>으로는 도저히 이와 같은 공격을 감당키 어려웠

다. 오직 이들'중공의용군'과 전투할수 있는 유일한 군사력이 있다면, 오직 옛 [만주군] 출신 <한국군장교>들 뿐이었다. 불과 5년전까지 이미 '중공군-8로군(집단군)'들과 격렬한 전투를 치러 본 실전경험이 풍부하였기 때문에 적들의 성격이나 게릴라 유격전투방식(遊擊戰鬪方式)을 비롯하여 중공장교들의 심리까지 헤아려서 가장 잘 싸워 격퇴시킬 수 있었다. (참조 : 이 책 4편, 박정희 만주군-5·16군사쿠데타)

<표1-2-5> [중국인민군의 한반도 침공깃발](좌측)
　　　　　1950년10월 [중공군의 우마차 보급 침공지도](우측)

<자료>"朝鮮戰爭(5-6),中共軍の攻勢"(日本陸戰史硏究會, P106, 251) 引用.

서부전선에서'평양(平壤)과 서울'을 오르내리면서 격전을 치룬 『미·한 연합군』 속에는'만군장교출신들로 구성된 수도사단(정일권), 제

1사단(백선엽), 및 제2사단(이형근)'병력들이 <미군>과 더불어'중공군'들을 막아낼 수 있었다. 또한 <만군출신 한국군 지휘관>들만이 개전 초부터 <중공의용군>은 위장전술이고, 실제로는 막강한 <정규 중공인민군>이라고 가장 정확한 첩보(諜報)를 올린바 있었다. 그러나 딴 뜻을 가진'트루만'의 2중 플레이로 인하여 마치 오합지졸 <중공의용군>들이 단순히 100만 명이나 떼 지어 몰려온 것처럼 3개월 동안 전혀 인정하지 않다가,"모택동이 정식으로'37°비밀휴전안'을 거부하면서 <만군 출신 지휘관>들의 정확한 정보(情報)를 높이 평가받게 된다.

물론 <한국전쟁>은 1951년 4월이 되자, <UN군>은 막강한 군수능력과 신무기들을 갖추고 새로운 작전(作戰)을 구사하는 반면 <중공군>들은 병력과 식량 및 탄약까지 보급이 멀리 끊어져서 퇴각하게 된다. 이때 최초의 <전쟁중지안>이 등장한다. 그 당시"중공을 국가로 승인 했던 영국, 프랑스를 비롯한 인도, 이집트"등 서구 국가들이 UN을 움직여서 공식적으로『37°휴전선－정전안(停戰案)』을 표면적으로 거론하면서, <중공 모택동>이 파견한 대표단과 [미국 정부]와 [UN안보리사회]에서 막후 교섭이 시작되었다. 그러나 지금까지 이 책에서 최초로 밝히고 있는"트루만 미국대통령의 극비 휴전밀담"에 관한 비밀 자료라던지,"모택동의 공군창설"에 관한 그의 <2중 플레이> 속셈이 이미 흥정하고 있었다는 뒷무대는 전혀 아무도 상상 못하고 있었다.

결국 "부르스·커밍스(Bruce Cumings)" 시카고대학 교수의 지적은 <한반도 전쟁과 통일문제>에 관한 한 <뒷 3장>의 그의 주장을 참고해 볼 때, 상당한 근거(根據)를 제시해서 무시 못 할 반응(反應)을 불러 일으켰다. 그가 지적한 "한반도 통일신라 이래 분단도 동시에 식민지도 없었지만, 즉 '6·25 한국전쟁'에서 좌익(左翼)이 민족해방과 통일(統一)을 들고 남침해 와서 인민들의 절대적 호응을 얻었기 때문에, 오히려 [미국]이 북침전쟁을 통하여 <남한>을 지킨 것"이란 학설은 지극히 좌파적 학설인 동시에 괴변으로 응축되어 있다. 왜냐하면 참된 좌익도 없었지만, 반면 전통적인 단일민족국가는 유지해 왔고, 민족진영 방대한 세력의 뿌리는 끈질기게 5000년동안 유지해 왔기 때문이다.

그래서 양측은 다 같이 아래와 같은 취약점(脆弱点)들에 의하여 참된 <한반도>의 저력과 끈기 있는 민족의 의지(意志)가 본질적으로 자각(自覺)할 때가 왔다고 판단하고 이 책을 통하여 핵심(核心)을 파악해 보고자 한다. 한말로 그동안의 양측 주장과 세력싸움은 결과적으로 회복 불가능한 결정적인 "오판(誤判)"을 자초했다라고 평가하고 싶다. 이와 같은 학설들은 훗날 마치 '남침설(南侵說)'을 뒤집어서, 북침설(北侵說)까지 전가시키는 오류를 펴고 있으나, 원인과 근원을 다 같이 검토해 본다면 양자는 많은 편견을 주장할 뿐이다.

첫째, **1** [미국]은 '중공군의 전투능력'을 결정적으로 과소평가했다는 지적이다. 세계역사상 유례가 없는 독특한 현대전(現代戰)을 가장 원시적(原始的)으로 치루는 <모택동 사상>으로 평가 받는 이른바 "인민해방전술=인해공격"을 마치 봉건시대의 창, 칼 전투인양 깔보아서 전혀 이해하지 못하는 과오(過誤)를 저지르고 실패의 근본원인이었다는 점이 지적된다. 특히 "아시아의 반미+반제국주의+반식민지"를 배척하고, 호혜평등(互惠平等)에 입각한 소위 민족자결주의(民族自決主義)를 비롯한 제3제국의 '비동맹주의와 인민해방전술(人民解放戰術)'을 그 당시 [소련 볼셰비키]도 무시하고 있었는데, 더구나 [미국]을 비롯한 서방세계의 어느 학자도 본질을 이해하지 못했다. 뒤늦게 '브루스·커밍스'까지도 편견에 사로잡혀 [중공]을 옹호하는 정도라고 지적하겠다.

따라서 정치인 "트루만 미국대통령"은 가장 복잡한 『한국전쟁』 즉 민족전쟁이요, 내란이요, 자유와 공산주의의 이념대립전쟁(理念對立戰爭)이요, 동시에 소규모 국제전쟁(國際戰爭)으로 얽힌 말하자면 물량전쟁과 인해전술전쟁이 뒤얽힌 '한반도 전투'를 높은 차원에서 능숙하게 처리할 인물이 못되었다. 그 때문에 그는 대통령 재선출마도 포기하게 되었다. 다만 "미국의 거대한 전쟁 산업"을 위하여 유효수요(有效需要)를 창출하겠다는 정치적 판단만 앞섰지, [중국공산당]의 전쟁지도나 군사정책에 관한 식견이 전혀 없어서, [한반도]에서 굴욕적인 "37°휴전선"이나 양보하고, [남한 땅]을 떼어 주려는 비극적인 전쟁을 끝마치려고 안간힘을 다한 인물이 된다.

마치 해방직후'중국의 국공내란'때에 [미국의 마샬 국무장관]이 '모택동의 위장된 신민주주의(新民主主義)나 연합정부론(聯合政府論)' 따위를 가볍게 본 결과 판단착오를 일으켜서, 오히려 <모택동>을 지원했던 오판과도 꼭 같다. 또한 <한국전쟁>을 총 지휘하고 있었던, UN군 총사령관'맥아더 원수'조차도 [모택동의 전략+전술]을 전혀 이해하지 못하였고, <중공군>에 대한 정확한 정보도 상황판단도 없이 "미국식 대량 보복전략전쟁 억지전략"만 가지고'만주폭격'을 주장하다가 결국 정치인들에게 해임(解任) 당했던 뼈아픈 사례와도 일맥상통(一脈相通)하는 전쟁실패(戰爭失敗)의 결정적인 원인이 되었다고 논평할 수 있다. <모택동>을 몰라도 한참 모른 것이 사실이었다.

둘째, ❷ [중공]은 다음과 같은 3가지 취약점이 지적된다. 물론 건국(建國)한지 1년이 채 못 되는 [한국전] 시점이었기 때문에 모든 면이 후진적(後進的)일 수밖에 없었다. 이 때문에 당시 8억 명의 인구(인적자원이 지금은 13억 명)만을 지니고, 강력한 <모택동>이란 지도자 밑에서 <인민독재(人民獨裁)> 체제 속에 결속되어 있었기 때문에, 빈약한 국력(國力)을 발산하려면 넘고처지는 사람자원—인적자원을 활용하는 "인해전술(人海戰術)"이외의 다른 선택은 없었다.

따라서 [중공의 실책]은 먼저 ① 빈약한 <공군력>을 들 수 있는바,

원래 유격전(遊擊戰)에서 군대가 조직되었고, '3만리장정'을 통한 정신력이 전투력의 근간이 되었음으로 처음부터 전혀 해군(海軍)이나 공군(空軍) 그자체가 존재한 적이 없었다는 점이다. 더구나 [한반도 북부 고원지대]의 험악한 지형상 산악전(山岳戰)을 이용할 수밖에 없었다. 또한 ② 군인들에게도 소총 등 개인화기의 무장조차 구식으로 낡아 빠져서 방망이 수류탄과 죽창(竹槍)을 들고 다녔고, 주력부대를 빼놓고는 그나마 구식 대포나 소규모 탱크 등 전투장비가 빈약한 가운데 주로 '산악에서 포위공격전에 능한지라, 골짜기를 이용한 인해전술(人海戰術)'로서 [미군]의 융단폭격이나, 거대한 포격전에 몸으로 대항하고 있었다.

③ 전쟁물자의 절대부족과 우마차에 의한 수송부진 등 보급이 극도로 취약하였다는 점을 들 수 있다. 이 때문에 유일한 전투방식은 오로지 "인민해방전술"이란 인간(人間) 총알받이로 공격을 가하는 방식과 풍부한 '인적자원(人的資源)'만을 최대로 소모하는 방법밖에 없었다는 사실이다. 이와 같은 상황을 기록해 놓은 자료가, [모택동]의 최측근 전쟁지도자이었던 <주덕(朱德)-동북인민해방군 총사령관>의 보고서(報告書)인바, 위에서 설명한 전투상황을 잘 보여주고 있다. 또한 당시 <주은래(周恩來) 수상의 작전기본방침>이란 기록을 찾아보아도, 도저히 정상적으로는 [미·한군의 막강한 전투력]을 막아낼 수 없다고 지적하고 있는바, 위에서 열거한 3가지 "중공군의 결정적인 취약점"을 근본적으로 파헤쳐 놓은 실상을 이에 간파할 수 있게 된다.

그럼에도 불구하고 [UN군과 미·한국군]들은 이무렵 쇠퇴일로에 있는 <중공군>에 비해서 적어도 5배이상의 한국군 병력(兵力)을 정규군으로 확보하고 있었고, 전투장비는 개인화기는 물론 공군력과 해군력에서 압도적 화력(火力)을 지녔음에도 불구하고 이미 북진(北進)은 고사하고 '트루만'의 전쟁종결로 치닫고 있었다. 다시 말해 본다면, [6·25 한국전쟁]은 <국지전(局地戰)과 사상전(思想戰)>등의 2가지 성격을 동시에 가진 전쟁인 동시에 세계적인 규모의 <소모전(消耗戰)>이었으며, 동서고금(東西古今)에 비추어 참전국이 약 20여개 국가에 달하는 <국제전쟁(國際戰爭)>으로 변모하였기 때문이었다. 또한 소모된 전쟁물자와 병력희생은 거의 '2차 대전'때의 규모(약 2000억 달러$)에 필적하였으며, 자유진영과 공산진영과의 체제(體制)와 '이데올로기'사상(思想)의 대립 전쟁(戰爭)이란 특수성을 눈여겨 보아야 한다.

결국 "한국전쟁(韓國戰爭)"의 종결은, 그의 실마리를 맨 처음 '구소련(러시아)'가 [휴전협정(休戰協定)]을 제안함으로서 시작되었고, 이어서 전 세계의 강력한 여론(輿論)들 예를 들어 [인도]를 비롯한 '아시아 아프리카, 서유럽'여러 나라들, 즉 [비동맹 제3세력]들이 국제적 중립(中立)의 입장에서 "휴전(休戰)"을 주장하면서 서서히 현상고착(現狀固着)이 되었다. 1953년 7월 27일 "한국전쟁"은 개전 후 3년 만에 결국 원래 1945년 '미·소 군사정부에 의한 38°선상'지점에 있는 "판문점"

에서 본래의 <38도 남북분단선에 수렴(收斂)하는 원위치, 즉 현재의 휴전선(DMZ)을 기준선>으로 파란만장한 [휴전협정(休戰協定)]이 비극적으로 조인되어 오늘에 이르고 있다.

그러나 [미국]은 협정이 조인된 10일 후에 강력한 [한미상호방위조약]을 체결함으로서, 이때부터 <미8군>은 [한국]에서 "전시작전 지휘권(指揮權-전시에는 주권)을 보유한 채" 평시에도 반영구적으로 주둔하게 되었다. 또한 '휴전협정(休戰協定)'이 발효된 후, 80여년이 다 되도록 지금까지 전쟁 종결을 위한 [강화조약(講和條約)], 즉 [평화협정(平和協定)]은 아직도 맺어지지 않은 채, 국제전장터의 양상은 아직도 과도기 적으로 혼재되어 있다. 그것은 마치 [북한]이 <일본>과 아직도 [북한]이 요구하고 있는 "강화조약(전쟁배상금+민간청구권+위자료)등 약150억($)가 미해결된 상태로 지속되는 것과도 일맥상통한다.

최근 '별들의 전쟁(Star Wars)' 즉 우주전쟁(宇宙戰爭) 즉 우주항공모함이나, 원자탄이나 수소탄 등 열핵(熱核)무기 및 상상을 초월하는 천문학적인 '탄도미사일'까지 고려해 볼 때, [미국]의 "대량보복" 전략과 "유연 기동 타격군" 등 장차전쟁의 위력은 실로 상상을 초월해서 무한정 확대되고 있다.

3장) 《6·25 한국전쟁(1950)》의 『개전(開戰)과 전쟁책임(戰爭責任)』
    <김일성-인민군, 모택동-중공군, 및 스탈린-전쟁지원>

 "6·25한국전쟁"의 [전쟁책임(戰爭責任)]을 알아보기로 한다. 먼저 미시적인 측면에서 그의 책임을 추출해 볼 때, 민족(民族) 내부적으로 분석해 본다면, '남북한(南北韓)' 당국자들의 개관적인 원인을 물어야 할 것이다. 또한 거시적으로 근본 원인(原因)을 색출해 본다면, 당연히 [미(美)·소(蘇)-중공(中共 포함) 양대 진영]의 국제적인 강대국(强大國) 책임을 물어보아야 할 것 같다.

 "한반도"에서 <북위 38도선>이 설정된 최초의 분단원인을 미시적인 관점에서 찾아본다면, 처음에는 '일본군'의 무장해제(武裝解除)를 목적으로 [미국과 소련] 사이에 거의 단순하게 '남북한(南北韓)'이 각각 분할점령된 것으로 보인다. 하지만 분단결과를 분석해 보면, [소련의 스탈린]이 계획한 주도면밀한 공산화전략(共産化戰略)과 기정사실화 전술(戰術)에 의해서 [미국]이 농락당한 여러 가지 사례를 찾아 볼 수 있는 반면, [미국]의 최고위층의 숨겨진 <대한반도 고위 2중정략>이 이와 같은 사태를 오히려 유도하고 묵인한 것 같은 다분히 국제정치적인 복선이 도사리고 있었다는 상황도 간과할 수 없어 보인다.

 따라서 [한반도 북위 38도 분단선]의 불행한 비극이 지금까지 세계에서 유일한 "분단국(分斷國)"으로 영구화된 단초적 원인을 지적한다면, 첫째는 《얄타 미,영,소, 비밀협정(1945.2-아래 사진 참조)》에서 밑그림이 그려졌다고 판단되며, 둘째는 이에 곁들여 《포츠담 회담(1945.8.2)》을 통하여 [한반도의 분단]이 결정적으로 확정되었다고 우선 단정지울 수 있을 것 같다. 이에 곁들여 "모스크바 3상회담"의 술책을 결코 간과 할 수 없을 것이다. 먼저 "얄타 비밀협정"은, [일본]과의 태평양 전쟁에서 '호주 시드니'까지 후퇴한 [미군]이 드디어 3년 만에 '맥아더 장군'의 일대 반격이 시작되면서, '필리핀 루손 섬'의 탈환작전을 진행하는 과정에서 이루어 졌다. 당시 2차 대전이 종결되어가는 과정에서, 미, 영, 소, 3국 정상들이 전후 처리문제를 의논하는 도중에 '소련군의 대일본 참전'을 앞당겨 시행토록 결의하는 조건에서 "비밀협정"이 맺어진 것으로 역사는 증언하고 있다. 그 뒤 "모스크바 3상회담"에서는 [소련 스탈린]의 술책이 "한반도의 신탁통치"를 빌미로 공산화의 세력 확장을 시도한 것이 <한반도분단>의 화근이 되고 있다. 당시 [소련]은 [나치독일]을 점령한 성과나 "대일본선전포고" 등에서 주도적인 역할을 하였다.

문제의 관건은 바로 "한반도의 38도 분단선"이 비밀리에 체결되어 민족의 불행을 초래하고, 결국은 민족상잔의 비극, 즉 '6·25 한국전쟁'의 도화선(導火線)이 되었다는 명백한 사실이다. 실제로 그 당시 종전이 임박해서 [일본]이 더 이상 전쟁을 치룰 여력이 없었음에도 불구하고, 또한 [소련]도 역시 극동지역까지 군사력을 투입할 전투력이 없어서 실은 제2차대전 초기에 맺었던 [소련과 일본의 불가침(不可侵) 중립협정]을 빙자하면서, "소·일전쟁"을 기피하고 있을 때, [미국]은 아직도 "막강한 일본군(日本軍)과 관동군(關東軍) 및 조선주둔일본군"이 잔존해 있다고 오판하고 [소련]의 참전을 요구한 것이었다.

<사진 1-3-1> 루즈벨트(미), 처칠(영), 스탈린(소), '얄타회담' 사진

<주>: '얄타회담'의 연합국 3국 수뇌는 1945년2월4일 비밀리에 [한반도 분단점령 비밀]과 <소련의 대일전 참전>이 결정됨.

따라서 [미군] 단독으로 [일본군]을 패망(敗亡)시키려면, 아무리 힘 빠진 패잔병이라 해도 최소한 1년 이상(1946년 11월)의 시간과 적어도 "100여만 명 이상에 달하는 막대한 <미군>"의 희생(犧牲)이 불가피하다는 피해의식 속에 과도한 공포감을 느꼈다고 한다. 이 때문에 그릇된 판단에 근거하여, [얄타 비밀협정]을 통해서 <스탈린>에게 뒷날 [한반도]

에 커다란 '비극'을 남기는 '소련군의 만주·한반도 진격'을 간곡히 요청하였다는 사실이다. 결국 해방을 불과 7일 남겨 놓은, 8월 8일에 최초로 『소·만국경을 넘은 연해주 소련군』들은 이를 기정사실화 시켜 해방 후 "한반도의 '미·소' 분단점령(分斷占領)"이란 <비밀협정=전리품>까지 이권을 서슴없이 차지하는 원인이 되었다. 결국 이 때문에 [소련군]은 원래 "일본본토나 한반도를 각각 4개연합국-중, 소, 영, 미, 등으로 분할점령"까지, 마치 "나치독일의 4대국 점령"처럼 계획하고 있었다고 알려져 있으나, <북한>을 통째로 먹어 치웠다. 또한 [한반도]를 [일본 본토]와 싸잡아 점령할 계획을 일찍부터 노리고 있었기 때문에, [일본영토]에 접근하는 초기 전초전으로, [미국]의 간절한 요청을 쾌히 승낙하는 선심까지 곁들이면서 우선 이차적으로 [한반도]로 점령해 들어 온 것이다.

그러나 다른 한편 [미국]의 대전략은, 희생을 극소화시키면서 [일본]만 독점할 목적으로, 8월 6일 "일본의 히로시마와 나가사키에 원자폭탄(原子爆彈)"을 투하하게 되자, 8월 15일 [일본]은 무조건 항복(降伏)하고 통째로 <미군점령국>이 되고 말았다. 이들 정보를 사전에 감지한 [소련]은 서둘러서 해방이 임박한 8월 8일에 <소련군(변방 죄수들로 구성된 잡군)>병력을 진격시켜, [만주]와 [한반도] 국경선을 넘어서 <한국 북방영토>를 점령하고 극동지역 공산화의 거점을 세우기에 이른다.

결국 '소련군'의 이상스런 '공산화 징조'를 뒤늦게 간파한 [미국]

은 1945년 8월 2일에 [포츠담 회담]을 통해서 공포된 전후처리(戰後處理)의 지침에 따라 '소련군'의 [한반도] 점령은 물론 [일본]으로의 침투를 막기 위하여, 8월말경에 참전하라는 통첩을 보냈지만, 이미 '소련군'이 8월 8일 에 '한반도'의 동북부와 [38°선]까지 점령하여 버렸다. [미국]은 궁여지책으로 "일본군의 무장해제(武裝解除)"를 위해서 『한반도의 38°군사분계선(分界線)』을 설정하고 '미, 소, 가 남북으로 분담해서 점령하자'라는 통첩을 [소련]에게 보내게 되었다. 사소한 시작이 "38도 분단선"을 '분단국(分斷國)의 적대적인 국경선(國境線)'으로 만들었다. 그리고 5년 뒤 "한국전쟁(韓國戰爭)"의 비극을 낳고, 또 다시 영원한 "휴전선(休戰線)"으로 민족분단(民族分斷)과 국토분단(國土分斷)의 비극을 초래하게 만들었다.

이로서 '한국전쟁'의 [전쟁책임(戰爭責任)]은 원초적으로는 제2차 세계대전을 종결(終結)지우는 과정에서 [미국과 소련]이 다 같이 책임져야 될 역사적 산물(產物)이 아닌가 생각된다. 그 이유는 ❶ [미국]의 상황판단(狀況判斷)의 착오로 과대희생을 회피하려는 전략 즉 한참 빗나간 오판(誤判)과 이로 인한 [소련]의 불로소득(不勞所得)에 따른 한반도 북동부의 점령을 기정사실(旣定事實)화 시킨 상황에 대해서 이를 미처 대비하지 못하고 무책임(無責任)하게 '38° 분계선'으로 처리한 역사적 과오를 지적할 수 있다. 여기에서 한 가지 지적해 두어야 할 사항은 1944년 《얄타 비밀회담(사진 참조)》에서 '미·소' 간에 <한반도의 분단점령

(38도 군사분계선)>을 맨 처음 구상했던 것으로 알려진 [미국의 전쟁성 산하 5명의 중령들로 구성된 참모진]들이 제1차 방안으로 제시했던 <미·소 분단선은 북위 40도선 즉 평양과 원산을 잇는 선>이었다는 사실이 있었으나, 반대로"중공군 100만 병력이 남침하여 수도 서울이 재차 적진에 빼앗겼던, 1951년 1·4 후퇴 <UN군 패퇴>"당시에 [미국]이 <37°전쟁중지안>을 비밀리에 [모택동]과 밀통한 사실을 상기해 볼 때, 일련의 <한반도 분할> 방안은 국제적으로 흥정의 대상이었다는 점이 흥미를 끈다.

<사진1-3-2> 『한반도 [38°선]·<맥아더>총사령관 포고(1945.9.2)』

<자 료> : 사진으로 본 독립운동, 205쪽,"1945년 9월 2일에 발표한 '맥아더 연합군총사령관'의 '북위 38°선을 경계로 <미·소 양군>의 한반도 남북 분할점령」에 의거 국토분단의 비극이 시작됨.

왜냐하면 이것은 본래 1898년 [미국]이 [스페인]과의 전쟁에서 승리하여 [필리핀]을 최초의 식민지(植民地)로 취득할 때에도, [일본]과의 <태프트·가쓰라> 외교적 밀담을 통하여 "한반도(평양, 원산) 40° 분할 방안"을 [미국]에게 제시했다가 <오키나와>를 대신 "일본영토로 귀속시킴으로서 살아졌던 복안"으로서, 결국 또 다시 해방을 전후해서 이번에는 [미국]이 똑같은 방안을 [소련]에게 제시했으나, 이미 <한반도 북부지역>을 점령(占領)하고 기정사실화 시킨 [소련군]에 의해서 <38°선 분단점령>으로 고착된 것이 아니었던가.

<1-3-3> 『음흉한 스탈린과 UN대사 비신스키의 한반도점령』

<주>: 「6·25 한국전쟁」 직전, 한반도 공산화를 논의하는 장면.

❷ "한반도의 국운(國運)"이 이상하게도 꼬여서 불행(不幸) 속에 빠진 결정적 원인은 [얄타 미, 영, 소, 비밀협정]에서 우리는 전혀 상상도 못한 살육(殺戮)을 당한 때문이 아닌가 싶다. <스탈린>의 농간과 [미국]의 전쟁 뒤처리를 위한 농락이 실은 극동지역(極東地域)에서 [일본]은 보호해 주고, 반면 [한반도]는 철저히 능욕 당하게 되었지 않은가 싶다. 겨우 빈약하기 그지없는 '소련군'의 개입(介入)을, 그것도 해방 7일전 8월 8일날 점령해 달라고 애걸해서 "한반도 분단"의 비극이 생겼다는 처참한 사실이다. 그러나 흑막(黑幕)은 70여년이 된 지금도 전혀 알 수 없는 비밀(秘密)일 뿐이다. 실제 [미국]은 결코 "한반도의 38도선 분단"을 고려한 적은 없지만, [미국]의 무책임한 방관과 <소련군>의 점령 기정사실화를 묵인했다는 정황이 그 당시 근거자료(根據資料)를 통해서 파악된다. 결과는 수렁에 빠진 [한반도 국운]의 비극(悲劇)이다.

❸ 이상과 같은 사실을 입증(立證)하는 자료의 하나는, '트루만' 미국대통령의 8월 15일자 '맥아더' 장군에게 하달된 [일반명령제1호]에서 "<소련군>의 남하를 정지하라"라는 내용이 즉시 [소련] 과 [영국]에게 전달되었지만, '스탈린' 당시 소련수상의 회답은 "한반도에서 38도선의 군사분계선"을 기정사실화하겠다는 회답(回答)만이 있었으며, 그 뒤 [미국정부]는 패전국 <일본> 대신에 [한반도 분단]을 그대로 받아들여 <38° 분할선 고착(固着)>을 묵인(默認)했다는 사실이다.(자료: U.S. Senate; Background Information on Korea. Washington D.C. ; G.P.O.1950. p.2 인용).

<1-3-4> 「38°선 분단관리를 결정한 모스크바 3상회담」

<주>: "한반도의 단일민주국가 건설"과 <38°선> 점령관리를 규정함.
좌로부터 장개석총통(중국), 루즈벨트 대통령(미국), 처칠 수상(영국)

아래 열거한 추론을 통해 살펴보면, 위의 사실을 입증(立證)하는 자료가 최근 나타나고 있는바, '소련군'이 한반도동북부를 점령하고 이미 거점을 확보하고 이를 기정사실화시킴에 따라 [미국]은 급히 [소련군의 남하(南下)]를 저지하기 위한 "38도 경계선(境界線)"을 제안하기에 이르렀다는 학설도 있다. 또한 일설로는 '독일(獨逸)'처럼, "한반도를 연합군 4개국(미,중,영,소)이 분할점령하자고 '소련'에서 제시"했다는 자료도 있다. 물론 <남북한>으로 분단되었지만, 그 이유는 [한반도가 단일민족국가(單一民族國家)]이기 때문에 군사적으로 점령하는 일은 민족의 정치적 반발(反撥)을 초래할 수 있음으로 [미국]은 반대하면서도 그러나

'소련군이 이미 한반도 북부지역을 군사적으로 점령하고 이를 기정사실(旣定事實)화 했기 때문에 이와 같은 군사적 현실을 외교적(外交的)으로도 번복할 수 없어서 묵인한다.'라는'미국무성(美國務省)'자료가 당시 38도선의 불행한 상황을 표현해주고 있다.(자료: State Department, The Conference at Malta and Yalta : Washington ;1955).

<1-3-5> 『단일민주국가 수립을 위해 38°선을 넘어'남북협상회의(평양) 백범 김구와 김규식 과도정부입법의장 등 일행(개성 선죽교)

<주>: "임시정부 세력 중심의 중립적인 '남북협상파' 민족주의 지도자".

그 뒤'신탁통치(信託統治)가 표면화 되어 좌우세력(左右勢力)의 극한대결'을 초래한바 있고, 실은 민족의 자주역량을 무시당한 채 약 5년 정도 국제관리를 통한 <공산화 음모>도 도사리고 있었던 것 같으며, 국

내에서는 중간파 형태로"남북합작(南北合作)을 위한 노력도 집요하게 작용해서, 김구(金九), 김규식박사 일행이 평양으로 방북(訪北)하는 첫 관례를 낳기도 했으나,'공산당의 통일전선전략'에 말려서 궤멸"당하는 참담한 역사를 남긴 셈이다.

이로서"한국전쟁의 전쟁책임"으로서 우리가 생각해볼 문제는, 가장 핵심적인 문제가 민족자체역량이 절대적으로 우세하여, 국민국가(國民國家)의 탄생을 책임지는 일이 나약했다는 취약점을 인식해야 되고 또한 좌우대립과 외세의 집요한 압력에도 불구하고 중간파(中間派) 세력이 강력하여 구심점(求心點)을 형성하지 못했다는 책임(責任)을 면하기 어려웠다고 말하겠다. 결국'미·소 외세(外勢)와 좌우(左右) 이념대립'은 첨예화 되고 남북분단(南北分斷)은 고착되기 마련이었다. 따라서 『<6·25한국전쟁>의 개전책임(開戰責任)』에 관한"남측과 북측"의 격렬한 침략논쟁(侵略論爭)과 정치적 선전을 둘러싸고, 여기에서는'외세와 좌우'를 고려해서 다음과 같은 3가지 관점이 제시된다.

첫째는 공산화를 위한 [북한의 남침설(南侵說)]이다. 가장 많이 알려진 사실로서 가까운 원인이나 나타난 현상 그 자체로서는 명백히'남침(南侵)'을 통하여 [한반도]를 [공산화 통일]로 기정사실화시키고 그 뒤 현상유지로 동아시아에 세력(勢力)을 확장하려는 통일전쟁(統一戰爭) 이었다는 설명인바, 절대적인 설득력(說得力)을 갖기에 충분하다.

둘째는 [미국]과 [한국]이 '국지전쟁(局地戰爭)'을 수행하기 위한 [북침설(北侵說) 또는 남침유도설]을 들 수 있다. 즉 북한을 위시로 좌익(左翼) 정치가나 기자들이 강력히 주장하는 근거로서 마치 '북침'의 결과에 따른 국제전쟁 이라는 설명이다.

셋째는 [중간설]이라고 말할 수 있는 설명인바, 즉 '한국전쟁'의 초기 시작은 [북한] 및 [중공]과 [소련]임이 틀림없지만, 실제로는 [미국]이 여러 가지 원인 때문에 "한반도 국지전쟁"이 절실히 필요한 결과, [남한]을 통해서 결정적으로 '북한'의 군사행동을 도발시켜서 [한반도]의 남쪽과 북쪽으로 오르락내리락하는 소모전쟁(消耗戰爭) 또는 대리전쟁(代理戰爭)을 치렀다는 설명이다. 이는 원인이 '남침(南侵)'에 있고, 원인은 '북침(北侵)'으로 갔다가 결과적으로 3년간 장기전을 편 끝에 "휴전선"으로 전쟁 전 상태에 현상유지(現狀維持) 하게 되었다는 설명이다.

한편 <한국문제>에 관한 유력한 분석으로 유명한 전문가이며 미국 시카고 대학 교수, "부르스·커밍스"는 그의 논설 《한국전쟁의 발발과 책임 및 중공군의 참전》에 관하여 지극히 편협한 논평을 가하고 있다.

첫째 원인은 '한반도의 분단(分斷)이 민족분열을 야기시키고 동시에 혁명전쟁=내란(內亂)' 전쟁을 자초했다는 지적이다. 둘째로 [한국전쟁]의 성격은 결과적으로 식민지전쟁도 아니고 민족내부의 혁명전쟁도 아닌, 오직 '동서(東西) 이데올로기 전쟁'이라고 규정하고 있다. 이를 풀이하면 바로 '외세와 좌우갈등'이란 요인으로 귀결된다. 셋째로는 그의 주장이 비록 편견이 많지만, 국내외적으로 당시 급속히 부상하였던 좌익혁명세력 =공산주의 팽창세력을 견제하기 위한 [미국]의 '남침전쟁유도설(또는 북침조장설)'을 주장하고, 전쟁여건을 조장했다는 학설까지 곁들여 무한한 흥미를 돋아 주고 있다(자료: 「朝鮮戰爭」, 日本放送出版協會, 1990).

왜냐하면 [한국전쟁]이야말로 역사적으로나 현실적으로나 또는 국내적 및 국제적 그리고 사상과 이데올로기를 비롯한 자유와 공산 양 진영의 냉전과 열전들 무한한 요인들을 다 같이 갖추고 있어서 이는 일면적 현상으로는 전혀 설명할 수가 없는 케이스이기 때문이다. 특히 전례를 찾아 볼 수 없는 UN(국제연합)이라는 강력한 세계정부가 개입했다는 특이점을 간과할 수 없기 때문이다.

"부르스 커밍스"가 추론한 한국전쟁의 책임에 관한 설명은 다음과 같이 집약된다. 어떻든 [개전책임(開戰責任) 또는 전쟁책임(戰爭責任)]의 소재가 지금까지 중요한 문제로 제기되는 사유는 전쟁당시부터 지금까지 '남침설(南侵說)'에 관해서, 이를 '북한'이 완강하게 거부하는 동시에 오히려 '북침설(北侵說)'을 주장하고 있기 때문이다. 또한 <남북>의 어느 "정권(政權)"도 전쟁책임을 인정하지 않는 반면에 항상 상대편을

"침략자(侵略者)"또는'괴뢰정권(傀儡政權)'이라고 비난하는 것이 문제점이다. 오늘날에 와서 개전당시의 상황을 분석한 자료에 비추어 볼때, 진실은 [한반도]의 공산화 통일을 신속히 무력으로 해결하고 이를 기정사실화 시키려는 [소련]의 전략이 [중공과 북한]의 군사행동을 직접 취하게 된 동기이고, [미국과 한국]을 주측으로 "UN군과 16개 외국군"들의 전쟁참가(戰爭參加)를 불러온 것이라고 요약할 수 있겠다.

<1-3-6> 「6월18일, 38°선을 시찰하는 '덜레스' 미국무장관」

<주>: 『6·25 한국전쟁』 1주전 <인민군>의 집결을 염려하며, 38°선 일대 서부전선을 시찰한바, 이사진은 <공산측>의 북침 역선전용 증거로 이용됨.
-좌측은 유재흥7사단장, 우측은 신성모 국방장관. 뒤편은 림병직 대사.
'자료:조선인민의 조국해방전쟁사' (외국문출판사간행, 평양, 1961년6월).

"한국전쟁의 책임(責任)": 최근에 이르러 이에 관한 연구가 활발하게 진행되고 있다. 그동안의 연구성과에 따른 책임소재와 진행경과를 규명해 본다면 다음과 같은 문제점들이 지적되고 있다. 즉 맨 처음 1949년 이후, '북조선의 김일성'주석이 <소련의 모스크바>를 찾아가서 "남침전쟁 계획안(南侵戰爭計劃案)을 먼저 제안했으며, 이듬해 1950년 초'스탈린과 중공의 모택동'이 이를 전적으로 찬성해서 <한반도(韓半島)의 무력적화통일(武力赤化統一)>이란 지침이 확정되었고, 6월에 이르러 현실적으로 남침(南侵)이 실현된것"이란 사실이 지적되고 있다(자료 : 五十嵐武土, 『講和と冷戰』 東京大學出版會, 1986).

그래서 최근에 공표된 [미국] 측의 여러 가지 자료에 의해 분석해 보면, "당시 [한국]에서 전쟁(戰爭)이 발발하리라고 고려하지는 않고 있었으나, <한반도>의 긴장상황은 심각한 우려를 낳고 있었다."라는 사태를 전해 주고 있다. 동시에 [북한]의 전쟁도발(戰爭挑發) 가능성을 당시 [동유-럽]여러 국가에서 1945년~49년 기간에 겪은 '도미노'방식의 공산화(共産化) 추세에 비추어볼 때, '동아시아 지역'특히 <한반도>에서 충분히 '공산세력'특히 <중공과 소련>의 팽창주의에 비추어 볼 때, 남침(南侵) 전쟁에 대한 우려를 인식하는 동시에 오히려 대비하고 있었다는 기술도 있다.

실제로 <한국전쟁> 발발직전 [남한]의 정치상황(政治狀況)은 아래에서 지적하는 바와 같이 여러 가지 측면에서 지극히 혼란(混亂)스럽기 짝이 없었다. 국력(國力)은 커녕 국가형성조차 반 조각 분단국(分斷國)으로 정통성이 없었고, 경제파탄 속에 민생은 도탄에 빠져 막연하게 민족의식(民族意識)을 앞세우면서도 좌우(左右)로 극한대립 속에'민족진영'과 '공산진영'으로 국론(國論)은 분산되어 있었다. 이와 같은 실정에 비추어 "한국전쟁"발발의 근본 원인이 어디에 근거하는가, 또는 왜 일어나지 않으면 안 되었는가를 정리해 본다면 다음과 같이 집약될 수 있을 것이다. 결국 "한국전쟁의 책임은 공산세력의 무자비한 통일전선전략(統一戰線戰略)"이 첫째이고, 동시에 "대한민국이 <남한>의 통치(統治)조차도 부진한 가운데 자체 내의 분열(分裂)"이 둘째라 하겠다.

❶ 1948년 8월 15일을 기하여, 해방된 지 3년후에 "대한민국 정부"가 독립되면서 [미군점령정부]가 완전 철수하면서 당연히 남한주둔 <미군>도 떠나가 버렸다. 동시에 "미국의 에치슨 국무장관이 북동아시아 미군 방어선(防禦線)에서 [한국]이 제외되고 있다"는 사실을 공식적으로 발표하기에 이른다. 이와 같은 엉뚱한 [미국의 국방정책]이 어떻게 터져 나왔는지 또는 이 시점에서 왜 이와 같은 무책임한 발언이 공표되었으며, 그 영향은 어디까지 미칠지 아무런 대책도 분석도 없는 가운데 무책임하게 터져 나왔다. 당연히'공산세력'들에게는 고무적인 세력팽창의'오판'가능성을 충분히 주는 동시에 "남침유도설"로 간주될 수밖에 없는 심각한 사태를 야기하게 되었다.

과연 누가 [대한민국]의 안전보장(安全保障)을 책임질 수 있겠는가. 무거운 긴장감(緊張感)만 감도는 동북아시아에서 <공산측>의 침략세력을 막아낼 수 있겠는가. 실제로 당시 신생 [한국]에는 <미군>이 떠나간 뒤에, 겨우 500명의 '미군고문관(顧問官)'들만 남겨 놓은 채로 "국군=남한국방경비대" 약 8만여 명이 장비도 무장도 훈련도 없이 어설프게 조직되어 있었다. 이들 고문관들이 '한국 방어'에 무슨 역할을 할 수 있단 말인가. 또한 과거 광복군이나 일본군 만주군 및 학병출신들로 구성된 초라한 형태의 <한국-국방경비대(國防警備隊)>는 간단한 단기교육들을 받고, 제각각 부대를 편성한 채로 모여 있었다.

그러다가 <남한> 각 지역에서 좌익폭동(左翼暴動)이 끊임없이 일어나고 심지어는 대규모 반란(反亂)이 터졌다. 신생 [대한민국]을 흔들 만큼 심각한 타격을 가하기에 이르는 "제주도 4·3 폭동"을 위시로, "국방경비대 제18연대가 주둔지 이었던 여수-순천에서 반란사건"까지 겹쳐 터져서 내란(內亂)으로 치닫는 형국에 까지 이르지 않았는가. 이를 진압(鎭壓)할 형편도 벅찬 상황에서 질서문란은 극에 달했고, 겨우 국내의 치안(治安)만을 유지하는 처지에 불과 하였을 뿐이었다.

❷ [일제 식민지] 시대의 통치세력은 그대로 남아 반공(反共)전문가로 '공산당 색출'에 활용했으며, 민족의식(民族意識)은 구태의연한 가운데 주체세력이 따로 형성되어 있지 않았기 때문에 "식민지 지주계급"으

로, 허약하기 짝이 없었다. 또한 그 당시 "한반도 정세"는 [미국]이 발표한 '동북아시아 극동방위계획서'에서도 [남한]에 대한 방위 자체가 "미국의 방어선(防禦線)에서 탈락"된 채로 웬일인지 철저히 제외되어 무방비 상태로 놓여 있었다. 제2차 대전이 종결된 직후라서 설마 연합국(聯合國)인 소련(蘇聯)이 동아시아 공산화를 위해서 즉각적으로 포석을 깔고 있으리라는 사실, 즉 <중공>의 대륙장악과 <한반도>의 적화통일(赤化統一) 및 뒷날 나타난 <월남전(越南戰)>을 아무도 의심치 않았다.

    [미국]은 태평양 방어선(防禦線)을 선포하면서 [중국 장개석정부]를 비롯하여 동아시아 전체를 포용하고, 심지어 [일본 점령지]까지 '미국의 군사 방위선' 속에 결속시켜 놓았으면서도 유독 [대한민국]만은 속수무책으로 '공산세력 특히 북조선의 침략'을 받게끔 방관했다는 사실이 지금까지의 의문이 아닐 수 없다. 과연 [미국]의 그 당시 '대한정책의 기조'가 한국방위를 유기하고 있었는지 아니면 유사시 언제든지 '대량보복전략'으로 되잡을 수 있다는 "워게임(War-Game)이라도 명확한 승산(勝算)을 확신하고 있었는지" 역사의 판단에 맡길 수밖에 없는 일이었다. 이같은 상황은 소위 "남침유도설"까지 의심 받을만한 근거가 되었다.

    ❸ [대한민국]의 국내사정은 해외동포들의 귀국을 비롯하여 북한에서 쫓겨 온 월남동포들이 들끓는 가운데 식량부족과 물자부족으로 극도의 경제파탄 속에 민생(民生)은 도탄에 빠져있었고, 국론(國論)은 갈가리 찢어

진 채로 분열되어 좌충우돌로 침몰하고 있었다. 한편 38도선을 경계로 국토가 그나마 분단된 경제는 식민지를 벗어난 신생 후진국가로서 기아와 질병(코레라)이 만연한 가운데 "일본에서 빼앗은 귀속재산(歸屬財産)"을 노리는 모리배나 간상배(奸商輩)들만이 난무하는 최악의 빈곤국가로 전락되어 있었다. 풍요로운 농업국가가 전재동포들과 북에서 월남한 동포들로 초만원을 이루면서, 만성적인 식량부족 국가로 굶주리게 되었다.

봄철이 오면 "춘궁기=보릿고개"를 넘지 못하고 아사자(餓死者)가 속출하는가 하면, 반면 사기, 강탈, 협잡이 난무 하는 혼란 투성이의 사회상이 노정되면서 정치, 경제, 사회, 각 분야가 해체 속에 파열되고 있었다. 과연 무엇으로 사회 안전이나 국가안보가 유지될 수 있었을까. 특히 일제가 남긴 귀속재산은 완전히 파탄에 처한 당시 [남한]이 가진 유일한 산업자본으로서 그나마 파탄난 농업자본을 근대산업(近代産業)화로 전환시킬 수 있는 기본자산이었음에도 불구하고, <일본인>들이 물러간 뒤에 기술도, 가동자금도 없었으며, 또한 근대화를 추진할 수 있는 주체세력은 더더구나 없었기 때문에 [신생 한국]은 공업화가 불가능 하였다.

무질서는 극에 달해서 헐값으로 귀속재산(歸屬財産)을 차지하려는 모리배 간상배(奸商輩)들만이 날뛰는 가운데 경제란이 심각했고, 정치세력은 저마다 300개를 헤아리는 정당사회단체들이 난무장이 되었다. 따라서 모든 산업시설은 전력(電力), 원자재 및 기술부족으로 폐쇄된 채 전혀 가

동되지 않아 녹슬었고, 민생회복은 요원한 상태이었다. 해방이 되자 귀국한 재외동포들은 식량난과 전염병을 가중시키고 따라서 [남한]은 절망속의 불모지대(不毛地帶)로 변하여 결국'북한공산군'들의 침략을 유도하는 오판을 부를 수 밖에 없는 무정부상태(無政府狀態)의 무질서 속에 방황하면서 혼란은 극에 달하고 있었다.

❹ 사회경제적으로 나타난 현상은 국민국가(國民國家-Nation State)를 한 번도 가져보지 못한 기반위에서 오로지'농사 천하의 근본'이란 오랜 농본국가의 문화(文化) 속에서 80%를 지배하는 농민과 농촌마을과 농업만이 존재하는 봉건잔재(封建殘滓) 위에 구태의연한 지극히 비생산적인 지주계급(地主階級)만이 온존하는 가운데 토지제도의 개혁은 불가능하였다. 겨우 산지(山地)를 제외한 농지개혁(農地改革)을 통하여 산업자본으로 전환시키겠다는 경제정책조차도 휴지조각처럼 날려버렸다. 이점 당시 <북조선>의 공산주의 계획경제정책을 보면 커다란 참고가 된다. 그들은 정치권력(政治權力)과 사회개혁, 사유재산(私有財産) 몰수를 통한 국가자본 형성을 기초로 계획적(計劃的)인 농업이나 공업 등 생산업의 기초를 다지면서, <일본인 기술자>들도 억류해서 기술을 습득하면서 토지개혁(土地改革), 농지(農地)무상분배, 화폐개혁(貨幣改革)은 일련의 각개 각 부문의 모든 체계와 질서를 최단 시일 내에 완성시켰다.

자본주의 사유재산제도(私有財産制度)를 성역시하는 <남한>에서는 북(北)과는 전혀 반대로 혼란의 극치를 이루고 있었다. 물론 정치부재(政治不在)와 지도자(指導者)의 결핍이 결정적으로 무정부(無政府) 상태를 자초하고 있었다. 한 가지 예를 들면, '한국의 봉건적 기초위에서 과감히 세워진 각종 개혁정책(改革政策)'조차 지지부진(遲遲不進)하면서 각종 생산업(生産業)을 파멸로 이끌었고, 동시에 낙후된 시설이나, 기술 및 자금조달 그리고 경영능력 어느 부문의 어느 것 하나 유지는커녕 소진되면서 깡그리 파멸시키었다. '농지의 유상몰수(有償沒收)와 유상분배(有償分配)'라는 자본주의 소유권을 인정하는 방식을 내걸고 공공재(公共財) 정책이 추진되었으나 실낱같은 기대를 걸은 "농지개혁(農地改革)"조차도 '전국 빈민화'를 초래했을 뿐, 빈부격차를 줄이고 근대적인 산업화(産業化)를 가져오는 데에는 전혀 기여하지 못한 채로 해체되었다.

❺ 정치세력도 '독재정권(獨裁政權)'의 횡포가 우심해서 전쟁이 발발하기 직전 1950년 5월의 '국회의원 총선거(總選擧)'에서 '이승만(李承晩)' 대통령파가 참패를 당하는 지극히 혼란된 실정이 거듭되어 국론통일은 기대하기 어려운 상태로 [북조선]의 남침(南侵)을 받아 일패도지(一敗塗地)하게 되었다. 얄미운 실화가 되겠지만 [미국]이 즉시 "6·25 한국전쟁"에 개입하고 UN군(참전 16개국군)을 투입하여 3개월 만에 북진(北進)을 성공시켰기 때문에 오늘날의 기적 같은 "산업의 고도성장"이 탄생될 수 있었겠지만 한국전쟁 초기에는 절망적 이었다. 간신히 『6·25 국제전란』을 치루면서 600만 명의 사상자를 내고, 국토는 초토화된 뒤

에 이른바'쓰레기통 속에서 장미꽃이 피어나는 최대 변혁(變革)'이 국운의 융성으로 한강의 기적을 이루지 않았는가 싶기도 하다.

　　엄청난 전쟁을 치룬 뒤에, 수많은 경험을 쌓고'미국의 막대한 경제 및 군사원조'를 받고 한편 자립을 갈망하는 안간힘이 그나마 절망 속에서도 비약의 발판이 되지 않았는가 싶다. 예를 들면 <한국군>도 그때 값비싼 희생을 치룬 뒤에 어려운 경제건설 과정 속에서도 최신 최정예군대로 60만 대군이 탄생되어 오늘날 세계 최강의 전투력을 자랑하게 되었지 않았겠는가. 이점에서 전후에 <일본>이 한국전쟁의 특수(特需)를 톡톡히 밑천삼아 경제대국으로 비약했던 거저먹기식의 과정과는 전혀 다른 뼈를 깎는 아픔 속에서'선진한국'을 창조했다는 사례가 세계 후진국들의 모델케이스가 되고 있다고 말하겠다.

　　❻ 결과적으로 [한국]이 온갖 파탄 속에서 오늘날"북한을 압도하고, 중국과 경쟁하는 대열에 올라서서 세계10위, 무역량 1조(兆)($)달러, 최첨단산업화의 선두"를 차지하고 있지만, <6·25 동란> 그 당시의 상황은 가장 낙후된 상태였다는 사실이 그 옛날에 비해서 전혀 믿어지지 않는 실정인 것 같다. 특히 <인천상륙작전의 성공과 9·28 수복후 괴멸된 인민군을 파죽지세로 제압하면서, 이른바'북진통일(北進統一)'이란 목적을 달성한 것으로 온 세계가 확신하고 있었던 찰나에, 또 다시 3개월 만인 10월에 대거 침공해 온 100만 명의 <중공의용군>이란 인해전술(人海戰

術)에 패전을 거듭했던 사실은 통탄을 금치 못할 과오가 아닐 수 없다. '중공군(中共軍)들에 의한 1·4 후퇴'가 있은 뒤에 이른바 오늘날까지도 기약 없이 비극으로 유일하게 남아 있는 "휴전선(休戰線-DMZ)"은 앞으로도 누구나 향방 모를 역사적 과제로 남아 있을 뿐이다.

한편 [북한]의 정치상황은 [소련]의 강력한 지원 하에 토지개혁(土地改革)과 화폐개혁(貨幣改革) 등 '사회개혁'을 추진하고, 비공산세력(친일파, 지주, 지식인 및 종교인)을 일제히 제거 시켰으며, [남한]에서 동조하는 공산당(북조선노동당계)세력들 예컨대 '여수, 순천, 군인 반란사건'을 비롯한 '제주도 4·3 폭동'과 '전국 공산당폭동' 및 '남한 노동당'이 지도한 한반도 남부의 무장 빨치산 투쟁'등의 북한공산당 동조세력들을 감안해 볼 때, "김일성"은 이 때야 말로 [남한]을 군사력으로 점령하여 "무력통일(武力統一)"을 이룰 수 있는 절호의 기회라고 확신한 사실은 너무나도 당연한 귀결이었다. 이로서 "한국전쟁의 개전책임(開戰責任)"은 '남침(南侵)'이 명백하며, 약 4배나 우세한 무기와 정예군 20만 명을 총동원해서 1950년 6월 25일 새벽을 기하여 '38도 군사분계선(軍事分界線)'을 돌파하고 한반도 이남으로 총공격(總攻擊)을 감행하게 된다.

❼ 결론적으로 평가(評價)한다면, 『6·25 한국전쟁의 책임』은 핵심적으로 지적해 볼 때, 첫째로는 "미국 트루만 대통령의 굴욕적인 37°선

전쟁중지 휴전제안"이란 비록 성사는 되지 않았지만 치욕적인 <2중 플레이의 막후 비밀흥정>을 들 수 있고, 둘째로는 "중공 모택동 공산당 서기장의 공군(空軍) 창설을 위한 소련으로부터의 최신예 MIG21 전폭기 원조를 노린 2중 플레이의 극비복선"에 [미국]이 철없이 속았던 사실이 오늘날의 현상유지 즉 「38° 기준 DMG-휴전선」으로 고착되었다고 단언할 수 있다. 물론 국제정치권력을 움직이는 냉엄한 '극비흥정'이란 세계는 어려운 평가(評價)를 동반하고 있지만 [한국전쟁]에 관한한 필자의 견해(見解)는 "미국과 중공이 다같이 2중 플레이 속의 더 깊은 '2중 플레이'라는 복선을 깔고 밀담(密談)을 나누다가 결국 모택동의 고차적 모략(謀略)에 트루만이 완패(完敗)당했다"라고 단정지울 수 있겠다.

4장) [6·25 한국전쟁-UN16개국(미국군+한국군 포함)과 북한 중공·소련]이 "한반도"에 끼친 영향(影響).

"한국전쟁(韓國戰爭)"은 여러 가지 측면에서 많은 시사점을 준다. 중요한 점은 전쟁 당사국이 남한, 북한을 주축으로 중국, 미국이 우선 대규모의 병력과 무기를 사용하고 그것도 3년 이상의 장기전과 소모전쟁을 치루면서, <남북한>의 민족상잔(民族相殘)과 국토의 황폐화 및 600만 명의 민간인 희생은 말할 나위도 없다. 더구나 역사상 최초로 공산주의와 자유주의 사이의 '이념대립(理念對立)'은 돌이킬 수 없는 적대체제의 첨예화를 낳았고, [소련]의 사주와 무자비한 팽창주의=패권주의(覇權主

義)는 극동정세를 위기로 몰아넣은 동시에, 깡그리 패전당한 [일본]의 재무장(자위대 병력)과 동시에 [미국군]의 영구주둔을 불가피하게 만들고, 이로서 [한반도]를 세계적 화약고(火藥庫)로 만들었다. 더욱 커다란 의미(意味)는 불과 5개월도 못되어서 <중공군>이라는 약 100만명의 인해전쟁(人海戰爭)이 그렇게도 추운 혹한 속의 [한반도] 최북단 해발 2,000m 고지에서 갑자기 처내려 와서 [한국전쟁]은 한치 앞을 볼 수 없는 국면으로 접어들었다는 사실이다. 이는 뒤에서 상세한 설명이 나오겠지만 혼란을 가중시키고 있었다.

따라서 전쟁의 성격은 단순한 '국지전쟁(局地戰爭)'이나 조국통일이라는 명분을 넘어서 강대국들 세력의 각축장(角逐場)으로 변모해 버렸고 또한 '국제전쟁터'를 면치 못하게 되었으며 대규모의 물량전쟁비용을 소모하는 현대전 내지 대규모의 재래식 전쟁으로 치러졌고, 이는 그 뒤에 유명한 '월남전쟁(越南戰爭)'과 그 이후 오늘날 최첨단 [별들의 전쟁(Star Wars)]까지 높은 단계에 올라서있다.

"한국전쟁"이라는 세계사적 전쟁성격을 연구하면서, 많은 사람들은 논평하기를 직접적으로 '전쟁책임(戰爭責任)'의 소재가 어디에 있는가! 또는 "개전책임(開戰責任)"이 1차적으로 누구에게 있는가! 좌파(左派)들은 말하기를 "미국이 전혀 관계없는 타민족의 내전(內戰)에 대대적으로 개입해서 38도선 북부한반도를 쳐들어가서 유혈(流血)을 확대시킨 책임,

그리고 이에 동조해서 'UN가맹국들 중에 16개 참전국(參戰國)'들이 다같이 전쟁책임을 면치 못할 것"이라고 주장한다. 반면에 중도 자유주의적인 논객들은 지적하기를 "원초적으로 구소련(舊蘇聯)이 해방 후 공산세력을 급속히 확대하는 과정에서 동유럽 등 13개 위성국가를 만드는 계획이 추진되었고, 이들 공산화(共産化) 세계전략(실은 [미국]도 냉전체제(冷戰體制)를 유지해야 되는 명분으로 방조한 셈)을 특히 '동아시아'에도 공산국가(共産國家)(중공과 소련 휘하에, 몽고, 북조선, 베트남, 라오스, 캄보디아 및 미얀마) 블럭들을 탄생시키기 위하여, 이들의 세력기반으로서 [한반도]를 '베이스캠프'로 확보해서 [일본]과 [미국]을 동시에 견제시켜야 될 필요성이 절실했기 때문이었다."라고 확실하게 지적하고 있다. 결국, [구소련]과 [중공]이 [북한]을 앞세워 대규모 "한국전쟁"을 일으킨 <개전책임(開戰責任)>을 확신하는 동시에 [미국의 냉전]과 전쟁경제(戰爭經濟) 등의 방조가 곁들였다는 가설(假說)도 인정된다.

{참고 : '6·25 동란 초기의 남북한 군사력 비교};→ 위에서 살펴본 '남북한 정치상황'을 파악해 보아도 명백하지만, <중·소 공산>측의 공산화(共産化) 세계혁명의 일환으로 이미 사전에 면밀히 치밀하게 계획된 침략(侵略)=남침(南侵)이었음이 명백하며, 반면 이를 충분히 인지하면서도 허점을 일부러 내보이면서 "남침을 유도(誘導)한 [미국]의 전쟁경제" 재고품 소모전 및 유효수요(有效需要-Effective Demand)의 창출이라는 필연적 귀결을 간과할 수 없다. 이와 같은 상황판단과 사실인식의

기초 위에서 본 강력한 주장은 무엇보다도 여러 가지 정황을 근거로 입증할 수 있지만, 특히 [남북한]의 당시 입장(立場)을 기초로 분석해 볼 때 틀림없이 터질 수밖에 없는 화약고(火藥庫)로서의 [한반도 정세]를 뼈저리게 느끼게 한다.

다음에 압도적으로 우세한'북한의 군사력'은 나중에'중공의용군'과 다 함께 일찍부터 [소련]의 절대적인 지원 하에서 [한반도 적화 통일]을 확신하고 시작한 치밀한 계산(計算)이 깔려 있었다. 그 반면 열악하기 짝이 없는'남한의 군사력은 국방경비대에'불과하였고, 따라서 커다란 불균형 격차를 검토해 보면, 초라한'국군(國軍)'의 모습은 우선 산술적으로 계산해 보아도, 4배나 강력한 최신예'인민군(人民軍)'의 상대가 전혀 될 수가 없었다. 또한'중공군(中共軍)의 본격적인 침공 역시 승리'를 확신하면서, 100만 대군의 인해전술로 반격해 왔을 때 이미 [미국]의 물량전술이나 대량보복전략 즉 철저한 제한전략(制限戰略)을 꿰뚫어 보면서 혹한 속에 속전으로 초기 공세를 제압했던 것이다.

그래서 [미국]이 굴욕적인 "37°전쟁중지 휴전선(休戰線)"을 비밀리에'모택동'에게 제안했던'1·4후퇴'당시의 전쟁 상황을 보아도,'미·한·UN군'과'중공인민군'사이의 전투는 전략적(戰略的)으로나 전술적(戰術的)으로나 대규모로 수행되었음에도 불구하고, 양측은 겹겹이 중복된 각자의 복안(腹案)에 따라 음흉한 작전(作戰)상의 독특한 차이가 있었다. 초기에 "중공군 인해전술"은 압도적으로 UN군을 남쪽으로 급속히 패퇴시켰지만, 낡은 개인 무기와 보급 및 식량이 끊긴 <중공의용군>들은 결국 남으로 긴 보급선이 차단되면서 우선 식량만도 보통 30만 명분씩 투입되는 병참지원 결핍으로 <중공군전투>가 불가능 하였으나, [미국]은 그것조차도 오판(誤判)을 내리고 양보를 거듭하였다.

<사진1-4-1> 『중공군 인해전술(초기10월)과 전멸 패퇴되는 중공군 시체(말기4월)』

<자료> : UN군 사령부 제공. <주> : <미해병대>가 엄청난 <중공군> 시체를 점검하고 있

비록 [미국]이 엄청난 전쟁비용을 쓰면서 이른바 '대량보복전략'에 의한 물량전쟁을 수행하였지만, [중공]은 '인민해방전술(人民解放戰術)'에 의해서 <한반도>의 산악전투(山岳戰鬪)에 처음부터 미리 인천상륙작전(1950.9.15) 그날부터 '한·만 국경(압록강)'에 대비시킨 물경 75만 명의 군대를 투입하여, 이른바 인해전쟁(人海戰爭)으로 쳐들어 왔다. 이

때문에, 전혀 생각지도 못했던 뜻밖의 <모택동 전술>에 그만 "미국의 기계화전술(機械化戰術)"은 무용지물(無用之物)이 되고 말았을 뿐만 아니라, 오히려 "중공의 인해전술(人海戰術)"이 압도적으로 승리를 거둘 수 있었다. 이와 같은 경험은 나중에 "베트남 전쟁에서 '인민해방전술=베트콩' 군대가 재래식 최신 첨단의 대량무기를 사용한 [미군]을 압도적으로 패퇴(敗退)"시키면서 또 한 번 입증되었다.

그래도 세계 최강의 [미군]들은 그들의 전통적인 이른바 제한전략(制限戰略)에 따라 [한반도] 국내를 오르락내리락하면서, 70% 산악지대(山岳地帶)인 <한반도>의 특수지형에서 고전을 면치 못하고 때로는 절망(絶望)까지 부딪치면서 더구나 영하 40°를 오르내리는 한 겨울 혹한에 모든 군사장비가 얼어붙고 보급이 끊기고 열세에 몰린 상황에서 용케 지연전투를 유지하고 있었다. <한반도의 북부> 평안북도, 양강도, 자강도(장진강과 부전강)에서 세계 최강의 [미군]이 역부족으로 크게 패전하고 후퇴(後退)했지만, 그래도 육, 해, 공 막강한 전투 장비를 고루 갖춘 '물량전술(物量戰術)'로 특히 제공권(制空權)을 장악하고, 'B29 전폭기 대대에 의한 융단폭격'을 단행함에 따라 '인해전술(人海戰術)'을 최대한 지연시키면서 또한 '미그21 소련제 전투기 대대'까지도 물리칠 수 있었다. 결국 군사력은 전투장비와 고도로 훈련된 전투 병력과 전투역량에 따른 전술과 전략이 승패를 좌우한다는 교훈을 얻는 반면, "인해전술(人海戰術)"도 '물량전쟁(物量戰爭)'을 압도한다는 교훈을 얻은 셈이다.

"6·25 한국전쟁"이 개전될 당시 <남북의 군사력>을 한국측 자료에 의거해서 비교해본다면'인민군'의 병력이나 장비가 오히려'한국군'의 전투력을 4배나 월등했기 때문에 순식간에'남침(南侵)'이 승리했다는 사실을 알 수 있다. 이와 같은 상황은 오늘날에도 반론(反論)이 없다. 개전당시'북한 인민군(人民軍)'의 총병력은 10개사단 12만 880명이었고 특수부대가 6만 1,800명으로 총계 18만 2,680명 이었다. 반면에'남한 국군(國軍)'의 총병력은 8개 사단 6만 7416명 이었고, 기타 지원부대 2만 7,558명으로 총계 9만 4974명에 불과했다.

실제로 개전당시 <한국군>의 전투력은 병력이나 장비 면에서 우선 4분의 1에도 못 미치는 오합지졸(烏合之卒)에 불과하였고, 더구나 전투경험은 전혀 없었다. 이와는 반대로 남침공격에 나선 <인민군>은 일찍이 <중공 홍군>의 지휘 하에서"항일유격전쟁(抗日遊擊戰爭)과 국공내란전쟁'을 통하여 오랫동안 중국대륙을 누비며 용맹을 떨치면서 활약했던 정예부대로 실전경험을 풍부하게 가진"조선족(朝鮮族) 부대"가 주축을 이루었다. 그 숫자는 약 3개 사단과 2개 연대를 인민군(人民軍)창설 당시부터 편입시켰기 때문에, 실은 인민군(人民軍)의 절반 이상이 막강한 전투경험을 가진 정예부대 이었다.

더구나 개전 1년전 1949년에 [소련]이 제공한 비행기와 소련제 최신예 탱크를 중분히 군사원조(軍事援助)로 받아 무장(武裝)했던 것에 비교해 볼 때, 허를 찔린 [남한의 국군(國軍)]은 그 때 막'국방경비대(國防警備隊)'에서 [국군]이라는 정규군으로 이름만 바뀌었을 뿐 인력이나 무장이나 조직이나 심지어 지휘관조차 전혀 실전경험(實戰經驗)이 없는 잡탕군대(일본군, 광복군, 학병, 지원병 등등) 말하자면 오합지졸(烏合之卒)에 불과하였다. 이에 곁들여서 결정적인 취약점을 지적한다면, 무엇보다도 당시 [미군]이 고문관(顧問官) 500여명을 남기고 [한반도]에서 완전히 철수했기 때문에, 전투력은'국내 반란군'을 격퇴하기에도 벅찰 정도로 경찰수준에 머물러 있었다.

더구나 최신장비는 말할 나위도 없으려니와 대규모의 군사원조(軍事援助)도 전혀 없는 상태이었다. 겨우 일제(日帝)가 버리고 간 구닥다리 개인화기(個人火器) 몇 개를 가지고 [한국군]은 국방경비대(國防警備隊)에서 출발했을 뿐, 그이상의 중화기도 없었다. 당시 <한반도>에는 이미 전쟁터가 아니었기 때문에 [일본군]이 남긴 기관총이나 탱크나 경비행기(輕飛行機)조차 전혀 없었다. 이와 같은 실정에 비추어 볼 때, 남북의 전투력이 가진 격차는 아마도 10대 1정도로 <북한의 인민군>이 압도적 우세임을 알 수 있다.

결국'개전책임(開戰責任)'은 정치적으로나 군사적으로 <남한>을 압도하고 있었던 <북한 인민군>이 전면전쟁으로'남침(南侵)'을 확대시켰다는 사실로서 일차적 책임은 충분히 입증되고도 남음이 있다. 이미 "조국해방전쟁(祖國解放戰爭)"임을 부르짖으며 통일전선전략(統一戰線戰略)을 구축하면서, "남한속의 공산당과 좌익세력(左翼勢力)"까지 인민봉기(人民蜂起)로 가세할 것이라고 확신하였다. 그들은 마음 놓고 20일 이내에 '부산'까지 점령할 수 있다고 호언장담 하면서 속전속결(速戰速決)로 38°선 전역을 넘어서 1950년 6월 25일 새벽4시를 기해서 남침(南侵)하여, 불과 3일만에 '서울'을 가볍게 점령하고는 남으로 진격(進擊)을 계속하였다.

　이 당시 '남한의 이승만' 정부는 당연히 "전쟁개전(戰爭開戰)의 직접적인 책임"은 없다고 하겠지만, 이미 '독재정권(獨裁政權)'을 연명하기에 급급하였고, [미국]의 소비재 원조를 제외한 다른 군사원조(軍事援助)를 전혀받지 못하여 전쟁억제를 못했기 때문에, 결국 조국과 민족의 엄청난 희생을 초래하도록 소홀히 방임하고 있었다. 이 때문에 '김일성'을 비롯한 [소련의 스탈린]이 불과 7개월전 1949년 10월 1일 개국(開國)한 [중화인민공화국의 모택동]까지도 과대망상(誇大妄想) 속에서 오판(誤判)을 내리도록 '남침(南侵)'을 끌어들인 책임은 면하기 어렵다.

　《한국전쟁의 개전상황과 경위》 :　한말로 지적해 본다면, [소련]은 그 당시 [중국의 모택동]과 더불어 공산주의(共産主義) 팽창을 위하여 먼저 정예군으로 훈련된 <북조선인민군-대부분은 중공8로군 출신

임>을 약 20만명이나 전투에 투입시켜"6·25 남침공격"을 감행함으로서 불과 3일만에 <서울>을 점령하고 파죽지세(破竹之勢)로 낙동강 <대구지역>까지 석권해 버렸다. 이때 <한국군-국방경비대>는 빈약한 장비에 미처 조직도 안 된 약 9만 명으로 전혀 상대가 되지 못했다. 물론 UN은 [북한]을 침략자로 규정하고 즉각 반격작전에 돌입하였다. 그리고는 불과 3개월 후에는, UN 참전 16개국의 <국제연합군> 및 <미군과 한국군> 약 60여만 명이 최신예 전폭기를 비롯한 고도의 장비와 훈련된 작전을 수행하면서, 곧장 <9·28 인천 상륙작전>에 성공함으로서 <북조선 인민군>은 완전히 괴멸당하는 한편 [북한]을 해방시키고 10월 달에는 압록강에 진격하게 된다. 이때 [한반도]는 완전히 통일되고, 동시에 38°선은 압록강까지 <한반도 전지역>으로"UN의 확대해석"이 내려졌다.

　　<북조선 인민군>이 괴멸되고 동시에 [북한정부]가 <만주>로 망명해야할 위기에 처하게 되자, 기로에 서서 크게 당황한 [소련]은"개국한지 불과 9개월 밖에 안 된 <중공인민혁명군=홍군>"에게 엄청난 약 2,000대의 최신 MIG15~21 전투기 즉 <공군력>까지 공급하는 등 모든 지원을 다하는 조건으로 아직"유격군대에 불과한 무장도 안 된 약 100만 명의　<중국인민의용군>"병력을'인해전술(人海戰術)'로"북한의　개마고원-자강도"일대의 협곡을 통하여 10월 혹한 속에 산악전을 위주로 속전속결 [한반도]를 침공하게 한다.

이유는 "국제법상 <38°남북군사분계선>을 불법으로 북진(北進)했기 때문에 이의 반격(反擊)을 지원 한다"라는 정당방위라고 하였다. 이로서 1950년 6·25~9월 <북조선 인민군>의 낙동강까지의 남침(南侵), 그리고 9·15인천상륙작전~10월 <UN군·미·한국군>의 압록강까지의 북진(北進)이 한반도를 오르락내리락하면서 민족통일과 전쟁종결이 된 것으로 일단락 지웠다. 그런데 뜻밖에도 <중공인민의용군>이 50년 10월~51년 1월초까지 3개월만에 속전속결로 다시 [남한]의 37°선상-<평택>까지 점령해 버린다. 이것이 이른바 "중공군에 의한1·4 후퇴" 즉 1월 4일 '제2차 서울 철수' 남하가 된다.

모든 기계와 장비와 무기 및 식량이 꽁꽁 얼어붙은 한 겨울 혹한의 추위 속에서 '중공의용군'과 산악혈전을 벌리면서 후퇴작전을 전개하게 되었다. 즉 지금도 '개마고원' 만주와 압록강을 경계로 [한반도]의 북부 즉 북한의 양강도와 자강도에 위치한 장진호와 부전호'가 집결된 군사요충 높은 산악지대에서 세계 최강의 '미해병 스미스 1사단'이 영하 40도의 한파 속에서 12월 크리스마스 공세(攻勢)를 감행해 온 <중공군 75만대군의 인해전술공격을 방어하고, '미국과 피난민들의 흥남철수작전'을 성공시킨 45일간 전투가 벌어졌다.

이것이 유명한 「흥남철수-1·4 후퇴(1951년 겨울)」라고 부르는 전투이며, "중공군 정규군"들의 본격적인 침공이었다. 나중에 제3차 공격

때에는 종래의"중공의용군"대신 명칭도"중공 정규군"정예부대로 편성되었다. 그의 숫자도 무려 <중공군 100만명>까지 병력을 늘리는 한편, 남방에서 [대만 장개석군대]와 싸우던 최정예 야전군(野戰軍)들이 [소련]에서 공급한 수준 높은 전투력, 즉 미그전폭기21을 비롯한 T34 탱크와 각종 방사포 및 기관총 그리고 병사 개개인의 개인화기를 갖추고 본격적으로 [한반도의 남침]을 감행하기에 이른다. 이미 1950년 11월~1월에 걸친 동계작전은 UN(미·한)군의 방어를 괴멸시키기에 충분하였다.

　　[한반도]의 최북단 꽁꽁 얼어붙은 압록강(鴨綠江)을 그 많은 중공병사들이 도강을 하고, 영하 40°를 오르내리는 무서운 장진+부전강의 혹한(酷寒) 속에서 <중공의용군(실은 정예군)>들이 산골짜기를 따라서 어두운 밤에만 거침없이'남침'을 급속도로 계속하였다. 반면 이들의 강력한 산악전투력과 인해 전술(人海戰術)에 맞서서 싸워야 되는 UN군의 모든 군장비와 수송기계는 얼어붙고 식량보급은 끊기고 사단병력은 소수로 감소되었다. 그러면서도, 겨우 동북부전선에서 방어 지연전투는 아군의 커다란 손실에도 불구하고 피난민들의"흥남 철수작전"을 성공시켜'부산항과 제주도'로 전원 수송하는데 성공하였음으로'한국전쟁사'에 길이 빛나고 있다. 겹겹이 싸인 중공군시체로서 벙커를 만들고, 한편 영하40° 혹한과 굶주림과 보급두절상태 속에서 약 40일간의 지연작전을 성공시킨 <미국 해병1사단(스미스)과 국군>들의 용맹은 기적같은 전사를 남겼다.

<지도 : 1-4-2> 『<중공군> 괴멸직전, <UN-미·한 연합군> 북진 반격작전도』

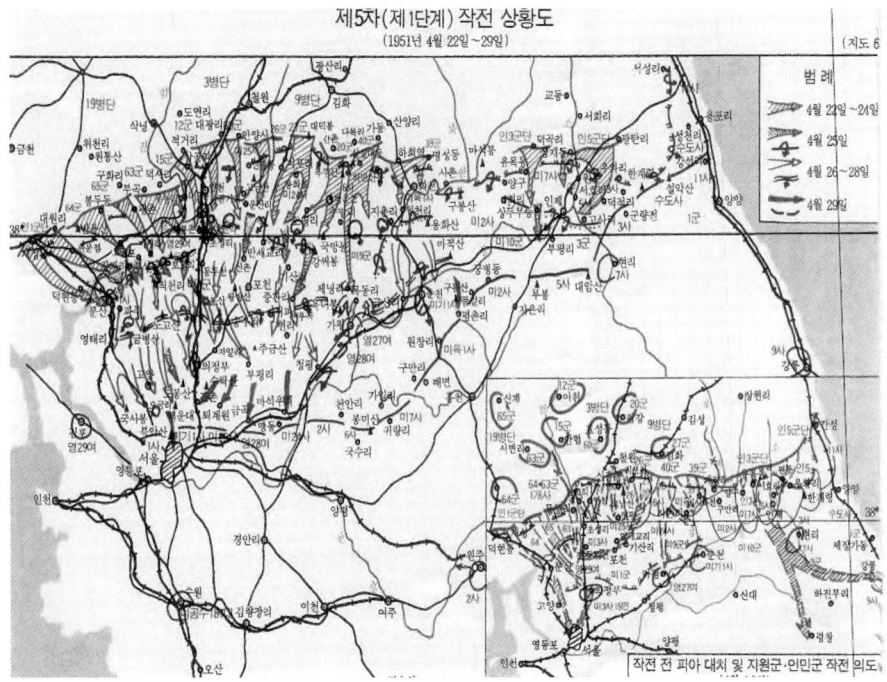

이때 [미국의 트루만 대통령]은 깜짝 놀랄만한 극비 흥정이 한반도를 갈라놓으려 든다. 즉"한반도 37°선<평택-동해> 전쟁중지<휴전>안"이란 비밀흥정을 "트루만"비밀리에"중공의 모택동"에게 제시했다는 경천동지할 사실이 밝혀진다. 동시에 <한반도의 서북쪽>으로'압록강'국경선까지 진군했던 것이 아무도 모르게 밀담(密談)을 흥정했었다는 사실이 처음으로 알려지게 된다.

용맹한'미육군 제2사단(지금 일부병력이 한국주둔 중)'조차도 그 당시 이미 정예부대로 성장한'한국군 수도사단'과 더불어 서부전선을 사수하고 있다가 철수하면서, [미국]이'100만 중공군'들의'인민해방전술'에 밀려서'38°선과 수도 서울'을 빼앗기게 되었다. 결국 미국과 '모택동'은 비밀리에 "한반도 37°<평택-동해>선 휴전안"(서울과 경기도와 강원도 등 남한의 3분의 2를 공산지역에 넘어가는 굴욕적 양보임)을 제기하고, 이와 같은 상황변화가 순식간에 동시 다발적으로 극비리에 전해지는 사이에 <한·미군 주축의 UN 16개국 참전군>들은 전쟁 전 상태인 즉 원래의 38°선과 현재의 휴전선(休戰線-DMZ)과 수도-서울을 훨씬 남하(南下)한 후퇴를 거듭하면서, 서남쪽의'37°선 지역 평택-천안'즉 1·4후퇴가 일어났다.

물론 이 당시 [미국]은 2차대전 때 쓰고 남은 전쟁물자 및 재고품들이 막대한 전후 원조 즉 한국의'가리오아 소비재 원조'를 비롯하여'유-럽에서 마-샬원조'등 많은 민간원조로 소비를 시켰지만, 남아있는 재고품 군수무기만도 당시 600억달러($)어치가 처치곤란으로 보관되어 있었다고 알려져 있다. 따라서 <한국전쟁>을 치르는 동안에 특히 민간이 사용할 수 없는 엄청난 전쟁장비(재고품-예컨대 B-29등) 무기들이 한국전쟁을 통해서 모두 소모되었다는 점을 우선 첫 번째 이유로 들 수 있다. 둘째로는 미군의 인명희생(人命犧牲)이 엄청난 <중공군>과의 전투를 휴전하고자 노력했을 것 같다. 셋째로는 [중공] 역시 100만 군대 인해전술로 전쟁도 한반도의 3분의 2를 점령하는 전승성과를 거두었다는 점, 넷째로는 국공내전에서"장개석 국민당군대"를'대만'으로 몰아낸 뒤, 600만의 중공홍군의 불필요한 남는 군대를 축소시켜 절반으로 소모시킬 필요가 있었다는 점, 다섯째로는 건국한지 1년밖에 안된 [중국공산당 정부]의 자국내 경제건설이 시급한 점 등을 들 수 있겠다. 동시에 뜻하지 않은'제3차대전'의 발발 위험(危險)을 미리 제거하기 위한 <소련>의 판단 때문에도, 반면 [미국]은 국지소모전 목적이 달성된 <한국전쟁>을 그 정도 선에서 적당히 끝내고 싶었을 것이다. 물론"트루먼"의 임박한 재선전략도 있었다.

<표 1-4-3> 영하40°[중공군]과의 혹한전투(좌편): [미군]이 잡은 중공군 포로(우편)

<자료> : 「朝鮮戰爭(6)-中共軍の 攻勢」 -日本陸戰史普及會編, 1976, p.136, p.25.

무엇보다도 이 당시 12월 <중공군>과의 전투는 모든 것이 <인민군>과의 전투보다도 대규모의 완전한"국제전과 대리전"양상을 띠우고 있었다. 결국 [한반도 전쟁]의 영향은 다음 ❶∼❾에 집약된 여러 가지 문제점들로 지적된다.

❶ <한국민족>의 분단(分斷)이 초래한 내전(內戰)-통일전쟁(統一戰爭)이 세계적으로'미·소'양대진영 사이에 공산주의와 자유주의'이데올로기(이념)'대립과 열전(熱戰)을 낳았고, 이 같은 현상은'한반도'에서도 같은 민족끼리 사상대립을 첨예화한 동족상잔의 전쟁으로 표출되었다. 제2차 세계대전에서'연합국'으로 동시에 승리를 거둔 자유와 공산 2개 진영은, 1945년 해방직후부터'미·소 대립과 갈등'으로 대립되었다. 1950년 <한국전쟁이 열전(熱戰)>으로 발발한 이후, 곧 이어서 전 세계는 <미·소 냉전(冷戰)>으로 심각한 위협을 가하였으며, 1975년 <월남전쟁의 종결부터는 미·소 데땅뜨>라는 소강국면(小康局面)을 맞이하다가, 1991년 12월 25일'고르바초프'소련대통령이 사임하면서"소련(蘇聯)"이라는 공산주의 모국은 지구상에서 소멸(消滅)되었다. 이때 [한국]은 처음으로 무역흑자(貿易黑字)를 기록하면서 UN에 가입하게 되고'88 올림픽'을 치러, [소련]이 망한 다음해 1992년 [중국]과 국교를 맺고 선진화로 도약하는 일대 전환점 중요한 계기(契機)를 이룬다.

❷ 공산진영의 남침전쟁은 <한반도>내의 단순한 국지전쟁(局地戰爭)

에서 UN 참전국까지 포함된 대규모의 국제전쟁(國際戰爭)으로 비화하였으며, <한국전쟁(6.25)>이 발발한 직후에는 처음에 <북한의 인민군>이 <남한의 한국군>을 무력으로 제압해서 파죽지세(破竹之勢)로 3일만에 <남한이 점령> 당했지만, 3개월 후에는 최북단 압록강까지 진격한다. '수도 서울'이 함락된 직후부터 'UN 안보이사회'의 결의에 따라 16개 참전국이 <UN군>으로 대거 반격하면서 인천상륙작전(9.15)을 성공시키게 되고, 곧이어 개전 3개월 만에 '38°선을 넘어 북진(北進)'하게 되자, 괴멸당하는 <인민군>을 되살리기 위해서 처음에는 75만의 <중공의 용군>이 그리고 개전 6개월에 불과한 10월부터는 약 100만명의 <중공군>이 파죽지세로 남진(南進)하여, '1·4후퇴 이후 수도 서울'을 2번째 빼앗기고 계속 <37°선상의 평택~삼척 전쟁중지>라는 극비제안을 <미국의 트루만 대통령과 중공의 모택동이 흥정> 했다는 사실이다.

❸ 2차대전 종전직후 미국은 막대한 무기를 포함한 전쟁물자가 대략 그 당시 가격으로 2천 100만달러가 재고품(Inventory)으로 남아 있었다. 이를 처리하기 위해서 첫째, 비군수품은 마샬프랜 갈리오아원조 등 소비재 원조로 전세계에 뿌렸다. 둘째, 강화조약을 맺지 않고 배상(賠償)은 물론 외상값이나 전리품을 일체 없앴다. 셋째, 냉전을 통해서 국지전(局地戰)을 전세계에 촉발시켰다.

결국 [한국전쟁]은 민족분쟁 및 지역분쟁이 세계적 모순을 집약시킨 상징(象徵-Status Symbol)으로 표출된 가장 비극적 전쟁으로 부각되는 동시에, 뒤를 이어 국제전쟁이면서도 재래식 대량무기를 천문학적으로 소모시킨, 마지막 '월남전쟁'을 통해서 우리는 인류최후의 재래식 대규모 전쟁의 본질적인 허상(虛像)과 실상(實像)을 찾아 볼 수 있게 되었다. 이미 '6·25 한국전쟁'은 투입된 전쟁비용만을 [미국]측에서 소모된 액수로 환산해 보더라도, 제2차세계대전의 4분의 1에 해당하는 약 600억 $달러로서 지금 인플레이션을 감안한다면, 거의 6,000억-60조($)달러에 해당하는 천문학적(天文學的)인 자금이 소요된 것으로 추산된다. 이로서 미국은 대공황(大恐慌)을 막고, 세계의 경찰국가로 장악하면서, 우주전쟁(宇宙戰爭)국가로 자리 잡게 되었다.

❹ '한국전쟁'은 이상과 같이 대규모 국내전, 물량전, 제한전, 국제전 및 통일혁명전쟁으로 인해서 단순한 내란으로 끝날 수가 없었다. 따라서 민족의 빈곤과 고통 및 국토의 황폐화는 말할 나위도 없고 최대의 사상자(死傷者)가 발생했으나, 우선 [미국] 측에서 공개된 자료에 의해 찾아보면 다음과 같이 나타나 있다. 순전히 민간인(民間人) 사상자만 살펴보아도 우선 먼저 [남한]에서의 사망자(死亡者) 및 행방불명(行方不明)된 총 숫자는 도합 약 76만 명이라고 기록되어 있다. 또한 [북한] 측의 사상자나 행방불명자들의 통계는 전혀 확실치 않으나, [미국]에서 추산해 본 사망자 및 난민(難民)을 종합해 볼 때 약 268만 명으로 추정되어 있다. 어떻든 이와 같이 조그마한 땅덩이 [한반도]에서 일어난 국지전 및

국제전쟁이지만, 한국전쟁(韓國戰爭)이 초래한 인적손실(人的損失)은 가히 천문학적(天文學的)인 기록을 세계전쟁사에 나타내고 있는 셈이다.

❺ 국제적인 규모의 <한국전쟁>에서 약 20여개 국가의 군대가 피아간(彼我間)에 대규모 전투(戰鬪)를 3년 동안 벌였다. 우선 <UN군 병력>으로 파견된 인원수만 파악해 보아도, [미군]이 약33만 명선을 유지했고, 여기에 [한국군 및 참전 16개국군] 전체를 총합해 보면, 약 100만 명 이상의 병력(兵力)이 전투에 투입되어 있었다. 또한 [한국군]의 사상자는 약 94만 명, 그리고 미국군의 사상자는 33만 명으로 알려져 있다. 이 전쟁에 사용된 탄약(彈藥)만해도 '태평양 전쟁' 때 [미국]이 [일본군]에게 투하된 총 탄약량과 맞먹는다고 한다.

반면 건국된 지 9개월밖에 안된 [중공의용군]은 1950년 10월 처음에는 약 75만 명, 그 뒤 1주년되는 1951년 6월까지는 약 100만 명에 달했다고 한다. 물론 '공산권 자료'이기 때문에 신빙성이 없고 UN군측보다 10배는 넘겠지만, 그래도 [한국전쟁]에서 침공해 온 '중공군과 인민군' 전체 사상자(死傷者) 수만도 약 183만 명이라고 발표하고 있다. 그 중에서 <중공군 사망자(死亡者)>만도 약 절반에 해당되는 90만 명이란 병력이 희생되었다고 발표하였다.

❻ <중공군(中共軍)>의 개입은 직접적이고 전면적이었다. 비록 선전

포고는 없었지만 "UN군이 38°선을 넘어 북진(北進)하면서 이를 국제법을 어긴 침략"이라고 규정하고, 그들은 참전초기(1950.11.)에 '의용군(義勇軍)'이란 명칭으로 약 75만명(지원병과 경비대 포함. 뒤에 100만명 증파)의 병력을 파견했으며, '모택동(毛澤東)' 자신이 참전을 결정하고 총 지휘를 맡았고, 또한 전투에는 정규장교가 전선에 배치되어 실은 완전한 정규군인 동시에 정예보병부대이었다. 이때 "미국은 모택동에게 37°선에서 '남한의 3분의 1을 떼어주는 굴욕적인 한반도 휴전안(休戰案)"을 제안하고 있었다. 그러나 '공군(空軍)'이 없었던 '모택동(毛澤東)'은 이번 기회에 "공군창설(空軍創設)"을 계획하게 되었고, 그래서 [소련]은 [중공]에게 <소련제 최신예 미그15~21전폭기>를 위시로 대량의 전쟁물자와 무기원조를 무상으로 제공했기 때문에 <미국의 남한 37°선 분할(分割)>이란 비밀묵계제안을 3개월 만에 파기시키게 되었다.

이미 'UN안보이사회'는 <중공군>의 침공 즉시 '북한'과 똑같은 "침략자(侵略者)"로 규정해 버렸으며, 전열을 가다듬어 <한·미군 주축의 UN군>은 다시 맹렬한 반격을 가하여 북진(北進)을 개시하였고, "수도 서울"을 탈환(奪還)하는 동시에 '38°선'을 원상회복하면서 1951년 5월부터는 남북의 전투가 소강상태(小康狀態)에 들어갔다. <중공의 모택동>은 3중 플레이를 통하여, 결국 막대한 기술과 차관을 '소련'에서 얻어다가 "공군(空軍)"을 창설하게 되었으며, 처음에는 'MIG15에서 시작해서 MIG21 최신예 전투기'까지 생산하는 군사 강대국으로 비약하게 되었다. 또한 [미국]에 대해서는 강대국의 이미지를 심으면서 대등한 관계를 유지하는 동시에 [대만]을 대신해서 장차 UN상임이사국으로 가입하고, [소련]과도 <중·소 분쟁>을 야기하는 기초를 다졌다.

❼ 국제정치 및 국제법상 결정적인 [미국]의 다목적적인 복안은 겉으로 세계평화와 공산권의 적당한 세력안배를 고려하고 이를 배치하는 작업을 1945.8~1950.6.까지 진행시킨 셈이지만, [한국전쟁] 이후부터는 "팍스-아메리카나→전체 세계질서를 미국중심으로"라는 경찰국가의 패권주의로 묶어서'공산권에 대한 중·소 분쟁(紛爭)을 야기시키는 동시에 중공을 미국우호국'으로 끌어 들이는 작업이 비밀리에 추진되어 결국 UN상임이사국으로 제도권 속에 가입시키게 된다. 원래 5천년 세계역사상 크고 작은 전쟁이 1년에 2번꼴로 일어났지만, 꼭 전쟁항복조약이 맺어져서 승자(勝者)는 패자(敗者)의 모든 것을 장악하게 되어 있었다. 제2차 세계대전은 가장 큰 전쟁임에도 불구하고, 종전(終戰)에 따르는 강화조약(講和條約)을 맺지 않고 곧 바로 『미·소 냉전(冷戰)』을 격화시키는 이상한 <평화조약>이 각국별로 진행되는 최초의 이상한 국제법판례가 탄생된 채로 끝났다.

세계 역사상 2번째로 큰 전쟁이었던, 1919년의 제1차 세계대전의 종전 후에 맺은 『베르사이유 강화조약』과 같은 전쟁배상, 영토 재분활 및 전쟁재발을 위한 국가해체 등의 조치가 취해진 사례에 비교해 보아도 전혀 납득이 되지 않는 처사가 벌어졌다. 이 때문에 [일본]은 태평양전쟁(太平洋戰爭)에서 무참하게도 패전(敗戰-1945.8.15) 당했지만, [미국]에게 겨우 [천황제(天皇制)국가]를 보존한다는 조건 하나를 담보삼아「무조건 항복(降伏)」을 선언하였다. 그런데 이것이 뒷날'미·일 샌프란시스코 강화조약'을 맺을 때"미국이 단독으로 점령국 정부를 통치해온 것과 같이 이 역시 단독으로 [일본독립]을 배타적으로 허가해 주고 마는 독점권한을 행사하게 되지 않았겠는가.

❽ 원래 해방직후, 패전한"일본제국은 연합군 4개국 또는 미·소 양국의 36°선 분단점령"이라도 시행되기 마련인데, 일찍이 [미국]이 동아세아에서는"미국의 배타적 독점권을 <얄타비밀회담>이나,'히틀러 독일의 패망직후 1945년 5월 8일 <연합국선언-Allianced Declaration>이나, 이를 확정지운《포츠담협정》에서 [미국]은 동아시아의 배타적 독점권을 확보한 셈이고, 이의 분배가 [한반도]를 위주로 <모스크바 3상회담>이나 <미·소 공동위원회>를 통하여 노출된 셈이다. 그럼에도 불구하고 [일본]은 [미국]의 독점통치하에 오히려 보호를 받고 10년 후에는 재기(再起)의 독립(獨立)을 순조롭게 받는 대신, [한반도]는 [소련]의 기득권 주장으로 <38°선 분단(分斷)>으로 궁지에 몰리고 결국 최초의 공산권 통일전쟁의 목표지역으로 나락에 떨어진 것이 아닌가.

이와는 정반대로 [일본패전국]의 경우는, <미국의'맥아더'원수가

지휘하는 점령 미군총사령부가 점령군정부(政府)]를 단독으로 수립하고, 오직 <미군> 단일 통치(統治) 밑에서 독립(獨立)을 잃고 식민지(植民地)라는 치욕적인 종속국으로 속박되어 버렸지만, 오히려 공황위기에 직면한 [미국경제]의 쓰레기 처리장으로 막대한 원조를 받고 호강하는 이상한 식민지가 되었다는 사실이다. 비참한 국가패망과 굶주린 생활파탄 속에서, 한때 [일본제국(日本帝國)]이 지배했던 영토(領土)는 4분의 1로 축소된 반면, 인구(人口)는 해외에서 지배층으로 군림하던 전재(戰災)국민들이 한꺼번에 귀국하는 바람에 2배나 증가되어, <일본열도>는 1억 2천만 명이 들끓는 처참한 상황 속에서 기아에 허덕이고 생활고는 참담하였다.

원칙적으로 "전쟁에 패망해서 전쟁범죄(戰爭犯罪) 값을 정식으로 치렀다면, [독일]처럼 [일본제국]이란 국가(國家)가 소멸"되었거나, 아니면 "[미·소] 양대 국의 동시 내지는 미,중,영,소 등 4개 연합국들의 점령하에 '36~38°군사분계선(軍事分界線)'을 설정했어야 옳고, <일본열도가 남북~동서로 틀림없이 분할(分割)되어 영원히 [한국]처럼 분단국(分斷國)이거나, 또는 [독일]처럼 분할국(分割國)이 될 것은 틀림없는 귀결점이었다. 그럼에도 불구하고 [미국]은 전후 처리과정에서 이미 『미·소 냉전』을 예상했고, 결국 [일본]을 [독일]과는 정반대로 동아시아의 전초기지(前哨基地) 겸 [미국]의 앞잡이로 써먹겠다는 계획(計劃)에 의거해서 미리 단독점령으로 확보해 놓은 것이 틀림없다.

❾ <중공의 모택동(毛澤東)>은 그때부터 즉시'MIG21전폭기'를 생산하는데 전력을 기울이는 동시에 [소련]으로부터의 막대한 차관(借款)과 은밀하게 들여온 기술비용 등을 갚는데 국력을 쏟아 부을 정도의 고통을 당하게 되었다. 결국은 중국경제의 파탄으로 인하여 예를 들어'합작사운동(合作社運動)', '대약진운동(大躍進運動)' 및 "인민공사(人民公社)" 등이 모두 좌절되어 정권을'실권파(實權派) 유소기(劉少奇), 등소평(登小平)'등에게 이양하고 은퇴하기에 이른다. 그러나 <모택동>의 정략은 약 10년간 당 제1서기(주석)직만을 유지한 채로 은퇴해 있다가, 1965년부터 유명한 『문화대혁명(文化大革命-Cultural Revolution) 즉 상부구조의 공산혁명』을 일으켜'홍위병(紅衛兵)을 동원하여 실권파—유소기, 등소평등을 숙청'하고, 10년 동안 죽을 때(1976년)까지 중국대륙을 이른바 「죽(竹)의 장막(帳幕)」 속에서 [미제국주의]와 전쟁을 벌였다. 말하자면 "냉전(冷戰)이 [소련과 미국]의 철(鐵)의 장막(帳幕) 속의 전쟁"이었다면, 그때까지 <중공 모택동>은 [미국]과의 철저한 전쟁상대이었다. 한편 [한국전쟁]에 <중공의 모택동>이 직접 100만 대군을 투입하여 [미국]과 "인해전술 대 물량전술과의 대결, 즉 인민해방전쟁"을 벌였을 때, 아직은 <중공>이 정규적인'공군력이나 최신 MIG21전폭기도'없었던 당시에 낡은 소련제 전투기 약 50대를 가지고 그나마 <미군>과의 변방(邊方) 국경선상에서 공중전을 벌인 사실이 있었으나 <중공군육군항공대>로서는 <미군기>의 적수가 못되었다. 1951년 3월 22일 아래 <사진 1-4-4>에서 "미·소 양측 전투기"공중전에서 밝혀지듯이, '소련의 스탈

린'은   최신예'MIG15전폭기'를'한국전쟁'에서   실전에   배치하여'미국제 F86전폭기'와 견주어 봄으로서 성능시험에 절호의 기회를 갖게 되었으나,'미국제'의 우수성이 증명되기에 이른다.

<사진1-4-4> 「중공 MIG15전투기」가 『미국 F86전투기』에게
초창기 전투에서 격추(擊追) 당하는 공중전 촬영 장면(1951.3.22.)

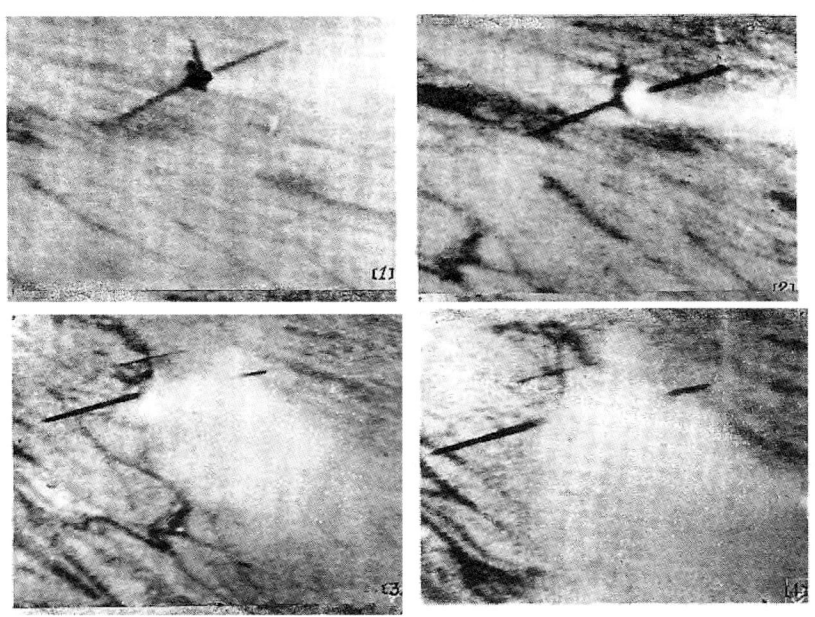

<자료> :"朝鮮戰爭"日本放送出版協會 1990. P.109. (1)MIG15가 보임.
(2)탄도탄(F86)발사 명중. (3)MIG15기 추락. (4)MIG15기 지상에 충돌.

강화된"미·한 UN군들에게 반격"을 받으면서 급히 후퇴를 거듭하게 된다. 물론 <미국공군>은 그 즉시 <소련의 MIG21전폭기>를 압도하는 <미국의 팬텀전폭기>를 "한국전에 참전시켜 중국공군이 대규모로 창설되어 공중전으로 실제 대결"해 보았어도 참패당하고 <중공군>의 기세는 완전히 꺾이게 된다. 이때부터 <중공군>은 식량보급과 전투장비의 긴 보급로 차단에 따라 절망에 빠지게 되고, [남한]의 <37°전선>에서 압도적으로 전투력(戰鬪力)이 어떻든 [일본열도] 대신에 [한반도]가 맥없이 <38°선 분단국>이 되었고, 급기야 2차 대전 후 불과 5년 만에 '공산권과의 미·소 냉전(冷戰)'의 결과는 "6·25 한국전쟁을 촉발시켜—미·소 양진영의 엄청난 열전(熱戰)"으로 터지게 되었다. 이것이 <UN 참전 16개국과 중공군 100만명 인해전쟁(人海戰爭)>이 맞붙는 국제전쟁 및 사상 및 체제전쟁으로 돌변하고, 2차 대전에서 남은 방대한 재고무기(在庫武器)의 거대한 물량소모전쟁터로 [한반도]는 돌변하였다.

불과 3년 동안의 전쟁에서 조그마한 [한반도]를 오르내리는 남침(南侵)과 북진(北進)이 거듭 반복되는 가운데, 국토(國土)는 초토화되고 600만 명의 사상자를 내면서 [한국]은 절망의 도가니에 빠져 들었다. 이와는 반대로 [미국의 점령지 일본(日本)]은 오히려 [미국]이 주도하는 <한국전쟁>의 후방 병참기지(兵站基地)로 급변하면서, 1950년 6월 25일부터는 이른바 "비참한 절망속의 [점령국 일본]에게 전쟁경제의 특수(特需)"를 안겨 주었지 않았겠는가. 그런데도 [일본]에게 새로운 세상을 만들어 주는 계기가 찾아오면서 평화헌법(平和憲法)-군대 없는 국가)과 섬나라 무역통상을 통하여 세계2위의 경제대국을 이룩하고 엄청난 자본 축적과 고도성장(高度成長)의 경제발전을 가져다주었다.

결국 3년간 최대의 인적 및 물적 손실을 보고도, <한국전쟁>이 직간접적으로 미친 파장은 특히 세계정세와 동북아정세 즉 미, 일, 중, 러, 남한, 북한등 4+2=6개국 관계설정을 재편성했을 뿐만 아니라, 21세기"미국과 중국"중심의 대결 즉"팍스-아메리카나와 팍스-시니카"와의 주축이라는 새로운 세계판도를 전개시키면서, 이제 하나의 세계체제 속에서의 [한국]의 통일국면을 주변(周邊)이 아닌 핵심권(核心圈)이란 측면에서 검토해야할 단계가 된 것 같다.

1 <한국전쟁> 당시 미군의"군수물자조달기지"로서 변모한 [일본점령지역]은 2차대전의'노하우'를 십분 살리는 동시에 [미국의 최신기술]까지 도입해서, 원자재, 기자재, 기술기반을 토대로 [미국 국방성(펜타곤)]에게 엄청난 납품을 독점함으로서"당시 [일본]의 한국전 특수총액은 약 32억 달러(지금 약3천억($)달러에 해당함)에 달하는 씨종자돈(본원적 축적)"을 현금으로 받으면서 [일본의 전체 산업]이 완전고용되는'경제기적(奇績)'을 되찾게 되었다. 한말로 지적해서 [미국이 주도하는 한국전쟁]의 덕택으로 패망한지 불과 5년 만에 기적적으로 기사회생(起死回生)된 것이다. 이 같은 상황을 국운(國運)의 소치로 해석하지 않고는 그 어떤 사회과학의 논리로도 설명할 수 있겠는가. 자본주의적 국제적 재생

산을 본궤도(本軌道)에 올려놓았을 뿐더러 미국식 민주화(民主化)를 확립하고, 최신 현대화의 1등 국가로 떠오르게 되었다.

　　2 결국 [일본]은 한때 패망으로 경제적 자립(自立)의 상실과 국제정치적(國際政治的) 파탄까지 가져왔던 [미국의 정치적 점령식민지(占領植民地)]로부터, '미국의 세력권(勢力圈)'에 종속됨으로서 [일본의 새로운 독립여건]을 조성하는 좋은 기회가 되어, 1951년 9월에 '미·일 샌프란시스코' 강화조약이 체결되게 된다. 현재의 [일본국]은 한 때 [미국]의 종속(從屬)에 항의하는 '사회주의(社會主義) 좌파세력(左派勢力)'이 극성을 떨었지만, 21세기를 맞이해서 특히 [소련]의 멸망과 [중국]의 개방에 따라 [일본]의 정치, 경제, 사회, 문화세력은 졸지에 '중도우경화'로 뒤바뀌지고, 세계적 경제대국이 되었다. 비록 아직은 '자위대(自衛隊)'라고 부르지만, 첨단무기로 재무장된 방대한 군사력(軍事力)을 지닌 막강한 '군사대국(軍事大國)'으로 성장해 있다. 한 말로 일본의 자본력(資本力)은 '글로발화'를 거듭하면서, [중국]의 거대한 도전을 극복하기 위하여 [미국계 세계 독점자본(獨占資本)]과 결합하고, 현재는 UN의 상임이사국(常任理事局)을 넘보고 있는 실정이다.

　　3 여기에서 비롯된 "통미종아(通美從亞)" 즉 북동아시아를 [미국 중심의 세계질서] 속에서 지배하겠다는 패권주의(覇權主義)가 부활되는 동시에 곁들여서 아시아의 승룡(乘龍)으로 급부상하고 있는 [중국 대국주의

(大國主義)]와 연합(聯合), 즉 합종(合縱—수직 지배관계)하는 양상을 보여주고 있는바, 이 틈새를 활용해서 동아시아의 극동=동극(極東=東極)은 곧바로 [한반도]라고 단언할 수 있다. 반면 [미국]의 동북아 세력균형(勢力均衡) 정책과 [한반도]와의 연계에 의한 극동(極東)의 중심축을 <한반도>에 집중하는 "대한반도정책이 한,미,일 3각체제"를 구축하면서, 다른 한편 [일본]의 "대미국종속과 한국지원"이란 연횡책(連橫策—수평 지배관계)이란 과제를 가속시키는 동시에, "한·중·미 3각체제"속에서'중국의 민주화와 소수민족연방'국가연합(國家聯合)을 결성하여'동아유니온(EAU)'을 고착시키는 종횡의 관계설정이 오는 계기가 21세기에 다가온 것 같다.

4 원래 제2차 세계대전 당시 연합국 특히 [미국]이 "태평양전쟁"에 말려든 것은 먼저 [일본군국주의]의 침략을 필연적으로 유도하는 이른바'고철(古鐵)과 석유(石油) 수입루트(인도네시아 더치쉘)를 6개월 전에 예고하면서 동시에 이를 봉쇄(封鎖—Blockade)했기 때문에 "일본국가의 생존권"을 사수하기 위하여 [미국]을 공격하게끔 만들었다. 1940년에 6개월 시한부로 [일본]에 수입되는 고철과 석유를 동결시키자, 궁지에 몰린 [일본군국주의]는'하와이의 진주만'을 공격하는 동시에 태평양과 인도양 및 동남아세아와 중국, 만주, 시베리아를 정복하는 [일본]의 국력에 벅차는 침략전쟁을 무모하게 감행할 수밖에 없었다.

5 똑같은 원리로 [미국]이란 나라는 우선 공황방지를 위한 유효수요

(有效需要-Effective Demand)를 대량 대규모로 창출하기 위해서는 필연적으로 전쟁(戰爭)을 유발할 수밖에 없지 않았겠는가. 1950년 6월 25일「한국전쟁」을 도발하도록 동북아시아에 공산국 세력을 끌어들여, 이번에는 [일본본토]를 '미군수품 병참기지'로 사용케 하면서 막대한 자본을 축적시켜 주는 동시에 불과 5년 만에 "강대국(强大國)"으로 회복시키는 공작(工作)을 성공리에 진행시켰다는 사실이 지적된다. 이미 "미국의 팍스 아메리카나(미국 중심의 세계질서)"의 위력은 2차 대전 이후 최대로 꽃을 피웠으나, 지금은 "유-럽 EU 27개국가"들의 세력권과 더불어 신생 [중국]의 막강한 "팍스 시니카(중국 중심의 세계질서)"에 의해서 강력한 도전(挑戰)을 받으면서 '국가와 국민만 남고 세계독점자본(世界獨占資本)'이 빠져나간 [미국]은 휘청거리고 있다. 한말로 지적해서 동아시아뿐만 아니라 세계적 중심거점으로 [한반도]의 역할은 절대적이다.

6 <6·25 한국전쟁>은 제2차 세계대전이 종료된 지 불과 5년 만에 발발되었지만, 이 당시가 세계가 재편성되는 역사적 전환기(轉換期)를 맞이한 때였고, 따라서 국제적으로 대규모 <한국전쟁>을 치룬 결과는 특히 "공산진영과 자유진영과의 냉전(冷戰) 체제하에서 극단적인 대결과 갈등을 초래하였다. 소위 새로운 세계화의 지구촌을 여는 시대적 사명감(使命感)의 문제제기와 잡다한 실존철학과 하나의 세계체제사상과 글로벌리즘의 가치관(價値觀)이 난무하는 동시에, IT(전자), BT(생명과학), CT(문화), ET(환경), NT(나눔) 등 5T=첨단과학기술(Hi-Tech)을 쏟아

내고 우주개발(宇宙開發)을 통한 이른바 "별들의 전쟁(Star- Wars)"이 비약적으로 세계를 지배하게 되는 단초(端初)를 열개되었다. 이와 같은 미래지향적인 [한반도]의 위상이 특히 [미국]의 지원 하에 [중국]과 [일본]과의 화합 속에서 <남북한 민족공동체 국가연합>이 필요하다.

7 결론적으로 지금 21세기 초에 존재하는 차원 높은 세계질서는 "하나의 세계체제-One World System"속에서 급변하고 있다. 이미 1995년에 출발한 최초의 "WTO-세계무역기구"속에 5가지 국제법적인 원칙조항은 직접투자, 반덤핑관세, 노동조건(저노임), 환경(인간친화) 및 부패(뇌물흥정) 등을 절대 금지시키는 한편 패널(국제재판, panel), 중재(仲裁), 협상(協商)을 통한 통제를 가함으로서 이른바 [세계국가] 형태로 집약되고 있다. 이상 5가지 규칙을 기본으로 몇 가지 곁들인 규제조치가 가미되고 현재 2010년대를 건설하고 있지만, 문제는 종래 [미국]이 가진 '팍스-아메리카나(Pax-Americana)'의 위력이 계속 세계질서를 지배하고 있고, 반면 EU(유럽 유니온)이나, 새로 부상하는 [중국]의 '팍스-시니카(Pax-Sinica)'와의 견제와 균형이 과도기적인 조정을 필요로 하고 있는 현실이다. [한국]은 아직도 분단국(分斷國)의 휴전(休戰) 상황을 불확실하게 유지하고 있는 중진국의 여건(與件) 속에서, 언제까지나 강대국들에게 시달리고 남북한정세에 끌려 다니면서 더 이상 국제적인 농락을 당하지 않으면서 새로운 탈바꿈 즉 가장 이상적인 [국가]를 세울 수 있겠는가 하는 중차대한 과제(課題)를 안고 있을 뿐이다.

{2편} [일본의 이등박문]은 [한국]을 "보호국"으로 농락하였다.

1) "이등박문"의 『연방제국<Great Japan>』이란, [대동아공영권⇨한·일합방=대일본제국+대한제국+만몽제국+중화연합제국]임. 즉 "대영국연방<Great England>=잉글랜드+스코틀랜드+세계영국식민지 전체"와 꼭 같은 "동아시아의 대연방국"을 시도한 것임.

    1905년 일본의 명치유신 때부터의 최고 권력자이며 대일본제국의 제2대 총리대신(總理大臣)을 지낸 아시아 침략의 수괴(首魁)로서, 최초 "정한론(征韓論)을 주창하여 '한국침략'의 원흉(元兇)"이 되었던 유명한 [이등박문(伊藤博文)]이 일본의 총리대신을 내놓고, "을사늑약(보호조약)"을 강제로 선포한 뒤에 초대 "보호국 [대한제국]의 초대 통감(統監)"으로 서울<=한성(漢城)>에 부임하였다. [일본]에서 '천황(天皇)' 다음가는 제2인자이며 실제로 역사상 최고의 문민정치가인 공작(公爵-군왕)이었던 [이등박문]은 적어도 100년을 내다 본 대전략 또는 경륜(經綸)을 펴면서, 1909년 10월 26일 '하얼빈'에서 "안중근"의사에게 사살될 때까지, 실은 아래 3가지 경악할만한 발상력 즉 <이등비밀구상>을 문제제기(問題提起) 해놓고 죽었다.

물론 이자 때문에 이미 [한국]의 국가운명은 죽음으로 치달았고 동시에 '중국과 동아시아' 전체가 침략의 제물로 비참한 최후를 맞이한바 있었다. 그의 생존 시기가 1909년 말까지 살았기 때문에 악랄한 목적달성은 미처 못다 이루고 죽었지만, 적어도 한 20여년만 더 살았다고 친다면 세계의 역사가 달라졌을 지도 모르는 일이었다. 그의 거대한 책략과 구상은 한말로 지적해서 "대영제국(大英帝國)"을 그대로 모방한 엄청난 목표와 상상을 불허하는 대전략(大戰略)을 가슴에 품고 간악한 술수를 총동원하여 아래와 같이 자기의 뜻을 밝힌바가 있었다.

그는 (1) "대한제국"을 서구열강들로부터 국제법상 단순한 '보호권(保護權)=외교와 국방을 위임'이란 근거를 [제1대 조선통감 이등박문(1905)]은 이를 처음부터 불법으로 확대해석하여 완전한 '식민지(植民地)'로 착취하면서, '헤이그 만국평화회의' <대한제국의 고종황제>의 밀사로 간 '이준, 이위종' 등이 "국새(國璽)"를 위조한 을사보호조약(1906)"이라는 호소사건이 터진 다음, "순종황제"로 황위를 이양시킨 뒤에 같이 수행하여 '조선 8도'의 정치지도자 및 대학자들 무려 86명과 대화(對話)한 결과 커다란 심경변화(心境變化)를 일으켜서, '이런 상황에서 조선(대한제국)을 <보호권(保護權)>만 가지고 식민지 영구통치(永久統治)는 불가능할 뿐더러 오히려 "일본제국"도 곧 망한다.'라고 자평하면서 "차라리 '영국제국'처럼 '잉글랜드와 스코틀랜드'가 <국가연합(國家聯合)>을 하듯이 [조선과 일본의 국가연합-Confederation]을 '일·한제국'을 만들고, 대륙으로 뻗어 나가자.'라고 결심하고 이의 실천을 위해서'하얼빈에서 러시아 외무대신과 밀약'을 하다가 죽었으나 그의 직계 부하인'가쓰라(桂) 총리대신(공작)'까지도 죽은 뒤까지 반대해서 "일본제국"이 멸망했다.

　　(2) [이등박문]은'제1대 조선통감'이란 막강한 자리에 있으면서, 1905년"러·일 전쟁"때에, [일본]이 10만 명의 사상자를 내고도'배상금(賠償金)'한 푼 못 받은 채로 겨우'남만주'서쪽 끝에 위치한"대련과 여순지역을 [관동주]란 명칭으로 조차(租借)하게 되자'일본군의 대본영'에서 파견한 2개 사단 규모의 수비대를 [관동군사령부(關東軍司正部)]로 만들어 통치권을'군부'가 행사하려고 하였다. 이때 문민통치(文民統治)만이 [일본]이 살 길이라고 강력히 주장하면서'군부(軍部)의 발호를 일찍이 막기 위해서'혜안을 발휘하여'군정실시'를 막고, 죽은 뒤에는"만주제국(滿洲帝國)"을 탄생하게 만들었다. 이미'명치유신(明治維新)'이후 [일본제국]이'청·일 전쟁(1894)'과'러·일 전쟁(1905)'을 승리로 이끄는 동안에 원래 [일본]의"사무라이와 봉건영주"들은 경찰로 가면서도 절대로 군대로는 가지 않았고, 그 대신 농촌출신의 하층민들이'군장교'가 되면서 뒷날 1932년의'5·15 군부쿠데타'와 1935년 드디어 <군국주의(軍國主義)>로 가게 되는 거대한 '2·26 군부쿠데타'가 일어나게 되었다. 결국 <도조히데끼(대장) 군부정권>이 탄생되지만, 일찍부터 [이등박문]은 이를 예견하고, <문민정치가

들과 군부장관급지휘관>들의 합동회의를 열어서,"만일에 만주 관동주에서'군정'을 실시한다면 대륙을 먹기 전에'러시아군'과'원세계의 청군'들에게 패전할 것이다. 이 책임을 누가 질것인가! 절대로 군정(軍政) 실시로는 안 된다."라고 훈시함으로서'군부(軍部)'의 경박성을 경고하고 동시에'문민통치(文民統治)'의 관행을 열어 놓았다.

　　(3) [일본의 군국주의]는 1929년 12월의'대공황'을 타개하기 위하여 1931년'5·15 군사쿠데타'를 행하고, 다음 해부터 대륙침략의 전초전으로'만주사변(滿洲事變)'을 일으켜서'대본영(大本營)'이 만주국(滿洲國)과 관동군(關東軍)을 만들고, 만주국내에서 무수히 일어나는 "항일독립군(조선과 중국인들로서 군벌, 공산, 민족, 토비 등)"들을 토벌하겠다고 [만주군]을 국내치안군으로 관동군 산하에 두었을 때, 이미 "군국주의(軍國主義)"는 절정으로 치닫고 있었다. 일찍이 [이등박문]은 1909년 12월 그가 죽기 전에 이미"군대의 무모한 발호가 결과적으로 대일본제국을 멸망시킬 것을 예견하고 이를 막도록'익으면 떨어질 과일'이라 던지, 또는'군대식 영구통치는 불가하다'또한'대동아공영권(大同亞共營圈)을 <일본연방>으로 만들고 5족협화(五族協和)'를 만들고 동남아시아와 시베리아 연해주를 포함시킨 대제국건설이 필요하다"라고 그의 구상과 포부를 말해온 것이'아사히(朝日)신문'취재과정에서 폭로되었다. 그의 언행은 특히 고위층들의 육성녹음을 녹취한 자료들의 공개과정에서 생생히 들어났다(현재 이들 녹취록은'일본 학습원대학'에 보관 중임).

문제는 그 당시 1905년~10년 동안에도, [이등]의 뒤를 이은 일본의 [가쓰라 다로오(桂太郎)] 총리대신이 물론 다 같이 정한파(征韓派)로서 「「대한제국」을 병탄하였지만, "한국을 일본의 보호국(保護國)이냐! 아니면 식민국-합병(植民國-合併)이냐!"라는 마지막 통치체제를 놓고 2사람 사이에 무서운 암투가 벌어졌다는 역사적 사실을 파헤쳐 보아야 한다. 이 같은 작업이 이글에서 필자가 처음으로 그의 실체적 진실을 구명하기 위한 문제제기가 된다. 주로 [이등박문]이 '한국'의 무서운 저력과 '일본'을 혼합시켜야 만이 [대동아공영제국-연방]을 성공시킬 수 있다는 식민지 아닌 확신을 오직 혼자만이 간파하고는 『대일본연방제국구상』을 실천에 옮긴 사실이 무엇보다도 필자가 지적하는 과제가 되고 있다.

　　이와 같은 '문제의식'은 무엇보다도 "일본"이 1855년 '미국의 흑선'으로 굴복한 뒤에 본격적으로 "서구열강(西歐列强)들의 흉내"를 내면서 어떻게든 강대국(强大國)이 되어 북동아시아 인접국가들 예컨대 [한국]을 비롯하여 [만주·중국]과 [연해주·몽고] 등을 침략해서 이른바 <대동아연방국가>를 건설하기 위하여 "군국주의(軍國主義)"로 결집되면서부터 모든 <일본>의 불행은 시작된 셈이다. 무조건 서양(西洋), 특히 [영국]을 그대로 모방하기 시작하였다. 음력(陰曆)을 없애고 철저히 '아시아적 봉건잔재'를 제거하는 동시에 전제군주(專制君主) 국가를 건설하는데 신권(神權)을 동원하고, 또한 '신사참배와 천황(天皇) 신격화'를 아예 국시(國是)로 삼아 반대자는 사형에 처해 버렸다.

[일본제국주의]가 "군사력을 주축으로 강대국"의 지위를 확보하게 되자, 그 당시 전 세계적으로 만연된 "제국주의 침략" 전쟁에 후발주자로 뒤따라가면서, 본격적으로 국제관계를 요리하기 시작하였고, "기진맥진한 대청제국-중국(大淸帝國)을 위시로, 미국-필리핀, 영국-싱가포르, 말레이시아, 미얀마, 인도, 그리고 러시아-시베리아, 연해주, 및 프랑스-베트남, 라오스, 캄보디아와 네덜란드-인도네시아, 그리고 독일(獨逸)" 등과 <동아시아 침략>을 국제적으로 흥정하면서, 본격적인 군국주의 정복과 침략전쟁을 한없이 전개하기 시작했다는 사실을 간과해서는 안 될 일이다. 따라서 문제의 관건은 '서구열강'들로부터 [일본]이 국제적으로 맨 먼저 얻어낸 이권(利權)이 최초로 [대한제국]을 침략할 수 있는 단초적 실마리를 '바—터 조건'으로 제공해 주었다는 사실이다.

그것은 유일하게도 '동아시아'를 먼저 침략해서 이미 막강한 기득권을 장악하고 있었던 서구열강(西歐烈强)들이 21세기에 접어들면서 다 같이 그 대가로 『대한제국(大韓帝國)에 관하여 외교 및 국방을 포함한 "보호권(保護權-을사늑약)"만을 [일본제국]에게 승인(承認)』해 주었다는 중요한 사실이다. 결국 "대한제국의 주권국가, 고종황제 및 한국 국민과 한반도 영토는 그대로 존속(存續)" 시키는 대신, [대일본제국]만이 서구열강들의 묵시적인 승인 하에 "국제법 또는 국제정치관계에서 [한반도]

만을 [보호국]"으로 일제가 침략할 수 있다는 하나의 불문율을 그 당시 국제정치권력 속의 「일본」의 권한으로 부여해 준 사실이다.

결론은 처음부터 '열강'이 인정한 "일본의 한국보호권"은 '한국의 외교권(外交權)과 국방권(國防權)'만을 위임받는 조그마한 「일본」의 권한 밖에 없었다. 따라서 "한국은 엄연한 자주독립국가"로서 존립하도록 되어 있었다는 역사적 국제법상의 허용범위 밖에 없다는 한계(限界)를 불문율로 설정하고 있었다. 그러나 간악한 [일본]이 오히려 야금야금 이를 확대시키면서 "1905년 보호국에서 1910년 합병식민지"로 [한반도]를 삼켜버리고, 1931년에는 [만주]와 [중국]으로 계속 침략전쟁을 확장하는 동시에 온갖 착취를 감행해서 1936년에는 [몽고]와 [시베리아 연해주]를 침략한 뒤에 1941년 제2차 세계대전에 [히틀러 독일과 무솔리니 이탈리아]와 더불어 <3국동맹>을 맺고, 드디어 <태평양 침략전쟁-대동아전쟁>을 일으키면서 [미국·영국을 비롯한 연합국들의 동남아 및 인도양 식민지]들까지 쟁탈하는 무모한 침략을 감행한 것이 아니었던가.

이토록 간교하고 음흉한 "일본제국주의 정한파(征韓派)"들은 특히 [천황과도 같은 실세 두령]인 [이등박문(伊藤博文)]을 위시로 그의 직계부하 '가쓰라' 총리대신과 수많은 정치인들이 이미 1880년대부터 "한국과 대륙 및 동남아시아 침략"을 계획하였다. 이들은 무조건 '한국에 대한 보호권(保護權)'만을 실마리로 삼아, "대한제국(大韓帝國)"을 식민지(植民地)로 합병시키는 것을 제1차 목표로 삼았다. 청일전쟁(1894년)과 러일전쟁(1905년)을 [일본의 승리]로 이끈 뒤에는, 처음에 <을사보호조약(1905)>으로 [조선통감부(朝鮮統監府)]를 설치하고, 이로서 [대한제국]의 "주권(主權)"을 강탈하기 시작하였다. 이어서 명실공히 "식민지 합병(1910)"을 향해서 가는 도중에 '한국의 잠재능력이 [일본]을 능가한다는 사실'을 통절히 느낀 '초대 통감' 5년 동안의 현장 체험을 경험한 <이등박문>의 심경변화와 고차원(高次元)의 <대동아 정복>에 관한 경륜(經綸)이 발로되었다. 자기 직속부하였던 "가쓰라" 수상과의 무서운 암투를 벌렸지만, 결국 <이등박문의 암살(1909년)>로 "일본의 가쓰라식 군국주의 침략"을 조장했다는 사실을 여기에서 밝혀 두고자 한다.

다시 말하자면, 이 책 《제2편 일본 '이등박문의 보호국' 음모론》에 관한 비밀자료는 여기에서 처음으로 공개해서 써 놓은 글인바, 여기에 지적하는 핵심은 어디까지나 [한반도]의 현대사를 왜곡시킨 <이등박문의 역사적 비극과 음모>를 새롭게 조명해 보는데 초점이 있다고 말하겠다. 1905년부터 "을사늑약"을 조작하면서, [일본]이 [대한제국]에 대한 결정적인 침략을 감행하기 시작한 초기에 [일본제국주의]를 지휘하고 있었던 '이등박문'이 죽기 전 마지막 수정된 책략은 [대한제국=조선]을 "보호국(保護國)"으로 끝까지 남겨 두자. 그 다음에 "만주, 중국, 몽고, 연해주 및 동남아시아 제국들"을 위성국가(衛星國家)로 귀속시켜 이른바 "대동아연방국(공영권)"을 만들려는 혼자만의 음모를 가지고, 방대한

계획을 추진했다는 뜻밖의 사실을 폭로하려는 목적 하에 이글이 쓰여졌다고 감히 말하고 싶다. 마치 당시 [대영제국의 영국연방(British Commonwealth)]이 전 세계를 해가 지지 않는 [강대국]으로 만든 것을 그대로 모방해서 [일본의 서구화=근대화]를 달성하는 동시에 [대일본제국의 대동아시아연방]을 실천에 옮기려 했다는 사실이 지적된다.

이로서 [한국]은 1910년 7월 29일 "한일합방조약(韓日合邦條約)"으로 완전한 [일본의 식민지]가 되기 전에, 이미 1년 전 1909년 6월 14일 "조선통감을 사직하고 '러시아와 담판'을 실행에 옮긴" [이등박문]은 1909년 10월 26일 '만주 하얼빈'에서 [한국의 애국지사 안중근]의 저격을 받고 죽지 않았다면, 절대로 "한국은 보호국(保護國)으로 남았고, 식민지 합병(合倂)"은 되지 않았을 것이란 100년 전의 현대사를 재조명해 보았다. 이 같은 숨겨진 극비 비밀자료가 최근 공개(公開)되었기에, 이곳에서 '이등박문'이 죽기 전에 계획하고 실천에 옮겼던 새로운 "한반도 정책"을 밝혀 보고자 하는 바이다. 이전의 <이등박문>은 정한론(征韓論)의 총수로서 [조선통감]으로 와 있었으나, 1907년 [순종황제]를 앞세우고 '조선8도'를 순행(巡幸)하는 과정에서 [일본제국]이 한국을 영구지배하는 방법은 [보호국]만으로 『식민지』보다 월등하다는 '책략(策略)'을 확신하게 된 것이 아니었겠는가 말이다.

그 때 딴마음을 먹은 [가쓰라(桂太郞) 일본의 현직 총리대신]은 이미 <이등박문>이 정치적 대선배인 동시에 "조선 통감"이라는 더 높은 자리에 있었음에도 불구하고, 이를 무시하면서 공명심에 불타서 '천황 폐하'의 허락을 얻어 놓고, [한국]을 지구상에서 없애고 완전한 [일본제국]의 식민지로 만들 계획을 추진하고 있었기 때문에, [이등박문]이 구상한 동아시아를 한데 묶어 버리려는 "대전략-대동아공영국가" 계획과는 크게 충돌하지 않을 수 없었다. 여기에는 1905년 [이등방문]이 '조선 통감'으로 온 뒤에 무엇보다도 [한반도]를 통감하는 과정에서 특히 [순종황제]를 새로운 [대한제국의 마지막 황제]로 추대해 놓고, 초도 순시차 <조선8도>를 순찰하는 수행과정에서 커다란 심경변화(心境變化)를 절실하게 깨달았기 때문이었다. 한말로 지적한다면 그가 본 [대한제국=조선]은 <일본의 꼭두각시=식민지>가 결코 아닐뿐더러, 오히려 "학식과 문화나 인물들"이 너무나도 출중해서 장차 [일본제국]까지도 거꾸로 망할 것이 확실하다는 판단을 얻게 되었다. 그의 생각으로는 결코 "[한국과 일본이 보호국 관계]만을 유지한 채로 일선일체(日鮮一體) 두 국가를 한몸으로 묶으면서 [대일본제국연방]으로 동남아시아까지 두루 생존권(生存權-Lebensraum) 영토"로 확보하는 것이 [일본]을 위한 대전략(大戰略)이라는 결심을 하게 된 셈이다.

다시 말한다면 "일본통감부 산하의 보호국인 대한제국(大韓帝國)"을 그대로 "외교권과 국방권을 뺀 허수아비 주권국가(主權國家)"로 놓아둔 채로 [일본제국의 제2국가 즉 보호국]으로 영구히 지배해야 된다는 가장 간악하면서도 지능적인 새로운 놀랄만한 상황변화를 실감하게 되었다는 사실이다. 이것이야말로 새로이 밝혀진'이등박문의 비밀정책'이었다는 역사적 사실을 이 글에서 최초로 공개하지 않을 수 없게 되었다. 이때 <이등박문>은 조선8도를 돌아보면서, 백성들의 항일투쟁(抗日鬪爭)과 무서운 저항의식, 특히 한국의 지도층들 그 중에서도 조직과 식견이 높은 유학자(儒學者) 및 의병(義兵)들의 강력한 그리고 전국적인 봉기(蜂起)를 보고 깜짝 놀라지 않을 수 없었다.(日本近代史の 虛像と 實像, 大月書店. 1989)

그래서 국제관계의 서구열강들에게서 가까스로 인정받은 "한국의 보호권(保護權)"만을 악용해서 [일본]이 교묘하게 "한국의 위임통치권(統治權)"만을 행사하자. 또는 "일본에의 식민지 합병(合倂)"을 노리는 [이등의 최초 간계]는 먼저 [한국]의 무서운 저항 때문에 [일본의 몰락]을 초래할 뿐만 아니라, '국제법상의 월권행위'에 대한 외교적 갈등과 비난에 직면하게도 되니까, 결국 <일본>은 '국제적 고립(孤立)'을 자초하게 될 것이란 새로운 판단을 <이등>이 내린 때문이었다.

결국 [이등박문]은 종래 자기의 일관된 소신으로 믿고 추진해 왔던 '정한론(征韓論)'에 커다란 심경의 변화랄까 노선수정(路線修正)을 결정적으로 마지하게 된 셈이다. 그가 생각하게 된 큰 구상 즉, 대전략(大戰略)이란 이른바 [대한제국]을 식민지로 『합병』하지 않고, 오히려 [대일본제국]과 연합(聯合)해서 "대동아공영제국"을 만들어 보겠다는 생각을 말한다. 그것은 마치 <대영제국의 영국연방-Great Britain>과 거의 같은 형태를 구상하고 있었던 듯싶다. 다만 [이등박문]이 죽은 후 한참 지나서 1936년에 <히틀러의 나치스 독일연방-Lebensraum,=제3제국>이 나타났을 때 [일본군국주의]는 곧바로 이번에는 [조선식민지]를 포함한 전체 <대일본제국의 대동아연방> 즉 5족협화(五族協和-일본, 조선, 만주, 중국, 몽고)를 연합국으로 건설 시키겠다는 새로운 구상, 소위"히틀러식 국가독점자본주의"로 침략 정복을 거듭하다가 패망하고 말았다.

그러니까 [이등박문]이 독자적으로 추진하려 했던 계획(計劃)과 그가 죽은 뒤 [군국주의 일본]이 대동아지역을 침략한 것과 내용이나 결과는 똑같이 "일본제국주의의 패망(敗亡)"으로 귀결된 것만은 틀림없는 결과가 되었던 것이다. 다만 여기에서 강조하고 싶은 관점은, 만일 <이등박문>이가 계속해서 살아서 그의 대전략(大戰略)을 밀고 나아갔다고 상정해 보았을 때, [대한제국]은 그래도 명맥이 남아 있어서, [보호국(保護國)]으로나마 [일본과의 연합국가]처럼 활용되었지 않았을까 싶다. 그랬다면 마치 [영국연방] 처럼 "잉글랜드를 중심으로 아일랜드나 스코틀랜드 및 웨일스"가 연합되어 있었듯이 더욱 간악한 수탈을 당하고 '일본에 동화'되는 참상을 초래했을지도 모른다. 그러나 [식민지 조선]으로 나라가 독립(獨立)은 상실하고 허울 좋은 이름만의 <보호국>으로 남았겠지요.

그런데 불행히도 <이등박문>은 그때 '러시아영토의 하얼빈 철도역'

에서 "한국의 안중근 의사"에 의해서 쓰러지고 말았다. [이등]이 제1차로 노린 목적은 1909년 12월에 "러시아 외무장관과의 비밀회담"을 약속하고, 우선 '동북아시아'를 분할하기 위하여 "하얼빈"에 갔다가 그만 피살당하였다라고 사료는 밝히고 있다. 이로서 [일본]은 동아시아와 인도에 이르는 전체 지역을 단숨에 침략해버린 '군국주의(軍國主義)' 정복전쟁으로 치닫고, 이 지역의 모든 인민들을 죽이고 수탈하고 짓밟아 버리는 참극을 계속하였다가, 결국 연합군(聯合軍)에 의해서 괴멸당하고 자기네 [일본국가]마저 깡그리 패망하고 말았다. 오늘날 새로이 탄생한 [일본 민주입헌공화국]은 전혀 다른 미국식 형태의 민주국가로 거듭나 있지만, 아직도 극우(極右) 군국주의를 회복하려는 몰지각한 정파들이 준동하고 있는 것도 사실이다. 결코 역사는 반복되지 않겠지만, 지금 일본 "평화헌법"을 군국주의 "군사헌법"으로 바꾸려 혈안이 되고 있다.

먼저 1905년 [을사보호조약(늑약)] 이 성립된 배경을 보면 아래와 같다. 일찍이 [일본]이 1868년 '명치유신(明治維新)'을 통해서 [일본제국]을 창건한 뒤에, 서양의 문물을 급속히 받아들이면서 현대식 군사력을 대규모로 확충한 다음에 1884년 갑오년(甲午年)에 '한반도'에서 '동학농민혁명(東學農民革命)'이 민란(民亂)으로 한국정부에 저항하게 되자, 이를 지원하겠다고 동시에 파병한 일본과 청국(淸國)이 교전하게 되면서 '청일전쟁(淸日戰爭)'이 발발하게 되었다. 이 전쟁을 승리로 이끈 '일본제국주의'는 아시아대륙 침략전쟁(侵略戰爭)을 본격적으로 시작하게 되었다. 대륙침략을 최종목표로 팽창주의(膨脹主義)를 미는 과정에서, "한반도"를 식민지 영토로 먼저 귀속시키는 작업은 가장 중요한 거점 확보인바, 이때 다른 열강들의 '제국주의(帝國主義)' 패권들과 충돌하게 되고 따라서 열강들의 상호 교환조건의 하나로 "한반도 영유이권"을 얻어내기 위해서는 열강들과 서로 '야합(野合)' 하기 마련이었다.

바로 이 무렵 [미국]은 최초로 아시아(태평양)에서 1898년에 <미국과 스페인 간의 미·서전쟁(美·西戰爭)>을 승리로 이끌면서, "필리핀"을 <미국 최초의 식민지>로 만들었다. 원래 [미국]은 유명한 "먼로주의(먼로 대통령 독트린)"에 입각해서 '대서양' 한가운데에 선(線)을 그어 놓고, 절대로 '남·북 아메리카 주(州)' 이외에 진출한 적도 없었지만, 동시에 어느 열강국가도 '아메리카 대륙'에 침략하지도 못한다는 불문율을 고수하여 왔으나, 처음으로 "동아시아"에 진출한 것이 [필리핀]이다. 그러자 누구보다도 [일본]의 항의를 받고 한말로 말하면, 그 때 [일본의 '가쓰라' 외무대신]이 대표로 나오고, 또한 [미국의 태프트 국무장관]이 대표로 나와서 유명한 "태프트·가쓰라 비밀조약"이 맺어지고 이곳에서 막후 거래로 합의된 공식적인 '양해각서'는 "미국이 '필리핀'을 식민지로 갖는 대신, '일본'은 [한반도]에 대한 '보호권'을 갖는다"라고 서로의 이해관계를 인정하는 흥정을 내렸다고 알려져 있다. 이 때 [한반도]에 대한 "39선 분할론"이 흥정 속에서 최초로 등장하는데, 그 뒤 몇 번이나 써먹다가 결국 "38도 휴전선"이 낙착된 셈이다.

실제로는 양국의 비밀회담(秘密會談)에서 합의된 결과는 비밀리에 '한반도의 39도선 분단'즉 평양과 원산을 잇는 선상에서 [한반도]를 분할(分割)하자는 제안까지 나오면서 그 유명한"태프트-가쓰라"조약이 미국을 지원하는 방향에서 체결된바 있었다는 사실은 역사상 다 아는 일이다. 그 대신'일본제국주의'는"한반도의 보호권(保護權)"실제로는 "식민지(植民地)독점권(獨占權)"을 요구하였고, 우선'보호권'만을 먼저 얻어내었다는 사실이다. 그러나 이때 [대한제국]은 [일본]에 할양되어,'아시아'에 식민지를 비롯한 막강한 이해관계를 가진 모든 서구열강들(영국, 프랑스, 러시아, 네덜란드, 독일, 포르투갈) 등과의 흥정을 통한 약육강식의 분할이 이루어 졌다는 사실이다. 예컨대 [미국]의'필리핀 식민지'를 인정하는 대가로 [일본]은 처음에"한반도의 40도선 분할"을 제의 했다가, 이를 줄여서"오키나와(류구)와 열도"를'일본의 영토'로 편입시키는 이권과 맞바꾸게 되고, 이로서 서로를 나누어 갖기로 인정하고 끝맺게 된다. 이때의 서구열강들과 [일본]과의'아시아 이권'을 놓고 흥정하는 과정에서 일종의 <국제법>상'식민지 제물'로 되어 가장 커다란 피해 국가멸망을 본 나라가 바로 [대한제국]이 아닐 수 없다. 왜냐하면 이때 [중국]은 하도 국토가 넓고 서구열강들의 이해관계도 17개국에 달할 정도로 복잡해서 이른바 뒷장(章)을 바꾸어 후술하는 바와 같이"반(半) 식민지"로 [한국]은 완전"식민지"로 전락했기 때문이다.

지금의 "오키나와―류구국가" 열도는 1889년에 '일본의 명치유신(明治維新) 이후, 종래의 막부(幕府―도쿠가와)제도'를 완전히 폐지하고, 천황(天皇)에 의한 '중앙집권제' 통치를 선포할 때에 강압으로 일본군대(日本軍隊)에 의해서 정복당했고, 일본영토(日本領土)로 흡수되었다. 그것도 [청나라]가 서세동점(西勢東漸)의 침략을 받아 1854년 아편전쟁(阿片戰爭)으로 급속히 망하기 시작한 때로부터 25년이 지나서 최초로 1880년 9월에 일본군대(日本軍隊)는 "오키나와"에 상륙하여, 그때는 5백년간 지속되어 온 "류구왕국"을 멸망시키고, 상황을 지켜보고 있다가, 그때까지 종주국으로 있던 "대청제국(大淸帝國)"이 거의 쇠약하기에 이르자 '청나라'의 양해를 받아서 "류구국가=오키나와"를 '일본영토'로 완전히 편입시킨 것이다. 역사의 갈림길은 무언가 '국운 또는 시운의 운대'가 맞느냐 아니면 뒤틀리는가에 따라서 크게 방향이 뒤바뀐다. 이런 뜻에 비추어 보면 [대청제국]은 날로 망하는 반면 [대일본제국]은 날로 융성하는 갈림 길에 서서 이루어진 사건들이다.

실제로 [일본]은 1855년 '[미국]의 흑선(黑船)' 이라고 불리는 군함 5척이 '도쿠가와 막부(정부)'가 있는 오늘날의 동경(東京)<그 당시 '에도=강호(江戶)'라 불렀음>만 깊숙이 오늘날 [일본 동경]의 '니혼바시―궁성근처'까지 쳐들어 와서 "통상(通商)"을 요구하다가 '사무라이'들이 저항을 하니까 함포로 갈겨대어 완전히 항복을 시킨 일대 국가적 "개항(開港)" 사건, 즉 "미·일 통상조약(1953~1958.6.)"을 체결하게 되었다. 뒤이어 같은 해에 화란(네덜란드-7월), 러시아(7월), 영국(7월)과 프랑스(9월)가 동시에'통상조약(通商條約)'을 체결하게 되어 [일본]은 완전히 서구열강들에게 항복하고 개방(開放)하기에 이른 것이다.

이때 [막부의 장군(將軍)]정부(政府)에서는 그 당시 전국을 장악하고 있었으며, [천황(天皇, 경도(京都)에 허수아비로 있었음)]을 버려둔 채로, 크고 작은 지방의 번주(藩主-봉건영주)들을 통치하고 있었다. 때문에 [일본]의 합법적인 최고 정권을 쥐고 있었던"막부정권"이 결국 [미국]에게 무력으로 점령당하고 항복(降伏)한 시초가 된다. 이 때부터 [일본]의 봉건제도(封建制度)는 일거에 무너지고, 서양(西洋)을 무조건 배우고 모방하자는 운동이 전국을 압도하게 되었으며, 드디어 1868년에는"명치유신(明治維新)"이 선포되고 개국하게 된다.

그 이전부터 이미 [영국]과 [프랑스]등의 통상(通商)요구에 항거하다가 굴복을 했던 2개의 번왕(藩王)-지방 정권(政權)이 있었으니, 하나는 죠슈번(長州藩)=시모노세키(下關-오늘날 부산항 건너편)이고, 다른 하나는 사쓰마번(薩摩藩)=가고시마(鹿兒島-오늘날 큐슈(九州) 남쪽 끝)이다. 가장 강력한 재력과 군사력을 서양식으로 가지고 있었던 이들 2개의 봉건영주(封建領主)들은 이미 서구열강들의 엄청난 국력을 잘 알고 있었기 때문에 이들은"막부-중앙장군정부가 항복(1868년)"하게 되자, 곧 따라서 항복하는 동시에 1866년 천황(天皇)을 추대하는 최대 세력으로 변하였다. 이어서 "사(薩)+쵸(長) 연합군(聯合軍)"이 <막부의 장군>과 '서남전쟁(西南戰爭)'을 통하여 결국 승리를 거두게 된다. 다음해 1867년에는 "도쿠가와막부(德川幕府)가 천황군(天皇軍)에게 완전히 항복하면서 모든 통치권력 즉 정권을 명치천황(明治天皇)"에게 이양하게 된다. 이로서 [일본]은 서양식 근대화 혁명을 이룬 입헌군주제(立憲君主制), 즉 근대국가(近代國家)로 동북아에서 제1차로 성공하게 되고, 이듬해 1868년에는 획기적인 "명치유신(明治維新)"을 단행하게 되지 않았는가. 그리고 극동아시아에서 유일한 완전한 독립국이 된다.

다시 말해서 [일본]은 서양에 항복(降伏)하고 완전히 새로운 서양을 배운 것이 오히려 동양(東洋)에서는 최초로 근대화를 시작하게 되고, 완전한 <자주독립국가(自主獨立國家)>로 거듭나게 된 것이 아니겠는가. 이와는 정반대로 [대청제국]은 서구열강들의 반식민지(半植民地)로 망하고 있었으며, 또한 [대한제국]은 오히려 섣부르게 [프랑스]와 [미국]이 통상조약(通商條約)을 체결하자고 함대를 앞세우고 쳐들어 온 것을 거꾸로 격퇴(擊退)시켜 버린 결과, "대원군(大院君)의 오만한 쇄국정책(鎖國政策)"을 불러 오게 되었다. 또한 나중에는 후진국(後進國) [일본]에게 식민지로 항복(降伏)당하게 되는 역전패의 불행한 국운(國運)을 자초하고 말았던 것이 아니겠는가.

꼭 같은 시기인 1866년 [프랑스]가 [한국]을 침공한 "병인양요(丙寅

洋擾)"와 1871년 [미국]이 [한국]을 침략한"신미양요(辛未洋擾)"를 맞이하여, 당시 [조선의 대원군]은 백두산(白頭山)에서 호랑이를 사냥하던'화승총 850명 군대'를 동원하여 깨끗이 격퇴시킨 것이 오히려 고집쟁이 [대원군(大院君)]에게 쇄국(鎖國) 정책을 완고하게 밀어부친 계기가 되었던 사실은, 동시에 아무도 이의를 제기할 수 없으며, 만일 서구화나 근대화를 주장하는 자가 있다면 사형(死刑)으로 다스리겠다는 엄명을 내림으로서 결국 [한국]의 몰락을 자초하게 된 결정적인 오판이 되었다. 물론 1873년에는 [대원군 집권 10년]의 운명이 바로 외척(外戚)의 발호를 가장 경계해서 며느리"민비(閔妃)"를 사고무친의 규수감으로 골라 세웠는데도 불구하고 권불10년이라고 대권(大權)을 빼앗기게 되었다.

이때 [한반도]를 둘러 싼 국제정세가 급변하면서,'대원군(大院君)과 명성황후(明成皇后)와의 권력다툼에서 무서운 카리스마를 지닌 <흥선대원군>이 통치권력(統治權力)을 빼앗기게 되고, [고종]의 친정체제로 정권이 바뀔 수밖에 없는 필연적 사정이 야기되었다. 동시에 국력(國力)은 날로 쇠약해지면서 이들 주변 강대국 즉 [청국]과 [일본] 및 [러시아]와의 갈등 속에서 [대한제국]의 자주독립(自主獨立)을 꾀하지만, 결국 [일본]은 <청·일전쟁>과 <러·일전쟁>을 일으켜 2개 강대국을 제압하고 [한국]에 대한 배타적(排他的) 독점권을 장악한 뒤에,"보호국 및 식민지"로 [한국]을 병합(倂合)해 버리지 않았겠는가.

따라서 [한국]은 "병인양요(丙寅洋擾)와 신미양요(辛未洋擾) 즉, [프랑스]와 [미국]을 물리친 뒤로 서양귀신 이른바 양귀(洋鬼)들을 우습게 판단하는 동시에 근대화를 거부"한 채로, 오히려 뒤로 가는 후진국이 되어 버렸을 뿐이다. 그러한 결과는 이웃에 [일본]이란 서양흉내를 가장 잽싸게 받아들인 강도를 키운 결과 때문이었다. "서양 제국주의 흉내를 그대로 모방한 [일본제국]이 거꾸로 서양식 강대국(强大國)"이 되어, 이미 1876(병자―丙子)년에는 호랑이 같은 <대원군>이 실각된 [한국]을 침공하는 동시에 3번째로 강화도(江華島)에 [일본]은 서양에서 사온 '기선과 기범선 등 5척'으로 구성된 군함(軍艦)을 끌고 쳐들어와 함포를 발사하면서 [한국과의 통상조약(通商條約)]을 요구하게 된 것이다.

이것이 [고종과 민비가 직접통치를 시작한 한국]의 몰락을 초래하게 되는 첫 번째 굴욕적인 패배(敗北)로서 이때부터 급속히 [대한제국]은 명망의 길로 접어들기 시작하게 된다. 이를 가리켜 "강화수호조약(江華修好條約) 또는 병자수호통상조약(丙子修護通商條約)"이라고 부르고, 이해 1876년을 [한국] 근대화의 원년(元年)으로 기록되고 있다. 이들 최초의 '통상조약' 체결을 통하여, [한국]은 서해안의 인천, 남해안의 부산, 동해안의 원산 등 3개 항구를 개항(開港)하게 되는 동시에 [일본]의 주도권(치외법권(治外法權) 및 개항지의 경제권 장악)을 몽땅 인정하는 한편, 1882년부터는 모든 강대국들에게 예컨대 청, 러, 미, 영, 프, 등 무려 11개국들에게도 "통상수호조약(通商修好條約)"을 체결하게 된다. 이로서 또한 '서구 자본주의'를 흉내 낸 [일본]만이 강대국이 되어 팽창주의를 급속히 추진하는 기동력을 가지게 되는 반면, 이때부터 [청국], [한국]은 식민지로 망하게 되었고, '오키나와'는 물론 '사할린'과 '북해도(北海道)'까지도 "대일본제국"의 영토로 흡수되었다.

[일본]은 1894년 갑오년(甲午年)에 '청·일전쟁'에서 승리한 대가로 [러시아]를 제외한 미, 영, 청 등에서 [한국]에 대한 "보호권"을 인정받았다. 이로서 [청국]의 기득권 아래 있었던 [한국=조선]은 오랜 속방 지위에서 벗어나는 동시에 외세의 강압에 의해서 [대한제국(1897)]으로 국호(國號)를 바꾸고, 황제(皇帝)의 칭호를 얻게 된다. 그러나 더욱 허약해진 국력 뒤에는 [일본]이 직접 개입해서 이미 <명성황후=민비>조차도 무참히 살해한 뒤에, '갑오경장(甲午更張-예컨대 단발령)'으로 서구제도를 도입하면서 이미 "대한제국"을 손아귀에 넣어 버렸다.

[일본]식으로 모든 체제와 인물(친일파)을 장악한 뒤에, 기회를 보아 오다가 [영국]의 강력한 후원을 받아서 "러·일 전쟁"에서 승리한 뒤를 이어, 곧바로 "을사보호조약(乙巳保護條約)"을 강제로 체결하고는 [한국]을 식민지로 만드는 순서를 밟으면서, 통치권력을 강화하게 된 것이다. 물론 [이등박문 조선통감]이 살아 있을 때(1909)까지는 그의 국가지도 큰 구상(조선 통합의 심경변화)에 의해서 결코 '식민지'아닌 "보호국"만으로도 더욱 교활한 "조선의 일본국회-내선일체(內鮮一體)"를 고

수했을 터이지만, 그의 피살은 과격파들의'조선정복'으로 귀결된 셈이다. 결과는 극동3국(極東三國) 중에서 유일하게 [일본]만이 선진국(先進國)이 되었고, [중국]은 반식민지(半植民地)로 전락했으며, 불행하게도 [한국]은 완전식민지로 괴멸당했는데 그것도 하필이면 서양흉내를 낸 [일본]한테 당했다는 사실이 운명(運命)의 장난이라고나 할까.

여기에서 유념할만한 역사적 및 운명적인 사실은, 첫째,'미·일 양국이 체결한 태프트-가쓰라 협약'에서 처음 제기되었던 [한반도 분할음모(分割陰謀)]가 두고두고 역사가 흘러 갈수록 식민지 영토쟁탈(領土爭奪) 시대의 전형적인 흥정거리로 항상 우리를 괴롭혀 왔다는 사실이다. 특히 [한반도]의 40도선 분할안이'일본의 가쓰라'에 의해서 처음으로 [미국대표 태프트]에게 제기되었다는 사례가 선례(先例)로 남았다는 점이며, 이것은 그 뒤 해방(解放) 된 후, [미·소]간에 [일본]의 전쟁범죄(戰爭犯罪) 처리와 점령방침을 정할 때, [일본열도]의 분할을 [소련]이 요구했음에도 불구하고,"한반도 38도선 남북 분단(分斷)"을 실제로 분할당하는 비운을 겪게 되었다는 사실을 상기할 필요가 있다.

그리고 둘째, 또한'6·25 한국전쟁(韓國戰爭)'이 3년 동안 격렬한 전쟁을 치루고 있었던 첫해 3개월 뒤, 100만 명의"중공군"이 북으로부터 반격을 가해서 급속한 인해전술(人海戰術)로 남쪽을 향해서 1개월 만에'수도 서울'을 또다시 장악하게 되자, [미국]이 다시"한반도의 37

도선 분할 휴전(休戰)안"을 '중공의 모택동'에게 제시한바 있다. 그때 37도 이남지역인 '천안'까지 후퇴(後退)하고는 [중공]의 답변을 기다리다가 결국 3개월 뒤 '37도 휴전거부(休戰拒否)'로 인해서 오늘의 38도선 부근의 현재 "휴전선(休戰線)"으로 낙착 되었다. 지금은 70여 년 동안이나 불안정한 '정전(停戰)상태'로 현상유지 하는 실제 사례를 남겼다는 사실을 지적할 수 있다.

그 뒤 [일제]는 1904년 "영·일 동맹"을 정식으로 체결해서 동남아시아를 [영국연방]처럼 [대동아연방]으로 건설하기 위하여 방대한 '침략전쟁'을 개시하는 한편으로 [일본제국]은 모든 군사장비 특히 전함과 작전훈련을 [영국]에서 전적으로 지원받아 막강한 세계 제2위의 군사력을 운용하면서 제1차 세계대전때까지 연합(聯合)하다가 그 후 [나치스 독일의 히틀러]와 동맹(同盟)을 맺고 추축국(樞軸國+이탈리아의 무솔리니-3국동맹)이 되어 제2차 세계대전에서 패망(敗亡)하게 된다. 다른 한편 [일본]은 이때 [대영제국]과 협약해서, [러시아제국]이 동진정책으로 [시베리아-연해주-한반도]를 향해서 진격해 오는 공격을 막아주는 '상호방위조약(相互防衛條約)'을 맺고 [영국]의 대리전쟁부터 치르게 된다.

왜냐하면 [러시아제국]이 원래 겨울에도 얼어붙지 않는 부동항(不凍港)을 구하기에 혈안이 되어, 맨 처음에는 북방 유럽의 '발트해'로 나아가다가 [영, 독, 프] 등 국가에 저지당하자, 다음에는 '크리미아 반도의 흑해(黑海)'로 진격했으나 [영국]에게 패하였다. 이때 유명한'나이팅게일 적십자사'가 탄생하는 계기가 되었다. 결국 3번째로 진출구를 찾은 것이 바로 [만주, 연해주, 요동반도와 한반도]의 동해(東海) 바다를 노린 셈입니다. 이것이"러·일 전쟁"을 촉발시켜 황해(黃海) 바다의'여순, 대련'등을 비롯하여'발트 함대'가 동해바다의 독도에서 일본에게 크게 패하게 되자 [영국]은 [일본]에게 <동아시아>의 기득권을 위임한 셈이 된다.

다시 말해서 [러시아 제국]이 최후로 선택한'동진(東進)정책'을 취하고, 또한 동해바다에서 유명한"러·일 전쟁"을 겨룬 결과, 여기에서 승리를 거둔 [일본군국주의]는 결국 [한반도]를 배타적 독점권을 갖는 "보호국"이란 미명 하에 독식하게 되었고, 여세를 몰아 허약한'대한제국'의 외교권(外交權) 및 군사권(軍事權)을 빼앗은 채,'일본의 보호국'으로 만든 것이"을사늑약(보호조약)"이다. 이 때'대한제국 고종황제'는 전혀 조약에 서명한바 없음으로, 처음부터'국제법(國際法)'상으로나,"조약체결" 그자체로 보나 강탈이 틀림없다. 동시에'조약무효'임이 일찍이 입증되었음에도 불구하고, 위에서 지적한 소위 [이등박문]이 강제로 군사력을 동원하고,'을사5적'의 합의를 받아내어"일본의 보호국"으로 만들었다는 역사적 사실을 유념해야 한다."보호(保護)"냐! 아니면"병합(倂合)"이냐! 이것이 또한'이등박문'과'가쓰라 다로오'의 견해 차이와 대립 갈등인바, 아래에서 상세하게 서술키로 한다.

1905년의 "을사늑약—을사보호조약(乙巳保護條約)"은 5년 뒤에 불법을 계속해서 무조건 1910년 경술년 국치(國恥)로서 '한·일 합병조약(合倂條約)'으로 기정사실화 해버리고, '일본제국주의'는 [한반도]를 강탈하는 동시에 "일본의 식민지(植民地)"로 [한국]을 병합시키게 된다. 그런데 이 과정에서 [이등박문]이 1909년 '만주 하얼빈'에서 죽지 않았다면 영구적인 '보호국'으로 남았을 수도 있었는데, 잘된 일인지 아니면 더욱 간악한 '보호국'으로 동화되었을 런지 '가치판단'을 쉽사리 내릴 수는 없지만 결국은 "합병(合倂)"으로 역사는 진행되었다는 사실을 반추해 본다. [이등박문]이 살아있었더라면 [대한제국]을 "일본의 식민지 아닌 보호국"으로 남기는 작업을 실행하다가 좌절되었다는 새로운 역사적 사료(史料)를 검토해 보기로 한다.

어차피 <러·일전쟁>을 통해서 '한국의 보호권(保護權)'을 승인받았고, [필리핀]과 맞바꾼 이익제공으로, 또한 [인도]에서의 [영국]의 이권을 밀어준 결과로서 [일본]은 명실상부하게 "한국의 보호권"을 획득하였다. 그의 대가로서 '을사보호조약(乙巳保護條約)'의 진위는 여하 간에 일단 "한국에 대한 일본의 보호권"은 실질적으로 성립된 것으로 간주된다. 그래서 '보호조약(保護條約)'에는 "[일본]이 [한국]에 대하여 정치(政治), 군사적(軍事的) 및 경제적(經濟的)으로 배타적인 독점권을 갖는다" 라고 되어 있으며, "정당하고 필요한 지도와 감독 및 보호의 조치를 취한다"라고 <일본의 한국보호권>을 하나의 합법적인 권리로서 인정하는 협정문(協定文)(러·일 강화조약 및 제2회 영·일 동맹조약)을 규정하고 있다.

이에 의거해서 권리행사를 행하기 위한 통감부(統監府)를 '한성(서울)'에 설치하였고, [이등박문] 초대 통감(統監)은 "대한제국의 외교와 군사권을 감리하며, '고종황제'에게 동의권(同意權)을 얻어서 내정(內政)까지 지배"하게 되었다. 문제는 1905년에 '식민지 통치'가 실제로 시작된 셈이다. 형식적으로 '국제법'에 비친 해석은 "대한제국은 주권(主權)을 지키고 황제(皇帝)가 통치하였다"라는 [일본]의 주장은 즉 열강들로부터 "보호권"을 인정받았다는 근거를 만들었다는 사실이다.

이와 같은 근거를 자의적으로 해석하고 국제법상 기정사실화로 황당하게 야금야금 잠식함으로서, 지금도 [일본]은 [한국]이 "을사늑약"으로 단순히 '외교권(外交權), 국방권(國防權)'만 보호를 맡긴 것처럼 해석하는 동시에 '식민지'가 아니었다는 주장을 펴는 다른 한편, 1905~1910년 '을사늑약 기간' 동안에 간악하게도 "독도(獨島)는 물론 간도(間島) 영유권"까지 먹어치워 놓고는 '오리발 내미는 격'으로 [일본]이 오히려 [영유권]을 가졌다고 적반하장 격으로 역이용하는 것이 되고 있다.

이로써 볼 때 [한국]은 "자기 영토, 국권과 국제법"까지 지키지도 못하는 어리석은 나라로 취급받게 된 점이 무엇보다도 통분하기 짝이 없다. 파생되는 [한국]에 대한 불리한 [일본]의 주장은 전부가 [한국]의 피해로 눈사람처럼 이어가고 있다는 사실이다. 간단한 예를 들면, 이 때 1905년에 말썽 많은 "독도(獨島)"를 '일본영토-죽도(竹島, 다께시마)'로 선포한 것이나, '백두산천지(白頭山天池)'를 포함한 "연변조선족 자치주를 비롯한 1920년대까지 바로 '일본'이 군대를 진주시켰던 동간도 및 북간도 전체"인 <한국영토>를 빼앗은 국제법상 해석이나, 역사적 근거도 바로 1910년 <일제의 강제합병시점>을 기준으로 삼았기 때문이 아니었겠는가. 바로 허위 날조된 이 시점(미·일 샌프란시스코 강화조약)에 기인하고 있다는 사실은 가히 통탄할 일이다.

　실제로 "백두산천지(白頭山天池)와 연변자치주"는 원래 "조선영토로서, <숙종 때 세운 정계비(定界碑)를 경계>로 토문강=송화강(松花江)으로 국경선(國境線)"을 맺었기 때문에, 틀림없는 '조선의 영유권'이 확실하다. 그런데 [한국]의 주권(主權)이 [일본]에게 강탈되어 사실상 <한반도를 위임통치 식민지>로 지배하면서 일체의 국제조약이나 외교(外交) 및 군사(軍事)상의 위임권(委任權)을 빙자한 이미 모든 [대한제국의 황제대리권(皇帝代理權)=주권(主權)]을 제멋대로 [일본]이 행사했던 "1905년 이후야말로 그 후 '일본의 국제협약 대리권'은 완전히 무효"가 되어야 함은 당연한 귀결임이 틀림없음에도 이를 [한국]은 빼앗겨 버렸다.

　그럼에도 불구하고 이와 같은 근거는 전혀 무효(無效)의 기준으로 삼

지 않고 있는 [일본] 당사자들의 변태적인 뻔뻔한 국수주의(國粹主義
-Chauvinism) 세력의 주장을 [미국]조차도 방임하게 공작하면서, 오히
려 적반하장으로 [일제 패권주의]는 이를 기정사실화시키려고 온갖 책동
을 다 부리고 있는 현실이 아니겠는가.

 그럼으로 이상과 같은 [대한제국]에 관한 [일제 강압기]의 허울 좋은
보호권(保護權)은 비록 [한국]의 국력부족 때문에 근본적으로 제 나라도
지키지 못한 과실이 큰 것은 인정되지만, 절대로 "1905년' 을사늑약(乙
巳勒約-위조된 황제의 옥새(玉璽=도장)' 이후 대리권을 행한 [일제]의
모든 행위는 무효(無效)이며, 동시에 1910년'한일합방(韓日合邦-이는
황제개입이 전혀 없음)조약'을 기준하여 계산하려는 어떠한 주장도 또한
'국제법(國際法)'상의 해석"조차도 누누이 지적하고 강조하는 바와 같
이 강탈과 날조라는 심각한 사실을 명심해야 할 일이 아닐 수 없다.

 역사의 올바른 진실이 위와 같음에도 불구하고, 오늘날 상황은 [일
제]의 군국주의 침략을 지금도 합법화시키려는 극악한 일본국수주의 세력
들에 의해서'한반도'의 식민지 통치가 "1905년이 아니라, 1910년"
부터라는 [일본]의 간교한 주장을 근거로 살며시 술수를 부려서, 이미 이
를 그대로 1953년'미·일 샌프란시스코 강화조약'때 [미국]에게 묵시적
으로 인정받은 셈이라고 기정사실화 시키려고 획책하는 만행이 거듭되고
있지 않은가. 그 당시 정황 없는 [대한민국]은 "6·25 한국전쟁"을 치루

는 국가존망의 기로에 서있던 전투 중이라 미처 옵서버 파견도 못한 채로 이를 챙기지 못한 것이 천추의 한이 되고 있다.

[대한민국]이 당당히 매듭지웠어야 할 이 때의 조치는 두말할 나위 없이 마땅히'조인국(調印國)'의 입장에 서서, 당시 [미국]이"제1차 안건으로 준비해온 기본 문안(文案) 즉"1905년'대한제국에 관한 보호국(保護國-을사늑약)'때부터 [일본]이 [한국]을 대신해서 시행한 모든 조치는 무효(無效)"라는 제안(提案)을 깡그리 잊어버릴 일이 아니라 최소한'옵서버'라도 파견시켜서 [한국의 국론]을 관철시켰어야 했다. 겨우 50여년이 지난 오늘에 이르러 극성맞은 [일본]의 도발에 대항해서 예컨대"독도(獨島)의 실효지배(實效支配)"권리를 내세우는 소극적 태도가 구차스럽고 못마땅할 뿐이다.

실제로"1905년부터'대한제국'은 사실상 주권(主權)을 통째로 빼앗긴 <일본제국의 식민지 통치행위>가 유효하게 시행되고 있었음이 사실임으로 이를 확실하게 국제법상『실효식민지(實效植民地)』"라고 단언하게 된다. 즉 오늘의 [일본]은 과거 동아시아를 짓밟고 처참한 범죄(犯罪)를 자행했던 역사적 과오를 [독일(獨逸)]처럼 깊이 회개(悔改)하기는커녕 반대로 뻔뻔하게 억지를 부리고 있지 않는가. 사리판단이 올바른 세계의 지성인들과 아시아의 피해를 당한 전체 인민(人民)들은 다음과 같이 판결(判決)하고 있다.

결국 1905년부터 [일본]의 행위는 '국제법상 무효'라는 주장은 애당초 <미국 문건(文件)-맥아더 사령부 기본법안>이 맨 먼저 밝혀내어 [일본]에게 제시했던 증거가 아직도 확실하다. 그러므로 지금이라도 [한국]은 강력히 사실 그대로 이에 관한 구체적 증거를 입증(立證)시키는 동시에 [일본]의 제국주의 침략을 반박해서 자손만대(子孫萬代)를 위해서라도 올바로 매듭짓고, 사실 그대로의 자료(資料)와 유산(遺産)을 물려주어야 한다. 근대화(近代化) 150년 동안 [한국]은 한말로 '직무유기(職務遺棄)'를 하고 있었다는 사실을 명심해야 한다.

1905년 [일본]이 [한국]에 대한 열강들의 배타적 독점권리를 인정받아서, [보호조약]을 '고종황제'의 국새 도장도 찍지 않은 채로 위조된 도장을 찍어 강압체결하고, 무력으로 점령한 "한반도"에서는 '반 일본 무장투쟁 운동'을 고취시키게 되었지 않았는가. 그 당시 '황성신문(皇城新聞)을 비롯한 대한매일신보(大韓每日申報)' 등 언론이 조약내용을 폭로하고, 민중들은 조약에 찬성한 특히 '이완용' 학부대신의 저택을 불태워 버렸다. 한편 '민영환' 참정대신은 반대의견을 상소하고, 일본헌병의 탄압에 항의해서 자결하였다. '이등통감'은 부임 초부터 [한국내정개선에 관한 협의회]를 개최하여 국내정치를 통치하기 시작하였다. 그러자 한국에서는 "고종황제"부터 '일본의 지배'에 완강히 저항하고 있는 입장에서, 2년이 지난 1907년 6월에 '네덜란드 헤이그'에서 개최된, "제3회

만국평화회의(萬國平和會議)"에'고종황제가 전권을 위임한 위임장'을 가진'이준'열사 등 3인의 전권대표를 파견하여"일본의 강압에 의한 [한국]의 식민지 보호조약'은 전적으로 무효(無效)라고 세계만방에 호소하려고 시도하였으나 [일본]의 반대로 뜻을 못 이루었다.

실제로'한국대표'는 회의장에 들어가지도 못하고,'이위종'이 유창한 영어와 불어로서 기자회견을 행하여'일본제국주의'의'대한제국'을 강제로"보호국"으로 귀속시킨 부당성을 만방에 뉴―스로서 알리고, 한편'이준 열사'는 분토해서 자결하였다고 전해준다. 이때에도 [일본]이'한국대표'가 회의참석에 자격(資格)이 없다고 퇴장시킨'국제법(國際法)'에 의거한 해석은'일본의 식민지 보호국'이란 점을 내세웠다. 만일 단순한'보호국'이라면 엄연히"대한제국의 주권(主權)이 살아 있고, 또한'보호국'으로 위임되었다는 하위의 법해석만으로'고종황제의 전권대표 임명장'을 가진 3인의 대표를 퇴장"시킬 수 있는 국제법에 대한 해석이나 또는 [일본]의 권한이 [만국평화회의(萬國平和會議)]에서 무소부지로 [대한제국]을 멸시하면서 인정될 수 있었을까.

이와 같은 행위에 크게 격노한 [이등 통감]은 즉시"대한제국의 고종황제를 퇴위"시키는 조치를 무자비(無慈悲)하게 무력으로 감행하였다. 동시에 주권(主權)국가인 [대한제국]을 위임통치(委任統治)외교, 국방)한다는 불법적인 권한만을 가진 일개 [조선통감부 이등박문 통감]이 제멋대로 [제3차 한일협약]이란 것을 강권으로 선포해 놓고는,"고종의 아들 순종황제"를 마음대로 꼭두각시 황제(皇帝)로 대를 이어 즉위시켰다. 또한 곧 이어서'한국의 신식군대'를 그나마 완전히 해산시키는 동시에'항일투쟁 즉, 의병군(義兵軍)'들이 전국에서 일제히 무장투쟁(武裝鬪爭)을 전개하게 되자, 이에 당황한 [이등박문 통감]은 즉시 대규모의 [일본]의 군대, 헌병, 경찰, 병력을 한반도에 대거 집결시키는 동시에 무력으로 진압작전을 계속하였다.

　이때 유명한"면암 최익현(崔益鉉) 유교 지도자"조차도 최후의 의병(義兵)투쟁을 각오하고 당시 유교(儒敎)세력의 가장 강력한 아성으로 남아 있었던 최후의 보루, 전라도(全羅道)'전주'를 찾아가서"전간제 선생"휘하의 막강한 문하생들 약 400명을 무장시켜서 본격적인 항일무장투쟁을 개시한바 있다. 호남지방의 의병군대(義兵軍隊)를'태인'에서 거병한 뒤, 항일투쟁 전투를 벌였었다. 그러나 강력한 <일본 정규군>들의 소탕작전에 밀려서 이들의 침략을 전혀 막지도 못한 채'순창'으로 후퇴했다가 그만 열세로 몰린 의병(義兵)들은 전멸하게 되고,"최익현"은 체포되고 만다. 그 후'일본의 대마도 섬'에 유배당하고 그곳에서 단식(斷食)으로 애국열사는 일생을 끝마쳤다. 이것이 <조선 의병투쟁>의 장렬한 최후로 기록된다. 생각하면 유학자로서 선비이지 결코 무사(武士)가 아닌 <의병 지도자>들은 서양군 장비를 도입하고 근대식 전투훈련을 받고 침공한 [일본군대]를 대적하기에는 자멸행위에 불과하였다.

2장) <이등박문 암살>은 《한국의 일제 식민지 합병과
일제 영구종속 보호국》책략의 상실.

    1909년 7월 <일본정부>는"적당한 시기에 [일본]으로 [한국]을 합병(合倂) 시킨다"라고 내각회의에서 결정하고 천황(天皇)의 결재를'가쓰라'총리대신이 받아놓았다. 이제"한·일 합병"은 시기(時期)만을 문제로 남겨놓고 있었다. 그러나 바로 이'시기'즉 이 때는 [이등박문]만이 구상하고 있었던 높은 차원의'세계관(世界觀)'이 있었다. 다시 말하면'일본과 한국'의 연합국 형태에 의해서, 마치"대영제국 연방"과도 똑같이 지금도 남아 있는 영국연방(英國聯邦=United Kingdom=Commonwealth=대영제국-Great Britain)처럼 [대일본제국연방]을 건설하려고 시도했다는 사실이 비록 성립은 안 됐지만 비화실록으로 아래와 같이 그의 편린을 찾아 볼 수 있다. 이와 같은'역사적 야사자료(野史資料)'는 여기에서 처음으로 공개되는 비밀실화(秘密實話)일 뿐만 아니라 향후 연구과제로서 충분한 근거에 입각된 문제제기라고 아니 할 수 없다.

    한말로 지적해서, <이등박문>은 [대영제국연방]과도 똑같이"대동아공영권연방(大東亞共營圈聯邦)"형태의 <동아시아의 패권제국(覇權帝國)>을 만들겠다는 자기 독자적인 원대한 구상을 속셈으로 비밀리에 품고 있었던 것으로 판단된다. 이것이 비록 우리의 적국인'왜놈 근성'을 가진

당시 최대의 세력을 떨쳤던 <정한파>들의 최후 목표(目標)이고 또한 최고 책략(策略)이었지만, 바로 당대 [일본]의 유일무이한 천황 다음의 지도자이며 원로 정략가이었던 [이등박문]을 두고 한 말이었다. 그의 대전략은 [한국]을 "보호국이냐 아니면 합병식민국이냐"를 막론하고, 그 보다 훨씬 높은 차원의 동아시아대륙전체에 대한 침략을 실천하고 있었다. 이에 비해서 당시 초라한 [한국]의 지도층들을 생각해 볼 때, 물론 지금도 항상 미약함을 금치 못하지만 경악을 금치 못한다.

실로 역사상 500년이란 오랜 시일동안 지속해온 [조선 왕국]이 쇠잔(衰殘)해 지고, [대한제국]이 탄생되고, [고종황제]가 1897년 즉위하였어도 나라는 급속히 쇠퇴기에 접어들면서 침몰하고 있었다. 이와 같은 과도기(過渡期)에 국운(國運)을 기회로 바꾸어서 "국운상승을 기하고 근대화의 자력갱생과 자주독립" 국가로 비약시킬 선각자(先覺者)나 탁월한 지도자(指導者) 하나 변변히 못 가진 채로 [대한제국]은 멸망의 길로 치닫고 있었으니 심히 한심할 뿐이었다. 곧바로 [일본]의 침략을 막아낼 국력이 전혀 없었던 극한 상황에 처하여, 더구나 [이등박문]의 고차적인 침략(侵略)에 부응해서 [대한제국]을 지켜나갈 능력도 또한 지도층도 전혀 무력하기 짝이 없었던 처지는 말할 나위도 없었을 뿐더러, 방향감각을 잃어버린 생사(生死)의 기로에 서서 [한국의 존망지추]가 걸려 있었다는 사실은 통탄을 금치 못할 치욕이 아닐 수 없다.

<사진2-2-1> : [대한제국]의 고종황제(1897.10.12)와 대한문 앞 국민들(2월20일).

<주>:[대한제국 고종황제(1852~1919) "황제" 등극을 경축하는 '대한문' 앞 국민(1897.2.20).

　따라서 이 장에서 기술하려는 "보호국-[대한제국]이냐, 아니면 식민지 [한국]의 멸망이냐"라는 역사적 비화(秘話)를 최초로 공개하는 일은 의미심장한 문제제기가 될 것이다. 그 당시 [대한제국]은 흥망성쇠(興亡盛衰)의 갈림길에 서서, [일본]의 무자비한 침략에 최후를 맞이하고 있었다. 또한 <이등박문>이란 '조선통감'의 교활하고 간악한 책략(策略)에 따라서 "한국의 진로와 방향전환"이란 국운(國運)이 결정되는 중차대한 국면에 직면해 있었다. 그런데 뜻밖에도 [이등]의 사망(死亡)에 의해서 그나마 "일본의 제2국민 또는 보호국가"로 나마 [대한제국]이 존립할 수 있었던, 일대 전환기(轉換期)란 계기(契機)조차 아깝게도 잃어버린 채 결

국은 <일본 사무라이 침략자—예를 들어 가쓰라>등에 의해서 "식민지 합병(合併)"이란 결과에 의해서 자멸(自滅)로 "한・일 양국"이 비록 시간차이는 36년이 되지만, 다 같이 패망하게 된 역사적 사실은 최악의 결과"라고 한번쯤 음미해 볼만한 사건이 아닐 수 없다.

<사진2-2-2> : <안중근의사>의 <이등박문> 총격(1909.10.26)과 사형장 길

<주>: "안중근 의사" 순국전 유언(1910년3월24일) '국권이 회복되거든 고국으로 내 뼈를 안장 해다오. 나는 천국에 가서도 국권회복을 위해 힘쓸 것이다.' <여순감옥>에서 사형장으로 가는 '안중근 의사'의 마지막 길(3월26일10시15분).

왜냐하면 [대일본제국]도 역시 그 뒤 [대한제국]의 뒤를 따라서 36년 후에는 '최악(最惡)'의 발악으로 패망(敗亡)했기 때문이다. 마치 이책 뒷장에서 또 다른 <일본의 무자비한 침략주의 정신>의 향방에 관한 이상한 해석이 자멸(自滅)이란 말로 표현되어 나오겠지만, 여는 도처에서 비슷하게 반복되는 것 같다. 일찍이 1860년대 [일본의 도쿠가와(德川)막

부]가 망할 무렵, 당시 [프랑스의 나폴레옹 3세]는'대통령책임제(大統領 責任制)'로 이어가려고 절대적인 영향력을'일본'에 행사하면서 <공화 국 헌법(憲法)>까지 만들어 주었으나, 그만'독·불전쟁(獨佛戰爭)'에서 패한'프랑스'가 패망하게 되자, 곧 바로 [일본]은 [영국]에 의해서 "명 치유신과 입헌군주제"로 근대화 및 선진국화(先進國化)의 길로 나아가 고, 대륙침략의 전초지로'한국'을 식민지로 만들게 되었다.

이와 같이 [대한제국]은 역사적 갈림길에서 허망하게 무너지는 순간, 즉 역사의 급변하는 계기성(契機性-Moment)은 일반 사상이나 사회과학 이론으로는 설명될 수 없는 경우가 너무나도 많다. 바로 비근한 사례가 초대통감 [이등박문]이 1909년 10월 26일'만주의 하얼빈'기차역 광 장에서, '한국'최초의 애국지사 "안중근"선생에 의해서 사살된 것과도 같은 사례라 볼 수 있다. 원래 [이등]은 그의 독자적인 경륜 즉'대전략 (大戰略)'을 실천하기 위한 첫 번째 작업으로, [러시아]의 외무장관 "코 코프체프"와'동북아 분할 흥정에 관한 비밀회담'을 하기 위해서'하얼 빈역'에 도착하였으나 곧바로 사살되었다. 이 때문에 {일·러 회담}은 즉 시 무산되었고, [대한제국]의 국운은 <식민지 합병>쪽으로 급속히 기울어 져서, 멸망되고 말았다. 그 후 100년이 지난 지금도 "이등이냐, 가쓰라 냐 또한 보호국이냐, 식민지합병이냐"에 관한 역사적 판단에 관해서는 장·단기적으로 또는 가치판단으로 논할 때 공과를 가리기는 어렵다.

<사진2-2-3> : <이등박문>의 만주 하얼빈역 피살(1909.10.26)과 '동경 장례식'

<주> : <안중근 의사>가 총격한 초대조선통감(1905.11.17) <이등박문>과 그의 장례식(1909.11.4) 광경.

[이등]의 뜻밖의 죽음에 관해서 훗날 "가쓰라 공작전기(당시 일본의 총리대신)"라는 책(坤편)에 기술된 내용을 보면 "이등은 한국합병의 기운을 조성하기 위하여 최대의 노력을 다한 인물"이라고 표현하고 있다. 그러나 사실은 정반대로 [가쓰라 총리]는 [이등박문 통감]의 직계 후계자로 '총리대신'이 된 인물이면서도 <정한론(征韓論)의 선봉장으로서 조선 식민지 정복을 주도한 사람>인 반면, [이등박문 조선통감]은 이미 <조선보호국으로 정한론을 더욱 차원 높게 수정한 대선배>이었던 최고 지도자라는 뜻이 된다. 두 사람은 이 점에 관하여 이미 [이등]이 "조선통감을 사임(1909.6.14.)하면서, 결정적으로 노선이 크게 달라졌었다.

그러므로 [이등박문]의 사망《死亡,1909.10.26.-하얼빈 역에서 '안중근'의사에게 피살당함. 이날'러시아 외무장관과 비밀회담차'방문함》은"대한제국의 역사적 항일독립투쟁"을 단순히 양국의 이해관계(利害關係)만을 따져서 막후 흥정하기 위한 제국주의들 간의 약육강식 행태를 보여준 단면이었다. 이로서 <한국을 일본의 보호국(保護國)>이란 미명하에 명목상의 [대한제국]은 존속시키면서도, 실제로는 [일본]의 완전 식민지보다도 더욱 간교한 종속국(從屬國)의 지위, 즉"일본의 제2국민"으로만 놓아두면서, 영원히 <일본에 예속된 국민>으로 유지하겠다는 [이등]의 가장 지능적이면서도 고차원의 책략이 전혀 꽃피우지 못하고 무너져 버린 것이다.

오히려 [이등]의 사망은 정면 대결로 <한국정복=정한론(征韓論)>을 『식민지 합병(合併)』으로 몰고 가겠다는"가쓰라(桂) 파벌 세력"들의 득세를 의미하는 반면, 완전히"이등(伊藤) 세력 파벌"의 몰락을 뜻하는 동시에 [대한제국]이란 이름조차 완전히 패망해서 살아지는 출발이 되었다는 점을 의미한다는 뜻에서 중요한 특성이 있다. 일찍이 1830년대의 서세동점의 시기에 <일본에는 크고 작은 수많은 번주(藩主-지방 영주)들이 있었지만, 맨 먼저 [영국 및 프랑스]의 함포사격에 일패도지 했던 재력이 풍부하고 통상과 무역이 번창했던 2곳의 대표적인"반 막부(幕府)·친 천황(天皇) 세력"들이 있었다. 이들 세력은 <사쓰마-죠슈> 2곳의 [번왕(藩王)]들인바, 이들이 [명치유신-천황제국가]를 만들었고, 또한 대륙침략만이 [일본]의 살길이라고 의기투합되었는데, 그들을 이끈 가장 중심에 있었던 실세 지도자(指導者)가 바로 이등박문(伊藤博文)이었다.

일찍이 그들은 《일본 명치천황의 유신(維新)》을 성공시킨 일등공신들인바, 두고두고 주체세력인 실세(實勢)로서 오랜 <천황당파(天皇黨派-죠슈번주+사쓰마번주>들을 가리키며, 이들 기고만장한 번왕(藩王)들은 [일본제국주의]가 "동아시아공영권=연방"을 정복하기 위해서는 필히 "대륙침략"과 "동남아·태평양군도 및 미얀마·인도" 침략을 획책해 온 사실은 다 같이 잘 알고 있는 일이다. 이에 관한 전초단계로서 일찍부터 "한반도·만주 침략=정한론(征韓論)"을 계획하고 서서히 첫 번째 목표로 끈질기게 추진시켜 왔지 않는가. 최초로 <한·일 병합(倂合)>이란 과제는 [이등박문]만을 제외하면 무엇보다도 당초 '정한파(征韓派)'들의 야심이었다는 사실만은 틀림없다.

더 나아가서 그 당시 [일본 군국주의 무한침략의 야욕(野慾)]이 노리는 목표(目標)는 끝이 없을 뿐더러, 최소한 한반도+만주+중국+몽고+시베리아와 연해주+태평양 군도(영국령 피지 및 미국령 괌도 포함)+필리핀+동남아시아+인도차이나3국(베트남+라오스+캄보디아)+인도네시아+말레이시아+싱가포르+버마(미얀마)+방글라데시+인도+파키스탄+스리랑카 등등을 침략 정복의 대상 국가들로 구상하고 있었다. 이쯤 되면 [한반도]는 비록 "[이등(伊藤)]이 주장하는 보호국(保護國)이든 아니면 [가쓰라]가

미는 식민지(植民地)든"가히 [일본]의 <제2인자=중대>으로서"중국대륙을 비롯한 태평양 및 인도양'에 이르기까지 제2민족의 행세를 하고도 남음이 있지 않았겠는가. [이등박문]이 의도한 [대한제국]에 관한 처우는 "국가와 민족을 유지한 채로 일본의 제2중대화"를 말한다.

그러나"가쓰라가 뜻하는 한국과의 병합(倂合)"이란 말뜻은 원래 [한국의 제2일본화=내선일체(內鮮一體)]를 본격적으로 만드는 일이었다. 당시 수많은 친일파(親日派)들이 이와 같은 지위(地位)를 숙명(宿命)이라고 나름의 판단 하에 협조한 것이 아니었겠는가."[대한제국]의 민족성을 완전히 말살시켜 [일본제국]의 일부영토로, 또한 <일본화> 즉'창씨개명'이나,'한국어=한글 사용 금지"등에 이르기까지, 민족의 혼백(魂魄)을 깡그리 말살시키는 것을 의미한다.

결국"<한국 식민지>란 용어는 국가소멸 즉 [대한제국]의 멸망"을 의미할 뿐만 아니라, [한국]의 민족과 국가와 문화와 사상과 근본(根本)까지 완전히 제2의 [일본화]로 천지개벽을 시키는 뜻이 들어 있었다고 해석된다. 그래서 결과적으로는 [이등박문]이 [순종황제]를 수행하면서 3년 동안 [조선 8도] 현장에서 직감했던 예언(豫言)대로,"[한국]은 36년 동안 [일본]의 식민지(실은 보호국 때를 합하면 총 41년 동안 주권(主權) 없이 지냈음)"종속국으로서 나라없는 고통 속에 살게 되었지 않았는가. 또한 장구한 역사적 세월로 관찰해 본다면, [대한제국]이 1910년 패망하고, 다음 해 1911년 [대청제국]이 멸망한 뒤, 1945년에 이르러서는 그렇게도 침략에 광분하던 [일본제국]도 결국 36년 만에 패망하고야 말았지 않았는가 말이다.

위와 같은 사실은, [이등박문]이 1907년 초부터 3년 동안, "조선 통감 재직 시에 <순종황제>의 초도순시를 수행하면서 당시 8도의 <한국 사대부>들을 접견해 본 결과 [일본]의 지도층보다도 월등하게 높은'식견과 경륜'에 깜짝 놀란 나머지 갑작스런 심경변화를 느끼게 되면서 다음과 같은 [대영제국]방식의 《<일본=대동아공영권(大東亞共營圈)> → 이 용어의 확실한 개념과 실천은 독일과 이태리와 같이 3국동맹을 맺고 2차대전을 시작하는 30년이 지난 뒤, 즉 1940년에 '나치스-히틀러'의 '생존권-Lebensraum'과 동일한 제3제국건설을 말함》을 창건하겠다는 한층 높은 차원(次元)의 [한반도] 책략을 깨닫게 되었다고 알려져 있다.

[이등 통감]은 종래방식으로 [한반도]를 군사력과 열강의 국제적 동의하에 종속국으로 만드는 '보호통치(保護統治)'만으로는 전혀 [대한제국]을 굴복시켜 [대일본제국연방] 속에 대륙진출의 발판으로 써먹을 수 없다는 판단을 굳히게 되었으며, 따라서 대오각성을 통한 [이등]이 지능적으로 새롭고 고차원적인 경륜을 세우겠다는 충격을 받았다고 한다. 동시에 "[한국]을 일본화된 보호국(保護國)"형태로 만들고 [제2의 일본]으로 개조시켜야 만이 '일본에 완전하게 동화'시키는 길인 동시에, '일본

의 영구지배'를 확립하는 길이라는 뜻밖의 착상(着想)이 [이등박문]의 경륜(經綸)이었다는 사실만이 확고하였던 때문이었다고 판단된다.

　　[이등]은 이상과 같은 구상을 영구적인 <한국통치의 정책방향>이라고 굳게 믿었다. <조선 통감> 재직 시에 현장에서 터득한 새로운 "한국경영방식을 대전략(大戰略)"으로 깨닫게 되었으며, 이를 즉시 실천에 옮기게 된 것이 '통감사직(1909년 6월 14일)'과 이어서 다음 계획을 홀로 실천하게 된 <만주 하얼빈 역에서의 피살(1909년 10월 26일)>로 끝나게 되었다. 어찌 생각해 보면 [한국]으로서는 <이등박문의 보호통감 통치>보다는 오히려 <가쓰라의 식민통치>가 더욱 유리했을 지도 모르는 일이다. 왜냐하면 전자는 너무 교활하고 지능적이어서 일찍이 [한국]의 <일본 동화정책> 속에 물들어 버렸을 것이 불을 보듯 뻔한 일이 아니었겠는가. 마치 [중국]의 56개 소수 민족들이 오랜 [한족(漢族)]들의 대국주의 동화정책으로 인하여 소수민족으로 전락되어 자기네들의 언어나 역사 및 종교나 풍속도 잊은 채로 중화(中華)=한족(漢族)들에게 동화된 것처럼 말이다.

　　그래서 1909년 6월 14일에 초대통감 [이등박문]은 곧 바로 통감직책을 사임하고, 부통감으로 있었던, "<이등>의 후계자인 가이아마아라쓰게(會禰荒助)"를 제2대 통감으로 승격시켰다. 이 시기는 앞에서 말한 <한·일 합병>을 [일본정부 내각회의]에서 먼저 의결하고, '일본천황'의 결재를 받기 직전의 전격적인 [이등박문 사임행위] 이었기 때문에 깊은 속마음을 전혀 직감할 수는 없었다. 그러나 왜 [이등박문]은 이때를 맞추어서 통감직책(統監職責)을 굳이 사직하는 행동을 취한 것일까. 물론 당시의 정치 최고위직에 있는 여러 인사들이 극구 만류하고, 사임을 번의하도록 요청했음에도 불구하고 사직(辭職)을 고집하였다. 그것도 '한국의 순종황제가 남북한 초도순시(初度巡視)'를 수행하고, 귀경하는 도중에 급히 사임하고 말았다. 왜 그랬을까! 과연 무엇이 그토록 [이등]의 180°방향전환을 초래하게 만들었는가.

<사진2-2-5> : 만월대를 시찰하는 [고종황제]와 좌측의 <이등, 이완용>.

<주> : [순종황제]를 맨 앞에서 수행한 <이등 조선통감(오른쪽)>과 <이완용 총리대신(왼쪽 옆)>들이 개성 만월대를 시찰하는 사진. [고려 왕국 궁궐 터]의 축성과 계단석이 무너져 있다(1908년).

이런 생각을 굳힌 [이등박문]은 즉시 '조선통감'을 사직하고 단독으로 큰 뜻을 실천에 옮기기 시작한 것이다. 그래서 그가 [일본]으로 귀국

하던 날, '인천(仁川) 항구'에서 열린 송별회(送別會) 석상에 참석하게 되자, 처음으로 입을 열고 그의 심경의 일단을 표명한바 있었다. "나는 오늘날까지 [대한제국 정부]를 지도, 계몽해서 '한국민족'의 행복을 증진하도록 바라고 있었다. 이 때문에 나는 몸과 마음을 다 바쳐 '한국황실'과 '정부' 및 '지방관리'에게 여러 차례 경고한바 있다. 나 자신은 확고하게 이러한 방침에 전혀 과오가 없다고 확신하고 있다. 그러나 아직 결실이 뒤따르지 않는 경우가 왕왕 일어나는 것은 대단히 유감으로 생각하는 바이다."라는 의미심장(意味深長)하면서도 그의 깊은 속마음을 정확히 파악할 수 없는 일장의 연설(演說)을 남겼다고 전해진다.

이 때부터 [이등박문]의 연설을 경청한 수많은 <일본의 각계각층 지도층> 사이에서는 여러 가지 흥미진진한 해석이 나오고 있었다. 한말로 지적해서 말한다면, 그는 "한국을 정복하고 이를 보호(保護) 또는 통치(統治)해 보았던 자기의 통치방식이나 방향에 대하여 크게 실망을 느낀 감회를 뼈아프게 생각하면서, 말을 간접적으로 돌려 자기의 새로운 정략(政略)을 토로한 것"이라고 풀이하는 사람들이 대부분이었다고 전해진다. [이등박문]이 초대통감으로서 "[대한제국]에 관한 [일본]의 통치방식이 얼마나 단순한 판단이었는가에 대한 절망(切望)"을 느끼면서 받은 충격이 어떤 생각이었을까! 무엇이 그로 하여금 "조선통감의 통치방향"을 180°바꾸어 놓을 만큼 커다란 충격을 주었단 말인가! 그것은 뒷날 [일본]의 몰락을 가져올지도 모른다는 우려 때문이라고 생각된다.

이에 관한 상세한 해답은 "명치외교사(明治外交史-조선통감부 외무부장 저술)" 책에서 그의 극적인 심경변화를 느낄 수 있으며, 그가 절묘하게 수식한 '절망에 관한 충격을 잘 표현'하고 있다는 추측이 감지된다. 그 책의 내용에 의거해 본다면, 당시 1907년 6월 [화란(네덜란드)의 헤이그]에서 열린 『만국평화회의』에 당시 [고종황제의 밀서]를 소지하고 파견된 3인의 특사가 미처 식장에 입장도 못하고 오히려 [일본]의 문책을 당한 사건이 발생하지 않았던가. 실제로 [고종 황제]와 그 때의 [대한제국]은 비록 [일본]의 서슬프르던 <러·일 전쟁>의 승리 때문에 명목만 남긴 허약한 제국(帝國)이었지만, 치밀한 계획과 외교경로를 통하여 밀사(密使)를 파견했다고 한다.

즉 이를 가리켜 유명한 <헤이그 밀사(密使) 사건(1907년 4월 20일)>이라고 부르는데, 우선 [화란(네덜란드)]이 당시 <인도네시아>를 식민지로 가지고 있으면서 "만국평화회의"를 주최하였기 때문에 [대한제국]에게도 지극히 호의(好意)적으로 미리 초청을 해 주었고, 또한 [러시아]가 '의장(議長)국가'로 이미 약 1년 전부터 [대한의 참석]을 확실하게 약속했던 처지였기 때문에 안심하고 [고종황제의 특사(特使)]로서 3인을 파견시켰다고 한다. 그럼에도 불구하고 오히려 [일본]의 외교술책에 말려든 [러시아와 화란]의 배신과 냉대는 말할 나위도 없고, 모든 <서구(西歐)의 열강(列强)>들이 [대한제국]을 철저히 외면해 버렸고, 이를 기화로 <일본의 조선통감 이등박문>이 "황제 교체(1907년 7월 20일)-양위"를 강압한 것이 아닌가. 이때 소위 "고종황제의 밀사"로 파견된 3인

특사는 '이준, 이상설' – 고종이 비장의 카드로 뽑은 최고위층 특사이며, '이위종' – 당시 러시아 공사로 있는 부친 때문에 영어와 러시아어 및 불어에 능통한 최고 외교관 이었다고 한다. 만반의 준비를 갖춘 셈이다.

<사진·문서2-2-6> : [고종황제]의 친서와 파견된 '이준, 이상설, 이위종' 밀사.

<주> : 1907년 7월 18일, [고종황제]는 李儁, 李相卨, 李瑋鐘(좌측부터) 3인 특사를 "네덜란드 헤이그"에서 열리는 <제2회 만국평화회의>에 파견했으나, [일본]이 반대하고 황제양위와 군대를 해산시킴. 이준은 분사함.

이로서 [한반도 정세]는 매우 심각한 난관에 봉착하게 되는 동시에 [일본 및 조선통감 이등]의 분노는 하늘을 찌를 듯 했다. 이때 [제1대 고종(高宗)황제]를 1907년 7월 21일 강압적으로 일단 양위시키는 조치를 취했다. 이어서 <이등 조선통감>은 새로이 등극시킨 허수아비 [제2대 순종(純宗) 황제]'를 수행하면서, [한반도 조선8도]의 전국각지를 시찰"하는 3년 동안 [이등]은 이제 완전하게 [조선 통감]으로서 [일본제국]에게 무조건 순종하는 [한반도]를 만들게 되었다라고 쾌재를 느끼면서 이른바 강압적인 '통감정치'를 추진하겠다고 서슴없이 밀어붙인 것 같다.

그러면서도 노련한 <이등 통감>은 그 자신의 판단이 [한국]에서 정반대로 거센 반발에 부닥치게 되자, 크게 낙담한 나머지 자신만만하던 위압적 자세를 약간 멈추는 동시에 곧바로 「통치정책(統治政策)」의 기본체계(基本體系)조차 괘도수정에 나섰다. 왜냐하면 그의 강압통치에 순순히 따르고 순종할 줄로만 생각했던 [조선민중]들은 격분해서 전국을 들끓는 의병투쟁과 민중시위를 벌리면서 생사를 거는 저항에 돌입하였다.

뿐만 아니라, <조선의 최고지도자> 세력들인 사대부(士大夫)와 유림(儒林)을 비롯한 지도층에서부터 일제히 [일본의 정한론]의 논리를 능가하는 경륜(經綸)과 사리(事理)를 내세워 [이등]을 공격하는 한편 [한국정복]이 쉬운 정책이 아니라는 수 없는 장벽에 부딪쳤을 때, 머리가 빨리 도는 [이등]은 오히려 [일본]까지 망하겠구나 하는 우려를 떨쳐낼 수가 없었지 않았는가 생각된다.

그가 현장인식을 위해서 "조선의 사대부들과 공식적인 대면이나 또는 사적인 담화"를 논하는 과정에서 항상 <이등의 열등의식>이 커다란 충격을 받았을 뿐만 아니라 오히려 <일본통치의 절망>을 느꼈다고 적혀있다. 다시 말하면, 큰 갓을 쓴 '조선의 선비' 즉 사대부(士大夫)들 및 양반유생(兩班儒生)들과 지방의 토호(土豪) 및 유지(有志)들을 8도 도청(道廳)에 모아놓고, [순종황제와 이등통감]이 훈시(訓示)를 하고 있을 때, 청중(聽衆) 속에서는 경청을 거부하고, "첫째는 냉소(冷笑)일색으로 웅성거리고 소리치며 반발하는 동시에, 둘째로 <한·일 합병>이나, <통감부 강압정책>에 대해서 몰지각하다는 항의(抗議)가 빗발쳤다."라고 기록되어 있다는 점이 이를 증명해 준다.

그동안'을사늑약~한일합병'에 이르는 기간(1904~1909)에 벌어진 전투(戰鬪)만 해도 실로 엄청난 규모이었겠지만 전혀 짐작할 수 없는 일이다. 오히려 끊임없는 의병투쟁(義兵鬪爭)으로 죽음을 불사하고 싸워온 민중(民衆)들에 가세하고, 다른 한편 <대한제국의 신식군대>들이 1907년 7월 4일에 강제로 해산(解散)당하게 되자 이들 군대들은"13도 의병군(대장 이인영, 군사장 허위)"약 6천 6백명이 경기도 양주에 집결하여'동대문'까지 전투를 벌였고, 계속 정규군까지 가세한 무력투쟁은 전국적으로 확대일로에 있었다고 말한다. 다만 1908년과 1909년, 두 해 동안만 발표된 단편적인 사례를 살펴보면 비록 일부분에 불과하겠지만, 예컨대 [일본군 1개 사단(1만 5천명)]을 동원해서 무력진압을 계속해온 「호남지역 한국의병군 토벌작전」이란 보고서(報告書)에 나타난 통계자료에는, 1908년 전투횟수 10,976건에 의병군대 82,676명이라고 기록되어 있고, 또한 1909년(합병직전'이등(伊藤)'사망 12월)에는 전투횟수 1,738건에 의병군대 38,593명이라고 발표하고 있다. 이때는 이미 의병군의 상당수가 [만주(간도)]로 이동하여 정규군으로 <신흥무관학교>등에서 훈련받게 되고, 이어서 뒷날'청산리 전투'에서 크게 빛나는 대승을 거둔바 있는 독립군(獨立軍)이 되었다.

또한 다른 한편으로 <이등박문의 추모회(追慕會)가 저술(著述)>하였다는 『이토 히로부미 전기(傳記)』라는 책에는 다음과 같은 내용이 기록되어 있다. 즉"[이등]의 한국에 대한 절망"이 과연 무엇을 뜻하고 있는가에 관해서 다음과 같은 상세한 기술이 적혀있다고 한다. 즉"통감부 개설 이래 8도 각 도청을 순회하면서 눈여겨 시찰을 3년 동안이나 계속했음에도 불구하고, 완고한 [조선]의 백성(百姓)들과 유학자(儒學者) 및 지도층들이'통감제도'에 대한 본뜻을 전혀 이해하지 않을 뿐더러, 때와 장소를 가리지 않고 소요=데모를 일으키는 자들이 대부분이었기 때문에 [이등박문]은'민심의 일신을 기해야 되겠다'라는 각오와 결심을 가지게 되었다."라고 기록되어 있을 정도이다. 이와 같은 기록 속에 얼마나 깊은 [조선]의 저항을 음미하지 않을 수 있었겠는가.

그런가 하면 당시의 [조선] 국내 상황을 분석해서 다음과 같은 또 다른 기술도 전해지고 있다. 즉"<이등>이'[조선의 보호국] 제도를 3년 동안이나 실시해본 뒤에 자신있게 결론을 내린 정책"들, 즉 [이등]의 탁월한 통치방식에 의하여 조선에 대한 통치개선]에 대한 복종의 성과가 눈에 띄게 나타났음에도 불구하고, 오히려 의병(義兵)이나 폭동(暴動)이 끊임없이 각처에서 아직도 거침없이 횡횡하는 동시에 <일본인 거류민(居留民)>들을 학살하는 등 생명과 재산의 위험이 날이 갈수록 극성스러워, [조선]에 거주(居住)하는 그 자체가 공포의 대상이 될뿐더러, '통감부'에 소속된 <일본인 군관민>들 조차도 밖에 외출하기가 어려울 정도로

<배일(排日) 혼란상태>가 극에 달해 있었다."라고 인정하고 있다. 어떻든 치안(治安)이 불안정하고 또한 항일(抗日) 정서가 갈수록 줄어들지 않았다는 당시 상황을 설명해 주고 있는 기록이 된다.

  1907년 8월 한국군대가 해산(解散-1907년 7월 31일)된 이후에, <일본군과 일본경찰>들이"한국의 항일의병들과 해산된 한국군 신식군대"들과 연합된 정규조직에 의한 합동작전이 대규모로 발전해서 무시할 정도가 결코 아니었다는 상황이었음을 실감케 하는 아래와 같은 기록들도 보인다. 즉"한·일 전투"를 치뤘던 충돌 횟수와 서로 당시 충돌했던 전투병력들의 숫자는 다음과 같이 실로 엄청난 정도이었다는 사실을 간과할 수가 없다. 즉 1907년~11년 5년 동안에 총계 2,907회와 143,680명에 달하였고, 그 중에서 1908년 1년 동안만 해도 1,451회와 69,804명에 달해서 <이등박문 초대 조선 통감>은 심각한 절망감을 느끼지 않을 수 없었다. 또한 [이등박문]이 <조선통감>을 사임한 1909년에도 약간의 감소현상이 나타났을 뿐, 항일투쟁(抗日鬪爭)은 줄어들지 않았다.

  그래서 다음과 같은 당시 기록들도 커다란 참고가 되고 있다. 즉 『조선의 보호 및 합병(조선총독부 편)』이란 보고서에 기록된 내용을 보면, 1909년 7월 6일 전반기 상황에 관해서,"항일의병(抗日義兵)들의 투쟁이 진정되는 시기가 언제쯤 될 것인지 심히 우려 된다"라고 기록되어 있다. 또한 계속해서 이 보고서는 지적하기를"금년 후반기부터는 <일본군

측의 진압작전상 군대와 경찰>을'소부대 단위로 나누어 편성'함으로써 <조선의 항일(抗日) 의병(義兵) 투쟁>을'진정'시키는 효과를 노리고 있으나 어느 정도 효과를 거둘지 의문이다."라고 기록되어 있다. 실제로 <다음 표>에서 보는 것처럼, [대한제국 의병(義兵) 전투]는 엄청났다.

<표 2-2-7>, "을사늑약" 전후의 한국의병 전투상황(인명, 횟수)

연도	한국의병 항일전투 일본병력(인명)				한국의병과 일본병력과의 전투(회수)			
	수비대	헌 병	경찰관	합계	수비대	헌 병	경찰관	합계
1907년	41,871	1,145	1,100	44,116	307	10	6	325
1908년	53,418	14,149	2,237	69,804	1,016	375	60	1,451
1909년	7,829	15,918	1,180	27,653	239	575	32	953
1910년	252	1,563	76	1,891	19	121	7	147
1911년	45	168	3	216	4	28	1	33
총 계	103,415	32,943	4,596	143,690	1,585	1,109	106	2,907

<자 료> 조선총독부편, 『조선의 보호 및 합병』(조선통치사료. 제3권 수록, 272쪽)에서 인용.

결국 [이등박문]은'한국'에서 항일투쟁과 의병활동이 별로 감소되지 않고,"보호국지배라는 통감부 통치"가 전혀 효과가 없다는 사실에 크게'절망'을 느낀 나머지, 통감을 사직하고'한국'을 떠났다. 이때 [이등박문]은 생각하기를"통감부에 의한 보호통치라고 부르는'2중정치'는 억압과 계몽'이라는 2가지 서로 모순되는 체제로서 이를 반영구적인 제도로 도저히 영속될 수 없다는 예감을 느끼게 한다. 그러나 [이등]은

'일본이 제국주의'가 영속적으로 발전하기 위해서는'한국의 통감부제도 및 보호국'으로서의 형태를'제2의 일본제국'으로 만들어 항일저항을 최소로 감소시키도록 거의 동등한 대우를 하지 않는 한'합병'경우,'일본제국'조차도'항일'때문에 영속하기 어렵지 않겠는가,"라고 [이등]의 소신(所信) 즉,'대동아공영권'의 거시적 구상을 밝히게 된다.

<사진 2-2-8>: 청산리전투(김좌진 장군)에서 <일본군>에 대승한 <대한독립군>

이 당시 <일본의 정한론(征韓論) 세력>들은"[대한제국]을'<이등> 방식의 영원한 보호국(保護國)'으로 남길 것인가 아니면'<가쓰라> 방식의 합병에 의한 완전한 식민지(植民地)'로 멸망시킬 것인가"라는 과제를 놓고 격렬한 토론을 거친 결과, 대충 아래와 같은 3가지의 문제제기로 집약된'[일본]의 국론(國論)'이 제기 되고 있었다. 다시 부연해서

설명해 본다면, 그네들 내부의 주도권 다툼이요, 또한 어떻게든 [대일본제국]이 대륙과 태평양 및 동남아시아를 정복하는 교두보로서 [조선]에 관한 통감(統監) 통치냐 아니면 총독(總督) 통치냐 가장 악랄하고 교활한 "한반도 공략"에 관한 대립이었다.

<사진 2-2-9> 청산리 전투에서 부상병을 실어가는 일본군의 참패 장면.

<주> : 사진으로 본 '독립운동' -서문당, 50쪽 인용.

첫째 국론은, <국제법과 외교적 승인>에 관한 문제가 대두되었다. 왜냐하면 초창기 [일본]의 근대화에는 너무나도 국력(國力)이 쇠약했기 때문에 전적으로 '서구열강'들의 뜻을 살피는 데 주력하였다. 즉 초창기 [일본]은 아직 <조선만도 못한 후진국가>이었기 때문에 서양문물을 무조

건 받아들이고 이를 겨우 흉내내서, 근대식 군대(軍隊)를 급속히 양성하였다. 자금(資金)은 주로 통상무역을 통하여 전함 몇 척과 대포 몇 문을 비싸게 사가지고 와서는 [한국]을 쳐들어 왔다. 반면 [조선국]은 쇄국(鎖國) 정책 속에서 파당으로 쇠잔하고 또한 국제정세에 눈이 어두워 [일본]에게 쉽사리 굴복해 버렸었지 않은가. 따라서 집요하게 서구열강(西歐烈強)에게 추파를 던지면서 대륙침략과 먼저 <한국정복>에 혈안이 되어 있었던 [명치(明治) 정권]은 이미 "한국의 보호권"에 관해서 국제적으로 양해를 얻어내기에 혈안이 되어 있었다. 특히 일찍 부터 '극동아시아'에 이해관계를 가지고 있는 열강들, 예를 들면 미국, 러시아, 영국, 및 청나라, 등의 묵인(默認)을 받아놓고 있었다는 사실을 간과할 수가 없다.

　참고로 비교해 본다면, 요즈음 "한·일간의 독도(獨島) 영유권" 문제가 바로 유사한 [일본]식의 외교적 기정사실화 방식이라고 볼 수 있는데, 간교한 수법으로 국제적 승인사항인양 야금야금 먹어 치우려는 술수가 아닐 수 없다. 따라서 원래 "한국정복의 단행" 그 자체는 국론으로 합의되어 있는 <일본 정한파>들의 원안(原案)이었기 때문에 언제 '먹어 치울 것인가'를 결정하고 실행하는 방안은 별다른 문제가 아니었다. 다만 아무리 직선적으로 객기를 부리는 그들의 술수라 해도, "[대한제국]을 '보호병합' 하는 실천과정에서는 당시에 아직도 허약했던 <일본의 외교권(外交權)>을 합법적으로 완전하게 장악할 수 있는가의 불안과 또한 [한국]의 무서운 저항"에 관해서 힘겨운 문제가 제기되었다. 왜냐하면 야금야금

방식의 '조선 침탈'은 다음 차례인 '만주(滿洲)의 괴뢰건국'에 관해서 발목을 잡히고 더 큰 차질을 만들게 되는 '국제적 불신(不信)'을 초래할 염려가 크게 도사리고 있었기 때문이었다.

둘째 국론은, <일본이 한국을 강압으로 보호국을 만든 약속위반>이라는 문제점을 지적할 수 있다. 왜냐하면 '일본'은 일찍부터 [청국과의 속방관계=청일전쟁]을 끝내면서 오히려 [대한제국(황제국)]으로 격상시켰다. 또한 [청국]을 패퇴시킨 다음 차례로, [러시아]와 [대한제국]과의 관계를 최후로 차단시키기 위하여 겉으로 독립시켰을 뿐이고, 결국 <러·일전쟁>을 끝낸 뒤에 "한국의 독립(獨立)을 보장"하겠다는 입장을 몇 차례나 성명(聲明)한바 있었지 않았는가. 그럼에도 불구하고 오히려 [대한제국]을 완전히 고립시키고 [일본]에 예속시키면서, '1905년 허위 조작된 을사늑약(乙巳勒約)을 강압해서 보호국'을 만들고 이 때 결정적으로 사실상의 '독립(獨立)'을 찬탈하였기 때문에 국가간이나 국제적인 약속(約束)을 위반한 강제 침탈(侵奪)을 저질렀다. 이로서 '한국 국민의 강력한 저항과 민족적 반항'에 직면하게 되었다는 사실을 들 수 있다. 다만 이 때에 '[이등박문] 피살사건'이 일어남으로서, 즉 <이등과 가쓰라의 견해차이>는 '국제묵인이나 외교문제' 중심으로 "보호국(이등의 주장)은 쑥 들어가고 식민지합병(가쓰라의 주장)"만이 일사천리로 진행되어, 6개월 뒤 1910년 7월 29일에 강압으로 결정되어 버렸다.

셋째 이유는 순전히 [일본 내부의 국론 분열]을 찾아 볼 수 있다. 한때 <이등(伊藤) 조선통감>과 <가쓰라(桂) 총리대신> 사이의 감정대립과 "보호국이냐! 식민국이냐"의 노선갈등이 바로 그것이다. 왜냐하면 '한국의 지배통치'라는 첫 단추는 계속되는 대동아침략을 위한 목적의 첫 시험대가 되었기 때문이었다. 당시 [일본국 정부]의 중요한 정치과제로서, 나중에 [이등]의 죽음으로 결과는 '한국의 합병' 작업이 '가쓰라'에 의해서 급진전 귀결되었다는 사실을 먼저 유념할 필요가 있다. 초대 조선통감으로 최초에 취임할 때의 [이등박문]은 '한국의 보호국화를 달성'하는 것만을 주력하고 있었지만, 여기에서 한발 나아가 "합병"을 할 것인가에 관해서는 '가볍게 결정할 일이 아니다,'라는 「가쓰라 전기-하권 인용」의 생각을 참조해 보면, <이등>이 <가쓰라>를 얼마나 경계하였는가를 알 수 있으며, 또한 두 사람 간의 마찰을 충분히 파악해 볼 수 있다.

한편 <가쓰라 다로오 수상>은 무조건 "합병"을 촉진시켜야 된다는 급진파이었기 때문이었다. 결국 [일본의 한국지배]를 "보호국"으로 그대로 계속 놓아 둘 것인가 아니면 "합병"에 의해서 명실상부하게 '식민지'로 귀속시킬 것인가 하는 문제는 어디까지나 <이등>과 '가쓰라'의 정치적 결단에 좌우되게 되었다. 그런데 갑작스런 <이등>의 통감사임은 '대결'의 종결로 끝맺었다. 그것은 자기 변신을 위한 새로운 처신이라고나 할까. 그러나 최종 끝맺음은 <이등의 사망(死亡)>으로 인하여 영원히 "정한론(征韓論)"을 펴보지도 못한 채로 사라지고 말았다. 처음에

'가쓰라'수상과'고무라'외상이 "합병안건"을 가지고 <이등 통감>을 방문하였을 때, 철저한"보호국론자"인 [이등]은 뜻밖에도 "합병론"에 쉽게 찬성하고 나섰다. 과연 그 이유가 무엇이었을까. 이때 [이등]은 "도저히'통감정치'가 영속될 가망이 없을뿐더러, 오히려'합병(合倂)'마저도 좌절시키지 못했을 것이 아니었겠는가,"라는 의심이 컸기 때문에 지금까지와 같은 통감(統監) 자리에 있는 한 아무래도 [한국]에 대한 [일본]의 완전한 장악은 어렵다다라고 생각한 것 같다. 따라서 일대전환(一大轉換)을 모색하는 차원(次元) 높은 다른 방식이 절실히 필요하다는 "동기(動機)"때문에 먼저'통감사임'부터 결심한 것으로 보인다.

겉으로 보기에는'정치적 대결에서 패배'한 것으로 보이도록 서둘러서'부통감'에게 통감(統監) 자리를 물려주고, 그는 한 달 뒤에 [러시아]와의 흥정을 위하여 <만주 하얼빈>에 갔다가 역에서 피살당함으로서 영원히 좌절된 것 같다. 반면'가쓰라'수상은 "한·일 합병만이'가쓰라 내각'의 최대 공로"가 될 것이라고 만족해하였다. 그러나 [이등 통감]이 생각하는 견해는 "합병실행으로 최대의 공로를 세운다고 만족해하는 일 그 자체가 우습고 가소로운 일이다."라고 독백(獨白)하면서'보호든 합병이든'다 같이 불만스러워 했다. [이등]의 통감사임과 형식적인 합병 찬성에 관해서'가쓰라'수상은 말하기를 "나는 표면상 [이등]의 통감유임을 종용하고 있었지만, 내면으로는'사직(辭職)'을 흔쾌히 수락한다."

[천황(天皇)]에게 재가를 받아 인심을 써 놓고 있었으나, 실제로 <이등>은 '가쓰라'가 자기의 승리를 만끽하고 있는 뒷면에서 일보 후퇴 이보 전진을 위한 만반의 포석 쳐놓고 자기의 동상이몽격인 술수를 만끽하고 있었던 것 같다.

그래서 실제로 [이등]의 본심을 해석해 보면, 통감사직의 가장 큰 원인이 '한국에 대한 보호정치의 절망'이 동기가 되었으며, 그 내용을 분석해 보면, "한국백성들이 취한 '항일저항투쟁'의 차원 높은 대응방식"을 독자적으로 실행하고 있었던 것으로 보인다. '가쓰라'라는 인물은 도저히 상상할 수 없는 "대동아공영국가"를 건설하려는 원대한 격조 높은 경륜을 가지고, 이를 실천하기 위한 첫 번째 시도로서 '러시아'와 담판을 벌리기 위하여 '만주 하얼빈'으로 갔다가, 차원 높은 또 다른 무장독립투쟁의 전술을 구사한 "안중근"의사에 의해서 1909년 10월 26일 살해되었고, "안중근"의사 역시 '동양평화와 한국의 독립을 위해서는 침략의 원흉인 [이등박문]을 맨 먼저 죽일 수밖에 없다'라고 당당히 진술함으로서 일본과 중국을 비롯한 세계를 깜짝 놀라게 하였고 동시에 '한국민중이 열망하는 항일독립투쟁'의 정당성을 고취시켰다고 말할 것이다.

결국 뜻밖에 <이등의 피살>은 운명적인 순간에 '가쓰라'의 승리로 끝났다. 곧바로 <가쓰라 총리대신>은 6개월 만에 "한·일 합병조약"을 강압으로 끝내고, 동시에 그의 직속 부하인 악명 높은 <데라우찌 제1대

총독>을 임명해서 [조선 식민지 통치]를 철권정치 몰고 가다가 결국 9년 뒤 1919년 위대한 "3·1 독립만세"를 만나게 된다. 그래서 비록 '가쓰라'가 이룩한 공로가 당시의 [일본]에게는 위대하게 부각되었는지는 몰라도, 긴 역사적 관점에서 평가해 본다면, '가쓰라'의 경륜은 왜소한 "대일본제국"을 '합병'에 의해서 침략한 것에 불과할 뿐이다. 결과는 불과 36년 뒤에 [대일본제국]이 멸망하게 되고 침략당한 '동남아시아 국가'들은 전부 해방과 독립을 얻게 되지 않았는가.

그럼으로 '가쓰라'의 짧은 경륜은 [일본]을 몰락시키고 파멸시킨 단견(短見)에 불과하다고 평가할 수밖에 없는 보잘 것 없는 짓에 불과하였지만, 그러나 반면 [이등박문]의 차원 높은 대전략(大戰略)은 가장 지능적이고 간교한 책략(策略)으로서 만일 그가 10년만 더 살아서 [대한제국]을 그대로 놓아 둔 채로 외교권과 군사권만 [일본]이 빼앗은 채로, "조선을 보호국"으로서 [일본]에 준하는 예우를 받는 [종속국=한국]으로 남았다면 오히려 영구적인 '일본의 괴뢰 한국'이란 형태가 존속될 수 있었지 않았는가 생각된다.

왜냐하면 실제로 1931년에 [일본이 만든 만주제국]은 바로 이와 같은 사실을 입증해 주는 대표적인 "일본의 꼭두각시 괴뢰국가(청국=만주족의 마지막 황제인 부의가 만주제국의 황제였음)"를 위시로, 이어서 "괴뢰 중국인 왕정위 정부" 등이 곳곳에 수립되었지 않았는가. [버마=미안마]국을 침략해서 "아웅산 정권(버마 독립군최고사령관)"을 만들었다 든지, "필리핀 괴뢰정권"이나 "인도의 '모한신'(인도국민군 최고지휘관)―괴뢰정권" 및 "인도네시아 괴뢰정권" 그리고 "베트남 괴뢰왕정(아오다이 왕)" 등 무수히 많았다. '한국'은 "5족협화 대동아 공영권"에서 1위 일본민족, 다음으로 한국민족이 지배하면서 3위 만주족, 4위 몽고족, 5위 중국족으로 구성되는 오늘날 '영국연방'과도 같은 '일본연방'으로 "불행한 한국"이 지속되었을지도 모르는 일이다. 한편 "안중근" 의사의 "동양평화와 한국독립을 위한 이등박문 사살"은 높은 차원에서 살신성인으로 수행된 가장 위대하고 정당한 독립사상이었다고 생각된다.

3장) 『한일합병조약(1910)』은 [일제군국주의]의 '보호국+식민지'로 '국가주권+영토'를 빼앗겼다.

[한·일 합병]에 관한 외교문제는 열강들의 배려로 부터 의식하지 않을 수 없었기 때문에 '일본의 가쓰라' 수상은 신속하면서도, 거부감이 없는 국제적 절차를 밟아버렸다. 1910년 5월 31일에 '데라우찌' 제3대 통감은 즉시 '한국'에 취임하지 않고, 먼저 '아키이시' 헌병사령부에 도착해서 권력을 행사하는 동시에 <조선의 치안>을 완전히 확보한 뒤에 바로 '합병작업'을 추진하였다. 다른 한편 '일본정부'도 <한국에 대한 시정방침>을 발표하면서, "합병 후 조선총독부의 모든 권한은 국무회의의 결정에 따라야 한다(주: 「일본외교연표 및 주요문서」 1권 참조)"라고 지침을 하달하여 이미 "한·일 합병"을 기정사실로 굳혀 놓고 있었다.

이와 같은 조치는, <이등박문>이 사망했기 때문이었지만, 첫째는 <이등 통감>의 배타적(排他的) 독재권한을 "한국통치"에서 완전히 없애 버리고, '가쓰라' 총리대신이 모든 권한을 장악하겠다는 방침을 결정한 것이며, 둘째는 "보호국" 하에서는 [대한제국]이 국호(國號)와 황제(皇帝)와 영토(領土)를 그나마 유지하였지만, "합병(合倂)" 된 뒤에는 {일본의 식민지}로 완전한 속국(屬國)이 되었기 때문에 지구상에서 '한국'의 국가명칭과 영토와 그리고 주권(主權)을 송두리 채 말살시키려는 간악한 식민정책을 실행하게 된 때문이다.

이로서 '가쓰라' 수상은 '데라우찌' 초대 총독(總督)에게 자기의 지시에 철저히 따를 것을 명령하면서, 각서(覺書)에 다음과 같은 지침을 하달하고 있다(공작 가쓰라 전기, 2권 인용). 즉 "합병실행의 시기는 신중한 주의를 요함은 물론 취임을 보류하고, 현재 교섭 중에 있는 '러시아' 와의 안건이 순조롭게 종결되는 적당한 시기를 선택할 것"이란 흥미진진한 기록을 남기고 있다. 여기에서 지적한 '러시아와의 안건'이란 무엇인가. 당시 '일본정부'는 "제2회 러·일 협상" 체결을 교섭 중에 있었으며, 이의 '조인은 7월 4일'로 예정되어 있었기 때문이었다.

'가쓰라' 수상이 말한 「러시아와의 안건(案件)」이란 바로 이 같은 "합병(合倂)"을 고려한 '열강들과의 교섭(交涉)'을 지적한 것이다. 그래서 '일본의 러시아 주재 노혼(野本) 대사'의 보고서에 의하면, "극비로 가장 확실하게 '한국합병'의 실행을 '러시아 정부'에게 간청하고 동의를 얻어냈다."라고 기록되어 있다. 이미 5월 중순에는 '영국정부로부터 합병의 시행에 관한 안건을 사전에 협의해서 승낙(承諾)을 얻어냈다.'라고 보고한바 있다. 결국 '일본정부'는 "한·일 합병"에 관한 최종적인 허락(許諾)을 '영·러' 2개 열강(列强)으로부터 확실하게 동의(同意)를 받은 뒤에 조심스럽게 진행시킨 셈이다.

국제법상 강대국들에게 "대한제국"에 대한 '일본의 보호권'이 갖는 의미는 "주권(主權)은 절대로 침범하지 않하고, 외교(外交) 및 국방(國防)에 관한 지극히 제한된 범위" 내에서만 실행하게 되어있기 때문에 [일본]은 오직 보호권만 행사한다는 위장전술을 썼다. 그러나 [일본]은 처음부터 "위법(違法)과 월권(越權) 및 무력(武力)"을 동원하여 처음부터 강탈(强奪)을 계속하였다. 따라서 [이등]이 죽은 뒤, '가쓰라'의 독무대(獨舞臺)가 된 "합병작업(合倂作業)"은 위에서 지적한 것처럼 첫째, 열강들의 외교적 승인 즉 [청국과 러시아]의 묵시적(黙示的) 인정을 받아냈기 때문에 외교문제(外交問題)는 해결되었고, 둘째 '한국을 병탐하는 절차로서 합병'만이 현안의 과제가 되었다. 1910년 6월 3일 "합병의 기본방침"을 발표하였는데, <합병조약문안, 고종황제 칙서문안(勅書文案) 및 선언문> 등이 결정되었다. 7월 8일 공개된 내용은, ■1 한국 황실의 예우는 '한국을 조선'이라고 칭하고, 황제를 대공(大公)이라 부르며 1년에 150만원(圓)을 지급하고, '이황가(李皇家)'로 황족예우를 한다. ■2 한국의 원로대신에 관한 조치는 '공작(公爵), 후작(侯爵), 백작(伯爵), 자작(子爵), 남작(男爵)' 등 조선귀족(朝鮮貴族)이라고 칭한다. ❸ 한국국민에 대한 통치방침 ❹ 합병실행에 필요한 총경비 등 7개 항을 발표하였다.

"한·일 합병"실무 작업을 명령받은 '데라우찌' 3대통감(초대총독이 됨)은 취임 후 50일이 지난 7월 23일에 '서울'에 도착한다. 그 날부터 "합병교섭(合倂交涉)"을 불철주야(不撤晝夜)로 처리하는데 3가지 중요한 공작을 행한다.

❶ '이완용'을 한국의 총리대신(總理大臣)으로 복귀시키고, '송병준' 일진회장(一進會長)을 귀국시킨다. 원래 수상 '이완용'은 전년도 12월에 '친일파(親日派)'라고 분개한 청년에게 칼로 습격당하여 중상을 입고 요양 중이었으며, 일진회(一進會)를 지휘하던 '송병준'은 동경에 체류하다가 '친일괴뢰정권'을 조각(組閣)하는데 주도적 역할을 하도록 '데라우찌' 한테 명령을 받고 급거 귀국한 것이다.

❷ "합병실시"를 조용하고 신속하게 치루기 위한 경비(警備) 문제가 중요하다. 이미 '데라우찌'가 부임해서 8월 7일 엄중한 비상경계 태세를 펼치고 있었지만, 벌써 각지에서는 집회, 시위, 선전활동 등 '배일운동(排日運動)'이 불길처럼 일어났다. 조선에 주둔하고 있는 일본군 사단장은 '앞으로 15일간의 경비에 관한 모든 준비' 라는 훈령을 발표하면서

'만약 고의로 지방에 있어서 폭동과 의적들이 합세'해서 궐기할 때는, 비밀리에 즉각적인 군사행동을 취하라고 명령을 내리면서, '경찰'과 '헌병'들의 검문검색(檢問檢索)을 받도록 한다. 동시에 '신문기자'들에 대한 언론, 결사, 집회, 등을 철저히 금지시키고 적어도 "협정의 조인과 조약의 공표일(8월 29일)"까지는 철저한 비밀을 지키도록 한다.

❸ '합병을 위한 교섭의 진행'인바, 8월 16일에 교섭이 시작되어 22일까지는 일사천리(一瀉千里)로 회담이 진행되었다. '이완용' 총리대신은 '조중응' 농림대신과 더불어 '일본의 수해위문'을 구실로 "데라우찌 통감"을 방문하여 일본 측의 조건을 정식으로 이행하겠다고 보고하였다. 18일에 '궁내부대신(宮內府大臣)'이 추가된 "한국정부 국무회의"가 열렸으나, 학부대신(學部大臣) '이용직'이 철두철미하게 반대론을 주장하였다. 이때 궁지에 몰린 '이완용' 수상은 '이용직'을 일본수해 특사로 파견하였으나 병을 빙자하고 거부하였다. 다시 22일에 '이완용' 수상은 '이용직'에게 연락하지 않은 채 "국무회의 참석자 전원일치의 찬성"으로 [합병조약을 승인, 조인]하고 이로서 합병을 끝마쳤다. 조약 제1조는 '한국황제폐하는 한국전체에 관한 일체의 통치권을 완전·영구적으로 일본국황제폐하에게 양여(讓與)한다.'라고 선포하고 "합병조약의 체결"을 완료하였다.

다만 최종단계에서 문제가 된 것은 "국호와 황제의 명칭"이었다. 실제로 한국은 1897년에 국호를 '조선국'으로부터 '대한제국'으로 개칭해서 사용하였기 때문에 '합병' 후에도 그대로 사용할 것을 희망하였지만, '데라우찌'는 "국내외에 오해의 소지를 낳고 장래 분쟁의 근거"가 된다는 이유로 이를 거부하고 [조선]으로 제안하여 결정되었다. 또한 황제의 호칭도 '일본의 대공(大公)전하'라는 제안을, 한국측은 국민감정을 이유로 "왕(王)"을 주장하여 '이왕(李王)전하'로 결정하였다. 결국 일본의 외교문서에서 사용하는 용어(用語)에 따르면, [한·일 합병]이란 뜻은 '한국(韓國)'이 지구상에서 소멸되며 동시에 '대일본제국의 일부영토'로 편입되었다는 뜻을 내포하고 있다(이등박문전기 2권 참조).

결론적으로 요약한다면, 1910년의 [한·일 합병]은 첫째로, 당시 모든 강대국(열강)들이 '일본'에게 최소한의 범위 내에서 "한국의 보호권" 즉, 국호와 황제주권과 국가영토는 완전히 유지하고, '외교권과 군사권'만을 '일본'이 위임 받아 "보호"한다는 조건만을 허용한 사실과는 전혀 다르게, '보호국의 통감부'부터 완전 [식민국]으로 통치하였음으로, 우선 『국제법』을 위반하고 있었고, 둘째로, [이등박문 초대통감]은 '한국'의 학술, 문화, 및 항일투쟁이 뜻밖에 완강하여, '일본'에게 벽찰뿐더러 '통치'가 곤란함은 물론 "일본의 폐망"까지도 불러일으킬 수 있다는 심경변화를 겪으면서 나름대로의 '러시아와의 담판'을 통하여 [대동아공영국가연방]을 창건하려는 고차원의 책략을 실천에 옮기려고, '만주 하얼빈 회담'에 갔다가 그 즉시 사살되어 계획상실이 되었다는 사실이다. 셋째로, 열강들의 『국제법』을 교묘히 위장하면서 "한·일 합병(合倂)"을 1910년에 확정지우고 "조선총독부"를 식민지 통치기관으로 설치하는 동시에 [대한제국]을 지구상에서 영구히 소멸시키지만, "일본"의 대륙침략 근성과 특히 '제2차세계대전'에서 '추축국(樞軸國)'으로 "미국 및 연합국"에 침략을 감행하는 무소불위의 끝없는 패권주의는 결국 '한국을 합병'한 뒤, 불과 36년 만에 "일본제국"의 멸망을 초래하고 말았으니 기나긴 역사에 비추어 볼 때 같은 시대에 같이 패망한 셈이다. 지금에 와서 결과론적으로 가치판단을 해볼 때, [이등박문]이 죽기 전에 '조선에 대한 상황판단'을 통해서, '코페를닉스'한 심경변화를 일으켜 "한국을 '보호'든 '합병'이든" 소멸시키기보다는 이와 관계없이 차원 높은 경륜을 홀로 실천하려던 사실은 획기적이라고 말하겠다.

{3편} 《일제 태평양 침략전쟁비용》 을 "조선은행권(화폐) 인프레 통화팽창"으로 강탈하다.

1장) [중·일 태평양, 인도전쟁]후 [일제]는 "전쟁손해배상 회피+
　　　　　　　　　　　조선은행권 중심 금융세탁".

<도표 3-1-1> 일본의 전쟁비용조작의 계통표
<조선은행중심 일본채권자금 군사비 세탁(洗濯)>

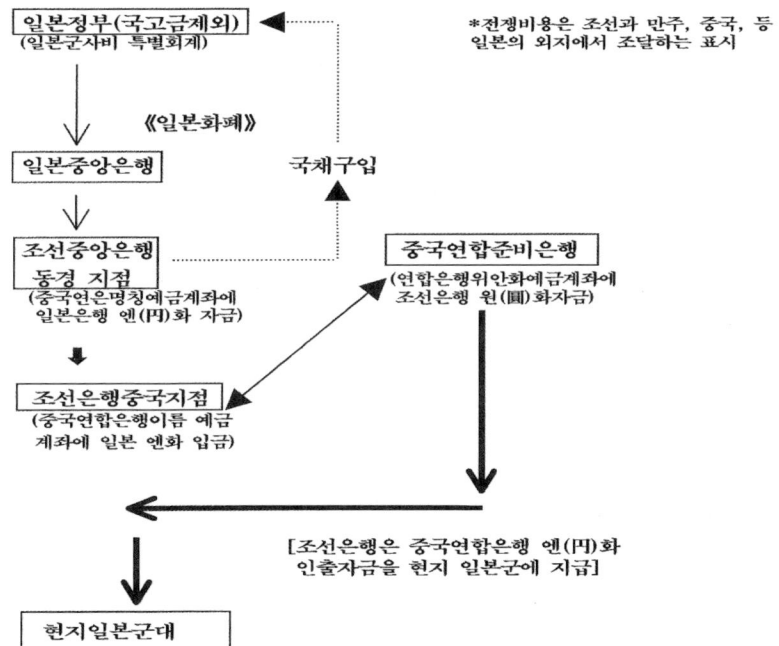

첫째, 악랄한"일본제국주의 대륙침략"은 물자는 귀하고 침략의 규모는 천문학적으로 확대되어서, 이를 뒷받침하기 위해서는, 사기와 강탈에 의한 자금동원(資金動員)이 식민지만의 착취에 의해서 교묘히 갈취하였는데, 특히 이미'한·일 합병'으로 식민지로 만든'한반도'를 대륙침략의 전진기지 즉, 발판으로 삼아 모든 착취기능을 독점적으로 또한 각기 지점(支店)에서조차 독자적으로 금융조작(金融造作)행위를 대대적으로 수행한 범죄사실이 그렇게도 철두철미하게 증거인멸(證據湮滅)을 시켜 모든 서류를 일시에 불태워 소각시켜 버렸는데도 불구하고, 최근에 발견된 {조선은행사—동경지점 지하창고] 자료에서 폭로되었기에 이번 3편>에서 핵심사항을 밝혀 보려고 한다.

둘째로, "조선은행(朝鮮銀行)"을'일본중앙은행(日本中央銀行)'과는 완전히 별도로 분리시켜, 일본을 제외한 동아시아 및 남양군도(南洋群島—필리핀, 인도네시아, 미얀마, 월남, 캄보디아, 라오스, 및 방글라데시, 인도일부 등 포함) 침략 전체 지역의 중앙은행, 발권(發券—화폐)은행, 상업(시중)금융, 특수은행, 식민지은행(외환, 예금, 저축, 동산, 저축, 농업 및 발권 등 취급), 해외은행, 외지(外地)은행<대만, 만주, 몽고, 연해주 및 시베리아, 중국내지, 동남아 등 포함>, 국책(國策)은행 등 침략지역이 확대되고 전쟁자금이 천문학적으로 증가될수록 소위"인플레이션=유동성(신용)창조—실질가치가 전혀 없는 종이돈(불환지폐) 뻥튀기기—즉 10배를 가짜로'인플레'시키는 착취방식을 조작해서 [전쟁침략비용]을 사용했다는 가공할 만한 범죄"를 저지르고도 지금까지 완전범죄로 은폐(隱蔽)된 과거 역사가 폭로되었다는 사실을 여기에서 처음으로 밝히고자 한다.

즉, 당시 "조선은행"의 전체 동남아시아 및 태평양 지역에서 독자적으로 '조작된 인플레이션' 착취행위를 광범위하게 조달하면서, '일본 본토의 중앙은행권'은 전혀 손상이 없도록 특수지역으로 관리하면서 모든 증거인멸까지 고려하였고, 더 나아가서는 순전히 "전쟁이 패전된 이후에라도 '배상(손해)금 문제'를 미리 우려하여, 극비로 몇몇 권력 최고위층과 금융조작 전문가들만을 동원함으로써 '조선은행권'(朝鮮銀行券-당시 일본은행권은 일본경제의 안정과 패전시 '배상금'을 회피할 목적으로 제외시킴)을 인플레이션' 수법을 교묘히 동원시켜서 '일본 본토'는 별도로 제외시킨 가운데, '한국식민지경영과 만주침략'을 위시로, 이들을 대륙과 동남아시아 및 태평양침략의 전초기지 겸 기반으로 전쟁투자를 확대재생산시켜 왔다.

이를 발판 삼아 "전시체제"를 본격적으로 급속히 진행시키는데, 처음에는 "통제경제(統制經濟)-배급제"로부터 시작해서, '국가총동원법-물자와 자금동원'의 실시, 그리고 '만주(괴뢰)제국'을 확보한 뒤에는 전쟁이 '브레이크'가 완전 마비된 급행열차와도 같이 "침략전쟁"속으로 가속도가 붙기 마련이고, 이로서 천문학적인 '물동량'이 요청됨에 따라 드디어 "경제신체제"란 전시경제를 운용하는 가운데, [신체제(新體制)]

라는 "총력전쟁"이 마지막 단말마의 파멸을 향해 달리게 된다. '만주괴뢰제국건설(1931)' 그리고 '중·일 전쟁(1936)'과 마지막으로는 '태평양 전쟁(1941)'의 '총동원 전쟁비용'을 몽땅 둘러씌웠다.

[구한국은행(舊韓國銀行)]이 [식민지의 조선은행(1910)]이 되어 '일본제국주의'의 '대동아침략전쟁'의 자금수탈을 위한 최대기구로 전락되어 은밀하고도 교묘한 수법을 총동원하여 돈 사냥의 앞잡이 노릇을 한 경위는 다음과 같이 전말을 요약할 수 있다.

즉, [조선은행]은 1909년 11월 "한·일 합병 1년 전에 [대한제국의 한국은행]으로 창설되었으며, 그 1년 뒤 1911년 8월에는 다시 '일본 식민지'의 [조선은행]으로 개칭되어 1945년 9월 '연합국최고사령관'에 의해서, 36년간 활동해온 '식민지' 내의 모든 점포가 폐쇄하도록 명령되었다. 이 당시 [조선은행]의 특징은 첫째 중앙은행의 기능과 둘째 보통은행의 업무를 동시에 진행하는 특수성을 겸비하고 있었던바, [조선은행]의 이와 같은 업무성격은 그 이전 설립된 "제1은행" 시절부터 자연스럽게 형성되었다. [대한제국의 중앙은행]이었던 그 전신 1878년에 최초로 '부산'에서 개설된 [제1은행]은 본래 한국과 일본사이의 무역을 중계하는 단기적 '상업금융업무'를 주로 취급하였기 때문에, 그 후 [대한제국의 중앙금융기관]으로서 인수인계를 받으면서, [한국은행]으로 중앙은행이 되었으며 한편 종래의 "제1은행"이 1884년(갑신년)에 상업금융에 추가해서 "세관업무(관세징수)"를 취급하게 되어 결국 2가지 업무를 동시에 취급하는 은행의 특수성을 갖게 되었다.

　　[구한국은행]은 1902년 '한국정부'에게 차관(借款=재정자금지원)을 제공하고, 동시에 "한국은행권(화폐발행)"을 발권하는 명실상부한 중앙은행으로 역할을 하면서, 여기에 "화폐정리사무"와 "국고금(國庫金) 취급사무"를 다 같이 위탁받게 됨으로서, [한국은행권 통화]는 "법화(法貨)"로서 실질적으로 공인받게 되었다. 따라서 [한국은행]은 중앙은행의 업무이외에 보통은행의 업무를 동시에 자연스럽게 취급하게 된 것이다. 이 점은 다른 나라의 '식민지은행'이 중앙은행의 업무와 보통 시중은행업무'를 동시에 취급한 역사는 많다. [한국은행]도 역시 1911년 '일본의 식민지은행'으로 완전히 바꿔지면서 [조선은행]으로 변신하기까지는 엄연히 "대한제국의 한국중앙은행"의 특징을 발휘한 것이 사실이다.

　　일본의 식민지가 된 '한·일 합병' 이후에, 맨 처음 "한국은행"을 인수인계 받은 [조선중앙은행]은 특수한 성립과정과 전통을 물려받은 다면적인 은행기능 때문에 '다양한 업무취급과 여러 가지 명칭'으로 불리어지게 되었다. [조선중앙은행], [식민지은행], [특수은행], [해외은행], [외지(外地)은행], [국책은행] 등등으로 불렀다. 결국 1878년 '부산'에 계설된 "제1은행"으로 시작하여, 1902년 '한국은행권 화폐'를 최초의 "법화"로 발행하면서 "한국의 중앙은행"으로 확정되었고, 다시 '한국'이 1910년'일본의 식민지'가 되면서, 1911년 8월 15일 [조선은행법]이 공포, 시행되면서"대한제국의 한국은행"은 식민지하의 [일본의 조선중앙은행]으로 개칭되어, 36년간 갖은 수탈과 금융착취를'인플레이션 조작(造作)'하다가 1945년 9월 [조선은행]은 폐쇄되고, 결국 독립된 [한국중앙은행]으로 원상회복된다.

　　식민지 시대의 최초의 [조선은행]은 법(法)에 따라 다양한'특수은행'으로 발족되었다. 마치"대만은행"이 1899년 식민지은행으로서 설립된 것과 같이, 준용한 법은 대동소이하지만 몇 가지는 상위의 높은 차이점을 가지고 있었다. ❶'일본정부'가 주식을 소유하고 있는 점, ❷'조선총독'과'일본의 대장대신(大藏省-재무부장관)'이 각각 2원적인'감독권(監督權)'을 가지고 있다는 특수성을 들 수 있다.'당시 [일제 식민지 대만(臺灣)]의 중앙은행'은 처음부터 [일본정부]가"감독권"을 가지고 있었다는 점에서 [조선은행]과 비교하여 지위와 권한 측면에서 크게 차이가 난다. ❸ [조선은행]은 점차'은행의 은행'으로서'조선의 중앙은행,'이면서'화폐=은행권 발행,'과 금, 은, 지금(地金)의 매매, 국고취급, 정부대출, 공채발행 및 매입, 지방공공단체 대출, 그 외에'시중은행에 대한 콜머니'등 [중앙은행]의 역할을 하며, 금리(金利)의 조정, 제2금융권 자금공급, 및'정책금융의 방출'등 기능을 수행한다.

　　그러나 [조선중앙은행]의 가장 중요한 특성은,'전시금융통제기구'

로서 특수기능을 수행한다는 점이고, 또 하나는'일본제국주의'의'외지 (外地)에 대한 통제자금의 조달기능'과'동남아 및 태평양전쟁비용'을 공급하는 모든 통제력을 가졌다는 사실이다. 이에 비해서 [대만중앙은행]은 1899년에'일본'의 속방국으로서 제일 먼저 설립되었지만, [조선은행]에 비교해서 볼 때,'보통은행'의 권한밖에 없었으며'일본정부의 대장상(재무장관)'의 감독권을 받는"대만경제기관"정도에 불과하였다. [대만은행]이 그나마'일본중앙은행권화폐'를 본원적통화로서'보증준비통화'로 발권이 최초에 이루어진 것이다. 이를 기초로 [대만화폐]를 발행하게 된 것은 [조선은행]보다도 26년이 훨씬 지난 뒤의 일로서 1937년"중·일 전쟁"이 격렬하게 전개되어 이미"북중국으로부터 상해, 남경 및 양자강을 점령하고'광동, 복건, 및 광서성'까지 태평양연안 지역이 모조리 침략"당한 뒤에'주강'연안의'홍콩(영국식민지)과 마카오(포르투갈식민지)'등 적대국 식민지를 점령한 뒤의 일이었다.

    그러나 식민지 [조선은행]만이 여타의 모든 국가의'식민지은행'과는 전혀 다른 성격을 지녔다는 특성이 오히려 [은행중의 은행]으로 독립된 특수권한, 즉 참혹한 <금융착취(金融搾取)>를 당했다는 사실에 크게 주목할 필요가 있다. 원래는 근대 제국주의 시대의 특징으로서 해외에 대한 본국의 경제력을 신장시키는 앞잡이 기관으로서의 역할이'식민지은행'의 업무에 불과하였지만, [조선은행]은 첫째 화폐를 발행하는'발권은행'중의 최고중심 은행이었다는 점과, 따라서"일본의 점령지 광역권

각 지역에 있는 여러 중앙은행들, 즉 대만은행, 만주은행, 요코하마정금은행, 중국연합준비은행,"등을 총괄해서'군용통화'및'은행간 콜머니'를 위시로'신용창조-인플레이션'조작을 행하며,'일본중앙은행권'은 전혀 침해하지 않았다.

[조선중앙은행]의 가장 결정적인 역할은 여타 은행들이'일본화폐와 은(銀)본위'를 근거로 통화량을 증대시켰지만, [조선중앙은행]은'금본위제(金本位制)'를 중심으로 [일본중앙은행]과 동등한 권한을 가졌을 뿐만 아니라 정치적, 경제적, 군사적, 상황변화에 따라서 신축성있게 대응하는 권한을 가지고 있었다. 한말로 1930년대 이후, 대공황과 만주제국 건설(1932), 중·일전쟁(1936), 그리고 태평양전쟁(1941) 등이 연이어 확대될 때마다 [조선중앙은행]은'방대한 전쟁비용 조달'에 있어서"원(圓)블럭 전체와 전시금융 통제"를 중추적으로 수행하는 {은행중의 은행}역할을 담당했다는 사실이다.

2장) [일제 식민지 조선은행]의 착취와 '인플레 통화팽창' 조작은 사기+강탈성=전쟁비용 현지수탈.

[일본군국주의의 무한침략전쟁]의 천문학적인 재정·금융의 조달방법은 가장 간교하고 각각 식민지 중앙은행들의 발권을 통제하면서도,'일본본토'의 중앙은행은 전혀 손상시키지 않고, 그 대신 [조선중앙은행]을

{식민지 중앙은행 중의 중앙은행}으로 주축을 삼으면서,'은행간 스와프 제도'와 뻥튀기기'상호통화공급'및'인플레이션 착취'방식을 공공연히 최소한 20배 이상씩 근거도 없는 관리통화팽창 즉, 전시금융통제를 치밀하게 조작시켜서'전쟁비용'조달에 사용했다는 사실이다. 그것도 전쟁 후 필연적으로 발생하게 될"배상금 문제"를 책임지지 않고, 은폐하기 위해서 식민지 [조선중앙은행]을 {은행중의 은행}으로 이용하였다는 사실을 다음에서 찾아보기로 한다.

　　아래에 [일본제국주의의 대륙침략전쟁]이 최고조에 달하던 1937년 '중·일 전쟁'으로부터, 해방으로 인한'일본의 패망'에 이르기까지 "조선총독부 재정(財政) 급증"에 관한 실상을, 다음 <표>에서 살펴 볼 수 있다. 적어도 1921년 「3·1 운동」 다음 해부터 1935년 본격적으로 대규모의'대륙침략전쟁'이 발생하기까지의'만주침략'이나, 기타"한반도"병참기지화하는 전쟁군수산업에 투자한 전쟁비용은 총재정규모의 84%가 직접 투자로 조달되었다. 아울러 보조금지급이 16%씩 지출되었음으로 그동안은 국민생활에 큰 불편은 없었다고 말할 수 있겠다.

　　그러나 문제는 1937년부터 1944년까지 본격적으로"전시경제 및 제2차세계대전=태평양전쟁"이'동·남아시아' 전역에 걸친 전쟁으로 넓혀지면서 시작된다. 인적, 물적, 금융등 군사력과 병참지원이 워낙 방대하게 늘어났기 때문이었다. <일본국가재정>이 도저히 감당하기 어렵게 되면서, 총재정규모는 연평균 3~6%이내에서 보조금을 줄 수 있었을 뿐, 실제로 국력의 97%는 {조선은행}이 주축이 되어 완전히 '전쟁경비'로 전액 투입된 셈이다. 실제로 '군사비'의 성격은 쓰레기와 같은 것(필요악)이어서 이미 "대일본제국"은 이미 멍들고 있었다. 동시에 '전투력'은 그 넓은 전쟁터에서 밀리면서, 괴멸직전에 7년을 '가미가제'로 버티다가 결국 무조건 항복하고 말았다. 이로서 [일본군국주의]는 『미국 및 연합군』의 점령 하에 {대일본}이 1945년 8월에 <패망>하게 되었다.

<표 3-2-1> 1911~44년간 **일본식민지 재정(세입·세출) 추이**

(단위: 천원圓)

	세 입	세 출	물동계획생산물공출
1911년	52,284 (2885)	46,172	409,294
1921년	175,134 (15,000)	148,414	1,302,484
1930년	218,210 (15473)	208,724	1,176,086
1935년	330,219 (12,825)	290,267	2,332,216
1937년	427,653 (12,913)	425,123	2,937,766
1941년	1,085,391 (84,260)	931,810	5,104,648
1944년	2,358,988 (39,000)	2,358,988	5,880,000

<주> : 세입 및 세출과 물동계획 공출생산물 집계 임.
( )내 세입액은 중앙재정부담인 보충자금 임.
<자 료> : '조선경제연보(1948년판)', 조선은행.

한말로 지적하면, 위에서 지적한 모든 방대한'재정지출'은 정식으로 각 점령지역의 [중앙은행]들이 전담하였다. 특히 일본중앙은행의'국고금(國庫金)'은 전혀 건드리지 않고,'국채(國債)'를 비롯한'차입금' 형태로 국가적 차원에'일본의 내지본토'는 빼놓고 [금융조작]을 감행했는데, 그것도 각기 점령지(占領地)마다 [중앙은행]이 있었지만 그 중에서도 {조선중앙은행}을 중심으로 한 뺑튀기방식으로"인플레이션"을 조작하고, <가공의 투입과 산출방식>을 수없이 반복해서 전쟁말기에는 연간 보통 700배나 되는"전쟁비용"을 『돈(자금) 세탁(洗濯)』방식으로 광범위하게 전개시켜서 현금으로 식민지 국민들을 수탈한 것이다.

점령지 국민들은 초근목피로 연명해야 했고, 또한'배급제(配給制)'에 의하여 기아선상에서 헤매이게 되면서, 영문도 모르는 고통을 당하고 착취당하였다. 과연 무엇이 어떤 방법으로 근본적인 수탈(收奪)을 강행하고 착취를 교묘히 빼내갔을까. 한말로 지적한다면,『조선중앙은행을 주축(主軸)으로 한'인플레이션'수법』이"일본제국주의"의 식민지 및 {대동아공영권}에 속하는 모든 나라와 백성들의 재산과 금융과 노임을 강압에 의한 공권력으로 총·칼을 들이대고 죽이고 강탈하면서 착취한 것이다. 그것도'일본 본토'는 그대로 보호하고, 외지(外地)의 정복된 민족들을 수탈한 것이다.

예컨대,"식민지 조선은행권의'인플레이션'뺑튀기 방식"에 의한 적어도 증가지수를 아래 <표>에서 보는 바와 같이, 1936~1944년 동안에 재정(세금)수탈은 727배(1936=100)나 되었다. 그러나 동시에 특히「물동계획(物動計劃)」에서 강제로 공출(供出)한"생산물자 총액"은, 1911년 [한·일 합병] 이후 1944년에 이르기까지,「재정규모에서'전쟁비용 지출'의 증가지수」는 14배(1911=100기준)에 달하며, 그 중에서도 한창 최대의 전쟁을 치러냈던 1935~1944년 10년 기간(1935=100 기준)의 증가지수는「9년 동안에 2배반」으로 증가하였는데, 이것이 고스란히 [조선총독부 재정]에서"전쟁비용"으로 빠져나갔다. 그렇다면 기타'조선'의 수탈은 말할 나위도 없으려니와,"조선"이외의 만주, 몽고, 대만, 연해주, 시베리아, 북중국 및 남중국 및 태평양 군도와 인도네시아, 베트남, 라오스, 캄보디아, 미얀마 및 인도 벵갈 등으로부터 착취한 "전쟁비용과 군수물자 및 징용자들의 총액 강탈된 자금"들은 전혀 통계도 없을뿐더러 천문학적이라 헤아릴 길이 없다.

<표 3-2-2> 1936~1947년간 생산, 물가, 재정 지수(指數)<단위: %>

년 도	전생산액지수	도매물가지수	재정(세출입)지수
1936년	100	100	100
1937년	130	116	131
1938년	142	139	154
1939년	167	163	209
1940년	198	180	267
1941년	220	186	326
1942년	210	195	345
1943년	239	215	497
1944년	254	241	727
해방후~미군정기(한국정부수립)통계(1944=100기준)-2년간 [571%급증]			

1946년	─	13,478	2,800
1947년	─	40,203	4,150

<주> : 1946~47년도는 '해방 후 미군정기 인플레(물가급등)'임.
*"물가폭등(인플레)조작은 일본침략전쟁비용"해방 후 , 천정부지임.
<자 료> :'조선경제연보(1948년판)', 조선은행발간.

　　결국, [조선중앙은행]을 {은행 중의 중앙은행}으로 군림시키면서, 「전쟁비용」을 모조리 긁어간 사례는 너무나도 교묘해서, 실제로는 100분의 1도 파악하기 어렵게 되어 있다. 다만 <일본재정규모>의 변천이나, 민간의 가처분소득이 불과 6~3%밖에 안 되어서, 이것으로는 인민(人民)들의 생존은 불가능할 정도이었다(크라우제비츠: 전쟁론 참조). 이것은 원칙적으로 '국민소득(GNP)의 5%가 초과하는 국방비 지출'이 실행되는 경우 폭동이 나거나 가용자원의 고갈을 초래해서, 총력전쟁을 수행할 수 없을 뿐더러, 그 국가는 패망한다는 유명한 '크라우제비츠'의 법칙이 있다. 바로 "일본"이 멸망할 때, 위 <표>에서 찾아 본 '재정규모 및 물동계획상의 생산물징발액' 즉 전쟁을 총력전쟁으로 끌어가기 위해서 '국력=총자원배분'을 거의 94%선까지 군사력에 전력 투입했다는 사실이다. 그렇다면 국민들의 생존(生存)이 고갈되어서 '총력전'은 전혀 불가능하다는 분석이 나오는바, 이를 충분히 입증하고 있다.

　　위에서 분석한 바와 같이, "일본제국주의의 침략전쟁에서 천문학적으로 착취한 전쟁비용"을 조달했던 방법은 아래와 같은 수법을 사용하였다. ■첫째 [식민지 조선중앙은행]을 중심으로 광역 점령지 즉, 조선, 만주, 관동주(중국화북지방), 몽고, 연해주, 시베리아, 북중국(황하), 남중국(양자강, 주강), 태평양군도, 필리핀, 싱가포르, 말레이시아, 인도네시아, 베트남, 라오스, 캄보디아, 미얀마, 방글라데시, 인도 등등 태평양지역(석유 에너지공급기지)과 동남아시아지역(장개석 지원루트 봉쇄)을 총망라해서 "일본군" 약 1,200만 여명을 각 전선에 배치했다는 사실. **2**둘째 '병참 보급선'은 광대한 영역에 펼쳐지고, 보급물자는 바닥이 나서 더 이상 공급이 불가능한 한계점에서, '전쟁자금'은 막대하게 요구되는데 겹쳐서 물가는 폭등하게 되었다. **3**셋째 결국 1941년 태평양전쟁(=제2차 세계대전)부터는 [일본제국주의]가 1945년 패망할 때까지 '인플레이션' 방법을 총동원하여 통화팽창, 불환지폐(不換紙幣)의 남발 및 국채, 연기금, 발전기금 등을 "전쟁자금"으로 징발하고 통화공급을 증대시키게 된다.

이때 [조선 식민지 중앙은행]이 여타지역의 중앙은행과 본 지점 및 출장소와 제2금융기관을 총 지휘하여 물가폭등을 단말마적인 발악을 수행하는바, 모든 "은행 금융망"을 서로 연계시켜서 이른바 뻥튀기식의 '유동성 창출'을 감행하게 된다. 즉 쉽게 말하면 "한·일 합병"으로 '식민지'가 된 1910년~1945년 36년 기간에 '통화팽창'과 '은행대출금'은 각각 500배, 그리고 물가와 노임은 각각 300배, 또한 "화폐발행액"은 700배나 급증하게 되어, "조선은행"만의 화폐발행액은 357억 4418만엔(圓)이었으며, 이로서 '인플레이션'에 의한 '전쟁경비지원'은 가히 상상을 불허한다. 실로 모든 '가용자원'의 96%는 전쟁비용과 물자공급으로 징발되었기 때문에 민간은 "배급제"로 목숨만 부지하며, 그나마 '통제경제'로 모든 통계숫자도 조작되어서 가히 추정할 수 없다.

3장) [일본]의 중국, 만주, 몽고, 태평양, 인도양 침략전쟁에 《조선은행권(화폐)발행》= "통화인플레 700배"를 착취.

특히 '총동원령에 의한 물동계획'에 의해서 강제 징발된 군수물자 공출(供出)은 1944년 1년간만 해도 58억 8천만엔(圓) 그리고 "국채(國債)만도 23억 3000만엔(圓)" 등 산발적인 통계가 나올 정도이니까, 전모를 추정하기는 지극히 불가능하고, 더구나 천정부지의 '물가고'가 국민생활은 도탄에 빠지게 하여 전쟁패배는 시간문제로 보였다. 그런 측면에서는 "일본의 통제경제(統制經濟=전시체제)"나 구소련과 같은 공산주의의 "계획경제(計劃經濟)"나 거의 동일한 결과를 가져온다. 다만 "일본군국주의(日本軍國主義)"의 동원태세는 워낙 국력기반이 없는 자원고갈 상태에서 "국가자본주의(國家資本主義)"에 의하여 징발하는 '물동계획(物動計劃)'임으로 '인플레이션' 조차도 주로 식민지 "중앙은행간 또는 은행 본·지점 간"에 뻥튀기 자금착취로 충당한 점에서 국가권력을 이용한 [사기(詐欺)]라고 규정지울 수 있을 것이다<**조선은행사(조선은행연구회편)**", **동경, 동양경제신보사**, 1987 **발행**, p. 600~. **제2절 태평양전쟁하의 금융통제와 점령지 '인플레이션' 에의 대응**(1942.01.~1945.08.) **참조**>.

[일본 채권은행(債權銀行)] 즉, <구 조선은행 일본지점→해방 후

'일본부동산은행'→'일본채권은행'>으로 개칭되었는데, 여기에 약간의 일부 중대한 자료를 남기고 있었다. '동경 구단시다'에 있는 "조선채권은행(朝鮮債權銀行)(구 조선은행 일본지점-부동산은행)"건물 지하에서 발견하여 일부나마 최근에 자료집(資料集)으로 1987년 발간한 것이 [조선은행사] 단행본 정사(正史)로 남게 되었다. 원래"일본"이 패망하면서 제일 먼저 모든 점령지역에 산재한 각기 중앙은행과 본·지점들의 자료는 깡그리 불태워 없애 버렸다. 거의 태평양전쟁(太平洋戰爭)이 종전할 때에까지 36년간 전비조작(戰費造作)을 위해서 [조선중앙은행]은 109개 점포를 가진 영업망을 운영하고 있었는데 자료를 없애 버렸다.

처음에는"조선"과 관동주에서 1909년부터 출발해서 조선 내에 24개 점포, 구만주(중국동북부)에 26개 점포, 시베리아에 8개 점포, 중국 동남해안에 40개 점포, 일본내지에 9개 점포, 미국 뉴욕 출장소와 런던파견원사무소를 포함해서 합계 109점포를 [조선중앙은행]이 관할하고 있었다. 또한 {일본}은 패망하면서 만주와 대만과 중국연합 등 [중앙은행]이 [조선중앙은행]의 통제를 받아'전쟁비용'조달의 '인플레이션'작업을 극비리에 착취하고 증거인멸을 시켜버렸다는 역사적 자료들을 소각해서 깡그리 없애 버렸던 것이다. 왜 이와 같은 악랄한 착취가 하필이면 "인플레이션"뻥튀기 방식을 사용해야만 했을까! 가장 핵심되는 관건은 "일본의 패망(敗亡)"이 급전직하로 무너지고 있었던 1942~44년 사이에'조작범죄(造作犯罪)'를 창출하면서, 첫째 「종전이후 배상금(賠償金)

증거인멸」이었고, 둘째 「식민지 착취 초토화(焦土化)정책」이란 전쟁 뒤 처리를 극비(極秘)로 처치한 셈이다.

　여기에서 700배나 뻥튀겨서 자금조달을 행한"극비 전쟁비용'인플레'금융조작(金融造作)"에 관한 문서(文書) 및 관계서류들을 깡그리 불태워 증거인멸을 시도하였는데도 불구하고, 간신히 본건'자료'가 남아서 그동안 철저히 은폐(隱閉)된 "역사적 일본군국주의의 범죄(犯罪)사실"을 여기에서 처음으로 공개하면서 "한반도의 비극"과 기타 동남아시아 및 태평양 전쟁지역에서의 착취(搾取)를 고발할 수 있게 되었다. 왜냐하면 "일제"는 1941년~45년 사이에 '미국'과의 전쟁에서 패망(敗亡)이 우려되는 [극비(極秘) 전쟁배상금(戰爭賠償金) 문제]를 철저히 매장시키기 위하여, 증거인멸(證據湮滅)을 감행한 것이다. 이미 "전시(戰時)금융통제체제(金融統制體制)에 관해서는 '천황폐하가 주재하는 어전회의(1942.7.2.—최고국무회의)'에서 [조선은행]이 총예산의 평균 70%"이상을 조달하도록 명령하는 결의가 있었다. 그것도 전쟁비용을 조달한 종류별 내역을 보면, '국민소득(보통 예산의 2배 이상 됨)의 30%(실은 90%이상)'을 전쟁에 전력 투입(投入)하였기 때문이었다.

　실제로는 자금과 물자와 인력의 거의 90% 이상을 총력전(總力戰)이라는 미명하에 동남아 전쟁지역 전역에 걸쳐서 궁핍한 투자를 단말마처럼 발악을 한 셈이지만, 철저한 『통계(統計)조작을 통해서 기록된 수치는 전부 일본 본토의 통계』로 표시하고, 실제 착취(搾取)는"식민지"전체에서 행하여졌기 때문에 현재 기록으로 약간의 추세를 알아볼 수 있는 통계수치(統計數値)는 GNP의 30%선이 최소로 감소시킨 액수이다. 역사상 모든 전쟁에서 30%지출은 한계 전쟁비용에 해당된다.

믿을만한 전후 자료; (일본방위연구소 石澤芳次郞교수 저서, "國民經濟と防衛問題", 有信堂, 1969년 발간, p.137)이란 책자를 통해 보면, '중·일전쟁' 직전에도 군비확충(軍備擴充)으로 갑자기 GNP가 평소 2%에서 7.2%로 급증하였고, 이어서 모든 전쟁이 터졌을 때마다 약 30%대로 상승했다. '러·일전쟁(1904)' 시기에는 29.2%를 공식적(公式的)으로 소요됐다고 기록되어 있으며, '중·일 전쟁(1937)' 때에 29.8%로 최고조에 달했었다. 최후로 "태평양전쟁(제2차대전-대동아)" 1941년~44년 패망할 때까지의 연평균 34.9%~44.7% 총력전쟁비용이 지출되었다고 기록되어 있으나, 이는 [통계조작]을 통해서 "배급제(配給制)와 공출과 인플레금융조작"을 전체 식민지에서 착취하고, "일본 본토"는 최소로 감축(減縮)시켰는데도 약 50%에 달하고 있다. 일반적으로 평소의 GNP 대비 군사비(軍事費) 지출은 5%를 넘었을 때 폭동이 날 수 있다고 지적되고 있다. (피구교수 저서, "전쟁경제학," 영국 캠브릿지대학출판사, 1944). 전시에는 최대로 30%대를 넘으면 국가는 패망하고, 전쟁은 패전한다고 지적되고 있다.

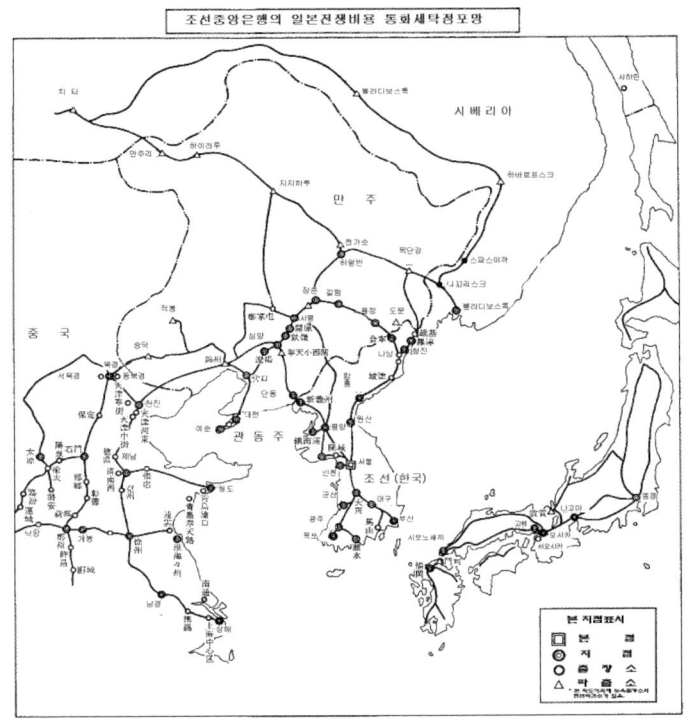

<지도 3-3-1> "조선중앙은행"의 일본점령지 [전쟁비용 '통화세탁' 점포망]

　실제로 위의 <지도>에서 보는 바와 같이, [조선중앙은행]의 점포망을 이용하여, 1910년 "조선식민지" 시대의 막이 오른 이후에, 1930년대 "만주침략(滿洲侵略)"과 1936년 "중국침략(中國侵略)", 그리고 연이어서 "제2차세계대전=태평양전쟁"을 치루는 과정에서 전쟁영역은 '태평양군도(太平洋群島)'와 '동남아시아 각국'에까지 확대되고, 이에 따른 전투

력(戰鬪力)은 광역(廣域)으로 넓혀져만 가고 적어도 1,200만명의 군대가 각처에 전투를 치루면서 여기에 소모되는 군대인력(軍隊人力)과 자금과 각종 물자를 조달해야 되는 병참(兵站) 업무는 실로 천문학적(天文學的)인 상황이었다.

이들 주로 '전쟁비용 조달(調達)'을 감당하기 위해서는, "일본 내지 본토"의 특히 [국고금과 물가상승(인플레)]는 완전히 제외시켜 '채권(債券)'발행만을 허용하고 본국은 손대지 않은 채로 나머지 식민지와 점령지역(占領地域) 및 괴뢰국가를 희생(犧牲)시켜 금융과 재정의 "인플레이션 조작"을 끝없이 반복하였다. 이에는 '국민소득의 70%' 및 '각 지역 예산의 93%' 그리고 '물자의 96%'를 착취하고 수탈(收奪)한 셈이다. 위에서 본 3단계, 즉 1931년도, 36년도, 및 41년도 이후 45년에 패망할 때까지 [전쟁비용]은 기하급수적(幾何級數的)으로 급증하고 있었다.

우선 [조선중앙은행]이 총 지휘를 맡으면서, 관동주, 만주, 연해주, 시베리아를 확보한 [만주중앙은행]이 관할하고, 뒤이어 계속해서, 북중국, 남중국 등 태평양 연안 중국대륙의 군자금(軍資金)을 조달하는 업무는, [중국연합중앙은행]이 총괄하고 있었고, 이에 곁들여 이미 1890년대에 일찍이 "일본의 점령국이 된 [대만중앙은행]의 금융조작(金融造作)"을 끌어들여 이 역시 '중국침략전쟁비용(中國侵略戰爭費用)'으로 투입시켰다. 또한 1941년~45년 '태평양전쟁(太平洋戰爭)'에는, 남양군도, 필리핀, 싱가포르, 말레이시아, 인도네시아, 인도차이나 3국(베트남, 라오스, 캄보디아)을 비롯하여, 태국, 미얀마(버마), 인도 등 이들 광대한 [대동아공영권전쟁]에 투입되는 인적, 물적 및 특히 군수자금은 막대하였다.

오직 [조선중앙은행]만이 [일본중앙은행권 통화]와 [일본정부국고자금]은 0%로 완전히 국방비지출에서 제외시키고, 나머지 전체 점령지역을 통털어서 전체 [각각 식민지중앙은행의 본·지점]을 연계, 관할하였다는 사실을 아래에서 요약해 본다.

(1) 세계공황과 만주사변(1929년 1월 ~ 1936년 6월)을 통하여 대륙에 출병하고, 따라서 군사비(軍事費)를 지출하기 위해서, 종래 "장작림" 청국(淸國) 동부군대원수가 [군벌(軍閥)]로서 통치하고 있었던 '만주'를 "일본의 괴뢰 만주제국"으로 개편하는데 제1차 필수적인 과제가 '통화개혁(通貨改革)'과 '만주중앙은행'을 설립해서 "자원수탈(資源收奪)"을 위한 체제(體制)정비라고 할 수 있다. 이미 '러·일 전쟁'의 승리로 "남만주철도주식회사(실은 영국의 동인도회사와 같음)"를 인수한 '일본'은 거대한 철도운송(鐵道運送)을 통해서, 물자반출(物資搬出)을 꾀하고, 동시에 '철도수비대=관동군'을 집결시켜 대규모의 무력을 갖추고, "통제경제체제(統制經濟體制)"를 집행하면서, 결국 1931년 '만주침략'으로 "동북 3성"을 점령한 뒤에 [만주제국(滿洲帝國)]을 창건한다.

이때 유명한'대청제국'의 마지막 황제였던"부의(賻儀)"를 영입해서 허울 좋은'괴뢰국가(傀儡國家)'를 만들면서 거대한 영토를 점령하고 이른바 [제2의 일본]을 옮기려고 시도하였다. [만주중앙은행]이 재정, 금융 및 물자수탈(物資收奪)을 행하면서 모든 명령은 [조선중앙은행]의 명령을 받았다. 지정학(地政學)적으로 보아서, "국토는 6각형이 이상적이라고 하며, 대표적으로'프랑스'를 꼽는다.'일본'은 섬나라에다가 지진이 심해서 당시 대본영(大本營)의 관동군 참모'이시하라(石原)'등은 '만주'가 이상적이라 하여, 제2일본을 옮기고, {대동아공영권(연방국)}의 수도(首都)로 삼고,'통제경제국가(국가사회주의)'로 건설해야한다."라고 강조하면서 대륙과 동남아 침략에 혈안(血眼)이 되었다고 한다.

(2) 위에서도 여러 차례 지적한바와 같이, [중국(중·일) 및 태평양(미·일) 침략전쟁(侵略戰爭)]이 진행된 것은 1937년~1944년까지 7년 기간이지만, 총"전쟁비용(戰爭費用)"은'당시화폐'로 7,559억엔(円), 즉 현재의'일본의 소비자물가지수'로 현재가격을 환산하면, 약 170조엔(円)에 해당되는 금액이다. 이를 현재의 한국화폐(2005년)로 환산해 보면, 한국 돈(화폐)으로 바꿨을 때, 현재 한국화폐로도 "약 1,700조원(한화1:일화10 환율)"에 해당된다. 전쟁이 종결되어가던 때라, 그 당시 (1944년)는 패전으로'인플레이션=물가상승)'이 천정부지로 뛰어 있었고, 가장'소비자 물가지수(物價指數)'가 최절정에 도달되어 있던 시기이었음으로 당시'한반도 조선'이나'만주'및'북지, 남지'등 중국 점

령지'어느 곳도 이미"돈 화폐"는 불환지폐로 휴지조각이 되어 있었다. 군대는 패잔병(敗殘兵)이 되어 있었고, 민중생활은 굶주림과 기아선상(飢餓線上)에서 절망 속에 빠져있던 1944년의 실정이었다.

이때, 더 이상 전쟁수행능력이 소진된 [일본정부의 최후 명령]이 하달된다. 즉"일본군사비지출은 현지 [조선은행권 통화]를 사용할 것"이란 사실에 비추어 볼 때, 그 당시"일본 본토"는 전혀'물가상승=인플레이션'이 없었고, 반면 외지(外地) 점령 식민지(植民地)전쟁지역의 예로서, 조선, 만주, 연해주, 몽고, 중국전체 및 남양군도와 동남아시아 등 모든 전선 점령지는 [조선은행권 통화]를 유통시켰으므로"물가상승"은 천정부지로 치솟고, 민중들은 초근목피(草根木皮)로 생활이 파탄난 상황이 1942년~44년 이란 혹독한 기간이었다. 다시 말하면,"일본과 외지"는 철저히 차별화를 실행하는 2중 구조이었다는 사실이다.

<3> [일본정부]가 책임지지 않는"2중구조"속의"금융조작행위"로 "모든 통계숫자"와 소비지에서의 화폐가치(貨幣價値)는 휴지조각으로 변해버린 [조선은행권 통화]를 사용토록 하고, 역사에 남는'통계기록'과 외국에 대한'화폐가치 기준'은 명목상으로 [일본은행권 통화]로 현재까지도 기록해 놓고 있다는 사실을 유념할 일이다. 따라서 거의 변동되지 않았던'일본의 엔(円) 통화'이었으므로,"당시(1943년)'조선은행 화폐'로 사용토록 명령한 [조선통화]와'일본통화와의 환산율(換算率)은

130배(倍-일본정부명령)'에 달하므로, 이를 [조선은행화폐]로 표시하면, 약 9,827조원(圓)"에 해당되는 천문학적 돈(조선통화)를 고스란히 휴지조각으로 버렸다.

반면"일본정부"는 패망을 구실로 이 전쟁비용을 [조선은행]으로 떠넘기면서 전혀 아무런 책임도 지지 않고 있다. 즉"배상금(賠償金)은 아예 책임 없다"라고 완강히 거부하면서 일축하고, 일부'청구권(請求權)자금(1965년 한·일 협정)'만 지불할 뿐이었다. 더구나'위자료(慰藉料)'를 비롯한 당시의'금괴(金塊)탈취 및 매각(賣却)대금'과'차용금, 국채, 사채, 강제 헌납금'등 모든 변제(辨濟)조치는 전혀 고려대상도 없이, 이 같은 사실을 인정(認定)조차도 않고 있는 실정이다. 한편 [일본 재무부(오꾸라쇼)]가 발표한 자료에 따르면, 이미'중·일 전쟁'과'태평양 전쟁'에서 사용한 [군사비 지출]은"일본 본토부담"이 불과 30% 미만이었고, 그것도 외지 물자를'본토'로 징발하다가 생필품 배급을 늘린 반면,"한국 및 중국대륙과 남방"에서 70% 이상을 현지에서 착취해서 소비한 셈이다. 상세한 내용은 위에서 수차례 지적한 내용이다.

<4> 2000년대 이후,"별들의 전쟁-Star Wars"이 현대전(現代戰)으로 양상이 바뀌지면서'무기체계-Weapon System'가 완전히 달라져서, 예를 들면 우주항공모함(宇宙航空母艦)을 비롯한 무인전폭기 및 탄도미사일 등 가공할 첨단무기(尖端武器)들을 사용하면 며칠이내에 전쟁이

끝난다. 최신"스텔스 전폭기"<F22>는 음속의 4배, 마하4의 속도를 내며 '레이다'에 전혀 보이지 않는 스텔스기능을 지녔는데 그 값은 1대당 한화로 2000억원에 달하지만, 그나마 미국이 기술이전을 막기 위해서 타국판매는 금지하고 있다. 더구나 <미국의 B2 전폭기>는 한 대당 $20억 달러, 즉 한화 약 <23조원>에 달한다.

그런데 앞에서 지적한 '일본의 전쟁비용'은 주로 1937년~44년 기간의 원시적이고 '재래식무기(在來式武器)체계'에 불과한 것으로 그것도 '미국'의 10분의 1에도 못 미치는 "전쟁국력"을 가지고, 대륙과 태평양 및 동남아시아 전체지역으로 침략을 확대하였으니, {일본제국}이 멸망할 것은 자명한 일이다. 예로서 지금도 재래식 무기 즉, 155㎜ 대포 1대당 가격은 한화 약 800만원, 그리고 대포탄알 1발의 값은 100만원 정도이다. 무기 값만 보아도 '군사비용'은 엄청난 자금소모를 초래한다. 따라서 "조선은행화폐의 '인플레이션'에 의한 '전쟁비용' 조작"방식에 의한 '일본이외의 식민지'에서의 '통화팽창(通貨膨脹)' 즉, 본토 [일본중앙은행의 통화]와 [일본중앙정부의 국고금]의 지출을 전혀 제외하고, 다만 [조선중앙은행]을 중심으로 연계된 [만주중앙은행]과 [중화연합중앙은행] 및 [대만중앙은행]을 하나의 체인망으로 연결하여, '일본은행'명의의 계좌(計座)를 허위로 '조선은행' 및 '체인은행망'들의 각각 계좌에 "상호예금"방식으로 '계정(計定)간 이체(移替)방식'을 통하여 뻥튀기방식의 "인플레이션" 금융조작(金融造作)을 행하였다는 사실이 최근 '증거사료'에서 공개적으로 폭로된 것이다. [일본제국주의 침략전쟁의 전쟁자금 비밀조작]에 관한 교묘한 증거인멸과 은폐의 비밀이 노출된다. 다음 아래 <표>에서 [일본제국의 전쟁비용관계지출의 내역]을 찾아보기로 한다.

<표 3-3-2> 1937~44년 [중·일 및 태평양 전쟁기간의 전쟁관계비용 추이]

[단위: 억엔(円)]

년 도	국민총생산	국민소득	일반회계세출	전쟁관계비용	국방비	군사시설비용	사회보장비용	교육과학기술비용	공공사업관계비
1935	160,469	130.091	17,652	1,600	1,510	91	1,796	2,130	2,866
1936	193,077	154,139	21,074	1,835	1,738	97	2,454	2,617	3,571
1937	211,897	172,150	25,631	2,138	2,025	113	3,156	3,221	4,743
1938	247,262	199,808	30,568	2,475	2,333	143	3,891	3,905	5,589
1939	285,857	225,802	33,405	2,808	2,655	153	4,456	4.283	6,444
1940	313,492	250,137	37,447	3,054	2,870	184	5,458	4,931	7,397
1941	367,015	292,494	44,771	3,451	3,239	212	6,330	5,617	8,836
1942	431,167	345,939	52,034	3,870	3,635	236	7,396	6,449	10,180
1943	505,700	_	58,186	4,221	3,969	251	8,157	7,024	10,660
1944	578,600	_	67,396	4,838	4,537	301	_	_	_

* <주> : 1936년~44년 기간의 [중·일 및 태평양 전쟁비용] 표시함.
<자료>: 「國民經濟と 防衛問題, 石澤芳次郞, 有信堂. 1969. P.130」

[일본의 아사히(朝日)신문] 1987년(昭和62) 11월 16일자, 신문기사에 전단으로 보도된 『해설 내용』에 의거해서, 앞에서 지적한 『조선은행사(朝鮮銀行史)』를 기초자료로서 분석해본 결과는 다음과 같다. 한말로 표현한다면, '일본의 대륙침략전쟁'과 '태평양전쟁'이 최절정에 달하였던, 1942년도의 GNP(국민총생산) 431,167억엔(円)에 대비한 총동원

령에 의한 '전쟁관계비용' 429,739억엔(円)을 비교해볼 때, 점유율(占有率)은 100.3%에 달하여, 실제로 "일본 전체의 전쟁력량(戰爭力量) 즉 가용자원의 총동원(總動員)"은 이미 100%를 초과한 상태로서, 그 자체가 '국가멸망'을 자초하고 있었다.

또한 『일본의 총동원과 전쟁잠재력(戰爭潛在力)』은 이미 국가의 생존을 파멸시키는 상태까지 넘어선 정도이다. 예로서 1942년~44년 기간의 전쟁막바지에 그나마 2년 동안의 「일반회계세출예산」을 비교해보면, 각각 52,034억엔(円)에서 67,396억엔(円)으로 증대(增大)되어 있으나, 그 증가율(增加率)은 겨우 28% 증가에 불과하였다. 패망직전에서 "전쟁 현재력과 잠재력"을 피를 짜내는 '총동원(總動員)'을 감행하였으나, 결국 28%미만이 한계점(限界點)이란 사실은 동서고금의 각국의 전쟁사 중에서도 '출혈전쟁(出血戰爭)'의 대표적인 모범이라고 말하겠다.

결론적으로, [일·중 및 태평양전쟁]에서의 "일본이 조선은행통화의 '인플레이션' 뻥튀기 전쟁비용 조작실태"는 『조선은행사』의 극비자료를 발굴하여 공개한 '아사히(朝日)신문(1987년-昭和62년-11월16일)'에 상세하게 기사화된, 《해설(解說)》을 그대로 옮겨보면 다음과 같다. [해 설] : 『조선은행사』는, <일본국민>만이 아니라, '아시아의 전체인민'들에게도 엄청난 참화를 초래하게 된 사태이다. [일·중 및 태평양전쟁]의 경제, 금융, 양면에서 영원한 비밀(秘密)로 암장시킨 '역사적 사실'을 핵심적인"미공개 방대한 자료"를 기초로, 일국의 이해관계에 전혀 구애받지 않고, 진솔하게'극비자료(極秘資料)'로서 만천하에 사실그대로 공개했다는 점에서 비상한 주목(注目)을 받고 있다.

[일본침략전쟁]의 막대한'전쟁비용 조달'에 관한 기본골조(基本骨組)는 그동안 최대의 수수께끼로 의혹(疑惑)에 쌓여있었다. 제2차대전이 종결된 후에도 오랫동안, 적어도'40년 이상'을, 왜"엄청난 일본의 군사비(軍事費)가 철저한'베일'속에 가려져서 비용조달의 전모(全貌)가 '미스테리'에 쌓여 있었던가."라는 비밀(秘密)이 풀리지 않고 있었다. 얼마나 {일본제국}이 패망 후 전후처리 중에서도 가장 특급비밀에 속하는 "대동아전쟁"극비문서들을 깡그리 불태우고 패기시키면서 어쩌다가 [일본본토]의 일개 지점 지하 창고에 있었던 <전쟁비용> 인플레, 뻥튀기기 조작 [조선은행문서]가 숨겨져 끼워 있었던 것인가.

그 이유를 찾아보면, 첫째 [전시중 국익옹호] 때문에 관계국뿐만 아니라'일본국내에서도 극비사항'에 부쳐져,"패전(敗戰)과 동시에 [조선중앙은행]을 위시로'외지 발권중앙은행'을 즉시 폐쇄(閉鎖)시킴으로서, 모든'관계자료'가 매몰되었기 때문"이라고 해석된다. 둘째"일본정부는 이 같은 구체적 자료가 사실로 탄로나는 경우,'관계국들과의 배상문제(賠償問題)'가 끊이지 않을 것을 최대로 우려한 나머지'조선은행의 전쟁비용 <인플레> 조작사실'을 은폐하기에 급급하였고 동시에 학술(學

術)적 해명 그 자체를 철저히 봉쇄(封鎖)"시키는데 주력하였다.

　　이상과 　같은 『조선은행사(朝鮮銀行史)』 비밀자료는 　깡그리'증거인멸'을 시도한 틈새 속에서도 교묘하게 세상에 그 일부분이 공개된 것이다. 원래 패전 후,'일본 동경 구단시다(九段下)에 있었던 [조선은행동경지점]은 해방 후 [조선은행]을 모체로 삼아 1957년(昭和32)에 [일본부동산은행]으로 발족되어 영업을 계속하다가, 1977년(昭和52)에는 다시 [일본채권신용은행]으로 개칭되어 있었다. 바로 이 [은행건물] 지하창고에서 35년 묵은 해방 전 [조선중앙은행] 극비자료가 발굴된 것이다.

　　이를 기념(紀念)하기 위하여 3년간 편집 작업 끝에, 은행건물의 지하창고(地下倉庫)에 은밀히 숨겨져 있었던'귀중한 일부자료'를 우연히 발견하게 된다."일본정부가 해방 2년 전에 즉 1943년~44년 기간(昭和18)에'군사비의 전투지역 자체조달'방침을 명령하면서, <조선은행>을 지도했던 기록문서(記錄文書)를 비롯한,'조선은행중역회의'에서 현지조달에 따른 전쟁비용 내역(內譯) 등을 검토한'극비자료'들"이 뜻밖에 발견된 것이다. 그것도 섬나라 근성을 가진'왜색적인 엽기적 음모(陰謀)'로서 자금착취의 전형적 역사적 사례가 된다.

　　발견된 비밀자료는, 쌓아놓은 자료책의 높이가 1m에 달하며 수만 쪽'페이지'에 수록되어있다. 이 엄청난 자료들을 검토하여 그 중에서

"자료편(資料編)"(약 200쪽)을 분리해서'부록'으로 편집하고, 가장 핵심적인 극비사항(인플레 자금조작)만을 [전편 약 800페이지를 기술하면서, 그 속에서 4분의 1을 뽑아서 분석하여, 추론(推論)한' 입증(立證)된 사실이' 객관적으로 <조선은행사>라는 책자]로 햇빛을 보게 되었다. 그래서 학술(學術)적으로도 가장 희귀하고 귀중한'극비자료'인 동시에 가장 새로운'역사적 사실'이 극적으로 공개(公開)되기에 이르렀다.

'일본 본토의 화폐'를 완전히 제외시킨 가운데, 패전(1943~44) 막바지에 이르러, 첫째는 [조선은행 통화]를 중심으로 [만주은행]과 [중화연합은행] 및 [대만은행]들의 본·지점을 거미줄처럼 엮어서'엄청난 전쟁비용'을 근거도 없이 조작(造作), 날조(捏造)한 점이다. 둘째는 엉터리 예금(預金)을 뻥튀겨서 이른바"각 중앙은행 사이의 상호예금(相互預金)"을 서로 날조해서 거대한"군사자금(軍事資金)"으로 지출했을 뿐만 아니라,'물가급등—인플레이션'을 [일본정부의 재무부(오꾸라쇼)]가 직접 은밀하게 진두지휘 했다는 사실이다. 이상과 같은 기록은, 당시에 발간된 『昭和財政史』(東洋經濟新報社.1944)를 참조하였다.

그 당시 [일본정부의 조작실무(操作實務)]를 추적해 보면, 은밀하게 개입(介入)한 정황이 다음과 같이 명백히 들어나고 있다. ❶ 최초에 시작(始作)된'경위(經緯)' ❷'이자율(利子率)의 계산방법'❸ 그리고"일본정부가'차입금(借入金)'형태로 변조시켜 송금(送金)기록만 남긴 사실" ❹ [조선중앙은행]이 "상호예금=인플레이션"을 통하여 총 전쟁비용 조달의 70%를 담당했을 뿐만 아니라, ❺ "동아시아의 엔화(円貨) 통용 '통화권(通貨圈)'을 전체 점령지역에 확대"시키는 구체적인 실무 방식(實務方式)을 체계적으로 기술(記述)한 결정적인 <극비자료>가 바로 위에서 지적한 "조선은행사(朝鮮銀行史)" 속에 수록되어있다.

당시의 [일본정부]는 "서구열강(西歐烈强) 즉 연합군(미, 영, 중, 프랑스, 네덜란드, 소련, 포르투갈-마카오)등의 재정자금(財政資金)"을 환수(강탈)하는 방법을 사용하였다. 즉 그들의 식민지(植民地)들을 침략하여 점령한 즉시 '현지 일본군총사령관'은 가용자원을 모조리 강탈하여 보유하고 있었다. 이 때문에, 이들을 활용하여, 현지 통화(通貨)를 통째로 회수하고는 약간의 [조선은행 화폐], 즉 {일본화폐=군표(軍票)}를 방출함으로서 현지통화(現地通貨)를 회수하는 한편, 이와 정반대로 현지 군수물자(軍需物資)를 조달할 수 있는 최대한의 기능을 활용한바 있다.

그러나 재정력의 기반이 워낙 취약한데다가 '일본 엔화(圓貨)'의 국제적인 "신용도"조차도 너무나도 현저히 낮았기 때문에, 침략전쟁에 필요한 외국원자재(外國原資材)를 최소한이라도 [일본] 내의 군수산업공장으로 수입해야 하는 어려운 애로에 봉착해 있었고, 물자가 태부족해서 지극히 저조한 최악의 상태이었다. 한말로 대동아 전쟁터 전역이 극도의 마비상태에 이르렀고, 재정-금융을 쥐어 짤 곳이 없었다는 실정이었다.

결국은 그 넓은 중국과 태평양군도, 동남아 및 인도양에 걸쳐있는 전장(戰場)에서 거지꼴로 자력갱생(自力更生)을 취하면서, 크고 작은 '전투지역'에서 현지물자를 조달할 수밖에 없었으니 급속히 전투능력은 쇠잔해지고 사기는 떨어지고 보급은 중단된 최악의 상태가 되었다. 아무리 '야마도다마시 정신'을 강조해도 패잔병으로 무수히 죽어갈 수밖에 없었고 또한 현지에서 통용조차 불가능한 휴지조각 지폐=불환지폐=군표를 마구 찍어서 뿌리면서 전쟁착취로 연명해 보지만, 승산(勝算)은 없고 날로 패전이 임박한 가운데 오로지 아시아 국민들의 고혈(膏血)을 짜서 싸우는 전쟁'이라고 부를 정도의 '거렁뱅이 전쟁'에 불과하였다.

[일본군국주의의 침략전쟁]에 대해서 "조선무역사"를 편집한 저자(著者-원래 조선은행근무자)인 동시에, 그 후 <일본채권신용은행=일본부동산은행>의 가지다다기오(勝田龍夫) 회장(會長)'이 지적하기를 「사실을 직시함으로서 앞으로 다음세대에 '중(中)·일(日) 및 한(韓)·일(日) 각기 두 나라' 사이에 상호이해가 한층 촉진될 것을 희망하면서 이 책을 발간하게 된 동기(動機)」라고 평가하고 있다. 특히 "분단 한국"의 감회는 전쟁범죄를 저지른 전범국가(戰犯國家) 당사자로서 또다시 <일본>의 재발방지를 막기 위해서는 마치 '나치스 독일의 히틀러'처럼 깡그리 국가가 멸망되어야 함에도 불구하고, 오히려 천황을 유지하고 분단이나 배상도 없이 살아남았다.

[박정희]만주군정부의 고도성장 / 255

{4편} [박정희] 만군의 <5·16 군사쿠테타>는 "한국경제의 고도성장=만주국 모델"로 성공.

1장) [박정희]의 만주제국(滿洲帝國) 건설5개년계획(1931~45)과 만주군 장교체험(1941~45)이 <한국경제 고도성장>의 모델.

　1961년 5월 16일, 제2공화국 [장면(張勉)] 수상이 4·19혁명 이후 민주적 정부를 통치하고 있었던 "제2공화국"은 불과 8개월 만에, [박정희(朴正熙)] 육군소장이 이끄는 약 3000명의 군대에 의해서, 정권을 탈취(奪取)당하고 만다. 이것이 대한민국 헌정사상 최초의 역사적인 [5.16 군사 쿠데타 정권]이다.

<사진4-1-1> "박정희 만주군관학교 본관 건물 (우측 필자)"

<자료>: 위 박정희 만주군관학교에서 필자와 길림대학사학과교수.

"박정희(朴正熙,1917.9.30일생)"는 원래 1932년 [만주제국]이 '일본의 괴뢰국가'로서 창건 된 후, 조직된 "만주신경군관학교(현재 장춘)"에 1942년~44년 동안 공부한 제2기 졸업생이며, 이어서 1년간 '일본육군사관학교'에 유학하고, 1944년 '일본육사' 졸업생(57기에 해당)이 된다. 이 당시 대동아전쟁이 한창 무르익을 때라서, [만주국]에는 2가지 종류의 군대(軍隊)가 지휘체계를 달리하고 역할과 모든 기능을 서로 달리하고 있었다.

① 하나는 세계적으로 막강한 약 600만명의 [관동군(關東軍)]이 있었으며, 실은 당시 전체 <일본군>을 총칭해서 부르는 최강의 군대인바, 다만 주요 임무는 무엇보다도 최정예 "국제군"으로서 [소련군]과 [연합군(특히 미영군, 중국군)]을 상대로 대부대 전투를 벌였다. 따라서 12개 군단 별동부대로서 "국경수비대(國境守備隊)"가 가장 막강하였다.

② 또 하나는 [만주제국군(滿洲帝國軍)]인데, 물론 이들은 "일본군과 관동군"에 소속되어 있는 [만주국내군]에 불과할 뿐더러, 주로 전투 임무는 [관동군(關東軍)]의 지휘를 받으면서 일종의 <경찰군> 역할을 수행했다고 볼 수 있다. 다만 별동대로서 9개의 "독립수비대(獨立守備隊)"가 유명한데, [박정희 소위]는 '하얼빈' 근처에 있는 부대에서 [백선엽 대위] 밑에 배속되어 있었다. 뒷날 이와 같은 특별한 인연이 사활이 달린 [한국군 남로당 사건] 때에도 사형을 면하고 '소장 계급장'을 받고 5사단장을 맡게 되는 확실한 보증인이 되었다는 기록이 있다 《<각주>:朝鮮戰爭―

韓國篇(上卷);建軍と戰爭の勃發前まで(佐々木春降.原書房,1975), p.463을 참조》.

　　어떻든 이들 <만주군 독립수비대>는 [중공군(홍군) 제8로군]과 같은 공산당계통의'빨치산 유격대'를 위시로'한국의 항일독립군 및 광복군'들과 전투하는 일이 주요 임무이었다. 즉시 관동군(關東軍-그 중 만주군 독립수비대)에 소위로 배속되어 항일투쟁군대(한, 중, 독립군, 빨치산 공산군 유격대)들을 소탕하다가, 1945년 8월 [일본·만주국]들의 패망과 더불어"만군 중위"로서 해방이 되었다. 귀국 후 군사 영어학교(한국육사) 2기생으로 국군에 참여하여, 1961년"5·16 군사쿠데타"를 성공시키고 이후 18년 동안 대통령으로서 [경제건설]을 주도하였다.

　　1946년 9월 [미국군정부-美軍政] 점령통치하의"한국경비사관학교"2기생으로 입교한 후, 46년 12월에 졸업하고'국방경비대'소위(군번:10166)로 임관되어 제8연대(춘천)에서'제4경비대장'으로 첫출발을 하게 된다. 1953년에 준장(准將)이 되고, 1958년에 소장(少將) 진급과 동시에'제5사단장'으로 임명되었다. [박정희]는 1950년"6·25 한국전쟁"발발 시에는'공산당 사건'으로 예편(豫編)되어 육군본부정보국에 문관(文官)으로 근무하다가 중령(中領)으로 복직되었고, 1960년 12월에 '제2군부사령관'으로 재임 중에 있다가, 결국 다음해 1961년 역사를 뒤바꿔놓은 유명한 『5·16 군사(軍事) 쿠데타』를 주도하여'군사정권'을 장악한다.

1963년 10월에는 3년간의 <군사정권>을 거쳐서, 「대통령」에 당선되고 18년간 강력한 개발독재(開發獨裁)를 시행하면서, "한국경제발전의 도약"을 이루고, <한국경제>를 "선진국(先進國)"에 진입시킨다. [박정희 군사쿠데타]이후, 18년 동안 {대한민국}은 가난에 찌들어서 "빈곤의 악순환"을 해매이던 '후진국가(後進國-Back Ward Country)'를 성공적으로 완벽하게 벗어나고, 전 세계적으로 경제개발에 커다란 충격을 주면서 "후진국 개발의 모델케이스"로 칭송받게 되었다. 드디어 [대한민국]은 2021년에 <UN무역개발회의>에서 정식으로 [선진국]이란 기적과도 같은 칭호를 받게 되었다. 오직 [박정희]란 인물이 이룩한 성과이다.

　　이른바 '신흥공업국(新興工業國-NICs)'의 유명한 [모델케이스]로서 지금까지 [중국의 개혁·개방]을 비롯한 전세계 '후진국(後進國)'들에게 최대의 업적으로서 모범이 되는 감탄을 자아내고 있다. 일찍이 1945년 해방과 더불어 왜곡된 '남북분단(南北分斷)'과 취약한 '식민지경제(植民地經濟)'로 인하여 '보릿고개'가 오는 봄철에는 "빈곤(貧困)과 기아(飢餓)"에 허덕이었고, '전쟁'으로 폐허가 된 산업시설은 극도의 파행상을 면치 못하였다.

　　그러나 [박정희]의 개발독재(開發獨裁)는 그가 '만주군관학교'에서 체험했던 [만주국 통제경제(統制經濟-이시하라(石原)중장] 및 [독일 나치스 히틀러의 생존권 광역경제-Lebens Laum)]등 '개발독재'를 도입하여 [노동집약→중화학공업→첨단기술] 단계로 비약시키는 지도력(指導力)을 발휘하였다. 한말로 「통제에서→국가주도 5개년계획」으로 그리고 또한 『군수경제⇒시장경제』로 목표설정을 정확히 조준한 결과는 "한국을 세계 10위권의 선진경제로 도약(跳躍-Take Off)"시키는 놀랄만한 성과를 보여 주었다. 오늘날 전 세계적으로 '하나의 세계-One World System'이 글로벌리즘으로 나타나면서, "노동집약→중화학공업→하이테크·첨단산업(尖端産業)" 형태로 이행되었다.

이 때부터 (한국경제)는 80%의 농경(農耕)사회로부터, 90%의 산업(産業)사회로 획기적인 '도약(跳躍)단계'를 이룩하였고, 10%대의 2자리 숫자의 고도성장(高度成長)을 성공시키게 된다. "개발독재"를 통하여 눈부신 경제발전을 이룩한 전형적인 '모델-케이스'가 성공되어 세계 10대 "선진공업국(先進工業國)"의 반열에 도달하는 실로 엄청난 성과를 거두기에 이르렀다.

그러나 반면 고속성장(高速成長)의 그늘에 가려서 "국민의 기본권(基本權)"이 유보되고, 분배(分配)가 양극화되는 격차와 고도성장경제의 희생으로 이른바 정치적인 "민주화"의 극렬한 반발 속에 좌경(左傾), 진보(進步) 정권이 끼어들기도 하였다. 결국 현재는 [산업화세력과 대결하는 15년 진보정권]의 막상막하(莫上莫下) '정치경제적 혼란' 속에서 2021년은 혼돈 속에 진행되고 있다. 그러나 대세는 '진보정치(進步政

治)'보다는'산업경제의 제4차 첨단과학기술화'의 시장경제요구가 그 동안 3가지 정권을 경험해 본, 국민들이나 국가관(國家觀)에서 보다 최선의 우위에 있는 것 같다. 소위 <자유민주주의>와 <시장경제>이다.

이 책에서 우리가 주목해야 할 특이한 점을 열거해 보면 다음과 같다. 첫째로, [만주제국(일본의 괴뢰국)]을 창건하고,'일본군(대본영)'의 대련, 여순, 지역(관동주) 진출과 <서울 및 함경북도>에 주둔한 조선 일본군 20사단(용산주둔) 및 19사단(나남주둔)의 압록강 도강을 진격 대비 중에 있었다는 사실, 그리고 "관동군"과 그의 산하의'만주군'이 포함된 대륙침략의 성격을 파악하고, 동시에 먼저 "만주국(일본의 괴뢰국)"을 창건한 뒤에 어떠한 것이 있었는가하는 군사·정치문제를 파악한다.

둘째로, 여기에 곁들여 뒷날 [박정희]가 '남한'에서 <5·16 군사쿠데타>로 정권을 잡은 뒤에 무려 18년 동안에 철저한 개발독재체제를 유지하면서도'카리스마'를 가지고 "한국경제의 고도성장과 세계11위의 국력"을 일으킨 원동력은 무엇인가. 실은 이미 [박정희]가 만주군관학교 3년 졸업과 일본육군사관학교 1년 연수를 거쳐, 1944년~45년 2년 동안'만주군 중위'로서 <소·만 국경수비대>에서'만주항일유격군'들과 소탕전투를 치룰 때에, 그는 이미 <군사·파시즘 정치 및 통제경제의 건설>에 관해서 많은 체험과 지식을 가지고 있었다.

특히 "관동군의 천재적 악마적 참모(參謀)로 유명한 '이시하라 간지 (石原莞爾)' 중장"의 [만주국가 통제경제체제 창건계획(제2의 일본 건설)]에 의한 모델이 오늘날 "한국에서 박정희(쿠데타 정권)"에 의해서 역사적으로 획기적인 성과를 과시하게 된 실제 사례를 위에서 잠시 언급한 것처럼 보다 핵심적으로 밝히는 작업이 될 것이다. 이것은 "독일' 히틀러 생존권광역경제'를 모방한 '파시즘' 천황제군국주의(天皇制軍國主義)와 통제경제(統制經濟)"를 그대로 모방한 '국가간의 계급투쟁이란 수정자본주의(修正資本主義)' 체제를 '이시하라'가 실천한 [만주국]이었다.

셋째로, 이미 1905년 "러·일전쟁" 이후, [이등박문] 조선통감을 위시로 한 당시 일본의 거물급 '문민(文民) 정치인'들이 [만몽(滿蒙)제국(일본의 괴뢰국)]을 창건해야 된다는 '대전략—구상'을 강력히 주장하면서, "대본영(大本營)"의 [관동주 군정(軍政)체제]를 시행해야 된다는 2가지 군민(軍民)세력이 첨예하게 대립되었다. 결국 [이등박문]이 지적한 "만일 러시아와 청나라 등 2대 강국들의 협공을 받는 경우 '일본군사정부'로서는 명분과 실리가 없지 않은가"라는 지적에 '군부'가 약해서 이른바 최초의 [관동주(關東州)와 관동군(關東軍)]까지 창설되는 당시 국제관계를 파악해 볼 필요가 있다.

결국 [일본제국]은 명치유신 이후부터 '청·일 전쟁'과 '러·일 전쟁'을 승리하고, [대한제국]을 식민지로 합병한 다음, '일본군'이 [만주 관동주]로 진출해서'장작림 군벌'을 열차 폭발로 죽이고, 1931년 [만주침략과 만주국건설]한 뒤에, 열강들의 간섭으로'1차세계대전의 전 리품인 청도(산동반도)'를 점령하지 못하게 되자 1933년 <국제연맹(國際聯盟)>을 탈퇴할 때까지의 약 65년 기간은 주로 [대영제국의 영국연방]을 모방하면서 강력한'영·일 동맹'체제를 유지하였었다. 동시에 [이등박문]이 철저히 주장해 온'문민(文民)정치'를 확고히 다지면서 "군국주의나 군사정부"를 배격시켰다. 그 결과 [만·몽 제국의 독립]이나 [중화연합제국]의 건설 같은"대동아공영권" 주장이 그가 죽은 뒤에 미약하나마 대륙침략의 형태로 남아 실행되었다.

넷째로, 그러나 1933년 <국제연맹의 탈퇴>후 [영국]과 적대관계로 변하고, 외교적 고립과 취약한 국력(國力) 때문에 고심하게 된 [일본제국]은 우선 [만주제국]을 건설하게 된"일본군 대본영"을 중심으로'관동군'이 강화되고 1934년부터'만주군관학교(봉천, 40년에 신경)'출신으로 구성된'만주군'및'조선군사령부'등을 통털어 <일본군국주의>가'문민정치'를 압도하게 되면서, 1931년'5·15 군사쿠데타'를 거쳐"중·일 전쟁"의 첫 출발이 되는'2·26 군사쿠데타'에 의해서 완전한"군사정부"를 성공시켜 정권(政權)을 장악하게 되자 1945년 해방(解放)될 때까지의 기간에는 [나치스 독일의 히틀러]를 모방한"군국주의 대륙침략"및"태평양전쟁"으로 끈질긴 침략이 지속되면서, [파시즘 이태리의 뭇소리니]와 [나치스 독일의 히틀러]와 더불어 [천황제 군국주의 일본제국]은 과거의 적으로부터, 우방(友邦)으로 변하여 "3국동맹"이란 추축국(樞軸國)을 결성하고 "미·영·소, 연합국"들과 제2차 세계대전을 겨루다가 멸망하게 된다.

다섯째로, 1950년 "6·25 한국전쟁"시에 '중국의용군 150만명'이 남침해 왔을 때 가장 중요한 관점은, 무엇보다도 [만군(滿軍) 출신 국군(國軍) 군부지도자(박정희 포함)]들이 [미군-맥아더 총사령부]에게 아래와 같은 내용을 건의(建議)함으로서, 오직 [만군출신]들만이 가장 "6·25 한국전쟁"에서 '중공군'과 대항하여 전투를 승리로 이끌 수 있는 지휘능력을 가졌을 뿐만 아니라, 동시에 정치전략까지도 구사할 수 있는 가장 유능한 군부집단이란 사실을 인정받게 되었다. 왜냐하면 원래 [한국군]은 1945년 8월 15일 해방 후, [군사정부]하에서 맨 처음 <국방경비대(國防警備隊)>를 창설할 당시부터, 과거 일제하에서 『관동군』산하의「만주군」과 일본육군사관학교 출신을 비롯하여, 학도병출신, 하사관출신, 지원병출신들과 광복군 및 중국군출신들과 기타 잡다한 출신성분을 가진 "경비군대"로 출발하였다. 따라서 1948년 [대한민국] 정부가 정식으로 수립되게 되자, 이들 <국방경비대>를 모태로 삼아 맨 처음에는 1946년부터「국방경비대」부터 시작해서 해방과 더불어 각처에서 군인으로 종사했던 경험자들이 부대편성과 군대조직을 창설하게 되었다.

따라서 <국방경비대>가 급속히 군사조직과 부대편성을 확대해 갈수록 전투경험을 가진 질좋은 군인(軍人)들을 집합시키는 일이 급선무이었고, 동시에'간부 장교'를 양성하기 위해서 최초로"군사영어학교"를 개설하여'미국식 군대편성'을 먼저 갖추어서, 1948년 [대한민국] 정부가 건국되면서 정식으로 〈국군(國軍)〉을 탄생시키게 되었다. 급조되는 창설(創設)과정에서 잡다한 파벌(派閥)이 난무하기도 하였고, 반면'미군(美軍)'들의 지휘체계에 맞추면서 동시에 주력부대로 인정받는 과정에서는"만군(滿軍)"출신들이 가장 유연성을 가진 동시에'북한인민군 및 중공군'들과 전투경험이 풍부한'군인'들로 인정받았다는 사실이 중요하다. 다음 장을 바꾸어 구체적인 설명을 하는 조건들과 더불어 위에서 언급한 사실들은 〈한국의 1961년'5·16 군사쿠데타'를 성공시키는 데 중요한 관건〉이 되었다고 지적하지 아니할 수 없게 되었다. 결국 뒤에 "박정희소장이 이끄는'군사쿠데타'정권(政權)이 한국(韓國)의 선진화와 고도성장과 국제적 10위권의 지위를 확보하는 주도세력이 되었다고 단언할 수 있겠다.

❶ 중공군은'정규군'이지 결코'의용군'이 절대 아니다 라는 첩보(諜報)가 〈만주군 출신 장교〉들에 의해서 증명되기 시작하였다. 그 후 3개월 지난'1·4후퇴'이후, 실제로"모택동"이 [미국]과 37도선 휴전안(지금의 평택, 안성 및 제천, 동해시에 이르는 군사분계선)을 거부하였을 때, [미국]은 즉각'UN 안전보장이사회'를 소집해서 [북조선]에 이어서 [중공군]도"침략자(侵略者)"라고 결의(結議)하는 한편, 즉시 38

도선 상 이북의 현재의 <휴전선(休戰線)>까지 반격을 가할 때, 이상과 같은 가장 정확한 [정보(情報)]를 <만국출신 장교들에 의해서> 이미 3개월 전부터 "중공군=정규군"이란 사실을 건의함으로서 '미군'에게 <만주군>의 공로를 확실하게 인정받을 수 있었다는 점을 들 수 있다.

❷ 또한 <만군 출신 국군지휘관> 장성들은 불과 5년 전까지 '중공군=유격군대'들과 [만주국 정규군=독립수비대]로서 치열한 격전을 벌린 전투경험을 가지고 있었다는 사실이 커다란 장점이 된 것 같다. 당시 '항일무력투쟁과 무장독립투쟁'을 [일제]에 맞서서, 특히 북만주 일대에서 치열하게 전개했던 '공산계 내지 민족진영계통'의 <조선족 군대=뒷날 8로군 및 4개 집단군들이 정규 '인민군(人民軍)'으로 편입된 북조선 군대>을 뻔히 꿰뚫어 보고, 아울러 <중국 홍군(紅軍)-뒷날 국민당군대들>까지 중공군으로 재편성되어 1950년 10월부터 '한국전쟁'에 투입된 <중공군(中共軍)>들과는 과거 무수한 토벌전투를 치룬바 있고, 또한 만주국내 치안유지를 위해서 실전(實戰) 전투경험을 충분히 가지고 있었기 때문에, <만주군 출신 한국군>들은 서부전선(서울—평양 진격선)에서 '백선엽' 장군부대(국군 제1사단)들이 막강한 전투력을 발휘한 공로가 [미군]들의 강력한 신임을 받을 수밖에 없었다는 점을 들 수 있다.

❸ 또 다른 장점을 지니고 있었다면, 이는 <만주군 출신들의 특성과 관련된 유연한 인간성>을 들 수 있는바, 원래 <만주군(滿洲軍)>들은 [만

주국] 일대의 모든 전투작전을 치룰 때에 일일이 철두철미하게'일본군 고문관(顧問官)'들의 철저한 명령을 받고 임무(任務)를 수행한 군대이었 다는 사실이 중요하다. 그렇기 때문에, "한국전쟁"에서 벌어진 <중공 군>과의 전투에서도 "미군 고문관(顧問官)"들의 지시를 만족스럽게 이행 하였다는 사실이 크게 높은 평가를 받은 것 같다. 더구나'현대과학장비 를 갖춘 미국식 전투'일찍이 만족스럽게 이행함으로서 항상 우월한 작전 을 펼쳐서 전투를 승리로 이끌었다는 점이 [미군]들의 높은 평가를 받았 다고 분석된다. 물론"박정희를 위시로 만주군 출신 군관"들은 거의 전 투병과 중에서도『포병(砲兵) 사령부』에 소속되어 <미군들의 압도적인 과학병기>를 사용함으로서 <중공군들의 인해전술을 기계화 군대>로 격퇴 시킬 수 있었다는 공로(功勞)를 쌓았다.

이상과 같은 특히 [미군]에게 주목되는 3가지"만주군 출신 한국군 장교들"의 훌륭한 업적(業績)들은 뒷날, 결정적으로 <박정희 주도 하의 군사쿠데타>를 성공시키고, 그 후 18년간"월남파병과 중동건설"을 통 해서 <경제강국>을 이룩하는데 위대한 업적을 남기게 되는 최대의 기회 를 [한국]에게 남겼다고 지적할 수 있을 것이다.

이로서"세계최강을 자랑하는'관동군(關東軍-600만명)'의 지휘를 받던'만주군(滿洲軍-만주국 군대)'은'만주국내'의 치안을 담당하는 경찰군대로 활약하면서 당시에'공산유격대(한국인 다수포함)'를 비롯한'한국독립(광복)군대'및'토비(도적떼)나 마적단(토착가신군대)'들을 소탕하는 일이 주된 임무가 되었다. 물론 뒤에 설명이 상세히 나오겠지만"박정희 소위"도 여기에 소속된 장교로서'독립수비대'에서 근무하고 있었다. 반면에'관동군'들은 막강한 정예부대 군사력을 가지고, 국제전쟁에 투입되었는데, 주로"소련군"을 비롯한"중국국민당군(국부군)"들과 전쟁을 벌이는'전략군대'로 역할분담이 나누어져 있었다.

그러므로 1932년에 건국된"일본의 괴뢰 만주제국(滿洲帝國)"은 처음부터 일본의'남만주철도와 관동군과 대륙(중국내지)침략'의'전초기지 겸 제2의 일본'으로 [계획제국(計劃帝國)-예컨대 만몽제국(滿蒙帝國)]을 영구히 건설하기 위하여, [일본군 대본영(大本營)]의 천재적 침략참모(參謀-대표적 인물이 이시하라 간지(石原莞爾)중장에 의해서 창건되었다. 5각형으로 형성된'만주국'은 처음부터 지정학(地政學)적으로 가장 이상적인 국토로 인정되었으며, 동시에"일본군에서 차출된, 최정예 70만명「관동군」의 천재적인 참모(參謀)들인'가와모토(河本)','이시하라(石原)'및'이다가키(板恒)'등은 앞에서 설명한 것처럼, 먼저 [만주국(1932)]을 건설하는 동시에 <통제경제(統制經濟)체제>를 앞세워 국가지상주의 및 민족지상주의의 [대동아제국]을 건설하겠다."는 높은 이상(理想)을 일찍부터 지니고 1928년"장작림 동북(만주)대원수"를 열차폭파로 죽이고, 이어서 1931년에"만주침략"을 시작하여'동북3성'을 전부 점령한 다음, [청나라 마지막 황제 부의를 만주국황제]로 받들어서 괴뢰국가를 제2의 일본제국 본토로 건설하기에 이르렀다. 장차 [대동아연방국가]를 만들겠다는 군국주의 목표를 세우고 있었다.

이를 위해서 1928년 제1차로 [대청제국]이 망한 뒤에 "동부군대원수"를 자칭하면서 중국의 동북3성 즉, [만주(滿洲) 전체]를 통치하고 있었던 중국 최대의 군벌(軍閥)로 유명한 "장작림(張作霖)"을 현재의 심양(瀋陽), 즉 옛날의 봉천(奉天) 근교에서 열차 폭파로 죽인 뒤에 서서히 만주점령을 시도하게 되었다. 이때 1929년 12월에 '미국 뉴욕'의 증권폭락이 가져온 "세계대공황"은 이미 "일본에도 소화공황(昭和恐慌)"으로 엄습하게 되자, 경제파탄 속에 위기를 느낀 군국주의(軍國主義) 세력들이 '5·15 군부쿠데타'를 일으키고, 여세를 몰아 1931년에는 대륙침략의 전초로서, '만주침략'을 시작하여 다음해 1932년에는 [괴뢰(傀儡)만주제국]을 건국시키고, 이어서 '대청제국'의 마지막 황제이었던 '부의(賻儀)'를 황제로 받드는 [만주국(위만=僞滿)]을 창건하고, 수도(首都)를 [신경(新京)=장춘(長春)]으로 정하는 동시에 제2의 '일본국토'를 만들어 버렸다. 그 뒤 1936년 '나치스 독일 히틀러'가 출현하면서, [일본]도 "중국본토와 몽고, 연해주, 시베리아"까지 침략범위를 넓혀 갔다.

2장) [박정희]가 도입한 [만주국 건설계획]과 <만주군+관동군의 국가지도 대전략>이 "한국고도성장(5개년경제계획)의 초석"

1961년 [한국의 5·16 군사 쿠데타]가 어떻게 "박정희 및 만주군" 세력에 의해서 역사상 최초로 성공을 거두고, '개발독재'라는 비난도 많지만 반면 세계적 관심을 불러일으킨 '신흥공업국의 모델케이스'로서 혁혁한 <경제발전>을 가져온 그의 저력은 과연 어디에서 왔는가. 한 말로 평가한다면, '태평양전쟁' 시운과 '6·25 한국전쟁'의 국운이 <지도세력>을 삼위일체로 간절히 욕구하고 있었고, 한편 전 세계가 "팍스-아메리카나의 글로벌리즘"이 주도하는 전환기의 불안한 시대여건에 맞추어, '극동아시아의 한반도(남한)'에서 응집되어 표출된 것으로 보인다. 이 책에서는 <한국의 군부세력>, 특히 일본군→관동군→만주군→한국군으로 이어진 <아시아적 군사력의 사회세력>을 검토해 보면서, 아울러 [만주군관학교와 일본육군사관학교]로 이어진 [박정희] 지도자의 '빈곤퇴치, 수출과 외화획득, 경제대국과 국력신장'의 모델이 된, 즉 '만주국'의 <군사통치와 통제경제>를 살펴보기로 한다.

[관동(關東)]이란 명칭은 원래 [일본군]이 '러·일 전쟁' 당시에 '관동주'를 근거로 붙인 이름이지만, 실제로 그의 개념은 방대하였다. 예컨대 "중국의 '북경(옛 지명 연경)'의 북쪽 만리장성(萬里長城)이 시작되는 산해관(山海關)"으로부터 중국의 동북(東北)쪽 전체를 가리키는 방대

한 땅을 총칭하는 광범위한 뜻으로 처음 사용되었다. 여기에서 [만·몽 제국의 독립]이란 문제제기도 일찍이 '러·일 전쟁'을 승리한 직후부터 나왔고, 또한 실제로는 봉천(현 심양=瀋陽)을 중심으로 한 요령성, 길림성 및 흑룡강성 등 3성(省)에 대한 명칭이 된다.

[일본이 최초 장악한 '관동주(關東州)'란 명칭]은 본래의 "관동"이란 광범위한 영역(領域)의 최소한 일부분에 불과한바, 요동반도(遼東半島)의 맨 끝머리 즉, 지금의 대련(大蓮) 항구와 여순항을 포함한 지역(地域)을 말한다. 원래는 [러시아 제국]이 1898년 이래 [중국]으로부터 조차(租借)해서 항구(港口)와 철도(鐵道)를 건설했던 지역이었지만, 1905년 "러·일 전쟁"의 결과 [일본]의 승리에 의해서 [러시아의 조차권]은 전혀 배상금(賠償金) 없이, 또한 '관동주와 '대련'에서 장춘(長春)까지의 '남만주철도'만을 포함해서 [일본]이 현금(現金)을 주고 '조차권'을 매입"한 것이다.

[관동군(關東軍)]은 이때에 '조차지-관동주'를 근거지로 삼아 '군국주의의 출발'이 되었다. 최초로 "일본군 1개 사단과 독립수비대 6개 대대 합계 약 10,000명의 군대"가 주둔하면서부터 '관동군'이란 명칭과 만주진출이 실행된 셈이다. 이때 중요한 사실은 '일본군 대본영'이 주축이 되어, <군정(軍政)-군사정부>를 설치하려고 시도한바 있으나, [이등박문 제1대 조선통감]이 기라성 같은 '문민지도자'들을 총동원하여 '일본

군부의 최고위층'들과"만주문제에 관한 협의회"를 개최하고, 그 회의 석상에서 강연을 통하여"일본육군이 만주에서'군정'을 실시하는 경우,'영·미'측의 불신과'러시아'의 견제와 특히'청나라(당시 원세개)'의 강력한 불만이 터져 나와 항일운동의 격화"를 경고하면서 오히려 나중에"만·몽 대제국(괴뢰국)"을 창건하여,'문민정치(文民政治)'를 통한 대륙침략을 주장함으로서 일단락되었으나, [이등박문]은 1909년 12월에'하얼빈에서 러시아 외무장관과 밀담(密談)'을 하러 갔다가 사살(射殺)되었기 때문에, 그 이후'만주와 중국대륙의 침략'은 결국 일본군부를 통한 <군국주의(軍國主義)>의 침략정책이 주도하게 되었다.

[중국]에는 1911년 최초의 국민혁명인"신해혁명(辛亥革命)"이 성공을 거두고, 손문(孫文) 지도자가 죽은 뒤, 그의 후계자로서"장개석(蔣介石)"의'남경국민정부'가 강력히 토벌전쟁을 일으켜 1928년"북벌(北伐)-수많은 군벌(軍閥)"들을 토벌하는데 성공함에 따라, 결국'일본군=관동군'들과 충돌하게 되었다. 이때'관동군 참모 가와모토(河本), 이다가키(板桓)'가 주도한"장작림(張作霖) 군벌-만주동북군 총사령관"을 1928년 6월 4일 오전 5시 23분에 열차 폭파로 봉천(심양)부근 서북방 4km 떨어진 지점, 경봉선(京奉線)과 만주철도(滿洲鐵道)가 교차되는 <유조구(柳條溝)> 철교위에서 사망하게 된다. 이로서"관동군"은 명실상부하게 [만주제국]을 건설하기 위한 70만 병력을 가진'독자군'으로 발전하게 되었으며, [중국 장개석 국민정부군]의 북벌(北伐) 및'항일전

쟁'과 정면 돌파를 위한 충돌이 불가피하게 된다.

[일본군부]는 1929년 12월'미국뉴욕월가'에서 발생한"세계대공황-Great Crises"이 <일본경제>를 강타하면서 이의 탈출구를'군사력'에 의한"만주침략"으로 <공황타개>의 길을 열게 된다. 따라서 이미'만주의 관동주'에 1905년 약 10,000여명의 일본군 수비병력이 주둔해 있었으나, 1928년'장작림 열차폭파'사건을 조작할 즈음에는"관동군"으로 독립된 일본군이 탄생하여,'일본군 대본영'을 능가하는 전투력을 확보하기에 이르렀으며, 드디어 1931년 <5·15 최초의 군사쿠데타>를 일으켜'국방예산'을 대폭 증대시키는 동시에'문민정치'를 사당한 수준의'군부(軍部) 정권'으로 교체시켜, 본격적으로"만주침략전쟁"을 수행하게 된다. 다음해 1932년에는'일본의 괴뢰국가'로서 대륙침략의 전초기지가 되는 [만주제국(滿洲帝國)]이 건국되는 동시에, 만주의 동북3성 대부분이'관동군'에 의해서 점령되었으며, [청제국의 마지막 황제(皇帝)]이었던'부의(溥儀)-만주족임'를 추대해서 [만주제국의 황제]로 모양새를 갖추고, 일본인과 조선인을'만주족'과 혼합해서'지배세력'을 만들었다.

[관동군]의 산하에 [만주군]이 지휘(指揮)를 받고 작전(作戰)을 폈으며, [관동군]은 일종의'국제군'으로 주적(主敵)인"소련(러시아)군과 중국국민정부군(장개석)"2개 국가를 상대로 전쟁을 치루고, 한편 [만주

군]은 주로 만주군관학교(봉천, 40년이후 신경) 출신들로 구성된 [만주제국 군대]이며, 국내치안과 국내항일유격군(공산, 및 민족진영 독립군들로 중국인과 조선인이 대부분임)들을 토벌하는 전투가 주된 임무이었다. 따라서 [관동군과 만주군]은 다 같이 [일본군대]이지만 실제로는 각각 역할분담이 되어있었다. [관동군과 만주군]의 총규모는 약 70만 명에 달하였으며, 1940년 전후 전쟁막바지에는 '12개 사단과 2개 비행단'을 주력으로 삼아 1개 기병여단과 13개 국경수비대 그리고 9개 독립수비대(철도)등이 만주각지에 분산되어있었다. 참고로 이때 [극동 소련군]의 병력은 30개 사단과 2개 기병사단 및 탱크 2,800대와 잠수함 100척 등이 배치되어 있었다고 한다. <관동군(만주군 포함)의 병력배치표 참조>.

<표 4-2-1> {관동군(만주군 포함)의 병력배치 상황(1940년)}

Ⓐ 정동 방면(正東方面) : 1) 훈춘주둔군(제9국경수비대).
[동령(東寧) 및 호두(虎頭)방면 군대] ; <제3군 소속> : 2) 제3군사령부(목단강), 3) 제8사단(浸陽), 4) 제9사단(목단강), 5) 제12사단(東寧), 6) 제1, 제2, 제10, 및 제11국경수비대, 7) 제4독립수비대(목단강). <제5군 소속> : 8) 제5군사령부(東安), 9) 제11사단(虎林), 10) 제24사단(동안), 11) 제25사단(林口), 12) 제3, 제4, 제12국경수비대, 13) 기병제2여단(宝淸), 14) 제6독립수비대(동안),
[3강성 방면(三江省方面) 군대] : 15) 제10사단(제7독립수비대-차무스).

Ⓑ 정북방면(正北方面) ; <제4군 소속> : 16) 제4군사령부(北安), 17) 제1사단(孫吳), 18) 제5 및 제7 및 제13 국경수비대, 19) 제8독립수비대(북안).

ⓒ 정서방면(正西方面) ; <제6군 소속> : 20) 제6군사령부(하이라루),
21) 제24사단(하이라루), 22) 제8국경수비대(하이라루).
[만주내륙 방면(滿洲內陸方面) 군대] : 23) 제14사단(지지하루), 24) 제28사단(하얼빈),
25) 제29사단(遼陽), 26) 제1독립수비대(奉天=심양), 27) 제2독립수비대(新京=장춘),
28) 제3독립수비대(昻昻溪), 29) 제5독립수비대(하얼빈), 30) 제9독립수비대(承德).

[일본군]이 대륙진출을 본격적으로 시작한 것은, 첫째, "일본군부"가 '2·26 쿠데타'에 의해서 [군사정권]을 장악함으로서 '국가총동원법'을 만들고, 모든 군수물자를 <군사력> 확장에 총집결시켰다는 사실이고 이로서 막강한 정예군대를 거의 600만 명에 달하는 병력으로 유지, 확보할 수 있었다는 점이다. 이때 일본군 대본영과 한반도에 있는 조선군과 만주에 있는 관동군 및 만주군은 우선 1937년 [중국 북지]와 [소련 시베리아 연해주]를 공략하기에 이르렀다.

전쟁이 크게 확대되어 제2차세계대전-태평양전쟁이 시작되는 1941년도에는 처음에 [만주 동북3성]을 중심으로, 일본 본토로부터 6개 사단 병력이 증파되고, [북부 중국]의 전선에 14개 사단병력이 공격을 개시했으며, 이미 "관동군"이 14개 사단병력을 확보하고, 여기의 지휘를 받는 "조선군"이 2개 사단이 포함되어 전투를 행하고 있어서 <군국주의>[일본제국]의 팽창은 총 38개 최정예 사단과 50만 명을 넘고, 또한 경찰과 현지 보조군대를 합하면 총 70만 명의 군대를 장악하고 있었다.

이상에서 [만주군과 관동군]의 병력(兵力) 주둔군 명칭과 주둔지점, 약 30개소가 있는바, 이중에서 [만주군]이 만주국내 치안과 항일독립군 및 항일유격대를 토벌하는 전투지역을 일종의 전투경찰과도 같이 진압(鎭壓)하고 있었다. 그것이 <독립수비대>이다. 1944년 초에 '소위계급'으로 임관된 [박정희]는 '지지하루'에 있는 <독립수비대>에 [만주군]으로 복무하였고, 45년 초에 '중위계급'을 달고 <해방>을 맞이했는데, 바로 이 부대(部隊)의 직속상관이 '백선엽' 대위로 같이 근무한바 있는 '신경군관학교' 1년 선배였다고 한다. 이와 같은 인연은 "한국군"에서도 [박정희]를 좌익군인 숙청 때에 신원보증인이 되어주었으며, 또한 '백선엽' 대장이 육군참모총장 2번 직책을 맡았을 때마다 [박정희]는 준장(准將)과 소장(少將)으로 진급할 수 있었다고 한다.

실제로 이 당시 1941년 12월~45년 8월 기간에 <태평양전쟁=제2차세계대전>은 본격적으로 시작되었다. 이미 [조선과 만주]를 완전히 장악하고 대륙침략과 '대동아전쟁'으로 무제한 확전을 개시하면서, <일본군국주의의 침략전쟁>은 단말마적인 최후 발악으로 치닫고 있었다. 즉 '하와이 진주만' 공격부터 시작해서, [만주·몽고]지역을 휩쓸고, 이어서 '시베리아 일부와 연해주(소련영토)'를 공략하는 한편, '남태평양 필리핀(미국영토)과 남양군도' 전역을 석권하였고 동시에 '말레이지아와 버―마(미얀마)와 방글라데시(영국영토) 및 인도차이나(베트남, 라오스, 캄보디아=프랑스영토)'를 점령해서 유명한 "원장(援蔣)루투(장개석 중국국민당지원―뒤에 호지명루트로 사용 됨)"를 [일본군]이 봉쇄해 버렸다.

　　반면 막대한 군수품 특히"에너지=석유(石油)조달(인도네시아―네덜란드영토)"을 위해서'동남아 침략전쟁'을 거침없이 넓혀 갔다. 보급(補給)과 군수장비(軍需裝備)에서 <연합군(미, 영, 불, 네덜란드)> 등 열강들이 반격을 가해오자 3년 만에 [일본의 열악한 국력]이 전혀 감당을 못한 채로 [태국(일본편)]을 제외한 전체"동남북 아시아"에서 <일본군 600만 병력)은 고립무원으로'남양군도'에 떨어져서 식인종(食人種)>이 되어버렸고, 중국이나 동남아시아 각국에서는 패잔병으로 희생되었다.

　　특히 [박정희]가 2년 복무했던 <만주군>들은,"대동아 침략전쟁"의 가장 중심적인 병참기지이었던 [한반도와 만주제국] 국내에서 총궐기하고 있었던,'정규 군사력'을 갖춘 <항일 독립군>들과 [소련(소만국경 만주변방)과 중국내륙지방(장개석 국민군과 모택동 공산홍군)]의 도처에 산재해있는'항일유격대(빨치산)'들과 엄청난 국지전투를 동시다발적으로 치러내야 하였다. 이때 <항일유격군>들은 바로'만주국내에서도 주로 간도지방, 목단강 및 통화지역'에서 기습전투를 벌렸기 때문에 <만주군>들의 주된 임무는 국내수비였다. 따라서 <만주군>에 속해서 1944년 초 소위임관 및 1945년 해방 전 중위(中尉)임관을 받은"박정희"가 소속된 독립 수비대도 이곳에서'항일 유격대'와 전투를 벌었었다.

원래 <관동군과 그의 휘하 만주군>은 만주국외와 국내라는 엄연한 역할분담이 주어져 있었다. 막강한 <관동군>은 주로 [소련군 및 중국국민군]과 접경해 있는 '소만국경' 및 '중국내륙 전선'의 기나긴 전선에서 국경전투를 담당해야 하였고, 더구나 전쟁말기에 이르러 패전이 짙어지면서 <관동군 정예부대>는 남방으로 주력부대가 빠져나갔기 때문에, '소련국경 변방지역(하얼빈과 흑하 등)'일대의 중공군과 조선공산군(8로군, 2로군 및 1로군)들을 진압해야 되는 극심한 '국경전투'가 벌어졌다. 이들은 특히 [소련 변방군대]의 군수지원이 월등함으로 이러한 곳에서는 <만주군과 관동군>이 합동작전을 하는 일이 많았다.

바로 위에서 지적한 <표-관동군과 만주군 배치표>와 같이, 2가지 "별동부대"가 있었는데, 하나는 <만주국>에 속하는 것을 '독립수비대'라고 부르며 9개가 만주국내 치안 겸 항일유격대와 전투를 벌였고, 반면 다른 하나는 <관동군>의 에 속하는 총 12개 '국경수비대'가 있어서 주로 '소련과 중국'을 상대로 정규전(正規戰)을 담당하였었다. 왜냐하면 1944~5년 기간은 <관동군 주력부대> 즉 정규병력 34개 사단병력은 대부분이 빠져나갔기 때문에 <만주군과 조선군 2개사단> 및 경찰과 기타부대들이 가세하여 약 20만 병력으로 "합동작전(合同作戰)"을 폈지만, '항일유격통합군'들은 해방당시에는 8개 '집단군'으로 성장하였고, 그 속에서 '조선인'들로 구성된 4개 사단이 먼저 <인민군(人民軍)> 창설부대 중에서 기간 사단(師團)으로 편성되었으며, 뒤이어 전투경험을 풍

(圖)4-2-1> 『만주국내 항일 빨치산 무력투쟁 지도』(1932~45)

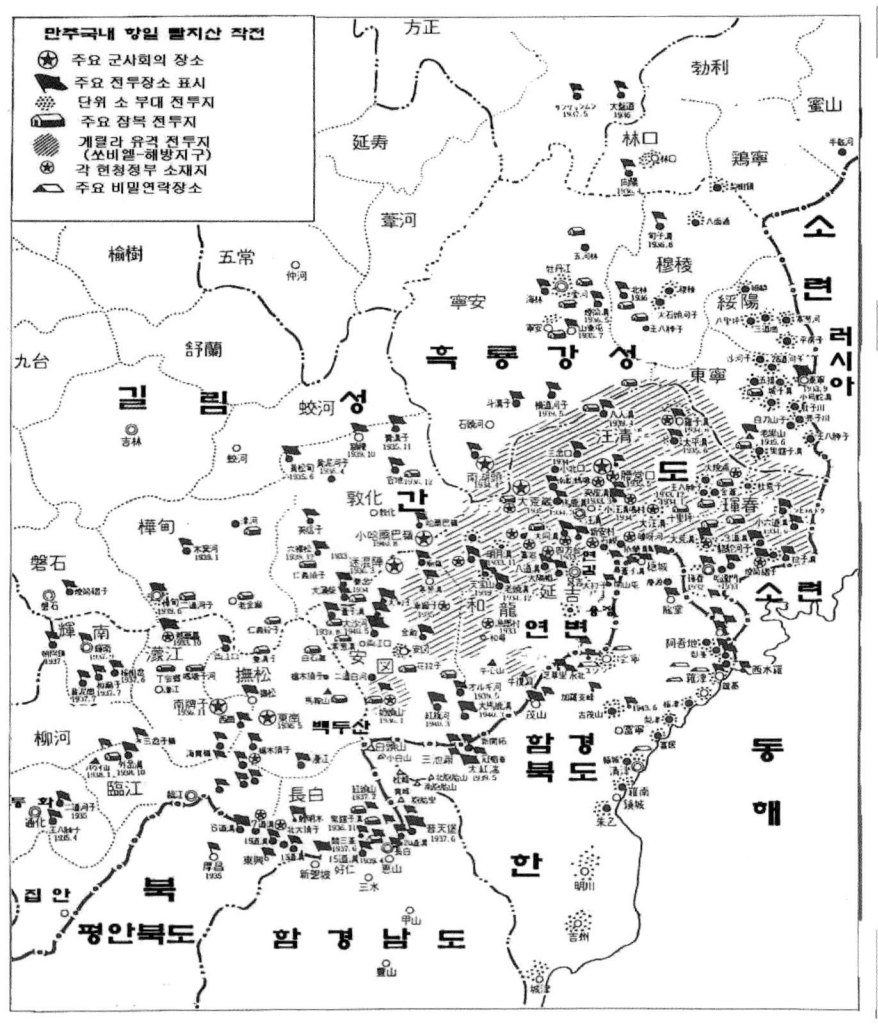

<자 료>:"Korean Peoples Army"(韓桂玉. 日本かや書房,1990) P.69 참조.

부히 가진 <중공군>들 중 남방'복건성'에 배속되어 [대만으로 쫓겨간 국민당군]과 싸운'조선인 8로군'부대들이 합세하여 "6·25 한반도 남침전쟁"을 수행한 것으로 알려져 있다. 왼쪽의 <도(圖)4-2-1> 「만주국 내 항일 빨치산 무장투쟁 전투지도(1932~1945)」에서 '만주국군들이 항일유격대 빨치산 부대들과 전투를 치른 주요 전적지들의 배치상황'을 상세히 살펴 볼 수 있다. "박정희 만주군 소위"는 '하얼빈'위쪽의 만주군 '독립수비대'에 배치 받아 전투경험을 약 1년 반 정도 체험했다.

3장) 《한국 경제계획과 [만주국 통제경제모델]과
　　　[일본-전시물자동원계획]》은 "박정희 개발정책"의 본질.

[한국]에서 1962년~87년 기간 동안, <박정희의 경제개발계획>은 획기적 성공을 거두고, 전 세계에 "신흥공업국-Newly Industrializing Countries=NICs" 10개 중에서 으뜸가는'모델케이스'로서 항상 각광을 받고 있다. 예컨대'경제개발 5개년계획'을 7차에 걸쳐 두 자리수의 고도성장(高度成長)을 달성하여 1인당 GDP는 2만$, 무역흑자국을 만들고 수출 3천억$를 넘어선 세계 11위 수출국가를 이루었다. 국토개발개획과 고속도로건설 및 전력 시설용량 7천만kw를 확보하고, 항만 및 비행장등 거대한 물류체계와 경지정리 및 수리시설 즉 4대강유역'댐'건설과 군사현대화 그리고 첨단과학기술 및 국제화 교육 등 선진국 문턱에

도달하는 놀라운 경제발전을 이룩하였다. 이미 이때에 선진국대열에 서서 IMF(국제통화기금) 준8조국 및 WTO(다자간 세계무역협정) 가입, 그리고 유수한 국가들과 FTA 양국간 쌍무무역협정을 체결하여 왔다. 이러한 과정이 1961년 이래 약 36년 기간에 걸쳐 '경제성장으로부터 발전으로' 또한 '자본형성으로부터 축적으로' 이룩된 결과인 것이다.

<박정희 18년 정권>의 이상과 같은 위대한 업적은, 그의 30년대 젊은 시절 그가 가장 많은 영향을 받았던 사람은, 특출한 '일본육군-관동군' 최고 '참모'로서 일찍이 1928년 "장작림 폭살사건"을 주동한 인물이며, 또한 "만주제국과 관동군 및 남만주철도" 등 <관동군>의 천재적이고 악마적인 참모(參謀)로서 유명한 "이시하라 간지(石原莞爾)"를 들 수 있다. 이자가 창안한 독특한 <만주국(滿洲國) 통제경제체제(統制經濟體制)의 모델>을 참조한 것이, 뒷날 [한국의 경제개발정책]의 가장 핵심적인 모든 근간을 이루었다는 점이 무엇보다도 첫째로 지적된다.

이에 곁들여서 두 번째로 지적할 수 있는 '모델'은 [일제]의 침략전쟁이 한창 진행되고 있었던 1930년대의 만주 및 중국, 몽고를 침략할 때에, 그리고 본격적으로 제2차대전에 참전해서 태평양 군도, 인도양, 및 동남아시아의 "미국령-필리핀, 남태평양 군도, 영국령-인도, 방글라데시, 미얀마, 말레이시아, 싱가포르, 파키스탄, 프랑스령-베트남, 캄보디아, 라오스 등 인도차이나 3국, 및 네덜란드령-인도네시아, 또한 소련령-시베

리아, 연해주"등을 침략할 때 각 점령지역에서 활용되었다. 또한 [일본과 식민지 조선]에 전쟁보급을 위한 <전시통제경제체제-병참기지-군수물자총동원계획-군대징병과 일꾼징용 및 물자징발과 공출(供出)>등을 위해서 착취와 수탈을 아끼지 않았던"전시경제체제"를 이번에는 침략전쟁 대신, <박정희>는 한국의 고도성장, 5개년계획, 국토개발, 사회간접자본, 그리고 외화획득 및 수출증대에 그대로 적용해서 '한강의 기적'을 낳았다는 사실을 상기할 필요가 있다.

1960년대~80년대 사이에 [박정희 정부]가 이룩한 "신생한국(新生韓國)의 기적"을 창조해낸 사실은, 오늘날 세계적으로도 '후진국 개발이론의 모델케이스'로서 부각되어 있을 뿐만 아니라, 특히 [중국의 개혁-개방정책]에 직접 기여했다는 사실을 찾아볼 수 있다. 실은 일찍이 [일본]은 1920년대 초 (일본의 명치, 대정시대)부터 [만몽(滿蒙) 독립국가]를 건설하겠다는 '비전'을 야심만만하게 구상하고 있었으며, 드디어 '세계공황' 이후 1931년에 "이시하라 참모"에 의해서 [만주사변(滿洲事變)]을 일으켜서 다음 해 [만주제국]을 제2의 '일본'으로 건국하는 동시에 "청(淸)제국의 마지막 만주족 황제=부의(溥儀)"를 [만주제국의 황제]로 삼고, <관동군>을 독립된 집단군대로 개편하는 동시에 [만주 괴뢰국]을 완벽하게 뒤에서 통치하는 주도권을 장악하는데 성공한 인물이다.

특히 "이시하라" 관동군참모가 가장 천재적으로 주력한 '경제발전 모델'을 소개해 본다면 한말로 지적해서 <통제경제(統制經濟)=Controled Economy>체제를 손꼽을 수 있다. 그런 측면에서 볼 때, <소련의 계획경제(計劃經濟)=Planned Economy>와 국가가 주도하는 배급제(配給制)를 기본으로 경제를 운용(運用)한다는 점에서는 강력한 국가권력의 작용이 거의 비슷하지만, 사유재산제도(私有財産制度)와 시장경제(市場經濟)를 '일본'은 인정하는 "국가사회주의(국가자본=파시즘)" 군국주의체제인 반면, '소련'은 철저한 "공산주의(볼셰비키)"에 입각한 국가공유제도(公有制度)에 기초를 둔 사유재산폐지(私有財産廢止)와 계획경제(計劃經濟)가 근간이기 때문에 전혀 위 2가지 제도는 '물과 기름처럼' 다르다. 반면, '미국'의 경제운용기조는 철저한 자유경제와 시장경제체제에 입각해 있음에도 불구하고, 항상 모든 물자가 넘쳐흘러서 극심한 "공황(恐慌)위기와 불경기(디플레이션)"에다가 만성적 적자(赤子)와 유효수요(有效需要)의 부족에 시달리기 때문에, <경제통제(經濟統制)-Economic Planning>이라는 가벼운 정책, 예컨대 '통화금융정책'이나 '이자율 및 콜금리'를 오르내리는 선에서 "시장경제"를 조정한다.

그 대신 막대한 '군수산업(軍需産業)이나 최첨단 별들의 전쟁무기 및 엄청난 외국원조(外國援助)'를 통해서 "국지전쟁(局地戰爭)"을 일으킨 다음 재고품(在庫品)을 처리하고, 한편 대규모의 '전후부흥 경제원조'를 주면서 "재정(財政)정책이나 금융(金融)정책 및 이자율(金利)정책"을 통해서 '간접통제'를 통하여, [미국경제]의 활성화를 기하는 점이 타의 추종을 불허하는'미국식 경제운용방식'이라 하겠다.

    1960년대 [한국의 박정희 대통령]은 다분히'만주국식 통제경제정책'을 한국경제의 발전에 활용한 흔적이 뚜렷하다. 이 때문에'한국의 박정희는 <개발독재(開發獨裁)>'를 행하고, 반면'만주 관동군의 통제경제는 <군부독재(軍部獨裁)>'를 획일적으로 시행할 수밖에 없었다. 문제는 [만주국]에서 <통제경제>로 조성한 경제력은 그때 대부분이 <전쟁비용>으로 빠져서 경제개발에 결과는 없었다. 반면 <박정희>식 경제개발계획은 모든 자금이 <경제개발에 투입>되었기 때문에 그 효과는 방대했다.

    ① 먼저 무엇보다도 <물자부족(物資不足)-실물경제>의 파행성에 시달리는 상황이'일제시대 만주국'과'60년대 초창기 한국경제'가 가장 공통된 현실이었기 때문에, 비록『만주국의 통제경제(統制經濟, Controled Economy) - 중요산업 5개년계획』은'국가사회주의=국가독점자본주의'라고 스스로 불렀으며 소위<파시즘 경제체제>이었지만, [한국]은 이것과는 다르고, 물론 『소련의 계획경제(計劃經濟, Planned Economy-물자밸런스 5개년계획』과 같은 철저한'물물경제' 즉 <사유재산은 일체 허용되지 않고 국·공유 경제체제>라는'공산주의(共産主義)'경제운용방식과는 [한국]은 전혀 다른 방식이었다. 어디까지나 [미국]식의'경제동원과 시장경제'에 충실한 형태를 본받아서, 후진국형의 [한국]식 모델을 추진한 결과, 괄목할만한 엄청난 성과를 거둔 것이 사실

이다. 즉 이를 앞에서 설명한 <통제경제>나 <계획경제>와는 다르게 즉, 다시 말해서 『경제통제(經濟統制, Controled Economy)-경제개발5개년계획』을 추진시키되, 자금(資金), 자원(資源), 기술(技術)등의 절대부족을 외화획득으로 투자하고, 모든 취약한 여건을 감안해서 <만주국 통제경제 모델>을 크게 참조했지만 <자체개발재생산>을 했다고 볼 수 있다.

특히 "세계공황"이 [일본 경제]에도 심대한 타격을 가한 직후, 일본 군부는 이의 탈출구로서 <만주·몽고 및 중국대륙>으로 침략해야 된다는 '5·15 군부 쿠데타'까지 촉발되어, 당시 "일본군 천재적 참모"들 예컨대, '마쓰오가'를 비롯한 '이다가기'와 특히 '이시하라 간지' 등이 이미 1928년 <장작림 열차폭살>부터 시작해서, 곧 이어서 1931년에 <만주사변>을 일으켜 대륙침략전쟁의 전초기지를 만들고, 동시에 다음해 <만주제국(괴뢰)>을 만들어, "관동군"을 최정예 34개사단 규모로 독립시키고, 또한 '만주군관학교(봉천 및 신경)'를 만들어 <만주군(滿洲軍)-관동군의 지회를 받음)>을 창설했다. 그 외 '만주건국(제국)대학'과 '만주대동학원(3년제 정치, 첩보대학)을 만들었다. 한편 <일본의 재정지출(財政支出)>은 늘어나기 시작했으나, 군사비지출(軍事費支出)이 1932년 [만주국 설립] 때부터 1936년 <중·일전쟁>이 확대 될 때, 38.7%~45.7%로 급증하기 시작하였다. 다음 <표4-3-1>에서 일련의 "군사비 지출상황"을 쉽게 찾아 볼 수 있다.

<표4-3-1> '일본제국'의 중앙재정에 점유하는 "군사비"의 비율(단위: %)

	재정자금 세입분류		재정자금 세출분류		
	국세의 비율	공채의 비율	행정비 비율	군사비 비율	국채의 비율
1930(昭5)	52.3	2.4	44.2	28.4	17.5
1931(昭6)	48.0	7.9	44.0	30.8	14.5
1932(昭7)	34.0	32.2	44.0	35.2	12.4
1933(昭8)	32.1	33.6	39.0	38.7	14.8
1934(昭9)	37.5	33.0	31.7	43.6	16.7
1935(昭10)	41.0	30.0	28.2	46.8	16.9
1936(昭11)	44.3	25.7	28.8	47.2	15.9
1937(昭12)	49.1	20.8	32.8	45.7	14.7

< 출처 > : 일본 대장성(大藏省-재무부) 자료. 1938년 이후는 특별회계로 바뀌짐.

② [박정희의 한국경제개발]은 '국가재정(세금)'을 최대한으로 확보하고, 특히 <경제건설>이 주된 목적이었기 때문에, [만주국의 이시하라 통제경제>가 목적으로 삼고 있었던 '대륙침략, 정복'과는 목적 그 자체가 전혀 달랐다. 따라서 재원조달(財源調達) 역시 외국차관 및 외자도입(기술, 자재)에 주안점을 두면서, 동시에 '외화획득 대한 방편으로 수출(輸出)목표달성'을 핵심전략으로 삼고, '월남파병'을 비롯한 '중동건설, 용역수출'에 총력을 기울여서 거대한 <고도성장>의 기틀을 만들고 이때 이미 중진국(中進國)으로 이행되게 된다.

따라서 '한국경제의 중앙재정 세입·세출의 추이'는 어디까지나 "세입부문"에서는 '조세수입(관세, 내국세)'을 최대로 강화하면서, 외화획득을 위한 수출증대(輸出增大)를 꾀하고, 외국자본(外國資本, -기술·원자재 포함)의 도입을 위한 '외자도입법(外資導入法)'을 통하여 특혜를 베

풀고 유치경쟁을 벌였다. 이로서 "세출=지출부문"은 주로 기간산업건설과 사회간접자본의 확충 및 중화학공업(군수산업 포함)등 '자본집약산업부문'에 집중투자한 결과 고속성장(高速成長)을 달성하였다. 그 후 1980년대에 들어 와서는 '첨단(尖端)기술산업부문'으로 경제발전단계는 고도화 되었고, 결국 <5T 즉 하이테크(IT나 BT-인터넷과 생명공학을 중심으로, CT-한류문화, ET-환경, NT-나놈 첨단과학기술> 분야로 세계11위의 '선진국 대열'의 문턱에 진입하고 있는 중이다. 따라서 [박정희의 한국경제]가 1930년대에 <만주국 통제경제 모델>을 배워온 기초는 침략을 제외하고는, 크나큰 이론적 및 실천적 기반이 된 것이 틀림없다.

그래서 <일본의 군국주의 대륙침략>은 가일층 확전을 거듭해서, 1935년에는 "2·26 군사 쿠데타"로 군사비(軍事費) 증강을 강력히 반대하는 문민정부(文民政府)를 뒤엎고 동시에 다가하시(高橋) 재무장관(오쿠라쇼)을 칼로 살해하였으며, 당시 이노우에(井上) 총리대신(수상)은 크게 부상을 당한 채로 <일본정부는 군정(軍政)>으로 뒤집혔다. 다시 말해서 완전한 <군국주의 정부>가 들어서서, "중·일전쟁"과 그 뒤 연이어 1941년 "태평양전쟁"으로 돌입하게 되었다. 이로서 전쟁이 몇 배로 확대된 '대동아 광역 전선'에서 지출되는 전쟁경비는 가히 천문학적 이었다. 이를 최소로 발표한 [일본 중앙정부 군사비지출=특별회계(特別會計)] 만 해도 최소한 '일반회계'의 5배에서 9배까지의 <세출(歲出) 군사비 급증추세를 나타내고 있다. 다음의 <표4-3-2> 「일본 중앙정부의 재정

세입(수입)과 세출(군사비지출), 1931~45년 기간」을 참조해 보면'특별회계(特別會計)'로 통계계열을 바꿔서 군사비증대를 표시하였다.

<표4-3-2-> "일본중앙정부의 재정세입(財政歲入)과 세출(군사비지출)"<1931~45기간>

	재 정 세 입 (%)			재 정 세 출 (%)		
	일반 회계	특별 회계	계	일반 회계	특별 회계	계
1930(昭5)	1,597	3,550	5,147	1,558	3,052	4,610
1931(昭6)	1,531	3,192	4,723	1,447	2,691	4,168
1932(昭7)	2,045	4,199	6,245	1,950	3,623	5,573
1933(昭8)	2,332	5,014	7,346	2,255	4,375	6,630
1934(昭9)	2,247	5,994	8,241	2,163	5,228	7,391
1935(昭10)	2,259	6.039	8,299	2,206	5,235	7,442
1936(昭11)	2,372	8,590	10,962	2,282	7,661	9,943
1937(昭12)	2,914	10.350	13,264	2,709	8,402	11,111
1938(昭13)	3,595	13,152	16,748	3,288	11,729	15,017
1939(昭14)	4,970	15,925	20,895	4,494	14,390	18,884
1940(昭15)	6,445	19,691	26,136	5,860	17,408	23,268
1941(昭16)	8.602	30,112	28,714	8,134	27,717	35,851
1942(昭17)	9.192	38,995	48,186	8,276	35,554	43,831
1943(昭18)	14,010	55,898	69,908	12,552	50,621	63,173
1944(昭19)	21,040	69,826	90,867	19,872	64,914	84,785
1945(昭20)	23,487	82,916	106,403	21,496	78,355	99,852

<출처(주)> : "일본 통계년감(제1회 ; 소화(昭和) 24년, 일본재무성(오쿠라쇼). 간행"

③ 물론 1930년~45년 기간 동안, [일본]의'실물경제'가 태부족했다는 사실은 두말할 나위도 없다. 이와 비교해서 1960년~80년대 기간에 [한국] 역시 혹심한'실물경제'에 시달린 것은 말할 나위도 없이 꼭 같은 처지였다.'군수물자'의 현지수탈을 비롯해서'일본군의 전쟁비용'의 지출은 당시 [조선중앙은행]을 이용하여, 국민이 파멸되는 최악의

수준을 3배 이상 초과했다. 일반적으로는 평균 30%, 즉 독일 히틀러가 사용한 이론공식, 즉'롤리마指數=국력지수'가 정상적인 데, 이에 반해서 [일본군의 대륙침략전쟁은 현지착취까지 추산해 보건데, 약 93%까지의 <인플레이션(앞 제3편에 상세히 기록함)>까지도 모두 합하면 적어도 GDP의 보통 전쟁 시 군사비 지출비율 30%를 초과해서, 거의 107%까지의 추계(推計)수치가 나올 정도이므로 전쟁은 급속히 파멸할 수밖에 없었다.

이에 비교해서 1960·70년대의"한국의 공업화 경제건설"은 무엇보다도 [한국의 박정희 경제정책]의 특성을 보여주고 있다. 즉 강력한 '한국적 국가자본주의=국가사회주의'를 기초로 효율적인'국가자본과 자원이용'을 극대화 시킨 절대적인 성공사례라고 평가된다. 왜냐하면 [한국]은 원래 해방될 때, 이미 국가자산의 80%가 [일본]이 남겨 놓고 간 소위 귀속재산(歸屬財産)이었다. 또한 국가독점산업 예를 들면 국영기업, 은행 및 금융기관, 철도, 통신, 전력회사 등등 이른바 일체의 국가기간산업이 지금까지도 몽땅 국가독점자본으로 남아있었기 때문에'국가주도'하에 지도자의 탁월한 정책에 의해서 얼마든지 사회자본으로 활용할수 있었다는 사실이다. 따라서'경제개발5개년계획'을 불붙이기 위해서는 태부족인 외자도입(外資導入)과 이를 위한 설비와 기술도입 만이 필수적인 절대과제가 아닐 수 없었다.

이 때문에 [박정희]는 방대한 수입(輸入)에 불가피하게 소요되는'외화획득을 위하여 온갖 우대제도를 주면서 '수출(輸出)증대'와 최대한의 '외자(外資), 기술, 원자재, 기자재'의 도입(導入) 등 <수출 드라이브> 정책에는 최대한의 특혜(特惠)를 줄 수밖에 없었다. 또한 "중화학공업"의 건설을 위하여 '안보 국방체제'를 동시에 강화해야 되므로, '만주국 관동군의 군국체제'에서 보는 바와 같은 "군부독재(軍部獨裁)"는 어느 곳에서나 필수적일 뿐만 아니라, [박정희 한국대통령의 개발독재(開發獨裁)]도 역시 불가피하였다고 평가할 수 있다. 문제의 관건은, 첫째, 부패가 없었다는 사실이고, 둘째, 우수한 기술 관료들을 확보했다는 사실이며, 셋째, 군사력확보나 침략지출이 아닌, 오직 고도성장과 경제개발만을 당면한 주요 목표(目標)로 삼았다는 사실이 경제대국으로 기적을 이룰 수 있었다는 성공사례로 지적된다.

따라서 [박정희]가 보았던 <만주국 이시하라식 통제경제>는 1930년대 이후 시장경제, 즉 사유자본의 이윤추구원리를 철저히 배격하면서, 전시경제(戰時經濟) 하에서 경제의 효율적운용을 위하여는 "국가가 관리하는 통제"가 절대적으로 필요하다. 이 때문에 "자본가계급과 자본의 영리행위 및 '재벌(財閥)'들의 사리사욕을 <공산주의의 계획경제(計畵經濟)> 이상으로 철저히 금지"하였다. [정치]는 '공산주의'가 철두철미하게 <프로레타리아 독재(獨裁)> 즉, <인민(人民)=공산독재>를 추구하듯이, [만주국]의 '파시즘 국가사회주의'에서도 "국가 간에도 계급투쟁(階級鬪爭)이 있고, 이 싸움에서 승리해야한다."라는 <국가 간 계급투쟁론>을 내세워서 '군국주의'도 철저한 <군사독재(軍事獨裁)>를 강화하였다. 이들 전체주의(全體主義)에 반대하는 국내외의 적대세력에 대해서는 무자비한 탄압으로 살육을 계속하는 반면, '자유로부터 통제' 그리고 '국가총동원법'을 시행함으로서, 실물경제(군수품) 및 자금조달(군사비)에 관해서는 철저한 <통제경제를>를 시행한 것이 [만주국] 이었다.

여기에 추가해서 결국 '전면통제와 직접통제'를 실시하고, 특히 군수공장(軍需工場)은 '군(軍)의 관리 하에 생산(生産)' 되어야 하며, 기타 <사람(人的) 동원대상>으로서, '여자정신대(女子挺身隊)와 학도근로동원(學徒勤勞動員) 등이 총 망라되어 『자금(資金), 물자(物資), 및 사람(人的)』 등 삼위일체로 "국가총동원령"이 내려졌다. 한편 <전시경제통제>는 민수용생산(民需用生産)을 최소한으로 감축하는 대신, "철강, 화학(화약, 비료) 및 에너지(석탄, 석유)" 등 군수용생산(軍需用生産)에 모든 국력(國力)을 총동원하였다. [박정희의 한국경제개발]도 외자도입과 수출증대와 전문기술인력 등을 오로지 '고도성장(高度成長)'에 집결시키는 동시에 '국가자본(國家資本)'의 최대한 활용을 도모하였다. 예컨대 '일제'로부터 해방된 [한국경제]는 그나마 <분단국>이 되어 '북공남농'의 빈곤한 경제이었으나, 우선 국가자본의 80%가 '일제'가 남긴 귀속재산(歸屬財産)이므로 전력, 철도, 통신, 국영공장, 모든 은행들이 <국가자본>이므로 '국가권력'은 이 같은 산업기초도 큰 힘이 되어 주었다.

④ 1960년~80년대에 걸쳐서 [박정희 한국대통령의 고도경제성장]

의'모델'이 된바 있는 [만주 관동군 이시하라 군사체제]의 입안(立案) 및 집행(執行)의 전체 과정을 비교분석해 보면 다음과 같다. "한국이 경제발전"에 기본목표를 두었다면 반면"관동군은 군사력확충"에 주력했다는 사실이 가장 큰 차이점일 뿐'군인 및 노무자, 정신대(사람) 및 실물(물자), 그리고 투자자금(-만주군사비)'에서의 동원과정은 거의 대동소이하다고 말할 수 있을 것이다. 이시하라 간지(石原莞爾)라는 관동군 참모는 당시 주적으로 대결하고 있었던 <소련의 군사력>보다도 <일본의 군사력>이 열세(劣勢)에 놓여 있는 최대요인은"군수생산력(軍需生產力)"의 차이에서 결정적으로 판가름 난다고 확신하였다. 이들 <만주국의 중요 중화학 기간산업, 5개년계획>을 몇 년간 직접 입안해서 가장 먼저 실천한 인물이 바로"이시하라 일본군부 참모부장"이었다. 그는 1935년도에 아예 민간정부를 몇 번 나약하다고 전복시킨 다음에 결국'군국주의'로 가는 본격적인 군부정권을 최초로 [만주]에서도 발족시켰다.

그것이 1935(昭和12)년에 발족한 [하야시센주로우(林銑十郞) 대장내각(大將內閣)]인바, 이 사람은 일찍이'만주사변'이 발발되었을 때, 독자적으로 조선군 2개사단을 만주로 월경 파병시켜 영웅칭호를 받았던 강경파 인물이었다. 이들 군사정권에는'5개년군수산업'을 적어도 10배까지 생산능력을 증대시키도록 임무가 부여되었고, 이 때문에 <군·재 복합체>(軍財複合體-Militery Inderstry Complex)를 내각에 포진시켜, <5개년계획>만을 추진토록 전권을 맡겼으며"미쓰이 재벌(三井財閥) 총수와 '일본은행(日本銀行)' 총재인 <이케다(池田)>를 위원장으로 임명하였다. <표4-3-3> 「일본 전쟁군수물자(軍需物資)[산업5개년계획추이]] (1934년~41년기간)」을 참고해 보면, 에너지(석유, 석탄)와 철강 및 화학(화약, 비료)물자, 각종기계, 등의 대규모 대량생산 추이를 알 수 있다.

<표4-3-3> 「일본 전쟁군수물자 <산업 5개년계획> 추이(1934~41 기간)」

품목별 구 분	생산목표 (A)			현재생산능력 (B)			(A)/(B)의 배 가 율(倍 加 率) <합계 :일본·만주>
	합 계	일 본	만 주	합 계	일 본	만 주	
일반자동차	10만대	90	10	37	37	-	3,8<3.5·->
공작기계	5만대	45	5	13	13	-	3,8<3.5·->
철 강 재	1,300만t	900	400	485	440	45	2.7<2.0·8.9>
석 유	565만㎘	325	340	364	21	15.4	5.6<15.5·15.6>
석 탄	11,000만t	7,200	3,800	5,556	4,200	1,356	2.0<1.7·2.8>
알 미 늄	10만t	70	30	21	21	-	4.8<3.3·->
마그네시움	9,000t	6	3	0.5	0.5	-	18.0<12.0·->
전 력	1,257만kW	1,117	140	721	675	46	1.7<1.7·3.0>
조 선	93만t	86	7	50	50	-	1.9<1.7·->

<출처(주)> : [일본 계획산업의 생산력 확대율 표]임. [석유]는 국산원료에 의한 '액화 휘발유'를 말함.

그 당시 [관동군이 지배하는 만주제국의 통제경제체제]는 '국가 간의 계급투쟁'에서의 승리(勝利)를 내걸고, 자금(군사비)과 각종물자(군장비) 및 '징용 노무자'에 이르기까지 철저히 현지수탈(現地收奪)을 자행하고, 자력갱생(自力更生)을 실행하였다. 대륙침략의 전초기지로 [만주]를 점령하고, <❶ 일본인, ❷ 한국인, ❸ 만주족, ❹ 몽고족 및 ❺중국인>의 순

서로 차별대우를 했으며, "5족 협화"라는 친일기구를 만들어 장차 몽고, 시베리아 연해주, 중국(북지 및 남지) 및 태평양 군도와 동남아각국을 하나의 <대동아공영권=대일본제국연방>으로 건설하려 했다. 왜냐하면 [일본]의 가장 큰 주적(主敵)은 (1) [스탈린의 소련군(蘇聯軍)]과 (2) [중국 장개석의 국민군(國民軍)]이었기 때문에, 이들에 대항하기 위한 군사력을 키우는 방법은 자원획득을 위해서도 '대륙침략'과 동남아와 태평양을 점령하는 과제가 되었다.

위에서 [일본 군사정권]의 '통제경제체제' 그중에서도 특히 "실물경제의 군수산업 생산력"을 품목별로 '중요물자 5개년계획'을 통하여 적어도 1935년~45년 해방(解放)될 때 까지, 약 10배로 증산(增産)하기 위한 <국가총동원법>을 집중적으로 추진하였다. 결국 '군부독재'에 의한 국가권력을 총 집중시킨 반면, 민수생산, 평화산업, 금 및 외환몰수 그리고 공출(供出-국민생활품 속의 일체의 군수생산이 가능한 모든 물자를 징발하는 것) 등을 집행하였지만, 극도의 민생고와 기아상태 속에서 '군대식-유니폼체제'에 의한 빈약한 전쟁이 수행되었던 것이다.

<표4-3-3>에서 '군사장비'로서 주종품목인 자동차, 공작기계, 철강제와 전력(電力), 석유 및 석탄 등 에너지와 알루미늄 및 마그네슘 등 비철금속과 화학물자, 그리고 조선(선박) 등을 오직 군사력강화만을 위해서 집중적으로 생산하는 '5개년계획'을 살펴보았다. [일본의 침략전쟁]이

파멸(破滅)에 다가선 1945년 초 당시 "일본의 군수산업회사는 600개사 이었고, 하청계열회사는 2,000개사"에 달하였고, 금융기관의 대출은 70%를 넘었다고 한다.

[박정희와 만주군] ; <만주대동학원>(3년제 정치, 첩보대학-최규하 대통령 출신) 및 <만주건국대학>(제국대학-강영훈국무총리 출신)들이 "한국의 경제개발5개년계획"을 총 담당한 지도층(指導層)인 동시에 역사발전의 총 책임을 걸머쥐고 철저한 사명의식(使命意識) 속에서 헌신한 지도자들이라고 평가할 수 있을 것이다. [박정희]는 우선 '고도성장'을 달성하기 위하여, 외자도입과 수출증대 등 외화가득문제, 관세와 내국세 및 수입대체 그리고 외화획득용 원료, 기자재, 설비의 무관세수입, 또한 수출 및 외화획득 보조금(補助金)과 각종 특혜(特惠)를 부여해서 최대한의 지원을 아끼지 않았다. 한편 발전전략의 차원에서, 물가안정과 인플레의 억제정책의 강화, 품질향상과 국제수지의 균형과 사회간접자본의 확충, 교육, 과학기술, 과학자, 전문가와 기능공양성에 전력을 기울였다.

이는 [만주국 통제경제정책]에서도 이미 실험(實驗)을 끝낸 정책들이었다. 특히 [일본군국주의의 군수산업확충]에서 '3가지 정책'이 크게 분류되어 있었는데, ❶ 철강, 금속, 기계, 화학 등 "중화학공업의 확충" ❷ 통화의 발행과 금융제도의 운용, 군수재벌의 지원 등을 위한 "금융·통화제도의 관리" ❸ 농업생산(농민, 농촌)의 현대화와 "식량생산의 증대와 자급화정책"❹ 연공서열임금(年功序列賃金)과 종신고용제 등을 통한 노동자 소득향상 및 노동생산성 증대정책의 일환으로 "기업별 노동조합 결성 허용"❺ 산업조직과 생산조직의 효율성을 최대한 증대시키기 위하여, 「민간대기업⇒군사령관, 계열회사⇒사단장, 하청회사⇒여단장, 협력회사⇒연대장」과 같은 일사불란한 "군대조직(軍隊組織)"으로 편성하였다.

물론 이상과 같은 종횡무진한 각종 군수생산성 향상정책은 실은 [일본]보다 먼저 실험을 끝마친 [히틀러의 나치스 독일]의 선진국'파시즘 경제체제'를 모방해 온 것이다. [박정희와 만주군] 지도세력들이 1960년대 초부터 "한국경제의 고도성장과 경제개발 5개년계획"을 강력히 추진할 때에, 그의 목표는 '빈곤과 기아선상에서 헤매는 민생고를 해결하고 민족중흥, 조국근대화'를 기치로 내세운 것과 같이 <선진국경제>로 도약함에 있었다. 약 60년이 지난 뒤, 실제로 [한국]은 '세계 제1위의 신흥공업국(NICs)' 모델로 비약하게 되었고, 1인당 GDP는 당시 불과 76$에서 2021년 현재는 31,000$ 수준으로 상승했다.

"수출"은 후진국(後進國) 수준에 불과하여, <5개년계획> 초기에 총액 2,300만$에서 시작하여 가발, 합판, 보세가공 무역 등 '노동집약산업' 수준으로부터, 1972년 제3차 5개년계획 이후에는 '중화학공업화와 방위산업' 등의 중진국(中進國) 수준으로 진입하였고, 1990년대 이후부터는 '국제수지 흑자(黑字)'를 기록하게 되면서 OECD(선진국 경제협력개발기구)와 WTO(세계무역기구)에 가입함으로서, 명실공이 "세계 11위의 경제대국"으로 선진국(先進國)에 진입했다.

결국, [박정희의 경제개발정책]은 그가 1930년~45년대에 "일본의 군국주의 파시즘"체제로부터 견문을 넓히고 또한 '만주군 중위'로 전투하면서 터득한 <경륜-만주국>을 전쟁이 아닌 '평화경제'로 목표(目標) 삼아 성공을 거둔 성과라고 평가된다. 그러나 그가 철저히 신봉했던, [만주국 통제경제체제]는 어디까지나 '일본의 침략 전쟁경제'와 '대동아공영권'을 건설하겠다는 <일본군부>의 집념에서 표출되었다고 보지만, 실제로는 '나치스 독일'과의 동맹(同盟)관계 때문에 [히틀러 독일]에서 이미 침략전쟁으로 확대해 온 "유럽-아시아 대제국(大帝國)" 건설을 목표로 삼은 것과 같다. 이에 따라 [나치스 독일]은 엄청난 "국토개발계획"을 집행하게 되었으며, 이는 '광역경제=생존권(生存權)-Lebens Laum'이라는 거대한 <블럭(Bloc)경제>를 조성해서 유럽과 아시아에 걸친 "{아리안 제국}"을 만들겠다는 야심찬 침략전쟁을 감행한 것이다.

그런데 같은 동맹국으로서 [대일본제국]이 본래 섬나라의 모든 취약한 자원을 총동원하여 대륙전체와 태평양 및 동남아시아를 석권하려고 '대동아전쟁'을 일으켰기 때문에, 그것도 무지한 <일본육군의 군부정권>이 무조건 [만주]와 [독일]을 모방했기 때문에 결국 멸망하게 되었다고 지적된다.

{5편} [만주국](1931), "만몽중국 침략 일본군" 국경선은
『백두산천지+정계비』 넘는 간도.

1장) [백두산천지+정계비+간도극비협약(1909)]은
《일제와 청국》간 "한국보호권 협잡".

<사진 5-1-1>　"백두산 천지와 숙종38년(1712)의 국경 정계비"

백두산 정계비　1929년 일본 사진집 '국경'에 수록된 백두산 정계비의 모습. 조선과 청의 국경을 '압록강과 토문강으로 한다'고 명기한 이 비석은 1931년 만주사변 당시 누군가에 의해 없어졌다. 독자 한헌구씨 제공

　<백두산 천지(白頭山·天池)>는 [한국민족(韓國民族)]에게 있어서, 누구나 잘 알고 있듯이 [단군신화(檀君神話)에서 신단수(神檀樹)]로 알려진 가장 신성한 근본성지(根本聖地)인, 동시에 [북방민족(北方民族)=고

(古)아시아족=9이족(九夷族)]의 최고 [신앙]임은 말할 나위도 없으려니와 동시에 최고 성역(聖域)이요, 신앙(信仰)이었다. 그 때부터 약 5천년에 걸쳐서,"단군(檀君)조선(기원전 2334년전 개국)의 신화(神話)"에서 명백히 밝혀있듯이,'태양족(太陽族)과 곰족(熊族)'으로부터 오랜 동안 내려온"조선(朝鮮)과 한국(韓國)"이란 <고대국가>로서 세계 4대문명을 주도했던 민족이었다. 왜냐하면 오늘날 [중국 민족]의 중심으로 현재 55개 소수민족을 이끄는,'한족(漢族)'은 그 후 약 3,000년이나 한참 지나서, 『주(周)나라 때 겨우 황하(黃河)를 따라'서주에서 동주'로 이동』해 온 사실을 우리는 똑바로 상기해 볼 일이다.

지금도 [중국](中國—이런 명칭은 불과 500년 이후'원(元)제국=몽고'때 처음 등장함)의 동남부 지역 예컨대, 강소성과 양자강을 따라 하북성, 안휘성 및 남쪽으로 절강성, 복건성, 그리고 주강(珠江)유역을 따라 광동성, 광서성 등이 이른바 한족(漢族=중국족)의 본거지로 알려져 있고, 실제로'화교상인'들의 재력과 언어와 종족이 독특한 사실이 이를 증명해 주고 있다. 그래서 [한족 국가]는"오·월(吳·越)나라"때(약 2천년 전 춘추전국(春秋戰國)시대 이후-)부터'광동어(廣東語)'를'표준 북경어(北京語)'와는 별도로 사용하고 있으며, 가끔 서북쪽으로 [황제의 국가]를 장악하기 위하여 오랜 역사동안에'중원(中原)'을 넘보면서 진, 한, 수, 당 제국을 건설한바 있다. 근세에 와서도"송(宋)나라"및"명(明)나라"2개 국가는 중국족=한족의 국가일 뿐,"거란국(契丹)"을 비롯한

"원(元)나라"나"청(淸)나라"등은 엄연히 북방민족의'몽고족과 여진족'이란 사실을 똑바로 상기해 볼 일이다.

일찍이 5천 년 전부터"고(古)아시아 9개 종족"들이 이미[중원(中原)]에 토착민족으로 자리 잡고 살고 있었고, 이 때문에"고조선과 고구려와 발해국을 중심으로, 근세에 와서는 여진족<女眞族(滿洲族)의 금(金)나라 및 청(淸)나라>, 거란족<契丹>, 몽고<蒙古=원(元)나라>, 돌궐, 선비, 말갈, 흉노족" 등의 최고의 성지로 숭배해온 백두산(장백산) [천지(天池)]와 요동(遼東) 및'동서간도(東西間島)지역'과'시베리아 연해주 지역ー북간도(北間島) 지역'이 우리민족과 북방민족, 즉 [고(古)아시아 9개 민족(=九夷族) 국가의 영토]이었다는 사실이다.

1920년대 초에 <일본군의 만주침략>이 본격화될 때에, [일본]이 당시 [대한제국]의 보호권을 행사한다는 미명하에, 지금의 경의선(京義線)이 통과하고 있는'신의주'와 압록강(鴨綠江) 철교를 건너'남만주철도'를 연결하기 위한 옛 이름 <안동·봉천간 철도>ー지금 중국의 <단동(丹東)과 심양(瀋陽)을 잇는 안봉선철도(安奉線鐵道)ー를 건설하기 위하여 당시'동부군 대원수'로 [만주]를 지배하고 있었던 최대 군벌(軍閥)"장작림(張作霖)"과 흥정해서, 원래 [대한제국의 영토]로 되어 있었던 소위 <간도(間島)=압록강 이북 만주 땅은 서간도 그리고 두만강 이북 만주 땅은 동간도 임을 참조>, [대한제국] 땅을 [일본]이 제멋대로 [청국(淸國)]

에 할양(1909년)해 주고, 그의 대가로 <안·봉철도>를 맞바꾼 역사적으로 치욕적인 사건이 바로 "백두산 천지"에 얽힌 비화(秘話)라고 말할 수 있다. 이로서 [한국]은 자손만대 "백두산 '천지'의 절반과 '동서북간도(東西北間島)'의 영유권"을 비롯한 "동해명칭과 '독도(獨島)'의 영유권"까지도 [일본제국주의]로 하여금 영원히 "생떼"를 쓰면서 물고 늘어지는 귀찮은 국제분쟁(國際紛爭) 속의 꼬투리를 남겨주게 되었다.

물론 옛 고조선이나 고구려 및 발해국 등 방대한 [만주 전체 지역]이 우리민족의 영토이었고, 동시에 발해국은 '해동성국'이란 '황제국가'로서 수도를 5경(목단강, 하바롭스크, 블라디보스토크, 용정, 대련)등 만주의 요동과 요서를 비롯해서 시베리아 및 연해주가 모두 '발해(渤海)의 영토'이었으니, 이 문제는 뒤에서 설명하겠지만, 가히 그 옛일은 말할 나위도 없는 일이다 《실제로 숙종 38년 1712년에 당시 청(淸)나라의 요청에 따라, '양국합작으로 세운 백두산(白頭山) 정계비(定界碑) 및 토문강과 송화강의 국경선'사진 참조》. '일본군'이 1928년~31년 '장작림' 만주대원수(滿洲大元帥)를 열차로 폭사시키고, 1930년 "만주사변"을 일으켜 1931년 [만주제국]을 건설했을 때의 누군가 약간 부셔버린 '숙종정계비'사진임을 알 수 있다. 이때의 <지도>는 "지금의 한중 국경선인 두만강과 압록강을 기준으로 삼아, 훨씬 위로 '동서간도(東西間島) 약 21,000㎢'나 되는 넓은 땅을 [조선]이 '토문강=두만강'과 '송화강'까지 경계(境界)로 묵시적인 인정을 받았다. 왜냐하면 중국 발음이 동일한 '두만강'이었기 때문이었다.

<사진 5-1-2> "1712년 숙종38년도 '정계비 국경조약' 지도"

그러니까 원래 1712년(숙종38년) <전체 간도 땅(지금의 만주절반)이 조선영토> 이었고, 이때의 총 면적은 "동+서+북 간도(間島) 전체"를 합해서, 현재 한반도의 면적인 220,000km² 의 약 '5배' 가 넘는 정도로 추정되는바, 방대한 [고구려] 및 [발해] 영토의 상당부분에 접근하는 규모로 생각된다. 그러나 이것이 다시 1909년 [한일합병(韓日合併)] 1년 전에 [대한제국]에는 한마디 협의도 없이 "일본의 보호권과 망하기 직전의 청나라"가 협잡해서 <한국영토>를 제멋대로 흥정했던 이른바 <간도협약>에서도, 또한 당시의 《청국(淸國-1911년 패망)과 일본(日本)》이 '안봉(安奉) 철도'와 '동서 간도(間島)' 땅을 몽땅 맞바꾼 [청·일]간의 국경선(國境線)을 흥정할 때에도, 그리고 소위 "봉금(封禁)지역=청나

라 만주족의 성지(聖地)"라고 봉쇄해 놓고,'조선족과 만주족'만이 출입할 수 있도록 하였을 때에도, 17세기 이래 약 250년 기간 동안을 줄곧 계속해서 즉'일제 침략기'때의 [만주제국]에서 보는 것과 똑같이 [만주족과 조선족]을 제외한, 기타 <중국인>이나 다른 어떤 종족에게도 [간도] 출입은 엄금했었다.

<사진 5-1-3> "1909년'조·일 간도협약'조·중 국경선"

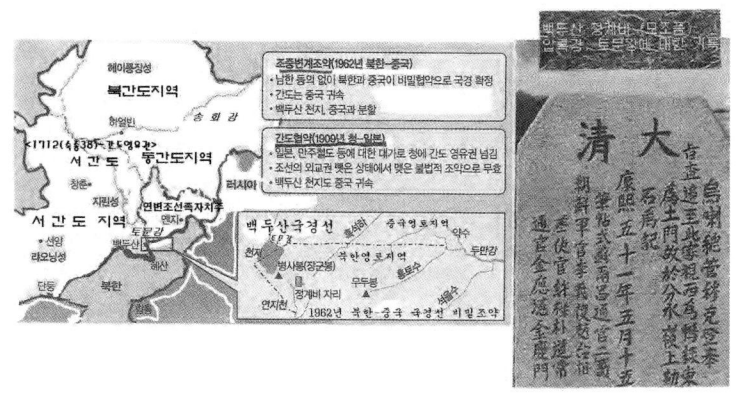

이것이 원래 1909년의"두만강 위쪽 동간도(東間島)란 명칭으로서, 사실상 그 당시의 [동(東)간도]는='북(北)간도'+'동북간도'+'연변(沿邊)조선족자치주'를 합한 거대한 면적을 [청국]은 [조선의 영토]라고 규정하고 있었다, 즉 <흑룡강성과 길림성 전부 및 시베리아와 연해주>를 총합한 적어도"[한반도]의 약 4배에 달하는 면적을 자기네들 멋대로 농락해 버린 변괴가 발생한 셈이다. 여기에 곁들여서 이미"600년전'명

(明)나라' 때부터 요동(遼東)이라고 부르면서, 한때 '최영 장군이 요동정 벌'을 꾀했던 이른바 압록강 동북지역<[일본]은 러·일 전쟁후 이를 점령해서 '관동주(關東州)' 라고 불렀음> 전체는 동간도(東間島) 지역"이라고 부르고, 멀리는 고조선, 고구려, 발해, 등 우리의 옛 조상의 땀이 서린 광대한 요충지로 남아 있었던 땅이 최근 몇 년 동안, "1962년 김일성과 주은래가 맺은 {조중변계조약}에서 백두산 천지를 중심으로 중국영토"로 이관되어 버렸다. 결국 [동북간도+서간도]의 모든 영유권을 총합하면, 약 20배에 달하는 실로 방대한 영유권이 유실된 셈이다.

그런데, 현대로 올수록 '한·중 국경선(國境線)' 문제는 적어도 1700년대 동서북간도의 영유권이 약 5분의 1로 줄어들고, 1962년 [중국의 주은래(周恩來)와 북한의 김일성(金日成)]이 잠정적으로 맺은, 옛 숙종38(1712)년의 "백두산 천지와 정계비(定界碑-한중 국경선)"에 관한 '현재의 국경선 조약(條約)'이 체결되었다. 이에 결정적으로 '국제법'에 해당되는 《조중변계조약(朝中邊界條約)》에서는 [남한]의 동의도 없이, 거대한 <동간도(東間島)> 전체를 아예 [중국영토]로 완전히 귀속시키는 한편, 『백두산 천지』는 총 봉우리 "15개" 중에서 겨우 제일 높다는 "장군봉(將軍峰-2,750m)"을 포함해서 "6개" 봉우리를 [북한(한국) 영토]로 확정하고 나머지는 모두 [중국 영토]로 귀속시켰다. 또한 [중국]의 국토에는 [미국]보다 더 넓은 영토에 55개 '소수민족'이 살고 있는데 그 중에서도 가장 큰 서부산악 및 사막지대에 있는, 서장, 청해,

신강, 위굴 및 내몽고 등 '5개구'를 <자치구(自治區)=일종의 자치국가임>라고 규정하여 "행정자치국가"를 허용하고 있다. 그 외 수십 개의 '소수민족 자치주'에 속하는, 바로 「연변조선족자치주(沿邊朝鮮族行政自治州)」약 인구 180만 여명과 21,000km²의 면적<현재 [남한]의 약 25% 즉 4분의 1이 넘는 최소한의 영유권마저도 그만 뭉개버리고 말았다. 2005년부터 "동북공정" 때문에 그나마 없어지고 말았다.

결국 [북한의 김일성]은 임의로 《간도(間島)=전체(동+서+북 간도)》를 깨끗이 [중국]에 넘겨주고 겨우 <백두산 천지>의 15개 봉우리 중 6개 봉우리라도 찾았다는 생색을 내고 있는 초라한 결과를 [남한]과는 상의도 없이 '국제적으로는 미등록(未登錄)' 형태로 지금껏 남겨 두고 있다. 다만, 1962년 "북조선과 중공" 사이에 그와 같은 '조·중 변계조약'조차도 없었다면, 오히려 "백두산에 숙종 때 세운 '정계비(定界碑)'가 천지(天池)"보다 더 아래로 약 4km 내려와 있기 때문에 그나마 '천지와 백두산 봉우리'마저 국경선 밖으로 영토를 빼앗겼을 거라는 이유를 내세우고 있다. 지금의 현상고착도 크나큰 다행이라고 또한 커다란 성과(成果)라고 높이 평가하는 한편 역기능은 전혀 고려하지 않은 채, '김일성의 위대한 업적'만을 선전하는 현실로 과대 포장되고 있는 셈이다. 그러나 앞으로 "남북통일"이 어떠한 단계이든 또는 어떤 형태(形態)이든 간에 [남한]의 동의하에 통일될 경우, [통일 한국]의 합의(合議)를 비롯하여 "국회(國會)의 비준(批准)"을 얻어서 그것이 원상태를 회복하거나 국제정치를 통한 협정(協定)에 따라 궁극적인 영유권의 결말을 보아야 할 것이다.

<표5-1-4> 1962년 "김일성과 주은래"가 맺은 '천지 장군봉'과 '백두산 국경비'

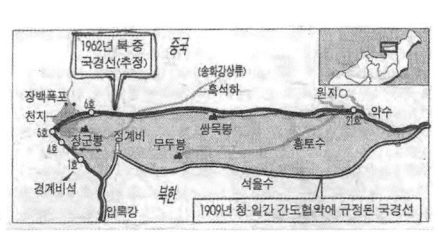

○백두산에 세워진 북한과 중국의 제4호 경계비.　　　　　/轄

즉, [연변조선족행정자치주(沿邊朝鮮行政族自治州)]는 해방 후, [중공정권]이 수립된 1949년 이후 13개 시현(市縣)으로 구성되어 왔으나 최근 2005년 이후에는 "동북공정"과 더불어 해체되고, 지금은 <중국 길림성> 속에만 소속되어 있다. 그나마 <자치주>의 면적은 겨우 [남한]의 10분의1에 불과한 약 21,000㎢에 불과할 정도로 대폭 축소되었다가 요즈음 조선족은 분해되어 대폭 감소되고(62%→40%), 반면 <중국 한족>이 '연변의 당 주석'을 비롯한 모든 실권을 독차지해 버렸다. 그러나 실은 1712년 숙종 38년에 인정된 "조선의 영유권 땅"은 옛 [발해(渤海)]국가의 거의 대부분을 포용하는 면적에 해당됨으로서, 대략 추산해 보건데 [한반도]의 약 20배 해당하는 면적으로, <동+서+북을 포함한 간도(間島) 전체 즉 현재의 만주 땅(동북3성=요령성+길림성+흑룡강성)은 전체가 오직 일부 [만주족=여진족]과 더불어 유일하게 [조선족과 일부 북방민족―거란족, 몽고족, 말갈족, 선비족]들만이 살고 있었다. 물론, 여기에 곁들여서 350년 전에는 땅덩어리로 보아서 당시의 요동(遙東)+요서(遙西)+시베리아 일부+연해주(沿海州) 일부(블라디보스토크 + 하바롭스크)까지 포함된 광대한 영토이었다. <고구려(高句麗)>의 그 많던 유민들과 <발해(渤海)>의 옛 영토와 유민들도 모두 [중국]으로 편입 되었다.

물론 [청국] 시절에는 [거란족의 국가]이었기 때문에, 영토개념이나 영유권개념도 불분명하여 자기네 종족위주로 소유권을 인정한 셈이지만, 어떻든 당시 [조선]은 [청국]과 제일 가까운 4촌간 종족이었음으로, 동시에 <간도지역의 한국 영유권>을 인정한 것이 확실하다. 그 후 1909년 [대한제국]을 완전히 무시하고, [일본]이 대륙침략전쟁을 일으키면서 [청국]과 체결한 <간도협약(間島協約―중요한 내용은 현재도 비밀)>에서는 그나마 [청국]이 반 조각 영유권만 인정하여,'압록강 위쪽의 <서간도>는 [청국]이 자기네 영토라고 [일본]의 합의를 얻어서 [대한제국]도 전혀 모르게 빼앗아 갔기 때문에 당연히 요서 및 요동지역'도 증거를 깡그리 인멸시키면서 증발시켜 버렸다.

다만 그 대신 숙종 때의 정계비(定界碑) 이북의'백두산 천지'를 포함한 원래의 동간도(東間島) 전체 즉, 흑룡강성과 길림성과 요령성 일부 및 연해주 일부가 포함된'북동간도(北東間島)'전체는 [한국]의 영유권이 유효한 군사작전지역으로 인정하여 합법적으로 군대(軍隊)를 출병시켰다. 동시에"간도의 행정청 있었던 용정"에는 당시 [조선총독부 간도출장소]까지 파견되어 있었다는 놀라운 기록이 현재도 <심양>에 있는"중국 당안관(堂案館-정부기록문서보관소)"속의'남만주철도주식회사 문서철(文書綴)'에 명백히 서류로 보관되어 있다. 이를 근거로 [일본제국]이 [만주·중국]을 침략할 때에 여러 차례에 걸쳐서 [간도(間島)]의 영유권을 근거 삼아 조선주재"서울·나남"에 주둔한 <일본군(日本軍) 2개 사단>들을 출병 시킨 일이 사실이었다.

그런데 1930년 이후 <만주사변>을 일으킨 <관동군(關東軍)>의 참모본부(參謀本部)에서는 1920년대 및 1930년대 초에 걸쳐서 몇 번이나,"동간도 전체를 [식민지 조선(朝鮮)]'의'영토'로 인정하여, <나남>과 <서울>에 주둔하고 있던'조선군 사령부 소속 일본군 2개사단'병력을 압록강과 두만강을 월경하여 여러 번 [만주]에 파병한 적도 있었다. 그러나 [만주국(일본의 괴뢰)]이 건국된 이후, <안동(단동)과 봉천(심양)>의 남만주 철도와 신의주 철도(의주-서울-부산)를 연결하기 위한 <안봉선(安奉線) 철도>를 놓기 위하여'동+북 간도'영토 전체를 [중국]과 맞바꾼 때부터 완전히'정계비'이북의 [한국] 영토권(領土權)은 사라져 버렸고, 동시에'백두산과 천지'까지도 [관동군]이 팔아먹은 셈이다.

이것을 1962년'김일성과 주은래'가 국경선 문제를 확정짓기 위하여 <조·중 변계조약(朝中邊界條約)>을 체결하여"백두산 천지의 15개 봉우리 중에서'장군봉'을 포함한 6개 봉우리>를 [북조선]의 영토로 포함시킨 새로운 국경선"을 확정했다고 크나큰 업적으로 자랑하고 있지만, 실은'북동간도'전체의 거대한 면적 즉 1909년'간도협약'에서 반 조각으로 차지한 영토마저 깡그리 사라지고, 겨우 "21,000㎢ 에 불과한 '연변 조선족 자치주(그나마 2004년 중국의 행정구역 폐쇄로 없어짐)'를 남긴 것에 불과하여, 오히려'김일성—주은래'의'조·중 변계조약'에 의한 국경선은 [한국]이 1712년부터 [청국]에서 인정받은 <영토권> 마저 취소(取消)시킨 악조건을 만들어 내었다.

2장) 「서·북·동, 간도영유권(1712)」 만이 역사적 정당성이 유일한 『대한제국의 영토』이다.

1616년 [중국]에서 [명(明)=한족=중국족]나라가 쇠망하기 시작하면서, 즉시 북방민족 중에서 가장 강력했던 [후금(後金)=여진족=만주족]이 옛날의 화려했던"황제국가—금(金)나라"를 또다시 재건시켜'중국통일'을 노리면서 건곤일척의 커다란 전쟁을 시작하게 된다. 결국 [명나라]는 28년 뒤에 완전히 멸망하고, 그때 [후금]은 정식으로 [대청제국=청(淸)]나라 황제(皇帝)국가로'중국통일국가'를 건설하게 되고, 따라서 당시 [명나라]를 섬겨오던 [조선(朝鮮)]을 "병자호란"으로 정복하고는 속방(屬邦) 즉 일종의 반식민국으로 귀속시켜 버렸다. 그러나 실제로 '여진족과 조선족'은 가장 가까운 사촌과도 같은 형제국가인 때문에 [청나라]를 건국한 시조, "누루하치=애신각라(愛新覺羅)"부터도 [신라(新羅)]를 '사랑하고 깨닫다'라는 뜻으로 성명(姓名)을 만들었다고 전해지며, 따라서 <만주(滿洲)>를 성역(聖域)으로 철저히 <봉금(封禁)>시키고 중국인 및 여타 종족의 출입을 사형으로 금지시켰다.

이때가 [후금]이 건국된 뒤 11년 후인 [조선의 인조(仁祖) 5년]의 최초 '국경협약'이 맺어진 협정으로 이를 "조선-후금 강도회맹"이라고 부른다. 이 무렵 [러시아]가 겨울에도 얼지 않는 부동항(不凍港)을 영토로 만들기 위하여 강력한 군사력을 동원하여 침략을 시작하면서, <동진정책(東進政策)>을 펴고 중국으로 침략해오던 시기로서 서세동점(西勢東漸)에 위축된 [청국]이 [러시아]와 유명한 "네르친스크 조약(1689년, 숙종 15년)"을 체결하게 되어 <시베리아와 연해주=블라디보스토크 항구>를 손에 넣은 때이어서, 이에 놀란 [대청제국]은 자기 조상 대대로 본거지이었던 [만주 성역]을 완전히 폐쇄시키는, 이른바 『봉금(封禁) 지역』으로 선포하고 출입금지를 시킨 사실이 발생하였다. 그럼에도 불구하고 오직 [조선족=한국인]만은 그들의 '성역(聖域)' 즉 만주지방 전체 예컨대 <동, 서, 북 간도(間島=東,西,北, 연해주 일부 포함)> 전체를 [조선영토]로 설정하는 동시에 광범위한 국경선을 인정하는 양측 합동답사(合同踏

査)와 '국경정계비(定界碑)'를 공동으로 설치하면서,'토문강'을 경계로 삼는 최초의'국경선'을 확정하게 된다. 그러니까 1712년'숙종 38년'만해도"청나라는 가장 가까운 유일한 종족인'조선족=한국'에게만, [만주 자기네 성역(聖域)]을 [한국]에 내어주고, [청(淸)제국]은 중화 전체의 거대한 영역을 통치"하기에도 바빴다고 생각된다.

실제로'만주족=여진족'은 우리나라의 [신라]와 서로 교류(交流)가 밀접하였고,"성씨(姓氏) 조차도'김씨(金氏)' – 한국에서 가장 1위로 많고 또한 2,000년 이전부터 내려오는 가장 오래된'성씨'를 가졌다는 사실, 그리고 첫 번째 [여진족의 금(金-김씨나라)]가 1115년에 건국해서 약 91~156년간 지속된, [국호(國號)가 바로"금국(金國)] 이었다는 사실이다. 또한 두 번째로 1616년[여진족이 건국한 국호도"후금(後金=청국)"이었다가, 1644년에 [명(明)나라]가 완전히 멸한 즉시 [청국(淸國)]으로 정식국호를 바꾼 사실 등이 [조선족]과는 형제의 종족이었다는 실사례로 들 수 있다. 결국 [대청(淸)제국]이 쇠약해 져서 1911년 10월 10일에"손문"이 일으킨'신해(辛亥)혁명'으로 [중화민국]이 탄생되면서 멸망하였으므로, [청제국]도 역시 295년간 전체 중국을 통치한 셈이다. 따라서 이와 같이 2개 왕국(王國)의 동질성을 찾는다면, 종족이 가장 가깝고, 김씨(金氏)가 가장 많고, 동시에 멸망한 연대도 [대한제국]은 1910년인데 비해서 [대청제국]도 1911년으로 불과 1년 차이 밖에 되지 않아 국운(國運)도 같다.

다시 <간도(間島)> 문제의 역사적 사실을 계속해서 규명해보기로 한다. 결국 최초의 가장 완전한"조선(한국)의 영유권(領有權)"은 [청국]과 [조선]이 합동으로 조사한바,'북, 요동, 서, 간도지역'즉 지금의 [만주]의 대부분이 해당된다."토문강 및 송화강 동서쪽의 전체지역인,'서, 북, 간도'-압록강 위쪽 길림성일부와'요동간도'-두만강 위쪽 <연변>과 길림성 전부 그리고'북간도'-흑룡강성 및 시베리아와 연해주 일부"등을 전부 포함한 [동간도]가 해당되고,"백두산 천지"약 4km 아래에 [조·청 양국]이 공동으로 세운 유명한"국경정계비(國境定界碑)"가 약 300년 전의 일이었지만, 가장 확실한 <국경조약(國境條約)>이였다고 생각된다. 다시 말하면,"백두산에서 발원되는'압록강'과'토문강(한어로는 도문강으로 똑같이 발음됨을 주목하기 바람)'및'송화강'으로 흘러가는 경계선을 기점으로 광대한 지역을 모두 합해서 우선"동·북서(東北西) 간도(間島=연변)"라고 부르면서, 이들 경계선은 결국은 [러시아]국경을 통과해서'우수리강과 흑룡강'으로'아류산열도'까지 흐른다.

그리고 이들 광대한 지역은'아편전쟁'으로 [청국]의 영토가'서구열강'들에게 모조리 빼앗기기 전까지는"간도(間島)"역시 옛날의 [고구려+발해]의 영토에 필적하는 넓이 이었다. 그런데 위에서 찾아본 <간도의 조선(한국) 영유권>은, 그 뒤 비극적인 수많은 변천(變遷-열강들의 국경침탈)을 거쳐 약 250년 기간에 끊임없이 국경선이 축소되었고, 결국 일제초창기에"나남주둔 일본군이 간도로 진격해서 만주를 점령했던 조선

영토권"은 완전히 사라졌다. 지금은 그나마 [북한이 중국]과 맺었다는 '백두산 천지를 가로지르는 장군봉과 6개 봉우리'로서 잠정적인 결과가 현재 지속되고 있는 것 같다. 예컨대 [러시아]의 동진정책에 의해서 [청제국]은 19세기 중엽부터 "영토침략"을 당했는데, 1858년(철종9년)에 {청·러 아이훈 조약}을 맺도록 압박을 받고 <연해주 관할권>을 [러시아]에게 할양했다가, 1860년 (철종11년)에는 <베이징(북경) 조약>을 체결하여 [러시아]에게 완전히 <연해주(沿海州)>를 빼앗기게 된다.

그래서 [조선]은 1885년(고종 22년)에 [청국]에게 '양국 경계'에 관한 "을유담판(乙酉談判)"을 벌였으나, 이 당시는 이미 [조·청 양국]이 다 같이 열강의 침략을 받아 국력(國力)이 극도로 쇠퇴해 있고 또한 "열강들과 통상수호 조약"을 체결한 강제 개항(開港)의 시기였으므로 양국관계는 순조롭지 못하였다. 계속해서 1886년(고종 23년)에 [조선]은 [청나라]가 <청·러 훈춘조약>을 체결하고 '두만강 하류 4㎢'를 [러시아]가 영토로 편입하게 되자, <녹둔도>를 [조선 영토]로 반환해 줄 것을 [청나라]에게 요청하였다. 아울러 1887년(고종 24년)에 또다시 [조선과 청나라] 양국의 국경선에 관해서 <정해담판(丁亥談判)>을 벌였으나, 아무런 소득없이 결렬되고 말았다. 뒤이어 1888년(고종 25년)에는 [청국의 이홍장과 조선의 이중하(李重夏)]의 회담이 있었으나, 이후 [대한제국]이 선포되면서 양국은 각각 독자적인 조치를 취하기에 이른다. 1905년 "을사늑약"이 강압적으로 체결되어 [한국의 외교권]을 [일본]이 강제로 박탈함에 따라, 모든 외교문제는 [일본]이 대신하게 되고 [대한제국]은 완전히 배제 되게 된다.

이 때문에 1909년에는 비밀리에 [한국]도 모르게 더구나 저희들끼리 국제적 이권(利權)을 흥정한답시고, <청·일 간도협약(間島協約)>이 [일본]에 의해서 체결된다.'남만주철도권'과'탄광' 등 5가지 이권'을 차지하는 대가로 [청나라]에게 <조선의 간도영유권(間島領有權)>를 완전히 팔아넘기게 되었다. 뿐만 아니라 최근 년에 이르러 [분단 한국]으로 나뉘어져 있는 사이에 1962년에는 [중국의 주은래와 북한의 김일성]이 서로간의 우호증진을 꾀한다는 뜻에서 <조·중 변계조약(邊界條約)>을 체결하였는데, 그동안 미해결로 국경(國境)문제가 불분명한 관계를 확정 지운다는 취지에서 [북한]이"백두산 천지 15개 봉우리 중에서 가장 높은 장군봉(2750m)를 포함한 6개 봉우리를 [북한 영토]로 정한다는 <국경선>을 정하여 현재 잠정적으로 북·중 사이에 통용되고 있다.

그러나 [남한]의 동의가 없고 또한 국제법상 미등록 상태이어서 <남북통일>이 되는 경우, 재론의 여지는 충분히 남아있으나, <간도영유권>은 사라진 셈이다. 다만 이를 반격하기 위해서 중국은 [동북공정(東北工程)]을 들고 나와 사전에 발언권을 높이고 있는 상황이다. 이상에서 살펴 본 바와 같이, [간도(間島)문제]는 (1) [한국]의 쇠약한 국력과 정치가 실종되었던 무책임한 지배층들과 국제관계에 어두운'외교(外交)적 취약성'

으로 인하여 주체성을 잃고, 동시에 청국, 일본, 및 러시아 등 열강들에게 의존하다가, 결국은 서구강대국의 흉내를 내서 먼저 개화하게 된 [일본제국주의]에게 1789년 침략당하고, 타의에 의해서 개항(開港)하게 되었다는 사실이다.

또한 (2) [청국]의 비극적인 국운쇠약으로 국제적 고립과 멸망을 초래하여, 동북아시아의 판도가 뒤바꿔졌고, 더구나 [만주족]으로서 '중원'에 황제국가로 진출했기 때문에, 종래의 <조선과 청나라> 라는 가장 가까운 민족관계마저도 책임질 수 없을 정도로 멸망해 버렸다. 이로서 [만주 여진족]의 주체성(主體性) - '아이덴티티'는 물론 모든 [대청제국]이라는 '황제국가'의 기득권조차도 깡그리 소멸되어, 지금은 [한국]에게도 "1712년(숙종38년)의 [조·청] 사이에 간도(間島)의 공동 성역화(聖域化)"를 합동으로 공인하고 "국경정계비"를 세웠다는 사실조차 보증하기는커녕, 오히려 [만주족] 자체가 [한족=중국족]에게 완전히 동화되어 겨우 20여만 명이 현재 생존하고 있는 실정임으로, '영유권'을 증명할 수 없는 상황이 되었다는 비참한 사실을 호소할 길이 없다.

(3) 실은 [청국]이 멸망으로 치달은 단초적인 첫 출발은, 무엇보다도 1·2차에 걸친 <아편전쟁(1840년~60년)>의 결과 패전(敗戰)에 따른 영·프·미·러시아와의 "북경조약"에 의해서 많은 이권을 내어주고 매판자본(買辦資本)을 허용하였다는 사실이다. 동시에 [청국]은 영토(領土)

를 빼앗기면서 지리멸렬 상태가 된 사실은 역사가 입증하는 일이다. 문제의 관건은 [청국]이 이때 [러시아]에게 <연해주>를 할양할 때에 그때까지 [한국]이 영유권을 가진"서북간도(=연해주)"를 아무런 허락도 없이 [청국]에게 동시에 내어주었다는 사실로서 국제법상 구속력이 없는 행동을 했다는 일이다. 이로서 [한국]은 [청국]의 무모한 행위로 인하여 그 뒤에도 1909년에 [일본]과의 <간도비밀협약>에 의해 2번이나 [한국]의 영유권을 멋대로 넘겨주었다는 사실이 지금 [한국]에게 엄청난 피해를 주고 있는 실정을 절대로 간과할 수 없게 되었다.

<연표 5-2-1> "간도(만주)지역 한국영유권과 국경선에 관한 변천추이

1627(인조 5년)	1689(숙종 15년)	*1712(숙종38년)	1858(철종 9년)	1860(철종 11년)	1885(고종 22년)	1886(고종 23년)
<봉금(封禁)>	<넬친스크·조약>	<백두산·정계비>	<아이훈·조약>	<베이징 조약>	<을유담판 실패>	<청·러 훈춘조약>
최초, [조선·후금(청제국)] 사이에 "강도회맹(강도회맹)"을 체결하고, 두만강 위쪽간도'에 대해서 양국민 출입금지(봉금)토록 합의	[러시아]의'동진(東進)'침략에 대한 [청국의 봉금(封禁)]으로 방치한 광대한 '간도(間島)'무인지역 땅에"조·청"이 공동진입,조선인정.	[조·청 양국합동-백두산·정계비(定界碑) 설치]로 국경선(國境線)을압록강~토문강 (송화강),경계의[북·동간도(北間東島)]조선영토]로 인정	[러시아·동침(東侵)]으로,시베리아에,진출하고,'연해주·공동관할권'을[청(淸)국]에서 획득하면서, 동시에 [청·러 아이훈 조약]·권리획득함.	[한국]은 1876년 [일본]이·[병자수호조약-청국의속방해제]로, "조·청수륙상민장정"을, 맺고,<청·러,북경조약>은[러시아]가,<연해주>장악.	[조선과 청나라]는 <국경선·경계(境界)회담>인"을유(乙酉)담판"이, 결렬되고,<간도(間島)문제>는미해결,상태로-[한국,영유권소멸.	[청국과러시아]가 "훈춘 조약"으로,두만강하류 4km를 영토로 만들자,[조선]은 '녹둔도'반환을 [청국]에 요청하고,'간도'지역의확보.

1887(고종 24년)	1889고종 25년)	1905(고종 41년)	1909(순종 4년)	1962(한국 14년)	1995(한국 47년)	2002(한국 54년)
<정해담판 결렬>	<감계회담 결렬>	<조선외교권상실>	<청·일간도협약>	<북·중 변계조약>	<중한국통일대비>	<중공 동북공정>
[조선과 청국]과의 대등한"국경선 획정과 간도영유권확정", 때문에 <정해(丁亥)담판>을 벌였으나, [청국의 쇠퇴와 친로정권의 구한국 입장]이, 상치되어'경계'가 결렬됨.	[조선과 청나라]는 쇠잔한 국력 때문에"청국의 이홍장이<감계회담>을 요구했으나,조선의 이중하(李重夏)는 회담연기론>을 펴서, 이후 양국은 완전 독자적길을 택함.	[대한제국]이 <일본의 을사늑약(乙巳勒約)>으로"외교권(外交權)을 강제로박탈"당함에 따라, [일본]이 대신해"외교권과 국방권"을 행사하고, 당사국인 [한국]은 배제됨.	[조선의 간도(間島) 영유권 박탈]의 결정적 '비밀협약, 청·일 간도협약(아직도내용은,극비사항임)>이[한국]몰래 뒷거래되어, [일본]이 탄광등 5가지 이권에,양도함.	1948-9년[북조서·중화인민공화국]이, 건국되어, <공산동맹국가>로서, "간도영유권",포기된채, 백두산천지(天池)와 정계비(定界碑)와 압록·두만강을국경선(國境線)합의	[중공]은, 급박한 <한국통일>에대비],[만주와북,동,서간도(間島)]의 영유권과국경선의 회복주장을우려하여, [중공·이붕]이, [한국·이홍구 총리]에게, '한국땅'언행자제요청.	[중국]은"길림성과북경의,사회과학원"을동원하여, 엉뚱한<동북공정(東北工程)>을역사왜곡>하여, "고구려와발해"가, [중국·변방국가]로, "간도영토"를, 날조하나, '북은무언'

<자료 출처>: 역사적 사실에 비추어, 1627~2002년 이후를 조사하여, 필자 작성.

이상과 같은 사실은 위에서 나오는 <연표(年表)>를 참조해 볼 때, 명백하게 역사적으로 입증된다고 말할 수 있겠다.

그리고 (3) [일본]의 악랄한 무력침략정책은, [대한제국]의'국제법상 보호권'을 남용한 식민지강탈과'대리권'흥정으로 인하여 당사국[한국]은 외교권을 상실하고 국제무대에서 사라지는 처참한 역사적 비운을 안고 침몰할 수밖에 없게 된 반면, [일본]은 [군국주의]로 대륙을 침략하여 동아시아 전체를 전란 속에 침략하면서, [한국]은 물적 조달의 병참(兵站)기지 및 인력(人力)조달의 희생물이 되었다는 사실이다. 또한 (4) [중공]은 중국대륙을'공산주의 및 사회주의 국가'로 통치하고 있다. [중공]에 의하면, 세계의 모든 국가는'호혜평등(互惠平等)'에 입각해서, 또한"휴머니즘-인도주의"에 입각해서 각국의 주권(主權)을 존중해야하고, 동시에'형제국과 형제당의 상호원조'를 큰형님 역할로서 [중화인민공화국]이 모범적으로 수행한다는 가장 평화주의와 인도주의(人道主義)를 내세우고 있다. 그래서 "아시아와 아프리카를 중심으로 반제국주의 및 비동맹 제3세계"를 결속시키고, 소비재가 아닌 생산재의 원조를 감행하여'아프리카 및 아시아 후진국'들의 세계적 환호를 받았다.

그런데"모택동사상과 중앙집권적 인민독재(人民獨裁)"는 오히려 '강대국의 국가이기주의(國家利己主義)'적인'대국주의 및 패권주의'를 더욱 우위로 삼고,"아시아적 인민해방전술"에 의해서 팽창주의(膨脹

主義)가'사회주의=공산주의'보다도 더욱 기세를 떨치면서, 과거 [대청제국] 시절의 <건륭(乾隆) 황제> 때의 광대한 영토권을 최소나마 회복시키겠다는'대국주의(大國主義)'에 집착하고 있다는 점 등을 지적할 수 있다. 왜냐하면 과거 [중국]이 빼앗긴 영토와 불평등조약 등은"제국주의와 식민주의"의 잔재이기 때문에 절대로 이를 인정할 수 없을뿐더러, 더구나 <신식민주의(新植民主義)>의 부활까지 첨가되었기 때문에,'과거청산(過去淸算)'으로서의 강탈당한 영토의 반환과 신식민주의에 입각한 새로운 속박까지도 오히려 역습(逆襲)을 하겠다는 속셈을 품고, 강대국으로 부상하면서 날이 갈수록"중국이기주의"를 강조하고 있는 실정이다.

　　이로서 약소국인 [조선시대 300년 전의'북·동 간도'의 영유권]을 지금의 [한국]이나 [북한]에 대해서도 용납하지 않겠다는 속셈을 최근에는 노골적으로 들어내 놓고,"동북공정(東北工程)"이라는 역사 왜곡으로 [한반도]를 능멸하고 있는 사실은 과거'반식민지'상태의 [중국]으로 보나,'호혜평등'을 내세우는, [중국공산당]의'캐치 프레이즈'로 보나 너무나 이율배반적인 처사라 아니 말할 수 없다. 반면 몇 가지'북동아시아의 상고 역사'에서 북방민족(北方民族)들이 이합집산했던 사실만을 근거로 삼아, 마치 [한국의 고대사=고구려, 발해, 고조선]이 [고대 중원]-(그때'중국'이란 용어도 없었음)의 변방국가나 속방(屬邦)인양, 왜곡하고'패권주의-깡패주의'로 때려잡으려는 적반하장의'대국주의'태도는 최대의 죄악을 범하고 있다고 말할 수 있을 것이다.

실제로 [한족=중국족]이 "중원"에 서역(西域)으로부터 이동하면서, [주(周)나라]를 만든 것이 불과 3000년 밖에 더 되겠는가, [당(唐)나라]의 대부분, 예컨대 "당태종 이세민"을 비롯한 황제까지도 '북방민족'과 혼혈(混血)되어 있지 않는가. [중원]을 차지하면 국호는 1개 글자를 사용하는데, 진, 한, 수, 당, 송, 원, 명, 청 등 국가들이 그것이다. 여기에서 보면, "한족 국가"보다는 "북방민족의 국가" 예컨대 원이나 청 등이 가장 큰 비중을 차지하고 있어서, 중세 이후 '원(元)=몽고족'이나, '청(淸)=만주족' 등은 최대의 북방민족의 통일국가였던 것이 사실이다. 역사시대로 보는 5천 년 전, [하(夏)=상(商)] 및 [은(殷)]시대, 약 3천여 년은 "황하(黃河)"중심으로 수 백 개의 '북방민족'들, 즉 고(古) 아시아 '9이족(九夷族)=몽골, 알타이족'만이 살았다고 전해진다. 그래서 어떤 학설은 "중국한족 대 북방민족"의 '황제국가수립'의 비율은 거의 북방 53% 대 한족 47% 정도로 북방 쪽이 더 많다고 말한다.

어느 민족이고 간에, 맨 먼저 <중원(中原)>을 정복하고, 중국의 황제국가(皇帝國家)가 되면, 대개 글자1개로 된 이름, 예컨대 하, 은, 주, 진, 한, 수, 당, 송, 원, 명, 청 등을 지칭하며, 동시에 2개 글자로 된, 국호는 중원의 변방 '제후국가(帝侯國家)'를 말하는바, 예컨대 조선, 일본, 월남, 흉노, 돌궐, 계단 등 소위 "동이(東夷), 서융(西戎), 남만(南蠻), 북적(北狄)" 등을 가리킨다. 따라서 <중원(中原)>을 중심해서 <4대 오랑캐>라고 부르는 것이며, 일종의 UN 총회와 같이 생각되는 개념으로 보면 무난할 것이다. 그럼으로 오늘의 현실에서 <국제정치권력>에 비추어 [중국]이 강대국이 되어 '사회주의' 보다는 '대국주의, 패권주의'를 내세우면서, 고래로 [한족(漢族)]의 '오랑캐' 나 속방(屬邦) 국가'도 아닌 마치 [한족]의 주도적인 '국가' 로서, <고구려, 발해, 및 고조선> 등을 왜곡하는 일은 [한국 역사]의 말살행위이며, 강탈에 가깝다.

3장) 『동·서·북간도+백두산 천지+고구려영토』 이외의 "한국의 보호권(保護權)빙자 조약"은 전부무효.

21세기에 진입된 새로운 "세계질서"는 옛날과 같은 제국주의나 군국주의적 '영토(領土)문제'는 그리 심각하지 않다. 지금은 [영토주권과 아울러 경제 및 문화영토] 문제도 심각한 국제관계를 낳고 있다. 왜냐하면 '글로벌리즘—세계주의'가 지구촌(地球村)을 "하나의 세계 — One World System"로 통합하고 있기 때문이다. 그러나 국가주권(國家主權)과 결부된 국력경쟁은 어느 때보다도 치열하고, 특히 <첨단기술 : Hi-Technology>이나 금융, 지적재산권, 세계적 채널을 가진 <서비스 산업—Service>들과 "다국적자본—세계독점자본"들이 연합해서 움직이는 <기업국가—Conglomerate>의 활동과 조직은 '생산양식(生産樣式)— The Mode of Production,' 그 자체를 상상을 불허할 정도로 급속히 뒤바꿔 놓고 있다.

[한국]의 근세 1712년(숙종 38년)의 [만주] 땅에서도 겨우"백두산 천지(天池)"를 기점으로 [조·청 양국]이 합의하에 국경정계비(國境定界碑)를 설치하고, 이로부터'토문강(土門江)'을 경계로 국경선(國境線)을 정하고, 이어서 송화강(松花江)을 따라 <중·러 국경선>으로 흐르고 있는 '흑룡강'까지 포함된, 방대한"북간도와 동간도 및 일부 서간도"가 [조선]의"경계선인 동시에 영유권"이었다. 그런데 불과 300년 만의 지금은 [한국의 영토권]은 아예 자취를 감추고 겨우'백두산 천지'에 머무르고, 또한'중국의 동북공정'이 [한국의 역사 -고구려, 고조선 및 발해]까지 왜 깡그리 말살시키고 있는 비참한 현실로 바뀌었는가. 한말로 지적해서,'공산국가'가 된 [중공과 북한]은 아예 [한국의 300년 전 간도영유권]을 인정하기는커녕, 단순히 자기네들끼리'압록강과 두만강'을 경계로 일체의 경위도 전후사정도 지금껏 발표한 적 없이 다만"백두산 천지"를 가로지르는 국경선만 새로이 합의한 채, 15개 봉우리 중에서, 제일 높은 장군봉(2750m)을 포함한 6개만을 [북한]의 영토(領土)로 인정할 뿐이다. 원래 {조(한국)·청국}간에 국경선(國境線)을 정하고, 총 21개의'경계비석'을 차례로 세웠으며, 동시에 옛 1712년(숙종 38년)때에 "정계비(定界碑)"를 세웠던'백두산 천지 아래 4km 지점'으로부터, 이를 천지중간 물위로 국경선이 세워져 약"280여km²"의 땅이 [북한측]에 편입되어 넓혀졌다는 말 한마디가 지금 남아 있을 뿐이다.

과거의 기득권'서, 북, 동 간도 땅'은 완전히 무시한 채, 앞으로 통일이 된다면 이 같은 잠정적인'국경선'이 그대로 확정될 수 있을까. 더구나 아직 국제적으로 등록도 안 된"김일성과 주은래"의 합의가 용납될 수 있을까 하는 의문은 당연한 일이다. 최근에 불거진 <국토 영유권>문제는 우선"간도(연변)와 백두산 천지"를 비롯해서 [일본]과의"독도(獨島)"문제 등 험악한 감정대립을 낳고 있다. 원리 원칙대로 규명해 본다면 다음과 같이 정리된다.

(1) <독도> 문제는 복잡할 것도 없고 [일본]의 억지임이 드러난다. 1905년~10년 즉"1905년 을사늑약~1910년 한일합방조약"사이에 [일본]은 국제적으로'열강들이 단순히 가볍게 인정한 국제법상의 보호권(保護權)'을 악용하여, [한국]의"외교권"을 강탈하고 특히'고종황제'의 국새(國璽)까지 위조해서 마치 대표권을 전적으로 위임받은 양 날조하고는 그 때 <독도 한국영토>를 [일본 영토]로 선포해 버렸다.

그런데 문제는 공교롭게도 [미·일 샌프란시스코 강화조약]이 1952년'6·25 한국전쟁'의 와중에서, [대한민국]은 대표나'옵서버의 파견'조차 생각지도 못할 때, [일본]이 살짝 [미국]을 속여서, [한국]이 완전한 <일본의 식민지>가 된 것은"1910년 한일합병조약"이후의'강탈된 외교권(外交權)'그 이후"대리권"만 무효(無效)이고, 반면 그 이전인 즉 1905년~1910년 기간의 [일본]이 [대한제국]의 <보호권>을 가졌을 때에는 즉, <외교권만을 박탈하고 맺은 모든 행위는 유효(有效)하다(-일본

에 책임이 없다는 주장)>만을 관철시켜서, 그것 하나를 근거로 [일본]이 1909년, <청·일 간도 비밀협약>으로 [한국] 몰래 팔아먹고, 또한 독도(獨島)가 일본영토]라고 생떼를 쓰고 있을 뿐이다. 이런 문제는 원래 [한국]의 국력이 미약했던 탓이고, 동시에 '미·일 샌프란시스코 강화조약(1949.1.~51.8.)' 때에 이를 방치해버린 외교상 국가적 직무유기이다.

<사진 5-3-1> [일본] 점령전쟁을 지휘하는 "맥아더 연합군최고사령관"

<자료> : [일본 점령]을 향해서 진격하는 '맥아더 원수'(1942)

특히 패망한 [일본점령연합군 최고사령관]으로서 7년 동안 [일본]을 통치했던 『맥아더 원수』는 그가 남긴 '메모-쪽지'를 통하여 명백히 기록해 놓기를 "독도(獨島)는 일본(日本) 땅이 아니다"라는 지시를 회담장에 내린 증거가 발견되고 있어서 더 한층 의혹을 남기고 있다. 즉 최근 비밀에서 해제된 <강화조약초안>을 작성하고 있었던 [미국측 대표단]에

게 당시 연합국최고사령관이면서 동시에'일본 최고통치자'이었던 『맥아더 원수』는"일본은 독도에서 떠나라"라고 지시한 연필메모가 명백히 증언하고 있다. 더구나 1942년 태평양전쟁 중에'미 해군성 산하 해로측량국'이 작성한 지도에 근거한 것으로, 이 지도에는 <독도>가 <울릉도>와 함께 [한국 영해(領海)의 영토(領土)]로 분명히 기록되어 사용되어 왔고, 또한"1949년 조약초안 작성 시 1~5차까지 <독도>가 한국영토로 연합국최고사령부 지령(指令-Directives)에 남은 기록이 확인되고 있다.

다만 그 당시 <한국전쟁>이 격렬하였고 미처 [한국정부]가 옵서버조차도 파견할 기회까지 방치했다는 점이 심히 유감된 일이며, 1951년 8월 7~10차 조인 사이에 [일본]이 야합해서 [미국]을 속인 것이 확실하다. 왜냐하면 [한국전쟁]이 휴전(休戰)으로 들어간 1953년도부터는 갑자기 [일본]이 마치 자기네 주권(主權)행사를 하듯이, 또는 살짝 삽입한 <독도영유권>을 기정사실화 하듯이, 한국의 동해바다를 점유하고 고기를 잡는가 하면, <독도>에 상륙하여 2차례나 표지석을 세우는 등 도발적 행위를 시작하였다. 이에 격분한 [한국]의 국회(國會)에서 결의안을 통과시키는 한편,'이승만 대통령'은"영토선(Lee Line)을 쳐서'일본배'를 나포하는 동시에 [대마도-쓰시마]가 [세종대왕] 때부터 정복한 [한국 영토]임을 포고하면서 강력히 [일본]을 견제하는 한편, 사실상의 [실효 영토]로서 지금껏 경비를 강화하고 있다.

그래서 [일본]이 지금은 거꾸로 [한국-독도 등]을 괴롭히고 있지만, 일찍이'군국주의(軍國主義) 아시아 침략'을 무자비하게 강행할 때에는 이성을 잃고 한 마리 야수와도 같이 수단방법을 가리지 않고 날뛰었으며, 따라서 제2차세계대전 때에 비참하게 [미군]에게 패망 당했지만,'만주침략(1931년) 전쟁 때에는 [조선]의 영유권까지 적용해서 당당하게 [만주침공]을 감행한 증거가 지금도 생생하게 남아 있다. 그리고 지금의 [미·일 강화조약] 초안을 찾아보아도 [미국]의 책임도 상당히 남아 있다.

<표5-3-2> 최근세 100년간, [한국]의 <역사적 간도(間島) 영유권> 주장일지

연 도	<간도영유권 한국측 주장의 **내용과 추이 >**
1869~1870	원래 <간도>는 [청제국의 영역]으로 <봉금지역>이었으나, 함경도지방의 혹심한 대흉작 때문에 <조선족>들이 압록강과 두만강을 월경,'농경지'를 개간함.
1882	[청제국]은 <간도봉금지역>의 [조선족]들을"청국인"으로 편입하겠다는 방침을 고시함. [조선족]들은 [조선정부]에게"청국인 국적"을 막아 달라고 <청원>함.
1887	함경북도 관찰사, 조재우(趙在遇)가 정부지시로,"백두산과 정계비(定界碑)"중심의 산(山)-하천(河川) 조사한바, <을유·정해년-간도감계(間島鑑戒)의견서(意見書)=담판5조(談判五條)>의 원칙에 따라, <백두산-토문강(土門江)-송화강>=[동북 간도]가'조·청경계선(朝·淸境界線)"임을 확인함.
1897	[조선]은 서상무(徐相懋)를"서변계(西邊界)"의'감리사(監理師)'로'압록강' 이북의 <서간도(西間島)> 및'두만강' 위로 <북·동 간도>지역의"한인(韓人)"을 보호함.
1898	[대한제국]의 내부대신(內部大臣), 이건하(李乾夏)가 함경도·관찰사 이종관(李鐘觀)에게 국경선(國境線) 답사를 지시, 경원군수 박일헌(朴逸憲)등은 "흑룡강 하류, 토문강" 동쪽 전체가 [조선 영토(領土)]인데, [청국이 러시아]에게 "매도(賣渡)-할양한 것은 용인할 수 없으니 3국이 회담해야 한다."라고 상부에 보고함.
1900	평북·관찰사, 이도재(李道宰)가"압록강"북쪽<서간도>를 각군(郡)에 편입하고,충의사(忠義社)로'대한인'보호.
1901	변계경무서(邊界警務署)를 '회령'에 설치하고, 교계관(交界官) 2인을 임명하여, '무산'과 '종성'에 지서(支署)를 설치하고,"간도 영토"를 보호, 관할·통치하면서, 일체의 "사법,행정,위생"을 총괄함.
1902	[대한제국] 이범윤(李範允)을 '간도(間島邊界)' 총괄의 시찰사(視察使)로 임명. '간도(間島) 전체지역 거류민(居留民)의 판적(版籍)에 든 자가 2만7400여호(戶)이며, 인구(人口) 총수는 남여 10만 여명으로 조사됨.

1907	김현묵(金賢默)과 주범중(朱範中)외 13명등 <북간도거류민(北間島居留民)>들이 "수십만명 백성(百姓)들의 생명(生命)을 보호해 달라" 며 [대한제국(大韓帝國) 내각(內閣)]에 청원문(請願文)을 제출. 8월23일, 일본제국의 조선통감부(朝鮮統監府)]가 만주 간도(間島-東西北)의 조선족 거류민들을 보호하기 위하여, 현재"연변조선족자치주-沿邊朝鮮族自治州)"의 용정시(龍井市)에 <통감부(統監府)임시간도(間島)파출소>를 설치함(-이미 <을사보호조약>)에 의거, <합병>이전, 조선영토(朝鮮領土)로 확인하고 보호권(保護權)을 행사했던 증거임).
1983	[대한민국(大韓民國)-1948.8.15.] 정부수립 이후, 최초로 김영광(金永光)의원등 [한국국회의원(韓國國會議員)55명]이 "백두산과 간도의 영유권(領有權) 확인에 관한 결의안(決議案)"을 정식으로 제출함.
1995	[대한민국 국회]에서 김원웅(金元雄) 친북한·친중국, 국회의원이,"간도는 우리 땅·영토"라고 주장.
1907.7.5	'화란·헤그'-[만국평화회의]에 "고종밀서"제출.[일본의 보호조약] 무효를 이준(李儁)·이상설(李相卨) 주장. 이범윤(李範允-1902년<간도시찰사>)로"10만 거류민 호적"작성 총독)이,8월<북간도에서 항일 거병>함.

<자료 출처> :"신동아"(1976년1월호,별책 부록-"개항 100년 자료집,"에 의거 필자 작성.

또 다른 중요한 문제로서 바로"중국과의 간도영유권(間島領有權) 및 백두산 천지와 토문강 정계비(定界碑)"건에 관한 [한국]의 입장과 역사적 및 현실적 정당성 주장인데, 앞에서 지적한 <독도>문제처럼 [일본]은 1905년'러·일 전쟁'의 승리로'열강들에게서 단순히 받은"보호권(保護權)"을 식민지 이상으로 강탈'해서 실속을 차렸으면서도 마치"을사늑약(보호조약)"이 [한국]을 단순히 대리한 것처럼 호도해서, 1909년 망해가는 [청국과 일본]이 비밀리에 <간도협약(間島協約)>을 맺고, 이때부터 [한국]이 자의로 <간도=만주>를 포기했으며, 동시에 [일본]은 아무런 죄악이 없는 것처럼 [청국]과의 농간을 방치하고 있었다는 사실이다.

실제로 위에서 설명해온 이들에 관한 내막들을 추론해 보면 다음과 같이 정리된다. ❶ [조선통감부]가"고종황제"의 국새(國璽)를 위조했고, 그 때문에'헤이그 밀사사건'이 발생했으며, 또한"고종의 퇴위와 순종황제의 등극이 강압적으로 이루어진 점"이 이를 입증하고도 남음이 있다. 또한 '만주 유조호사건'(=<봉천역 200m 떨어진 호수(湖水-柳條溝)에서 장작림이 열차 폭파로 죽음>을 '관동군=일본군(지휘관-가와모토(河本)대령'들이 [만주]를 침략을 할 때, 1928년 '일본군' 병력은 14,000명 뿐인데 반해서, '만주동부군'은 비록 비정규군이지만, 물경 45만명을 동원할 수 있는 방대한 병력을 동원해 놓고 있었다.

이에 크게 당황한 '일본의 관동군'들이 급한 김에 최후수단으로 <식민지 조선군대> 2개사단(용산+나남)을 총동원해서 국경(압록강)을 넘어 전투태세에 돌입했던 사건이 있다. 이때 "조선(주둔)군-사령관; 하야시(林銑十郞)"가 만주까지 출동되었던 부정할 수 없는 엄연한 사실이, 생생하게 지금도 역사적 사례로서 남아 있지 않은가. 이와 같은 사실에 비추어 볼 때, 이때까지만 해도 간도(間島)지방 영유권(서, 북, 동간도땅)은 명백히 [일본제국] 조차도 {조선의 작전권=간도영유권}이 [대한제국에 국제법적으로 소속되어 있었다. 이때 [일본군]은 {대한제국}을 대리해서 출동했지만, 자기네들의 영토인양 또한 작전권 영역으로 확정하고 있었다는 사실이 [한국]의 영토임을 입증한다. 더구나 부정할 수 없는 실 사례는 첫째로, 먼저 '조선군 소속 공군 비행대'들이 "만주출격"을 실행하였다는 사실이고, 동시에 둘째로 '평양의 조선-일본군 혼성부대 제39여단'즉 전투병력이 정식으로 <한만국경>을 넘어 파견되었다는 사실이다. 그 후 <일본의 만주국 건설> 때에도, 이들 전투병력들은 <조선영토로 주

둔지>에서 출병하여 신의주를 거쳐서 '압록강 국경'을 넘어 진격하였다. 이미 "1931년 9월 21일에 발발한 <만주사변>"이란 전쟁을 수행하기 시작하였고, <만주와 중국 땅>으로 침공하는 동시에 이미 <조선영토>의 기득권을 근거삼아 이를 공식적으로 인정하면서 [만주 괴뢰국]을 건국하고 [일본]의 식민국을 만들기 위하여 현대식 군대로 출병한 셈이다.

❷ 또한 <앞 표>에서 여러 차례, '현대사의 역사적 사실'로서 또한 [한국]의 <간도>에 대한 주장과 조치 및 정책들을 지적해 보았지만, 특히 [대한제국]이 1905년~10년 기간에 국제법상 단순한 "일제의 보호권 행사"라는 측면을 면밀히 조사해 보면 [일본]의 간악한 이중적인 '국가이기주의'에 입각한 <간도 정책>이 백일 하에 들어난다. 간단한 사례를 지적해 보아도, 그 당시에는 일개 <조선 통감부의 보호권>이란 나약한 근거를 휘둘러서, 엄연히 [대한제국]의 주권과 고종황제의 통치권이 존재하여 있는 데에도 불구하고 이미 1907년에 [일제의 조선 통감부가 <만주의 간도통치를 하기 위해서 용정시(龍井市)에 '통감부간도(間島)임시파출소'를 설치>하고 <조선영토의 대리권>을 이용하는 동시에, 보호정책을 구실로 출병했다는 사실은 전혀 간과하고 넘길 수 없는 일이다.

반면에 1909년에는 [조선의 보호권=외교권대리>를 내세워서 [조선]을 무시한 채로, [청국—2년 뒤 멸망함]과는 비밀리에 [일본의 만주침략]의 대가로 <간도협약>을 체결하여, [만주군벌]들과 흥정하고, "철도와 광

산확보"를 위해서 <백두산과 1712년 숙종 때 확보한 한국의 동, 서, 북 간도(間島)> 전체를 팔아먹어 버렸다. 그 뒤 1945년 [일제]의 멸망과 1953년 <미·일 샌프란시스코 평화조약>에서도 오히려 1905년~10년 기간은'국제법'상으로 [일제가 보호권]만 행사했으므로 전혀"책임"이 없을 뿐더러 오히려 [대한제국]이 책임질 사항들이라고 발뺌하고, 그때의 '독도'는 [대한제국영토] 이니까 <일본의 기득권>이라고 주장하면서 [일본]영유권이란 억지 지금도 부리고 있지 않은가.

❸ [일제]의 만행을 더욱 상세히 지적한다면, 1928년~31년 9월 19일[만주국(괴뢰)]을 창건하는 침략전쟁을 감행하면서, [한국]의"국경선"이라고 정했던 압록강과 두만강을 월경해서 정식으로 <조선의 간도영유권=작전구역(作戰區域)>이란 명분으로 [만주]에 쳐들어 간 셈이었다. 물론 1909년 <청·일 간도협약>에서 [일본]이 <간도 땅>을"안봉선 철도"와 맞바꾼 뒤에도, 20년대 이후 몇 번이나,"<일본군의 조선주둔군,'나남'14사단과'용산'15사단'을 [만주]로 출병시키기 위하여 '압록강과 두만강'에서 대기한 적이 여러 번 있었는데, 항상 [조선의 간도영유권]을 근거로 내세운 사실은,"간도(間島)=한국의 영토권"을 팽창주의의 귀중한"역사적 사실"로서 [일본군]이 입증(立證)하고 이를 당연히 사용했다는 증거이기도 하다. 물론 여기에서'백두산 영유권'문제는 논란의 여지가 없는 사실임은 말할 나위도 없다. 특히 [일제가 군국주의(軍國主義-5·15 및 2·26 쿠데타)]로 기울면서, 그나마"이등박문"

과 같은 <문민통치>는 사라지고, 대동아 침략전쟁으로 '브레이크' 빠진 기차처럼 팽창하고 있을 때, "만주에 대한 군사작전권은 [한국의 영유권]을 빙자하고, 반면 만주에 대한 이권획득(利權獲得)에는 [한국의 기득권]을 팔아먹는 '이중의 조선 평계삼기'가 되었다.

그럼에도 불구하고, 결국 1945년 [일본제국]이 패망할 때까지도, 불과 43년 전에 "을사보호조약 및 식민지합병"으로 <보호권 및 식민지>로 강탈하고 점령한, [대한제국]의 모든 주권과 외교권 및 군사권을 송두리 채 빼앗아 갔다. 동시에 제멋대로 농락했던 역사왜곡은 지금도 그대로 증발된 채로 살아졌다. 물론 233년 전부터 영유했던 <백두산을 포함한 북, 동, 서 간도>라는 광대한 <조선영유권>조차 깡그리 말살시켜 버렸다. 더구나 [중공과 북한과 구소련 등 공산국가]들이 <만주와 한반도를 포함한 동, 북, 서쪽 영토>를 점령하면서, 새로운 국면에서 완전히 "한국의 과거 오랜 역사와 주권침탈 및 학술, 문화적 주장" 조차도 실종시켰다. 지금은 [중공]에 의해서 "백두산을 창바이산(長白山)"이라고 자기네 소유로 개명하는 동시에 세계유산으로 등록, 신청해 놓고 있는 한심한 실정이다.

❹ 곁들여 설명해 본다면, [청국]이 1860년에 제2차 아편전쟁(阿片戰爭)을 종결하면서 <북경조약(北京條約)>을 맺을 때, 마치 [조선]이 이미 영유하고 있었던 <간도영유권>을 무시하고 특히 <서간도(西間島)>

에 소속되어 있었던 <연해주(沿海州)>를 [러시아]에게 할양할 때, 실은 [조선]의 영유권이 "숙종" 때부터 정식으로 정계비(定界碑)를 세워서 확보하고 있었던 영유권(領有權)을 깡그리 무시하고 전혀 상의하거나 통보도 없이 넘긴 것은 "국제법상" 아무런 구속력이 없는 무효란 지적이다.

<도5-3-3> 1909년 『일제의 '간도밀약' 당시 "동+서 간도영유지" 지도』

<자 료> : 조선일보, "1909 간도협약무효" 정부정식제기방침(2004.10.14)

물론 당시 [중국]도 강제로 빼앗겨서 지금은 <중·러 국경전쟁>까지 치르고도 전혀 해결의 기미가 없으며, 또한 <북조선과 러시아> 사이에도 1990년에 체결한 <국경조약>에도 불구하고 해결되지는 않고 있기도 하

다. 더욱 중요한 사실은 [청국]이 망하기 2년 전인 1909년에 [대한제국]을 도외시하고, '을사보호조약' 이후 [일본]이 알량한 <국제법상 한국에 대한 보호권>을 남용해서, "간도협약"을 맺어 [한국]의 영유권을 유린한 중일 2국가 간의 비밀협약(秘密協約)은 절대로 무효일 뿐만 아니라, 국제법상 전혀 구속력이 없다는 사실은 <일본의 독도>문제와 더불어 원천 무효일 뿐이다.

❺ 더 나아가서 [중국 다민족 사회주의 국가]는, 자기네들 수많은 민족내부모순을 "대국주의(大國主義)"로 눌러 통치하려는 목적에서, 그리고 또한 "한반도의 장차 통일 후 만주영유권 주장"을 선제 말살시킬 목적으로, 자기네들의 근세역사에서 완전한 속국지배를 받았던 역사, 즉 "몽고족의 원제국(元帝國)이나 여진족의 청제국(淸帝國)"까지도 뒤집어서 [한족의 통치역사]로 '중화사상' 속에 포함시키고 있다. 동시에 21세기에 진입하면서, [중국의 개혁-개방]으로 "공산주의가 퇴색되면서 대국주의"의 패권(覇權)장악은 날로 우심해지고 있는 실정이다. 이제는 <동북공정(東北工程)>이라는 '학문공작(學問工作)'까지 억지로 조작해서, [한국의 상고사(上古史)] 즉 고조선, 고구려, 발해 등을 자기네 변경 소수 민족역사 정도로 귀속시키려는 패권주의적 공작(工作)을 감행하고 있다.

물론, [한국]의 정통역사를 왜곡시키려는 음모는 말할 나위도 없으려니와 특히 현안 문제로 [중국의 동북지방 길림성]이 주관하여 사실관계를 조작하려는 『동·서·북 만주와 연해주 및 시베리아에 걸친 광활한 간도 영유권(間島領有權)』을 1712년부터 [청국과 한국] 사이에 인정받고 유민들이 거주한 역사는 약 300년에 달하는데 갑자기 [일본이 한국 보호권]을 앞세워 망해가는 [청국]과 1909년 맺은 「간도비밀협정」으로 이권(利權)을 챙기면서 아직도 극비에 쌓인 채로 <한국의 영유권>을 송두리째 강탈해 버린 사태는 결코 좌시할 수 없는 도적행위임에 틀림없다.

그래서 [중원(中原)]의 동북지방(東北地方)에 5천 년간 내려 온 "고아시아족—조선족, 말갈, 여진, 거란, 선비 및 예—맥족" 등까지 완전히 '다민족 대국주의'로 최근 변모하고 있는 [중국]의 태도나 정책이 과거 "사회주의 모택동" 시절의 인도주의와는 너무나도 큰 온도 차이를 느끼게 하는 대목이다. 실제로, 3천년이나 늦게 중원(中原)에 나타난 <한족>들이 특히 북방변경(邊境)지방의 금(여진족), 요(거란족), 원(몽고족), 청(만주족) 제국(帝國) 등을 모조리 속방민족(屬邦民族)인양 배타적 "쇼비니즘"으로 역사를 굴절시키는 행위는 아전인수로 사실왜곡의 극치가 아닐 수 없다. 더구나 가깝다는 <한반도의 영토와 조상(祖上)>까지 날조하고 있는 최근의 심각한 실정은 묵과할 수 없는 사태가 아닐 수 없다. 현재의 [중국측 동북공정]이란 문제제기에서 보면, '총 33개 과제(課題)' 중에서 무려 '12개 과제'가 [한·중 변경(邊境)]과 관계되는 것인바, 이미 1712년~1909년 사이에 [한국의 영유권]이 <일·청'간도비밀협약1909>으로 조작될 수는 결코 없는 일이다.

❻ 무엇보다도, 물론 <한반도>의 '역사 지키기'가 너무나도 허망하게 취약하였고, [한국]의 국력이 아직까지도 주변 강대국들에 비해서 너무나도 미약하다 보니까 지금 근대화 150년 기간에도 서세동점과 특히 주변 일본, 중국, 러시아, 등에게도 갈가리 찢기고, 결정적인 모든 증거가 송두리째 실종되어서 아직은 역부족으로 <동북공정>과도 같은 [중국]의 역사왜곡에도 대항할만한 여력이 딸리는 형편이다. 더구나 [일제 식민지와 남북 분단과 6·25한국전쟁]은 동족상잔과 국론분열 등 민족정신의 분해과정을 촉진시켜서 단결을 기대할 수 없었을 뿐더러, 최근 년에 와서는 <사상(보·진)갈등>이 너무나도 심각해서 지극히 소모적인 파괴행위가 마치 해방직후 혼란기처럼 만연하고 있다. 더구나 현재 한반도의 사정은 전세기의 '도그마틱'한 "좌익모험주의(左翼冒險主義)나 좌익소아병(左翼小兒病적)"적인 소모적이고 융통성 없는 구시대의 <통일전선(統一戰線)이론>이 아직도 국가권력에 도전하고, 사회세력에 맹목적으로 사회체제를 분열과 혼란으로 몰아넣고 있다. 권력은 '총부리'에서 나온다는 폭력과 패권(霸權)에 입각한 '전략·전술'로서 '친북한과 친중국'에 편가르는 교조적 진보세력 등이 15여 년간 정권(政權)을 장악하고 있으면서, 그나마 조상(祖上)들이 남긴 역사유산 마저도 지키지 못하고 방관하는 현실까지 근거도 없이 역사를 부정하면서 난무하고 있지 않는가. 앞으로 "정통성과 정당성" 즉 '아이덴티티(Identity)'나 '레지티머시(Legitimate)'를 가진 강력한 정부(政府)와 '민족전통세력(民族傳統勢力)'과 "통일국가"가 등장할 때, 당연히 역사적 진실을 밝혀야 될 사명이 있다. 물론 더

나아가서는 국제법상으로도 당위성을 가진 유력한 모든 증빙자료를 확보해야 할 것이며, 전 세계에 걸친 '대한민족(大韓民族)'은 말할 나위도 없을뿐더러, "한반도에 인접한 이해당사국(利害當事國)들과 '서구열강'들의 100여년 전후의 역사적 사실에 대해서도 <합의성(合意性)-Consensus>을 완벽하게 얻어서 해결해야 될 문제들이다.

❼ [한국]은 당면한 국제법적 및 국가문제화로 크게 부각되고 있는, 북방의 『간도 영유권』과 생트집을 잡고 있는 동해의 『독도 영토확인』 등 문제가 걸려있다. 물론 최근 년에 와서 세계적인 '강소국'으로 급속히 떠오르고 있는 [한국]의 위상이 그들에게 위협을 주는 것도 사실이다. 반면 시기와 질투 속에 [한반도]의 세력팽창 이전에 기를 꺾어 놓겠다는 2가지 측면에서, 여러 가지 꼼수를 쓰는 음모가 그들의 밑바닥에 깔려있는 것이 분명하다. 그러나 수단방법을 가리지 않고 힘으로나 간교한 책략으로나 그들의 목적을 달성하려는 끈질긴 공작(工作)을 물리치기 위하여, 우리 역시 최대한의 모든 역량을 기울여서 비록 뒤늦은 방어조치이긴 하지만, 국제법상으로나 역사적 당위성으로나 민족의 자주성(自主性)을 발휘하기 위해서 충분한 대응으로 승리해야 할 것이다. 우리가 직면한 <사명(使命)의식>은 국가적 지상명령이기 때문에 결코 좌시할 수 없는 과제임은 말할 나위도 없으려니와 현시점에서 이들 2가지 영토(領土)문제에 관한 최소한의 문제제기와 확실한 증거는 후손을 위해서라도 명확하게 제시해 놓아야할 일이다

{6편}, 《극동3국》 ⇒ [대한제국(한국)=식민지], [명치유신(일본)=독립국], 및 [신해혁명(중국)=반식민지], 3국 운명 분석.

1장) [대한제국]은 '완전식민지' – [대청제국(중국)]은 '반식민지' – [대일본제국]은 '완전독립국' 3가지 근대화귀결.

  지금부터 150여년 전후로,'북동아시아'에는 서세동점(西勢東漸)의 모진 침략 속에서 쇄국(鎖國)이냐, 개국(開國)=개항(開港)해서 서구열강(西歐列强)들의'식민지'가 되느냐 하는 기로에 서서 세계정세도 전혀 모른 채로 방황 속에 침몰할 때에, 극동의 세 나라 즉, [한국과 중국과 일본]은 국가운명이 각기 전혀 다른 상황에 처해 있었던 것이다. 그 중에서도 특히 [일본(日本)]의 발전과정은'3국'중에서도, 비록 운명적인 국운(國運)으로 밖에 설명하기 어렵기는 하나, 19세기 중엽부터는 상승기운이 넘쳐흐르는 동시에 항상 선택의 기로에 설 때에는,'이것이냐, 저것이냐'를 결정할 때에 유리한 방향 즉 행운이 오는 방향만을 자연스럽게 선진 자본주의를 선택하여 독립국가로 또한 강대국으로 도약하여 왔다. 반면 [중국]과 [한국]은 국가보존조차도 어려웠다는 사실이 주목된다.

  우리가 학술적으로 즉'사회과학(社會科學)'이론만으로는 충분히 해명할 수 없는 이른바"역사적 계기성(繼起性-Moment)"을 종합체계적으로 분석해 볼 수밖에 없는 사태가 발생한 것이다. 즉, [일본]만이 융성을 가져왔다는 사실을 간과할 수 없게 되어있다. 이와 같은 '계기성'을 상식적으로는 '타이밍'이라고도 부르고, '운대(運帶)' 또는 운명(運命-Fortune)'이라고 부른다. 즉 개개인의 운세(運勢)'도 있고, '한 시대의 시운(時運)'도 있으며, 또한 국가의 운명을 좌우하는 국운(國運)'이 더 높은 차원에서 보통 사람들이 알지 못할 초능력적인 영향력을 발휘한다고 말하고 있지만, 실제로는 이상 3가지 운명이 삼위일체로 합일되어야 태평성세가 온다고 본다.

앞에서 지적해본 '국운(國運)과 사회과학(社會科學)적 근거'들을 다같이 원용해서 설명해 볼 때에, [일본]은 분명히 극동 3국 중에서 가장 악착같이 타국들을 짓밟아 가면서 자기네들의 극단적인 이기주의를 발휘해서, 세계의 고금동서를 막론하고 유색인종(有色人種)으로는 최초로 근대화 과정에서 "선진독립국가와 군국주의 침략국가"를 만들었다는 사실을 인정해야 된다. 그러나 그릇된 가치관과 왜소한 섬나라 근성(시마곤조)때문에 결국은 멸망하고야 말았다. 인류 보편의 진리(眞理)에 입각한 세계관에 비추어 본다면 '역사적 계기성(繼起性)'으로 보아서 "원인과 결과" 즉, 인과응보(因果應報)를 따져 볼 때에 쉽사리 규명해 볼 수 있는 일이다. 그러나 특히 [한국]이 완전 식민지로 전락하고, 또한 [중국]이 절반 식민지로 갖은 고통을 당한 사실을 어떻게 설명해야 할 것인가.

그렇다면 왜 같은 시대의 동일한 운명을 맞이하였으면서도, [중국]은 그 드넓은 국토와 당시 8억 명의 인구를 가진 강대국이면서도 [일제]침략에 유린되었던가. 그리고 '반식민지'로 전락하였는가. 또한 [대한제국]은 그렇게도 자주독립과 부국강병을 바라면서도 허장성세로 실력도 없이 '완전한 식민지'로 나라를 잃어 버렸단 말인가. 여기에는 첫째, 국내외의 여러 가지 정세판단(情勢判斷)이 전혀 없었다는 사실과 이에 관한 대책이 전무하였다는 시대착오적인 결함을 뼈아프게 인식해야 할 것이다. 둘째, 당시 일찍이 '자본주의 선진 강대국들의 서세동점'의 노도광란과도 같은 침략주의 앞에 똑같은 상황에 처해 있었던 [한·중·일] 3국 중에서 [일본]만이 '서구(西歐)'에 맹종하고 모방하여 일찍이 개화 즉, 근대화에 성공한 반면, [중국]이나 특히 [한국]은 완고한 "허례허식의 공맹(孔孟)사상"에 찌들어서 국가를 망치고 민족을 도탄에 빠뜨렸다고 말할 것이다. 미신과도 같은 국운과 시운 탓으로 돌릴 수 있을까. 한말로 지적해서 당시 왜소한 [일본제국주의]만이 누구보다도 침략주의에 혈안이 되어, 단견적인 "국수주의(國粹主義)"병에 찌들어서 끈질긴 팽창주의로 쏟아져 나왔다는 사실이다.

이미 봉건영주가 지배하고 있었던 [일본=도쿠가와막부]와 동일한 시대에, 만주족으로 중국을 지배하고 있었던 [중국=대청제국]도 마찬가지로, 1830년대에 <서구 열강>들의 무서운 침략을 받고 있었다. 이때 [중국]은 광동지방이 서구 강대국들의 '매판자본(買辦資本)' 즉, 최신군대와 막강한 자본력에 종속되어 있다가, 제1차~제2차'아편전쟁'을 연거푸 치루면서 후퇴를 거듭하다가 결국 1840년대에 "절반 식민지"로 전락했다. [일본] 역시 1830년대에 '시모노세키(쵸슈) 및 사쓰마 영주(한슈)' 들이 [영국]에 항복하고, 1854년 "[미국]의 페리 제독이 이끄는 흑선(黑船)"에게 항복(降伏)하여, '미·일 통상조약'을 조인하고 <서구열강>들에게 개항(開港)하면서 결국 [중국]처럼 '자본주의와 근대화'를 본격적으로 받아들이기 시작하였다.

그런데 동일한 시대에 [일본의 도쿠가와(德川)정부]는 영국, 프랑스, 러시아, 네덜란드 등과도 "통상조약"을 체결하게 된다. 그러나 1880년대 초, 당시 최대의 '재력(財力)과 군사력'을 가진 2개 <봉건영주>이었던 "구주 남단의 사쓰마 번왕(薩摩藩王)과 시모노세키(下關) 항구를 가진 쵸슈 번왕(長州藩王)"이 연합군대를 서구 열강에게서 최신 무기(武器)를 수입하여 무장하고는 '주체세력'을 갖추게 되었다. 당시 [프랑스]가 '대통령책임제'로 굳게 디밀고 있었던 [일본]의 <도쿠가와 장군의 막부(幕府)>를 배신하고, 그때까지 허수아비로 이름만 유지하고 있었던, <천황(天皇)제 국가체제>를 되밀어 대승을 거두면서, 결국 훗날 1868년의 "명치유신(明治維新)"으로 '강대국'의 토대를 구축하는 동시에 "선진 독립국가"가 되지 않았는가.

[중국] 역시 이보다 15년 앞서서 1840년에 "아편전쟁"으로 <17

개 서구열강 연합군>에 의한 침략(侵略)을 물리치지 못하고 [청제국]이 산산조각으로 부서진다. 물론 이 때의 [청나라]는 "중국 한족이 아니라 만주 여진족"이었기 때문에 내부갈등이 혹심한 가운데, [국가와 정부]가 없는 "서구 매판자본(買辦資本)"의 난장판으로 몰락하기 시작하였다. 결국 2개의 '극동국가'의 명암(明暗)을 비교해 본다면 극과 극의 상반된 결과를 초래하게 되었는데, [일본]은 "주체세력의 권력기반과 서구열강 특히 영국과의 경제협력"에 의해서 <선진 독립국가>를 만든 반면, [중국]은 "청국의 내란과 서구열강의 '매판자본'에 의한 착취"에 의해서 <반식민지(反植民地)>로 전락하게 된 취약점을 지적할 수 있을 것이다.

[대한제국]은 앞에서 본 '근대화 유형(類型)'들과는 전혀 다르게 제3의 길로 접어들어 결과는 "뒤늦게 서구자본주의를 모방한 [일본제국]의 침략에 의해서 1876년 '강화수교조약'으로 [개항]했으나, 20년 뒤의 1894년 [청·일 전쟁] 이후에는, 급속히 <완전식민지(完全植民地)>"로 몰락하게 되었다. 물론 그 때 [한국]은 1863년 "고종(高宗)과 대원군(大院君)"이 집권하였으나, 10년 만에 '실권'하고, '고종과 명성황후'가 청국, 일본, 러시아 등의 외세(外勢)에 전적으로 의존하던 시기보다 조금 늦은 점도 있었으나, 반대로 "대원군"은 [쇄국]에 전적으로 의존하던 국론분열(國論分裂)이 일어난 시기이었다.

<도 6-1-1> 아편전쟁(阿片戰爭, 1840)   <도6-1-2> '페리 제독·흑선(黑船, 1854)
(다음 <대원군 척화비>, <중국의 아편전쟁> 및 <일본의 미국 흑선> 사진을 참조할 것).

<도 6-1-3> '대원군'의 척화비(斥和碑)   <도 6-1-4> '흥선 대원군(大院君)'
<자료>: <병인양요-한·프 전쟁,1866>과 <신미양요-한·미 전쟁,1871>을 승리로 이끈
[고종의 아버지'흥선대원군]은 "한반도 쇄국정책" [대한제국]의 패망을 가져왔다.

이미 '대원군의 집권 시기'에 당시 [조선]은 "경복궁 복원사업"으로 국가재정(國家財政)은 파탄을 자초하였고, 또한 1866년 "프랑스와의 전쟁—병인양요(丙寅洋擾)"와 또한 1871년 "미국과의 전쟁—신미양요(辛未洋擾)"라는 2개의 '구미 열강들의 침략전쟁'을 850여명의 '백두산 포수군대'를 동원하여 완전히 격퇴시킴으로서, <대원군>은 득의양양하여 '서양오랑캐 귀신(洋鬼)'을 크게 깔본 나머지 유명한 <척화비(斥和碑)>를 세우는 동시에 "쇄국주의(鎖國主義) 정책"을 한층 강화시킨 결과 <일본의 식민지>로 몰락하는 단초가 되었다.

결국, 극동의 [한·중·일] 3국의 근대화과정은 몇 십 년의 차이를 두고, 대개 1840년~1910년경에 이르는 시대적 배경은 동일한 과정을 겪었으나, 결과는 극과 극의 파행적인 방향으로 각각 치달아서, 맨 처음 1840년에 [중국]은 "아편전쟁의 패전"으로 "매판자본"에 중심을 잃고 <반식민지>로 전락했으며, 반면 [일본]은 [중국의 경험]을 거울삼아 열강들에게 참패당하지 않도록 노력하면서, '봉건 번왕'들의 자주적 연합세력들이 "천황과 외세"를 적절히 타협시켜서, 1854년에 <미국의 흑선>이 쳐들어 왔을 때에도 일찍이 '서구 자본주의와 입헌군주국가'를 수립하고, 동시에 <선진 독립국가>가 되었다는 서로 정반대의 국운(國運)을 맞이하게 된 것이 사실이다.

다만 [한국]만이 제3의 유형(類型)을 밟아서 전혀 국력(國力)의 기반도 없이 <청, 일, 러>들의 틈바구니에 끼어 헛된 "쇄국정책(鎖國政策)"으로 세월을 낭비하다가, 뒤늦게 '서구 자본주의'를 모방한 [일본]에 의해서, 1876년 굴욕적인 <한일 강화수교조약>을 체결하고는 계속 쇠락의 길을 밟다가, 1905년 이후 <일본 식민지>로 몰락(沒落)되고야 말았다는 극동 3국의 3가지 결과를 파악해 보아야 할 것 같다. 물론 그 당시 국제적으로는 '서구의 열강'들이 [제국주의 팽창정책과 서세동점]의 강력한 최신예 군사력을 앞세워 무차별 무제한의 침략을 감행하는 동시에, 1776년 [미국의 독립]과 1789년 [프랑스 대혁명] 즉 서구에서 봉건주의(封建主義)를 청산해버린 <공화주의 정치혁명>으로 강대국들의 '(구)식민지 쟁탈전쟁'은 지구상 곳곳에서 <제국주의(帝國主義) 침략전쟁]으로 치열하게 전개되었다.

이와 동시에 더욱 중요한 사실은 경제적 생산력의 천문학적인 발달이 가져온 유명한 [영국의 산업혁명(産業革命, 1780~1880)]으로 말미암아 "서구 문물(文物)"의 압도적인 위력은 드디어 '대규모생산'과 '대량생산'을 통하여, 인류 역사상 불과 6천년 동안에, 위에서 지적한 "2가지 혁명(革命)"을 통하여 약 3천배의 생산력(生産力)의 증대를 초래하기에 이르렀다. 이로서 과거 [중국=대청제국]을 중심으로 <동아시아>각국이 <manufacture=공장제수공업>시대에 서구각국에 대해서 막대한 "무역흑자(貿易黑字)"를 누렸던 경쟁력(競爭力) 즉, 경제적 및 군사적 비교우위(比較優位)를 한꺼번에 몰락시켜버렸다는 사실을 상기해 볼 일이다.

결국 <동아시아 한, 중, 일, 극동 3국>의 '근대화 과정'은 이 때를 계기로 중대한 운명(運命)의 갈림길로 접어들게 된다. 가장 중요한 관건은 첫째, "외세(外勢)에 의한 국제정치 및 군사력의 침입"을 들 수 있으며, 둘째, "서구생산력의 압도적인 경제력우위에 의한 아시아 토착산업의 말살"을 열거할 수 있을 것이다. 전자는 <프랑스 대혁명>이 만들어 낸 [절대(絶大)주의 전제국가(專制國家)의 폭력―예로서 '루이 14세'나 '나폴레옹' 황제]와 같은 제국주의=패권주의(帝國主義=覇權主義)에서 배태된 위력(威力)이 <아시아 식민침략>으로 폭발되었다는 사실이다. 동시에 후자는 <영국의 산업혁명 100년> 기간에 "초기 경공업에서 중화학 공업으로" 급속히 전환된 경제력을 몰아서, '영국은 전 세계를 식민지로 장악하고 이른바 「해가 지지 않는 나라=세계의 중심」 라는 팍스―브리타니가(Pax―Britannica), 즉 영국연방(英國聯邦)'을 만들어 내는 초석이 되었을 뿐만 아니라 지구를 지배하는 중심국가가 되었다.

이들은 16세기 이래로 서구의 '초기자본주의가 <상업자본주의(商業資本主義)>의 상(商)·고리대(高利貸)자본 및 사기(詐欺)와 강탈(强奪)의 성격'을 지니고 무자비한 침략을 감행하였으나 [중국]에 대해서는 "잠자는 사자"라는 별명 그대로, 비단(Silk), 차(茶), 도자기(陶器) 등 모든 무역상품 교역에서 엄청난 적자(赤子)를 감내할 수 없어서 궁여지책으로 "서구 17개 <연합군대>에 의한 아편전쟁(阿片戰爭)"을 일으켜, 앞에서 지적한 <프랑스 대혁명>과 <영국 산업혁명>에서 축적된 거대한 <산업자

본(産業資本)>의 기계제대공업(機械制大工業)과 국제정치권력 및 현대화된 군사력(軍事力)으로 중국과 동아시아 각국을 식민지로 짓밟아 버렸다는 사실을 똑똑히 상기할 일이다. 앞으로 장(章)을 바꾸어 "극동 3국의 3가지 유형(類型-Pattern)"에 관한 인과관계(因果關係)를 살펴보면서, 동시에 국운(國運)을 좌우하는 계기(契機), 즉 거대한 역사적 물결이 밀려들어 올 때 선택(選擇)의 기로에 서서 국가의 흥망성쇠를 좌우한다는 귀중한 교훈(教訓)을 후손(後孫)들에게도 진실과 더불어 증거물로 남겨주어야 할 일이다.

    우매한 국가지도자(國家指導者)들이 한순간 일시적으로 범한 상황판단의 착오가 영원히 돌이킬 수 없는 승패를 바꾸어 놓고, 또한 돌이킬 수 없는 참혹한 결과를 초래한다는 무서운 사실을 직시하면서, 역사적 과오를 거울삼아 국가와 민족의 멸망을 반복하지 않도록 유념(留念)해 볼 필요가 절실하다. 이상과 같은 취지에서 역사적 사실을 교훈 삼아, 위기상황에 대처하는 민족의 각성과 한 시대 지도층들이 보는 <시좌(視座)>의 차이에 따른 엄청난 오류(誤謬)를 단순한 시행착오(施行錯誤)가 아닌 실패(失敗)로서 반복하지 않도록 유의할 일이다. 또한 참된 <사고회로(思考回路)>에 입각해서, 지나간 역사(歷史)를 분석(分析)하는 동시에 최고의 가치(價値)를 찾아내기 위하여, 아래 장을 바꾸어 서술해 보기로 한다.

2장) [일본의 천황제 명치유신]은 '사쓰마 번왕, 죠슈 번왕'세력 "도쿠가와 장군의 막부정권"을 쓰러뜨린 권력투쟁의 승리

[한국과 중국과 일본]―이들 극동아시아 3국가 중에서, [일본]만이 유일하게 서구 열강들과 외교적으로 타협하면서도 자주성을 지키면서, 세계에서 최초로 유색인종(有色人種)이 선진국을 만든 [일본 근대사]의 뒷이야기, 즉 비화(秘話)를 이곳에서 사례 중심으로 살펴보기로 한다. 무엇보다도 근본요인을 한말로 지적해 본다면, 19세기 초에'사쓰마 및 시모노세키'등의 무역항을 가진 거대한"봉건영주"들이 [영국과 프랑스] 등의 침략을 받고 항복하면서, 한편으로는 서구 자본주의를 즉시 수입하는 동시에 근대화를 촉진하면서, 다른 한편 막대한 통상이익을 기반으로 최신무기를 도입하면서 독자적인 군사력과 자본축적으로 <천황당>세력을 키운 반면 <도쿠가와 막부>를 패망시키고 [입헌군주국가]를 탄생시킨 사실을 들 수 있다.

(1) 첫째, [명치천황(明治天皇)]이 800년 만에"근대 일본의 전제군주(專制君主)"로서 정권을 장악하고, 반면 그 때까지 천하를 통치하고 있었던 실권자"도쿠가와(德川家康) 막부(幕府)의 장군(將軍)"을 통째로 괴멸시켜 버렸다는 사실이다. 이들'천황당과 직계세력들과 번왕(藩王)―예컨대 사쓰마, 죠슈'등 세력들은, 1800년대 초엽부터'미국, 영국, 프랑스, 네덜란드 및 러시아 등 서구열강'들과 무역통상과 무기거래를 통

하여 막대한 자본축적을 기반으로 소위 서군(西軍)이란 막강한 군대(軍隊)들을 동원하여, 그 때까지 [일본]을 통치해 왔던 "막부의 장군"을 타도하고, <근대 일본의 입헌군주국가(立憲君主國家)>를 역사상 최초로 건국하였다는 사실이다. 이것이 1868년 유명한 "명치유신(明治維新)"이라는 역사적인 '천황제 친위 쿠데타'의 진상이다.

따라서 [일본]의 '천황제 국가기원'을 약 1,400년 전, 즉 기원후-AD 593년 성덕태자(聖德太子)가 최초로 "천황(天皇)의 섭정(攝政)"으로서 [일본]을 통치하던 시대로, 모든 역사학자들이 공인하는 <제33대 '스이고(推古)천황'-AD. 592년~628년 재위>때로 거슬러 올라간다. '한반도-특히 백제(百濟-구다라)'에서 지배계급으로 '일본열도의 관서지방, 즉 나라(奈良)를 수도(首都)로 삼았다가 곧 이어서 교토(京都)'로 옮겨, "국가를 세운 것"이 최초의 개국(開國)으로 일본서기(日本書紀)에 기록되어 있다. 이 당시에 관해서 또 다른 기록 즉, <고사기(古史記)>에 나타난 <천황>이 역사적 실체인 동시에 AD. 602년에 "백제의 스님(僧) 관근(觀勤)"으로부터 '책력(冊曆)과 천문, 지리서적'을 전달받고, 또한 AD. 607년에 "중국의 수(隋)나라와 그 뒤 당(唐)나라"와 국교(國交)를 맺으면서 아스카(飛鳥)시대를 거쳐, 나라(奈良)시대와 헤이안(平安)시대까지 물경 600년간은 <천황 친정시대>이었다고 한다.

결국 [한국계 도래인(渡來人)] 즉, 백제인(百濟人)들이 "천황가계의 뿌리"라고 믿고 있으며, 동시에 당시 미개한 [일본국가]를 통치하여, <헤이안(平安)시대>의'전제군주'로서 AD. 794~1192년까지 이어오다가, 즉 <가마쿠라 막부(鎌倉幕府)>의 "정이(征夷)대장군" 이후 <도쿠가와 막부(德川幕府)>의 "장군(將軍)"이 전권(全權)을 행사하는 동안, [천황]은 실권 없는 상징(象徵)적 존재로 남아 있었다고 한다.

(2) 둘째, "천황당"세력이'죠슈 번왕(長州藩主)과 사쓰마 번왕(薩摩藩主)'을 중심으로 동맹(同盟)을 맺고, 그 주변에 막강한 봉건영주(封建領主)들의 지지를 받아서, <도쿠가와 왕조(德川王朝)>를 패망시킨 뒤에, "천황의 중앙집권 독재"를 만들고, 동시에 <대일본제국(大日本帝國)>이라는 동북아시아에서 유일한"독립국가"를 건설하게 된 것이다. 또 하나의 요인은 위에서 본 바와 같이 12세기이후, "사무라이-무사계급(武士階級)"즉, 남방계통(폴리네이션족)의'일본 토종족들'이 <천황과 귀족계급(한국계)>의 지배를 벗어나, 이른바 <가마쿠라 막부(幕府)>를 위시로"장군과 번왕 및 사무라이"들이 중심이 된 지배계급으로 등장하여 약 800년간 통치를 해왔다는 사실이다.

결국 당시'일본 최대의 번왕(사무라이 봉건영주)'들이 <도쿠가와 막부의 장군(將軍)>을 배신하고 그 때까지 소외되었던 <천황(天皇)>을 받들어 우세한 동맹군사력을 결집시켜서"명치유신"을 성공시키게 되었다. 이 때 일본 규슈(九州)남단에 <가고시마 항구(港口)>를 소유하고 있었던 "사쓰마(薩摩) 번왕"과 동맹을 맺은 한국의 부산(釜山)바다 건너 마주보고 있는 '죠슈(長州) 번왕'은 서구열강과 무역을 거래하는 최대의 <시모노세키(下關) 항구(港口)>를 소유하고 있었기 때문에 엄청난 재력(財力)을 축적(蓄積)하게 되었고, 따라서 서구(西歐)의 최신식 무기(武器)를 다량으로 확보하여 <막부의 장군>을 압도하는 막강한 군사력을 갖추게 된 것이다.

우리가 유의할 점은, "명치유신"이 '천황당과 번왕 및 사무라이'들로 구성된 <일본의 주체세력>이 자주적으로 독자세력이 먼저 형성되었다는 사실이다. 그와 동시에 서구열강 특히, [영국]과의 동맹을 맺었다는 가장 주요한 사실을 들 수 있다. 물론 최대의 봉건세력인 '사―죠(薩―長) 동맹' 즉 <천황당 세력>이 각각 자기네들의 항구를 통해서 서구열강들과 무역통상을 통하여 엄청난 재력을 축적한 반면 서구의 최신예 문물을 받아들이면서, 특히 1864년 8월에 [영국을 비롯한 미국, 프랑스, 네덜란드] 4개국 연합함대와의 전쟁에서 대패하면서 [영국]에 항복하고 그의 지원 하에 "천황=황제"를 추대하는 "입헌군주제(立憲君主制)"를 도입하는 근대국가 [대영제국]을 모방하게 되었고, 즉 [명치천황과 대일본제국]을 건설하게 되었다는 사실이다. 이때 최대의 무역상품은 생사(生絲―Silk)에 관한 이권 때문이었다.

(3) 셋째, 한편 당시 [일본]을 통치하고 있었던 '동경(東京)=에도(江

戶)'의 "도쿠가와 왕조정부(王朝政府)"에서는 이미 1853년 6월에 <미국의 페리함대-흑선(黑船)>이 쳐들어와서 이에 굴복하고, 다음해 <미·일 화친조약>을 맺었으며, 그 후 1858년 6월~9월에는 다시 <통상조약(通商條約)>을 "미(美)·일과 영(英)·일과 화(和-네덜란드)·일과 러(露)·일 및 프랑스(佛)·일"사이의 조약으로 체결하여 <막부(幕府)>를 지원한 적이 있었다. 결국 중앙정부 이었던 [도쿠가와 정부]는 자기네 최대 항구인 '도쿄-요코하마'와 '오사카'를 통하여 생사무역(生絲貿易)을 비롯한 외교적 지원을 받았으나, [영국]이 <천황의 입헌군주제도>를 디밀게 되자, 그 자리를 [프랑스의 나폴레옹 3세]가 이른바 <대통령 책임제 공화국(共和國)>으로 헌법(憲法)을 제정하면서 철저히 지원하였다.

그래서 [영국]은 <일본의 입헌왕국>을 손쉽게 수립하고, 동북아시아의 패권을 장악할 수 있었으나, 다른 한편, [프랑스]는 자기네 국가체제를 그대로 수출해서 <일본공화국(日本共和國)>을 수립하기 위하여, 열심히 지원하였음에도 불구하고, "일본의 국운(國運)"은 자주적 세력을 양성하고 있었던 "천황당 세력"의 손을 들어 주면서 <영·일동맹>이라는 외세(外勢)를 성공시키게 되었다는 역사적 사실을 지적할 수 있다. 반면 [프랑스의 나폴레옹 대통령]이 본국에서 <독일과 프랑스와의 독불전쟁(獨佛戰爭)>에서 패배하고 <나폴레옹 대통령>이 포로(捕虜)가 되어 붙잡혀 가는 바람에 <도쿠가와 막부>는 힘없이 멸망하고, 이로서 [일본]은 순전히 <영국(英國)식 천황체제(天皇體制)>, 즉 입헌군주제를 그대로 도입한 절대주의(絶對主義) 국가로 정권이 완전히 넘어갔다는 역사적 사실을 상기해 볼 일이다.

(4) 넷째, 1868년 <명치유신(明治維新)>으로"메이지 천황(明治天皇)"이 [일본]을 근대국가로'혁명(革命)=유신'하는 동시에'절대주의 국민국가(國民國家-전제국가)'이른바 절대권력을 장악하게 된다. 그때를 전후해서 이미 1863년'영국과 사쓰마+죠슈(薩·長)와의 전쟁'을 통해서 2개의 최대 <번왕>들이 항복하는 동시에 [영국]과의 통상외교를 맺고, 지원을 받아 <천황-왕정복고>를 수행하는 군사력을 확보하게 되었으며, 이를 발판삼아 <도쿠가와 막부>를 멸망시키고 또한 <명치유신>을 선포하게 되었다. 그러나 1871년 <천황의 폐번치현(廢藩置縣)>을 통하여, 봉건제도(번왕)를 입헌군주제도로 바꾸면서"수많은 <번왕>들을 해체(解體)"시키게 되었다. 그러자 이들 봉건영주(封建領主-번왕)들은 <천황정부>에 대항하는 반란(叛亂))을 일으키다가,"일본의 사무라이(武士) 봉건제도"까지 포함해서 완전히 분해되어 버렸다.

이로서 <명치유신>은"천황의 절대권력"을 장악하는 동시에 학제(學制), 징병제(徵兵制), 조세제도(租稅制度)를 근대화시키는 동시에 철도(鐵道)부설 및 일본은행(日本銀行-중앙은행)을 개설함으로서, [영국]을 통한'서구문물'을 도입하는 동시에 통상(通商)을 통한 자주적인 부국강병을 성공시킴으로서, [중국]이나 [한국]과는 전혀 반대방향에서 선진국

(先進國)을 확립하게 된다. 1889년 "대일본제국의 헌법(憲法)"을 선포하고, 다음해 "제국의회(帝國議會)"를 개원함으로서 명실상부하게 '서구열강'들과 어깨를 나란히 하는 <강대국>으로 부상하게 되었다.

이때부터 [대일본제국(大日本帝國)]은 <천황제·파시즘·군국주의>로 이미 해체된 "사무라이-무사도(武士道)"가 새로운 <군부>로 부활되면서, 이웃나라 [한국]과 [중국] 및 급기야는 [소련]과 태평양 및 인도양에 걸친 침략전쟁을 감행한다. 결국 "제2차 세계대전(世界大戰)"에서 1945년 패망하면서, <천황제 입헌국가>로 [일본천황]은 완전히 상징적인 자리로 되돌아갔다. 1894년 "[한국의 내전] 즉, 동학(東學)혁명"을 빙자하여 <청·일 전쟁(淸日戰爭)>에서 [일본]이 승리하게 되자, [한국]을 대륙진출의 식민지(植民地)로 만들기 위한 기득권을 확보해버린다. 이어서 1904년 <러·일 전쟁(露日戰爭)>에서 대승을 거두게 되자, 대련, 여순 등 '만주(滿洲)의 관동주(關東州)'를 영토로 점령하게 된다.

[한국]에 대해서는, 1905년 "을사보호조약"을 강제로 위조한 뒤에 <보호국>으로 만들었고, 1910년 "한·일 합병조약"을 강압으로 날조한 뒤에, <식민지>로 종속시켜버렸다. 1931년에는 "만주사변(滿洲事變)"을 일으켜 대륙침략의 기반을 닦은 뒤에, 1935년에는 "중·일 전쟁"을 일으켜 [중국]에 대한 본격적인 <괴뢰중국(傀儡中國)>을 건설한 뒤에, 결국 1941년~45년 "태평양전쟁"을 일으켜 [연합국]들과 태평양과 인도양을

석권하며, 한때 필리핀, 남양군도, 인도네시아, 인도차이나 3국, 말레이시아, 미얀마, 그리고 방글라데시와 인도에까지 "대동아전쟁"을 벌이다가 [대일본 제국주의]는 멸망하게 된다. 결국 [천황제 일본 군국주의]가 극성을 부리면서 <선진독립국가>로 거듭났으나, 뒤이어 '대동아침략전쟁'으로 나아가게 된 역사적 계기를 집약해 보면 다음과 같다.

❶ [일본]을 살린 첫째는, [명치유신]을 들 수 있는데, 무엇보다도 <국가권력>을 [천황제 입헌군주국]으로 "절대주의 국민국가—전제국가"를 수립함으로서 정치, 경제, 사회, 문화, 학술 및 국제정치와 통상외교에 이르기까지 일대 "혁명(革命)"을 단행하게 되었다. 국가체제와 정치체제가 서구 자본주의 국가를 모방하면서 외세를 끌어들였지만, <천황당>과 <막부>의 권력쟁탈을 기화로 [일본 특유의 사무라이(武士階級)]를 막강한 "정치적 주체세력"으로 확보하게 됨으로서 '자주적 독립국가'를 스스로 세울 수 있었다는 점이다. 또한 서구열강들과의 '통상무역'을 통한 자본축적(資本蓄積)과 무기수입(武器輸入)을 통하여, 나중에 '군국주의(軍國主義—제국주의)'로 가는 일방통행로가 되었지만 엄청난 '군사력'을 자주적으로 확보할 수 있었다는 사실이다.

❷ 둘째는 [일본]의 근대화 개항이다. 1853년 [미국의 흑선(黑船)]이 최초로 "도쿠가와 막부(幕府)—실제의 중앙정부"가 있는 관동지방의 "에도(江戶)—현 동경(東京)"에 쳐들어와, <일본과 미국, 네덜란드, 러

시아, 영국, 프랑스와의 통상조약(通商條約)>을 각각 체결하여 당시 [일본국가의 주권(主權)]을 장악하고 있었던 "장군=막부왕(幕王)"과 '서구열강'들과의 사이에 통상외교(通商外交)를 통하여 새로운 국제관계가 성립되었고, [일본의 개항]으로 서구문물을 자연스럽게 도입하게 된 점이다. 그러나 근대 [일본]의 전통적인 '지배권력'을 장악했던 [막부]는 [프랑스의 나폴레옹3세]가 패망하면서 "대통령 책임제 정권수립"을 뒷받침할 '후견국'을 잃고 그만 [천황]에게 정권을 내주고 말았다.

❸ 셋째는, 1863년 "죠슈 번왕(藩王)"과 "사쓰마 번왕"들이 영국, 미국, 프랑스, 및 네덜란드 등 '서구열강'들의 함포(艦砲)를 받고 굴복하여 [영국]과의 화친조약(和親條約)을 맺었다는 점이다. 이로서 영국 및 프랑스와의 통상무역을 통하여 막대한 경제력을 모아 부강한 봉건영주로서 독자적 세력을 확보하였다. 동시에, 다른 한편 '서구의 정치제도'를 도입하여 이른바 [천황당이 주체세력]으로 등장하고 "사쓰(薩)·죠(長) 연합(聯合)"을 통하여 <천황당 연합군>이 결성되어 <도쿠가와 막부>를 결정적으로 패망시키게 되었다. 이로서 [일본제국]은 자주성과 국제성을 갖춘 선진 독립국가(獨立國家)가 된 점을 높이 평가하게 된다.

❹ 넷째로 1868년 [명치천황의 유신(維新)]으로 이미 "일본의 새로운 국가체제"가 정비된 사실이다. 특히 1871년에 들어서서, <폐번치현(廢藩置縣)>－"봉건번왕들을 완전히 폐지하고, 전혀 새로운 현지사(縣知

事>를 임명하여, 중앙집권적 천황독재정부를 만드는 혁명적 개혁(改革)을 단행하여, 봉건정치(封建政治)를 척결하는 조치"가 취해졌다. 어제까지 <천황(天皇)>을 만들었던 귀족 및 주체세력들은 하루아침에 무자비하게 숙청시켜버린 사실을 음미해 볼 일이다. 특히 그 중에서도 "사쓰마, 죠슈"등 최대의 번왕(藩王)을 비롯한 약 300개에 달하는 크고 작은 '봉건영주'들을 모조리 폐쇄시키고, 그 자리에 "현(縣)-우리나라의 도(道)보다 절반정도의 지역"을 설치하였다. 1890년에 최초로 <대일본제국의회(大日本帝國議會)>를 창설하고 '번왕'들로 하여금 '귀족의회'를 조직시켰다. 이 때문에 "천황"이 전제군주로 독재하는 입헌군주국가(立憲君主國家)>를 구성할 수 있었다는 사실을 상기해 볼 일이다.

물론 숙청된 '번왕들과 그들 수하에 있었던 무수한 무사(사무라이)' 들은 <천황폐하>로부터 회유책으로 귀족(貴族) 칭호와 세력에 걸맞는 작위(爵位)를 받아서, 공작(公爵), 후작(侯爵), 백작(伯爵), 자작(子爵), 남작(男爵)이란 국회의원이 되었다. 그러나 1877년에 이르러서는 당연히 "번왕(藩王)세력"들의 최대 반란(反亂)이 폭발하는 동시에 "사무라이(=武士階級)"정신들의 몰락은 국민전체의 무서운 저항(抵抗)을 야기시키게 되었다. 그러나 이들이 일으킨 이른바 '서남전쟁(西南戰爭)'은 곧이어서 <천황 친위군대>들에 의하여 전멸하고 모든 반란은 진압되고 말았다. 여기에서 유념할 점은, "일본 특유의 '사무라이' 무사계급(武士階級)"이 약 800년 동안 "막부=장군" 통치를 유지하다가 그네들이 만든 [천황]에 의해서 깡그리 몰락하게 된 점이다. 그러나 [대일본제국]의 모든 침략전쟁 즉, <군국주의(軍國主義)>는 이들'사무라이 무사계급'들의 정신문화(精神文化)에 의해서 <파시즘>으로 결합되고, 태평양과 인도양까지 침략하다가 결국 1945년 멸망하게 된 점을 간과할 수 없다.

❺ 다섯째, 이상과 같이 "천황신앙과 사무라이 정신"으로 무장된 주체세력과 "영국식 입헌군주제도"라는 서양식 근대국가체제를 <자본주의(資本主義)>로 결합함으로서 [일본제국]은 극동의 3국 즉, <식민지 한국> 및 <반식민지 중국>과는 달리 <선진독립국 일본>이 탄생하게 된 근본요인이 되었다. 또한 "일본의 자본주의"는 일찍이 '사쓰마와 죠슈' 번왕들의 항구에 특히 [영국과 프랑스] 함대가 쳐들어와 이에 항복하고 개항(開港)하여 통상하면서 배웠다. 한 가지 특이한 점은, [영국]이 '천황당 번왕세력'들을 지원하여 <영국식 입헌군주제도>를 성공시킨데 반하여, [프랑스]는 '막부의 장군'을 지원하여 <프랑스 나폴레옹 3세식 대통령책임제도>를 [일본]에 도입하려고 시도했으나 완전히 실패하였다. 이런 경우 [일본의 국운]은 외세(外勢)를 뒤에 업고, 다시 말해서 <프랑스와 영국>이 서로 대립하던 <막부의 장군(將軍)>과의 천하통일을 목적으로 싸우던 패권장악 전쟁에서 <천황 중심의 전제군주국가>의 손을 들어 주고, "선진자본주의 독립국가"를 수립하는 선택의 기회를 <천황당>에서 독식하게 된 점은 논리적으로 간단히 설명될 수 없는 어떤 국운(國運)의 결단을 생각하지 않을 수 없는 역사적 사실로 받아들여진다.

3장)《중국의 반식민지 종말》은 "서구열강 침략 +
　　　　중국군벌 쟁투" 2가지 때문에 풍비박산 멸망.

　　[중국]의 근대화과정은'서구열강들'의 무차별 침략에 따라 영토(領土)는 넓고 국력(國力)은 철저히 분할되어 결과는 독립국도 식민지도 아닌, 반식민지(半植民地)로 전락되고 말았다. 일찍이 1616년 [대청제국(大淸帝國)]이 북방 만주족(滿洲族)에 의해서 건국됨으로서 [중국]의 통치는 "한족(漢族)"들이 피지배민족으로 몰락한 가운데 성립되어, 1911년 "손문(孫文)의 신해혁명(辛亥革命)"에 의해서 멸망할 때까지 295년간 <전제군주국가>로 존속되었었다. 그러나 <근대국가>를 부활시키려는 과정에서, 정치는 수십 개의 군벌(軍閥)국가들이 봉건제도의 분할통치를 하게 되었고, 경제는 '서구자본주의'가 무자비하게 수탈하는 <매판자본(買辦資本)>의 난장판이 되었다. 17개 서구열강의 침략과 넓은 국토 때문에 대청제국<중국>은 서구열강의 <반식민지>가 되었다.

　　그래서 [중국]의 근대화 과정은 지리멸렬 만신창이의 답답한 과정을 거치면서 세계에서 가장 부강한 국가, 즉 "대청제국(大淸帝國)"이 '서구열강'들의 연합군(聯合軍)에 의해서 순식간에 침몰되는 참상을 연출하게 되었다. 한말로 지적해서 [청국]의 몰락은 봉건국가가 근대국가로 자생적인 독립을 수행할만한 '자본축적'도 없었고, 또한 거대한 영토(領土)를 유지할만한 '자주적 정치세력'도 없이 외세(外勢)에 짓밟힌 유명한 '매판자본(買辦資本)'과 <국토(國土)>가 갈기갈기 찢어진 이른바"군벌(軍閥)"들에 의해서 해체되고 분해된 상태이었다.

여기에'다민족국가와 다양한 지역주의'에 수천 년을 내려온 분열된 "한족(漢族) 대 만주족(滿洲族)"들의 <대청제국과 중화민국>의 국가이양이란"역성(易姓)혁명"의 과도기가 겹쳐서 한층 더 우심한 와해과정을 겪게 되었다. 다시 말하면 <손문(孫文)이 지도한 한족의 신해혁명(1911년 10월)과 청국 만주족의 축출>이란 즉,'군주정치와 공화정치'의 지배세력이 뒤바뀌는 권력이양기에 서구열강은 거대한 산업자본을 등에 업고, 최신 무기로 무장된 군사력을 앞세워서 [중국]의 허점을 찌르고 쳐들어 온 것이다.

이와 같은 양상은 뒷날 <국민당과 공산당>의"국공내란전쟁"을 필연적으로 거쳐서 오늘날 개방된 [중화인민공화국]으로 떠오르게 된다. 이로서 결정적으로 [중국]을 파멸시켰던 국내외정세의 변화와 새로운 상황판단에 적응하지 못하고 시대에 뒤떨어졌던 몇 가지 요인들을 지적해 보면 아래와 같이 설명된다. 결국 자주성이 결여된 채로 외세(外勢)에 좌지우지되었다는 사실은 당시 [대한제국]이 패망하던 과정과도 [중국]의 반식민화가 대동소이할 뿐이다.

❶ 어떻든"아편전쟁(阿片戰爭, 1840년~42년)"은"서구열강들이

거둔 2차례의 승리"에 의해서, [잠자는 사자로 호칭되던 무서운 중국]이 하루아침에 [죽은 돼지]라고 결정적으로 침몰시켜, 국제사회에서 천대받게 된 획기적인 사건(事件)으로 역사에 기록되고 있다. 첫 번째'아편전쟁'은 1839년에 임칙서(林則徐)가 대청제국(大淸帝國)정부의 흠차대신(欽差大臣-황제가 전권을 부여한 장관)이면서, 양광(兩廣-광동성+광서성)총독으로 임명되면서, 무려 150년 동안 쌓였던"영국의 아편(阿片)상품"을 모조리 불태워 버린다. 이것이 [중국]을 생사(生死)의 갈림길에서 '국가의 운명'을 건 한판 전쟁으로 크게 확대되기에 이른다.

이들 시기는 [영국]이"산업혁명"을 소비재공업에서 중화학공업으로 단계를 높이는 일대 전환기에 처하여, 종래의 공장제수공업(Manufacture)제품 위주의 무역상품으로부터 자본·기술집약상품(資本·技術集約商品)으로 대거 바꿔지는 시기이었다. 동시에 [영국]은 거대한 군함과 대포, 기관총 등과 같은 대량 살상무기(殺傷武器)를 만들어서 [청나라 대국]을 압도하는 군사력을 가진 강대국으로 탈바꿈되어 있는 상황이었다. 다른 한편 일찍이 16세기 초부터'지리상의 대발견'이래로 서구열강들 즉, [포르투갈, 스페인, 네덜란드, 및 영국]이 해상항로의 개척과 통상교역을 통한 식민지 쟁탈에 혈안이 된 나머지, 이미 [중국]에는 1689년"영국의 상관(商館)"을 설치하고, <동인도회사>가 본격적으로 진출하면서 본격적인 무역을 통한 군사적 침략을 개시하였다.

그러나 이때부터 150년 동안 [영국의 대중국 무역수지적자(貿易收支赤字)]는 엄청나게 쌓여서 가히 천문학적인 금·은화폐(金·銀貨幣)를 [청국 황제]에게 바칠 수밖에 없었다. 그 이유는 [영국]이 수입하는 [중국 무역상품]은 생사(生絲), 도자기(陶瓷器), 차(茶) 등 3대 주종품목으로 엄청난 물량에 달하였으나, 반면 [영국]의 수출품은 겨우 [인도-당시 영국 식민지]에서 가져온'홈스팬 모직물'을 비롯한 상아, 목제, 면포 등에 불과하여, 결국 "무역 불균형 적자"를 채우기 위해서는 [멕시코 은화(銀貨)]가 결제대금(決濟代金)으로 [청국]에 대량 흘러들어갔다. 여기서 [영국]이 '무역적자'를 만회하기 위한 악독한 방법으로 "아편(阿片)"이란 마약(痲藥)을 [중국] 전역으로 대량판매 하면서 모든 [중국백성]들을 '마약중독자'로 오염시키기에 이른다.

<아편무역>의 증가추세를 보면, 1816년 5,106상자, 1824년 12,434상자, 1830년 2만 상자, 그리고 <아편전쟁> 직전인 1838년에는 4만 상자로 기하급수적인 증가세를 이루게 된다. 결국 양국의 첨예화된 '아편무역 갈등'은 <영국 및 서구열강들과 청국>사이에 전면전쟁으로 치닫게 되고, <동인도회사의 연합군대-약 2만명>에게 [청국]은 힘없이 침몰하면서 "반식민지"로 급속히 전락된다. 이 때문에 <임칙서 광동성 총독>은 이들 '아편상자 전량'을 몰수하여 짠물에 담갔다가 소석회를 섞어 3주 동안 끓인 다음 아편성분을 완전히 제거한 뒤 바다에 흘려보냈다.

1840년 6월에 [영국정부]는 약 4,000명의 육군병력을 동원하여 총사령관'엘리오트'소장을 파견함으로서 드디어 <아편전쟁>이 시작되었다. 결국 [영국 함대와 육군]은 파죽지세로"광동성의 구룡반도-지금의 홍콩"을 점령하였다. 8월에는"상해"를 함락한 뒤 양자강을 거슬러 올라가"남경"을 공격하게 되자 [청국정부]는 굴욕적인"남경조약"을 맺게 된다. 그리고 <임칙서 총독>은 즉시 파면 당한다. 이것이 『제1차 아편전쟁』이였다. 1843년 6월 26일 [남경조약(南京條約)의 내용]은 가히 치욕적이고, 또한"불평등조약"이었다. 아래에서 [중국]이 결정적으로 '서세동점(西勢東漸)'침략의 핵심목표로 떠오르면서, 동북(東北)아시아의 세력판도가 근본적으로 뒤집히고 동시에"매판자본(買辦資本)"의 거점으로, 즉 [중국]이 서구열강들로부터,'잠자는 사자(Sleeping Lion!)가 아니라, 죽은 돼지(Dead Pig!)'라고 급속히 몰락하는 과정을 <지도 6-3-1>에 자세히 나타나 있으니, 참조하기 바란다.

❷ 그러나 [중국]의 반응이 없게 되자, 『제2차 아편전쟁』은 1856년 10월 8일'엘로우 영국 해적함선'이"아편밀수(密輸)"하는 것을 수색한 [청국]의 관헌들의 처사를 빌미삼아 시작되었다. 15년 전에 크게 성과를 거두었던 <제1차 아편전쟁>의 후속 이권(利權)을 노리면서 우선 <광주>를 포격해서 점령하면서 새로운 전쟁을 확대시켜 나아갔다. 그러나 [중국] 남쪽의 <광동성 주강유역>에서 일어난 전쟁에 대해 <북경>에 있는 [청국 황제의 조정]에서는 아무런 응답이 없었다.

<표 6-3-1> [중국의 아편전쟁 관계도]

 1857년에는 영국, 프랑스 연합군 5,600명과 뒤이어 미국, 러시아 함대가 가세하여, 양자강 하류지역에 있는 지금의 <상해>를 포격하여 제압하였다. 다시 북상하여 5월 30일 <천진과 백하(白河)>를 포격하면서 4개국 전권대사들이 연합하여, [청국]을 대군으로 거듭 압박하였다. 이에 일단 1858년 6월 26일 <천진성 밖에 있는 해광사(海光寺)>에서 영국의 전권대사 엘긴(E. Elgin)과 프랑스의 전권대사 그로스(J.B.L. Gros)가 참석하여 유명한"천진조약(天津條約)-[제2차 아편전쟁 강화조약]"을 체결하게 된다.

{천진조약 7개조항}은 아래와 같다. 2년 뒤 {북경조약(北京條約)}과 동일함.
  * 이상 조약 문안은 당시 굴욕적인 [청국]의 화친 내용이다.

(1) 외교공관(外交公館)을 북경(北京)에 상주시킬 것.
(2) [청국]은 전쟁비용 및 [영국]의 광주무역관 방화에 대한 손해를 배상할 것.
(3) [중국 내륙]의 통상·여행 및 양자강의 통상을 개방할 것.
(4) 기독교 선교사, 신도의 신앙을 보장하고, 포교와 선교의 자유를 서약할 것.
(5) 관세율표(關稅率表-양약=아편이 무역품목으로 공인됨)를 개정할 것.
(6) 해적(海賊) 소탕을 위하여 협력과 원조를 할 것.
(7) 공문서(公文書)와 조약문(條約文)에 영어(英語)를 원본으로 표기할 것.

그러나 바로 1년 뒤인 1859년 6월 17일 <영·프 함대>는 {천진조약}의 비준서를 교환한다는 명분하에 함대와 1,200명의 군대를 동원하여 또다시 백하<(白河)-지금의 황하>를 거슬러 올라와 [천진]까지의 거리 50km 지점에 매설한 포대와 장애물을 제거하겠다고 전투를 벌였다. 그러나 처음으로 <영·프 연합군>은 <청국군>에게 참패를 당하였다. [청국]에서 동원한 "몽고족 기마군단"들이 용감하게 싸워 대승을 거둔 것이다. 실로 이들 "몽고 조랑말 기마병"들은 일찍이 '징키스칸'의 후예들로서, 1947년 <국·공 내란전쟁> 때에도 [모택동의 공산홍군]으로 '만주 사평 전투'에 참전하여 [장개석의 국민당군]을 괴멸시킨바 있다. <백하 전투>에서 몽고 의용군에 의하여, 영국군함 4척이 격침되고 2척이 나포되었으며, '영국의 호프 대장'도 중상을 입고 <상해> 쪽으로 도망쳐 버렸다.

이를 보복하기 위하여 <영·프 3번째 연합원정군>은 1860년에 영국군함 73척과 병력 18,000명, 그리고 프랑스군함 33척에 병력 6,300명이 연합하여, 먼저 '상해'를 점령하고, 1860년 10월 13일 <북경의 원명원 궁궐>까지 온갖 약탈, 살인, 방화, 강간 등 보복과 만행을 자행하면서, 증거를 없애기 위하여 원명원(圓明園) 궁궐을 불태워 버렸다.

결국 [청국] 패망의 결정적 요인이 된 치욕적인 이른바 "북경조약(北京條約)"이 즉시 조인되었는바, 그의 내용은 "천진조약"과 동일하다. 다만 추가된 사항이 2가지 있는바, 하나는 <천진항의 개항>이고 또 하나는 <홍콩 섬을 마주 보는 9룡반도(九龍半島)를 영국에 할양할 것> 등이었다. 이로서 [영국]은 "제2차 아편전쟁"으로 [중국]을 사실상의 '반식민지'로 지배하게 된 가장 최대의 이권을 장악한 강대국이 되었다.

동아시아에서 수 천년동안, "중화사상(中華思想)"의 중심국가이었던 [대청제국]의 몰락과정은 서구열강 특히 [영국]의 패권주의가 국제정치로 보나 자본주의 침략으로 보나, 1840년 이후 <아편전쟁>을 통하여 [중국]이 "반식민지"로 나가떨어지게 만들었다. 당시 무자비한 서세동점 속에 [조선]의 해체과정을 촉진시키는 기폭제도 이때에 조성되었다. 그것도 서구자본주의를 모방한 [일본제국주의]의 완전한 "식민지"로 [대한제국]이 전락된 사실도 [중국]의 몰락에서 연유된다고 말할 것이다. 독자적인 국력도 없이, 쇄국주의와 사대주의에 전적으로 의존한 [조선]이 [중국]의

<아편전쟁결과>가 비참한 말로를 촉진시켰다고 생각될 뿐이다.

4장) [대한제국]이 《완전 식민지》로 몰락한 최악의 결과는 망국(亡國)을 자초한 "비극적 국운"의 국제정세 때문임

　　<한반도(韓半島)>는 1863년대 이후, "대원군과 고종"의 집권과 더불어 파란만장한 안간힘 속에서 쇠잔한 국력을 이기지 못하고 비참한 [식민지]로 나라를 잃어버리게 된다. 이미 [일본 막부와 중국 청나라]는 20~30년 이전에 서구열강의 침략을 받았으나, [일본]은 오히려 일찍이 항복하고 서구자본주의를 모방한 결과 "선진독립국가"로 거듭날 수 있었다. 반면 [중국]은 '중화사상'의 아집과 시대착오적인 독단으로 <아편전쟁>의 참패와 더불어 <절반 식민지>로 전락된 이후, [한국]은 그나마 의지해온 [중국]이 몰락하는 바람에, 가장 비참한 결과를 초래할 수밖에 없었다. 위에서 지적한 바와 같이 우선 먼저 [한반도]의 국운이 없다 보니까, 외롭게 천애고아처럼 수축되었다는 점을 겸허하게 받아들여야 할 것이다. 이점 간단히 요약하면 다음과 같다.

　　1 당시의 [조선=대한제국]은 서구문물에 어두웠고, 자력갱생의 의지도 없었으며, 쇄국으로 일관하면서 유교문화(儒敎文化)의 소수 지도층들이 허례허식의 자만심만 지닌 채 서양오랑캐(洋夷)들을 무시하였다. [프

랑스]가 침략한'병인양요(1866년)'와 [미국]이 쳐들어 온'신미양요(1871년)'전투에서 어쩌다 승전한 것을 기화로"대원군의 쇄국정책(척화비석 세움)"은 한층 강화되었다. 민족자본(民族資本)도 없이 청, 일, 러시아 등 주변의 강력한 세력)에 의지한 채로 내부갈등(개화파·수구파-친청파·친러파·친일파)에 시달리다가, 결국 [서구 자본주의]를 모방해서 그대로 대륙침략으로 나와서,'청·일 전쟁(1894)과 러·일 전쟁(1904)'에서 승리한 [일본제국]에 의하여 완전히 [조선]은"보호국(1905)과 식민지(1910)"로 나라를 잃고 말았다.

이상 위에서 시사(示唆)한 바와 같이 [구한국=조선]의"완전한 식민지 몰락"과정은 대략, 1876년~1910년 사이의 34년 동안에 [대한제국]이 멸망하였다. 또한 1910년~45년 기간의 36년 동안에"일제의 식민지"로 국권을 잃어버린 채로 해방을 맞게 된다. 아래에서 이상에 관한 과정을 핵심적으로 집약해서 정리해 보면 가장 중요한 핵심은 <발전유형>이 최악의 상황 즉, 식민지"로 나라를 잃어버렸다는 사실이다.

2 극동아시아 [한국, 중국, 일본]등 3국 중에서, 이상하게도 [구한국(舊韓國)]의 침몰과정은 [중국과 일본]과는 전혀 다르게 1830년대 <서구열강>들에 의해서 직접 침략을 당한 것이 아니라는 점이다. <개항-근대화>가 뒤늦게 1866년 9월 3일 최초로 [프랑스] 함대가'강화도'에 쳐들어 왔다가 참패하고 도주한 때부터 시작되었다. 이때 [프랑스 군대]

는 7척의 군함과 600명의 해병대를 "로오즈 제독"이 이끌고 쳐들어 왔다. 1863년에 즉위한 [고종과 대원군]이 동원한 '한국군대'는 "이경하 훈련대장"이 지휘하는 3,000명의 병력이 강화성에 포진하였으나, 곧 이어서 함락당하게 되자, [한국]은 특별히 '백두산 호랑이 잡는 포수군단 800명'에 의해서 [프랑스 군대]를 격퇴시켰다.

같은 시기 1872년에 [미국 상선 셔어먼호]가 무기(武器)와 서양물품을 가득 싣고 강화도에 들어왔다. 그보다 앞서 <프랑스함대>가 들어왔던 같은 해, 1866년 7월 11일밤 1척의 배가 '평양 대동강'을 거슬러 올라왔다. 그때 평양관찰사 박규수가 목적을 묻자 그들은 <미국의 개신교 신도(지금의 예수교 장로회파)>들로서 천주교도가 아니며 오직 '상거래(商去來)' 즉, 통상을 목적으로 <조선의 금과 인삼 및 호랑이 가죽을 서양물품과 교역>하고 싶다고 말하였다. 그러나 12일 동안 대동강을 휩쓸고 백성들의 식량을 강탈하고 다님으로서 흥분한 군중들이 썰물 때 모래톱에 걸린 "미국 셔어먼호 상선"을 불태워 버렸다.

[미국]은 1872년 4월 3일 분개한 나머지 당시 '그란트 미국 대통령'의 명령을 받아 '로저스 소장과 로우 공사'가 이끄는 군함 5척과 1,230명의 군대를 거느리고 <강화도의 초지진>에 상륙하였다. 곧 이어서 육박전이 벌어졌고, [한국군]은 <어재연 장군>과 53명의 장병이 전사한 반면, [미국군]은 '맥키 중위' 이하 3명의 전사자와 10명의 부상자를

내었다. [미국]은 전쟁사상 초유의 최소전쟁(A little war)에서 무의미한 승리(An Empty Victory)라고 스스로 부르면서 4월 25일, 43일 동안 머물다가 철수하였다. 이것이 [한국]이 받은 2번째 '서양 외세의 침략'으로 유명한 <신미양요(辛未洋擾)>였다.

"대원군"은 [프랑스와 미국군]들의 침공을 격퇴한 뒤에 '척화비(斥和碑)'를 전국각지에 세우도록 명령하고 강력한 "쇄국정책(鎖國政策)"을 펴게 된다. 실은 이때의 간단한 승전이 [한국]을 자만심에 빠지게 하였고, 허약한 국력에 친청파, 친러파 및 친일파로 나뉘어 개화(開化)냐, 수구(守舊)냐 등의 국론분열(國論分裂)만 일어나 <국가는 점차 분해되고 경제력은 쇠잔하고 외세(外勢)는 이 땅에서 전쟁>하는 가운데 [구한국]은 <완전한 식민지>로 전락하게 된다.

3 1876(병자)년은 한국이 근대화되는 원년으로 기록된다. [일본제국]이 서구열강을 모방한 뒤에 강력한 국력과 서양함선 및 자본주의를 일찍이 받아들여 <사무라이식 군국주의>로 무장하고, [한국의 강화도]에 침공하여 이른바 "병자(강화)수교조약(丙子修交條約)"을 체결하기에 이르렀다. 이것이 외세에 의한 최초의 [한국 근대화(近代化) 원년]이라고 부르며, 인천, 부산, 원산 등 3대 항구를 개항(開港)하게 된다. 이때, 1868년~79년에 [일본] 역시 "메이지유신(明治維新)"을 막 시작한 초창기 이여서 [한국]을 침략하여 개항 시키는데 불과하였고 그 뒤 아무런 후속조

치가 없이, 세관(稅關)이나 출입국관리(出入國管理)도 모른 채로 방치하였다. 이로서 외세에 의한 [한국] 최초의 근대화 개방이 이루어졌으며, 1876년~82년 이후 "임오군란(壬午軍亂)"으로 자주적으로 개혁하고 독자적 정치를 이루려 했던 <대원군(大院君)>이 "청국의 원세개"에 의해서, [청국의 천진]으로 3년간 납치되면서, 드디어 "쇄국정책"은 영원히 대단원의 막을 내리게 되었다.

그러자 [한국]을 속방(屬邦)으로 여겨왔던 [청(淸)제국]이 1860년 <아편전쟁>을 치룬 뒤 서구열강들에게 영토를 강탈당하면서 [한국]과도 근대화된 평등한 국교(國交)를 주장하여 1882년 최초의 통상조약인 "한·청 상민수륙무역장정(商民水陸貿易章程)"을 맺었다. 이에 자극된 [일본제국]이 "제2차 제물포조약(濟物浦條約)과 한·일 수호조규속약(修好條規續約)", 즉 <통상조약>을 체결하면서 [대한제국]은 처음으로 <근대 국민국가>로서의 개방체제로 전환하게 되었다. 따라서 '대원군'이 임오군란(壬午軍亂)의 책임을 물어 [청국 천진]으로 납치된 이후에, <고종황제>의 친정체제와 더불어 <민비(閔妃)-명성황후(明星皇后)>가 친청파(親淸派)를 이끌고 [일본·청국]을 비롯한 [서양 각국 열강]들과 무수한 통상수호조약(通商修好條約)을 맺게 된다. [한국]의 허약한 국력을 감추면서, "강대국들과의 세력균형에 의해서 [조선]의 자주독립을 유지하고 동시에 [청국]과도 같은 외교정책"을 채택함으로서 살아남겠다는 이른바 <국가대전략(國家大戰略)>을 본격적으로 시행하게 된 셈이다.

그래서 1882년~86년 기간에 강대국들과 '통상수호조약'을 계속 체결하고, 외교사절(外交使節)들이 다투어 영사관(領事館) 또는 공사관(公使館)을 '서울'에 개설하게 된다. 이로서 1882년 4월 6일 "한·미(韓·美)수호통상조약"과 "한·영(韓·英)수호통상조약(4월 21일)" 및 "한·독(韓·獨)수호통상조약"이 체결되면서 동시에 서구열강들과의 통상조약이 동시다발적으로 조인되게 된다. 이어서 1884년에 "한·이(韓·伊)수호통상조약(6월 26일)"과 "한·러(韓·露)수호통상조약(7월 17일)"이 체결되고, 1886년 6월 4일 "한·프랑스(韓·佛)수호통상조약"과 "한·오스트리아(韓·墺)수호통상장정(1892년 5월)" 그리고 "한·벨기에(韓·白)수호통상조약(1901년 4월)" 및 "한·정(韓·丁-덴마크)수호통상조약(1902년 7월)"을 마지막으로 총 11개 국가와 수호 및 통상조약을 조인하게 된다. 결국 '수호조약'과 '통상조약' 등 국가 간에 맺은 2종류의 조약으로 하나는 '국교(國交)'를 열고 '외교공관(外交公館)'을 한성(漢城-서울)에 개설하는 동시에 또 다른 하나는 국제적으로 <무역통상>을 개방하게 된다. 이때 부터 [한국]은 선진열강들과의 상호 문물교역과 통상외교를 통한 경제교류와 협력 및 서구열강들 끼리의 세력균형을 통한 [한국]의 독립외교를 강화시키는데 주력하게 된다.

4 1786년 이래, [한국]의 근대화 과정은, 한말로 지적해서 전적으로 외세에 의존된 수호통상조약에 따른 외교노선 때문에 거꾸로 [한국]의 본래 독립목적과는 정반대의 결과가 나타나서 완전한 '식민지'로 전락되

었다는 사실이 핵심이다. 반면 극동에 위치한 3국 중에서 [중국의 아편전쟁(1883년)]이나 [일본의 미국흑선(1885년)]에 의해서 이들 2나라는 일찍이 서구열강의 침략을 받아'반식민지'가 되거나, 아니면 완전한 '독립국'으로 거듭나는 계기가 되었었다. 그러나 반면에 [한국]만이 뒤늦게 근대화의 추세에 떠밀렸음에도 불구하고 <프랑스의 병인양요 침략과>과 <미국의 신미양요 침략>을 물리친 뒤에, 국제정세에도 눈이 어두워진 [대원군]의 덧없는 쇄국정책과 그 뒤 친정체제에 들어간 [고종과 명성황후]에 의해서 자주능력의 상실과 외세의존 때문에 더 나쁜 최악의 결과 즉'완전식민지'로 급속히 전락하게 되는 결과를 낳게 되었다.

[한국]의 "식민지화 과정"을 3단계로 나누어 볼 때, 첫째단계는, 1863년 [대원군과 고종]이 처음 등극해서 [대원군]이 정권을 장악하고, 전제군주와 같이 <한반도>천하를 추상같이 호령하던 시대를 말한다. 이때에'경복궁을 복원시키느라고 너무 방대한 자금(資金)'을 낭비하여 국력을 깡그리 쇠잔시켰다. 따라서 국민경제의 형성이나 민족자본의 축적이나 근대적 자본주의 및 공업화 또는 산업혁명을 자생적으로 추진할 수 있는 경제기반을 상실시켰다. 더구나 1866년 <프랑스 함대가 침공한 병인양요>를 비롯하여 1871년 <미국 함대가 침공한 신미양요> 전투에서'백두산 포수군대'가 승리를 거둔 사건에 도취하여 서양귀신을 언제나 격퇴시킬 수 있다는 쇄국정책을 국시로 삼아 전국각지에 척화비(斥和碑)를 세웠다. 이로서 [한국]은 서구열강이나 [일본]의 발전도 또한 [청국]의 몰

락도 모르는 채, 국제정세에 눈이 어두워 침몰했던 과정이다.

둘째 단계는, 1882년'임오군란'의 실패로 [대원군]이 [청국 천진]으로 납치된 뒤에, [고종과 명성황후]가 독자적으로 친정체제를 구축하고, 처음에는'친청파(親淸派)'로 청국세력에 의존하여 수구정책(守舊政策)을 펴다가, 곧 이어서'친일파(親日派)'정부로 바꾸어서, 1884년 <갑신정변(甲申政變)>으로 개화정책(開化政策)을 펴려고 시도하다가 완전히 실패하게 된다. 이때에 [러시아 공사관]으로"고종임금"이 피신하는 소위'아관파천(俄館播遷)'이 일어나면서, 1894년 <청·일 전쟁>을 통하여 [일본]이 승리하자 이번에는'친러파(親露派)'로 완전히 변신한 과정을 말한다. 이로서 [한국]은 자주적인 국력도 없이 주변 강대국들의 세력을 업고 독립국을 세우려는 정책을 폈는지 몰라도 결국 완전한 식민지로 전락하는 과정을 밟게 된다.

그래서 <청·일 전쟁>의 결과는 1895년 4월 20일에 조인된"청·일 강화조약(淸日講和條約―시모노세키조약)"에 의해서 제1조'청국은 조선국의 완전무결한 자주독립국임을 확인한다'라고 적시하여 [한국]을 [청국]의 속방(屬邦)관계로 부터 청산하는 동시에, [일본]의 우월한 지배권을 얻어내게 된다. 이때부터 [일본]의 세력은 [러시아]와의 대결 속에 완충균형을 이루는 동안에, 1897년 [대한제국]이 탄생되고 <고종황제>가 단군 이래 최초로"황제국가"를 선포한 셈이다. 이미'을미사변'으로 <민비>가 사망했으나, <명성황후>로 추존되었다. 문제의 관건은 이때 [한국 조정(朝廷)]이 온통 '친러파'로 기울어서 '친일파'와의 암투가 나라를 망치고 있었을 뿐만 아니라, 결국 <러·일 전쟁>이 [일본]의 승리로 끝나게 되자, [한국]에 대한 지배권=보호권을 [일본]이 완전히 장악하게 되면서, 결국 [한국]은 [일본제국]의 "식민지"로 전락하였다.

셋째 단계는, 1904년 <러·일 전쟁(露日戰爭)>이후 [러시아]가 전쟁에서 [일본]에게 크게 패전하면서, [한국]은 1905년 [일본의 보호국]으로, 그리고 1910년에는 "한·일 합병"이란 '강탈조약'에 의해서 [일본의 식민지국]으로 패망하게 되었다. 결국 <미·일 비밀협약(美日秘密協約)―태프트·가쯔라 협약, 1905·7·29>에 의한 [한국의 보호권(保護權)과 분할권]을 [일본]이 인정받았으며, 동시에 1905년 9월 5일 조인된 <일·러 강화조약(日露講和條約)―포츠머스조약>에 의해서 최후의 국제법상의 [한국]에 관한 지배권을 [일본]이 단독으로 행사하는 권한을 획득한다. 따라서 위임통치에 관한 국제법상 권한을 [일본]은 최대한으로 활용하여, [한국]을 결정적으로 종속시키는 조치, 즉 <을사보호조약>과 <한·일 합병조약>을 강권으로 체결해서 "식민지"로 병합시켜 버렸다.

5 [대한제국]의 멸망은 '주변열강국들의 세력균형'을 비롯하여 [한국]의 '외세의존과 국력상실' 및 '시대정신의 결여' 등등 여러 가지 요인을 지적할 수 있다. 이들 중에서 2가지 결정적인 측면을 든다면, 첫째로

[한국]의 지배층들은 국제정세(國際情勢)를 파악하는데 전혀 안목이 없었다. 여기에다가 시대정신(時代精神)마저 시대착오(時代錯誤)를 일으켜서 자주독립적인 주체세력의 결여를 낳고, 따라서 국력이 극도로 쇠잔해 버렸다는 점이다. 둘째로는 뒤쳐진 근대화(近代化)의 몸부림 속에서 서구문물(西歐文物)을 비롯하여 서구열강(西歐列强)들과의 세력균형(勢力均衡)을 수용하지 못했다. 오히려 징그러운 <서양귀신(洋鬼)>으로 얕잡아 본 탓으로 일찍이 [프랑스]나 [미국]의 수호통상(修護通商)을 단호히 거부하고, 쇄국정책으로 일관한 결과는 그나마 극동아시아 주변강대국들의 각축장으로 난도질을 당하는 처지가 되었다.

셋째로 이를 평가한다면, [한국 정부]는 궁여지책으로 "세력균형" 정책을 통해서 이들 '외세'를 이용하겠다는 얄팍한 술책으로 30여 년간 초지일관 하다가 패망하게 되었다는 사실을 지적할 수 있을 것이다. 처음에는 [청나라]에 의존하여 '친청파'로 기울었다가 이내 <청·일 전쟁>에서 [일본]이 대승하게 되자, [한국]은 곧바로 [러시아]에 붙어서 '친러파'로 몰려갔다. 결국 <러·일 전쟁>에서 또다시 [일본]이 대승을 거두고 완전히 [한반도]에 관한 국제법상 "배타적 보호권"을 장악하게 되자, 이번에는 '친일파' 일색으로 [대한제국]은 병합 당하게 된다. 이때 '친러파'들은 [러시아]의 극동영토인 '하바롭스크'로 망명하여 불귀의 객들이 되었다. 물론 <명성황후>도 이미 1895년 '을미사변(乙未事變)'으로 [일본의 공작원]들에 의해서 암살당했다는 처절한 국운을 통탄할 일이다.

넷째로 [한국]의 경제력이 너무나 허약했다는 사실을 상기해 볼 일이다. 원래 유학(儒學)을 국시로 삼아 '훈고학에 찌든 선비, 즉 양반계급'이 나라를 통치하면서, 왕권은 허물어지고 주로 4색당파(四色黨派)들의 생사를 건 싸움 통에 봉건적인 지력(知力)과 권력(權力)과 부력(富力)을 장악하는가 여부에 사활이 달려있었다. 한말로 지적해서, 17세기 이후 '양반계급'이 2배로 늘어나면서 극히 한정된 토지와 관직을 차지하기 위한 처절한 당파싸움이었다. [구한국]의 경제력은 근대화 개항을 맞이하여 '봉건적 특권상인(特權商人)—육의전(六矣廛)'들이 외국상거래까지 독점하고 있었다. [한국 상인]들이 모든 특권을 독점하고 있었던 것이다.

그러다가 [일본]을 비롯한 외국상품과 상인들이 객주(客主)와 여각(旅閣)을 중심으로 '한국의 상업자본(商業資本)'을 장악하면서 상권(商權)과 외국무역(外國貿易)의 주도권을 빼앗아 갔다. '객주 및 여각'이란 전국에 화물의 집산지, 즉 점포(店鋪)를 두고 여인숙(=호텔), 음식점, 물류창고 등을 경영하면서 상품의 위탁판매, 보관업과 운송업, 금융업(金融業) 등을 한곳에서 한꺼번에 대량으로 처리할 수 있기 때문에, 외국무역의 중개자가 되고 동시에 거대한 상업자본의 축적이 가능하게 되었다. 주로 <일본상인>과 <청국상인>들이 일종의 매판자본(買辦資本)을 형성하게 되었고, 종래의 [한국상인]들 즉 "육의전, 객주 및 여각, 보부상(褓負商)"들이 천년을 쌓아온 민족자본(民族資本)은 1895년 특권상인(特權商人)제도가 폐지되면서 괴멸당하게 된다.

6 따라서 [한국의 경제력-민족자본]은 이미 1895년부터 <일제의 매판자본>에 의해서 밀려났다. 1905년'을사보호조약'이후 [일제의 보호국]"이 된 뒤에는 <통감부(統監府)에 의한 토지, 농산조사>에 의해서 전국의 무수한'미등기(未登記) 토지'가 측량(測量)되는 동시에 [일본]으로 소유권(所有權)이 강탈당했다. 1908년 [일본]의 동양척식회사(東洋拓植會社)가'영국의 동인도회사'를 모방하여 대한침략을 본격적으로 수행한다. 결국 [일본제국주의]는 토지를 강탈하여"미작(米作) 쌀, 생산경제"를 장악하는 동시에 유통경제(流通經濟)의 상업부문을 완전히 독점한다. 또한 일찍부터 1878년에 근대적 금융기관(金融機關)을, 그리고 1904년에는 근대적 화폐제도(貨幣制度)를 도입하면서'한국의 상권'은 통째로 [일본 상인]들이 독점해서 경제침략을 당한다.

1911년'한일합병에 의해서 식민지'가 된 뒤에는 즉시 이어서 <조선 회사령(會社令)>을 공포하고, 1914년에는 <조선 시장규칙(市場規則)>을 발포하였으며, 1912년에는"일본의 상법(商法)을 조선식민지"에 그대로 적용함으로서 상업질서나 자본독점에서'일본 상인'들의 독무대가 되었다.'한국상인'들은 그들의 종업원이 되거나 혹시 자영하여 영업을 계속하더라도 겨우 전근대적인 방식으로 생계(生計)를 꾸려가는 정도에 그쳤다. 결국 [한국]은 1880년대 이후 약 70년 동안 [일본제국주의]의 잔악한 침략과 강탈에 이기지 못하고, 극동 3국 중에서도 유일하게 "일본의 식민지"로 전락되었다. [대한제국]은 정치권력의 기반이나, 산업경제 및 상업유통과 금융 등 모든 경제력이 자생적으로 발전하지 못하고, 후진(後進)하는 상황에서 외교(外交), 국제정치(國際政治) 및 경제력(經濟力)을 전적으로 주변 강대국 즉 [청국]이나 [러시아]에 의존하다가 [일본]에게 "식민국"으로 합병당하고 말았다. 이런 경우 [한국의 비참한 국운]을 탓할 수밖에 없을 것 같다.

7 1897년 10월 12일, [대한제국(1897~1910)]이 창건되고 "고종황제"의 '즉위식이 환구단(圜丘壇)에서 거행되어, 연호를 광무(光武)'라고 선포하였다. 그러나 이미 1882년부터 "고종황제"는 한때 자주독립과 부국강병에 대한 집념이 강력하여 출중난 수완을 발휘하면서, 국제정치와 통상외교에 관한 무서운 통치력을 행사한 바도 있다. 그러나 결국 국운이 못 미치고 국력이 미약한데다가, 당시 서구열강들의 외면과 [일제]의 탄압으로 전혀 성과를 거두지 못하고 침몰하고 말았다. 실제로 "고종황제"는 1882년부터 친정체제를 가동시키었다. 왜냐하면 <대원군>인 아버지가 '임오군란' 때문에 섭정을 거두고, [청국]으로 납치되어 감으로서 정권을 장악하고는 사실상 제일 먼저 11개 강대국들과 '통상수호조약'을 맺고 아버지 때의 척화비(斥和碑)를 치우고, 동시에 '쇄국정책으로부터 개방정책'을 펴면서, 개항과 외교와 통상에 몰두하였다.

그러나 비참하게도 "고종황제" 그 자신의 목표 중에서, 핵심정책인 '국제정치외교'마저도, 1907년 '헤이그 만국평화회의'에 파견된 밀사

사건(密使事件)을 빌미로 "[일제] 강압에 의한 을사늑약(乙巳勒約-고종황제의 옥쇄가 없음)"에 근거한 책임을 물어 "퇴위(退位)"시킴으로서 역사상으로는 가장 무능한 "황제"로 기록되고 있다. 물론 그 뒤를 이어받은 [순종황제(純宗皇帝)]는 그나마 운신할 수 없는 처지이어서 1910년 8월 22일 조작된 <한·일 합방조약(合邦條約)>으로 [대한제국]은 국권을 상실하게 되었다. 왜냐하면 이미 [일본제국]이 선진강대국으로 부상되어 국제정치상으로 열강대국들과 이권(利權)을 협잡하고 있는 반면, [대한제국]은 더욱 무시당하고 [일제]의 철저한 견제를 받은 때문이다.

[고종황제]는 1882년부터 일찍이 11개 열강대국들과 '통상수호조약'을 체결하고 오로지 자주독립과 부국강병을 목표로 국제외교와 통상교역에 치중하였으나, 경제력기반이 쇠퇴하는 상황에서 말년에는 청국, 일본, 러시아, 주변 3국을 이용한 정치관계(政治關係)조차도 제국주의의 야욕이 약육강식하는 강자들의 지배세계 속에서 [대한제국]은 먹이감이 되었다. 특히 청·일전쟁(1894), 러·일전쟁(1904)을 통해서 [일본제국]은 <한반도>에 대한 배타적 지배권을 획득하였고, '필리핀을 식민지로 가진 [미국]'과 '인도, 미얀마, 말레이시아를 식민지로 가진 [영국]'과는 <영·일동맹(1902)>'을 맺고, '인도네시아를 식민지로 가진 [네덜란드]'와 '인도차이나 3국을 식민지로 가진 [프랑스]' 등 서구열강들이 다 같이 [한국]을 배신하고, [일본]과 협조하여 모든 이권을 나누어 먹었다.

이로서 [고종황제]의 "자주독립" 노선은, 이미 1904년에 '러·일 전쟁제지 각국선언'을 통하여 마지막으로 [대한제국의 중립국선언(中立國宣言)]을 채택하도록 '세계 열강'들에게 일제히 통첩을 보냈다. 그러나 철저히 묵살 당하였다. 또한 1907년에는 [네덜란드의 헤이그]에서 열리는 "만국평화회의(萬國平和會議)"에 초청되어 [고종황제의 밀지(密旨)]를 휴대한 이준, 이상설, 이위종 등 3인의 밀사(密使)가 호소문을 제출했으나, 초청국이 아니라는 개최국-[네덜란드]와 의장국인 [러시아]의 배신으로 좌절되고 말았다. 이때 '이준 열사'는 현지에서 병사(病死)하였다. 이 사건으로 [고종황제]는 친일대신 이완용, 송병준 등에 의해서 다음날 강제로 양위(讓位)당하고, [순종황제]가 1907년 8월 27일 연호를 융희(隆熙)로 하여 경운궁(慶運宮)에서 즉위하였으나, 3년 뒤 "1910년 8월 22일, [한·일 합병조약]"으로 [대한제국]이 멸망하면서 [순종황제]도 퇴위(退位)당하고 [대한제국도 식민지 조선(朝鮮)]으로 몰락하였다.

여기에서 특기할 점은 [고종황제]의 자주독립을 위한 불굴의 투지와 끈질긴 노력을 인정할만한 숨은 역사적 기록이 최근 여러 자료에서 발견된다는 사실에 비추어볼 때, 비록 국제정세에는 지극히 어둡고 자력갱생하는 경제력기반은 취약하였지만, [고종황제]의 치밀한 조치를 찾아볼 수 있다. 그의 대표적 사례로 "제국익문사(帝國益聞社)"라는 비밀정보기관을 운영하여, 1902년부터 [고종]의 직속 첩보공작기구로 사용하였다. 임무와 조직은 현재의 중앙정보부(국정원) 시스템과 거의 같다. (1) 국내

외비밀정보를 극비리에 수집하여 암호로 [황제]에게 직접 보고하였으며, (2) 고위직 공무원의 비밀누설 및 친일여부조사, (3) 각 국제항구(인천, 부산, 원산, 군산, 목포, 여수, 마산)의 동태와 일본상인의 위조지폐 사용 수사, (4) 외국상선 및 군함의 출입국 동향분석, (5) 한성(서울) 소재 외국공관 및 외교사절들의 행동 감시 등의 임무를 극비리에 수행하였다.

조직(組織)원들은 고도로 훈련된 약 51명의 요원들이 주요한 외국과 국내에서 활동하였다. (1) 주요한 외국은 <한반도 주변 3개국>인바, 청국 3명, 일본 4명, 러시아 2명으로 도합 11명이 상주하고 있었다. (2) 국내의 수도 한성(서울)에도 주력 요원들이 배치되었으며, 특히 외국상인들이 모여드는 각 항구(港口)에 도합 40여명이 상주하면서 정보를 수집하였다. 결국 외국과 국내의 <익문사 총 정보요원 수는 약 51명>이라고 <익문사 비고-황실박물관 기록문서>에 기록되어 있다. 재정(財政)은 극비리에 <황제의 내탕금(비자금)>으로 충당되었는데, 그 당시 금액으로 약 4,000만원 현재로 환산해서 대략 400억 원 정도를 추산할 수 있을 것 같다. 문제의 핵심은 그렇게도 허약하게 표현된 [고종황제]의 치밀하고 끈질긴 나라 살리기 비밀행동이 있었다는 사실이 돋보인다는 사실이다.

남북교역=남북한 경제교류 / 381

{7편} 소위 《남북한 경제교류·협정(南北交易)= 지역간무역》 의 <법적 근거> "해방후 최초 교역실무"

1) 《모스크바3상회담+미소공동위원회협정》의
   "3·8(밀)무역+연안무역+용어와 교류실적" 분석

　　오늘날 "남북한 사이의 경제교류와 경제협력의 과제"는 몇 번에 걸친 정상회담(6·15와 10·4)을 통하여 엄청난 물량을 <대북한 경제협력>이란 명목으로 '퍼주기'란 비난을 들으면서 북송(北送)하였다. 내용을 보면 금강산관광(金剛山觀光)의 대가로 현금 달러($)를 보내는 협력사업(協力事業)을 위시로, 개성공단(開城工團)과 같은 100만평이 넘는 대규모의 공장투자도 있었다. 그 외 거대한 식량(食量), 중유(重油) 에너지, 화학비료(化學肥料) 등의 무상경제원조와, 북의 과학자(科學者) 남한 연수(研修) 및 이산가족(離散家族) 상봉(相逢) 등 '다방면적인 교류'가 10여년간 '문민정부'와 '참여정부' 하에서 이미 업적을 한창 쌓아 온바 있다. <문재인 정부>는 2차례나 북에서 직접 만났다. 이와 같은 현상은 과거 해방직후부터 6·25한국전쟁이 발발하기 전까지 최초에 진행되었던 "남북교역(南北交易)"의 귀중한 실천경험과 시행착오를 거친 역사적 사례(事例)를 <본편>에서 비교, 분석해 볼 예정이다. 실로 엄청난 상황변화를 느끼게 하면서도, <북쪽의 핵무기와 탄도미사일문제> 때문에 막혀서 더 이상의 진전은 없이 현상 동결상태를 유지하고 있다. 아래에서 <8·15 해방직후 미군정 하에서, 또한 1948년 대한민국 하에서> 실제로 거래되었던 <바터제 물자교역과 전력, 우편, 통신, 통수 등 경제교류> 사례들을 역사적인 관점에서 편집해 보고, 전체기록을 서술해 보기로 한다.

지금 <북한 투자>라고 거론된 사업(事業)들은 대체로 비료가 곧 바로 화약(火藥)으로 전환될 수 있는 것과 같이, [남한]을 공격할 수 있는 군수품(軍需品)과도 같은 성격의 물품과 현금지원(現金支援)이란 비난을 받고 있다. 그래서 '10·4 정상회담'에서 합의된 "평양 공동성명"은 당장 53조원(약 500억$-달러)에 달하는 엄청난 경제협력을 [북측]에 지원하기로 약속하고, 정권말기임에도 불구하고 차기정권에게도 이 같은 금액에 해당되는 공단투자와 사회간접시설, 예를 들면 고속도로의 건설, 철도, 250만kW의 전력송전과 해주를 비롯한 항만시설 그리고 조선공업 건설 등에 막대한 설비, 자본, 기술 등을 경제협력(經濟協力)이란 이름으로 투자원조(投資援助)를 하겠다는 협정이 조인되었다. 국제적으로 문제가 되고 있는 <핵무기(核武器)의 폐기(廢棄)>와 같은 민감한 사안들은 언급조차 없이, 또한 상호주의(相互主義)나 공정거래(公正去來)라는 'WTO의 국제원칙'은 무시된 체로 단순한 '경제교류'도 아닌 "500억$에 달하는 경제협력"이 국민의 합의(合意)도 없이 진행되어 왔다.

❶ 최초의 "남북한 경제교류"는 [한국]이 해방(解放)되고 '미국점

령군정부(美國占領軍政府)'를 거처'대한민국정부(大韓民國政府)'가 수립되고 <6·25 한국전쟁(韓國戰爭)>이 발발하기 직전까지, 1945년 8월~1949년 4월 기간 동안에 철저한'상호주의(相互主義)'와'바터(Barter)제 물물교환 무역'등이'남한의 안전보장(安全保障)'을 지키면서 진행되었다. 결국'안보·군사상의 이유로"남북교역(南北交易)"을 중단한다(1947년 4월 2일)'라는"국무회의(國務會議) 의결(議決)로 잠시 중단(中斷)한다"라는 조치가 있은 뒤, 1년 후에는 참혹한 <6·25 한국전쟁>이 남침(南侵)으로 시작되어 동족상잔의 비극(悲劇)을 초래하고 말았다. [남한]을 점령하는 무력통일(武力統一)만이 당시 [북한 공산정권]의 당면목표인 때문이었다.

이미 <한반도(韓半島)>에"미·소 점령군정부"가 38도선을'일본군(日本軍)의 무장해제(武裝解除)'를 목적으로 한 군사분계선(軍事分界線)으로 설정하고, 분단점령(分斷占領)이 이루어졌다. 특히 <남·북 점령지역(Zone)>은 상호간에 교통이 두절되고 단일경제공동체가 파행되었기 때문에, <38무역>은 자연발생적으로 필수물자(必需物資)를 맞바꾸기 위해서 엄청난 수량의 물자반출입(物資搬出入)이 행하여 졌다. 해방이듬해 <미·소 예비회담>이 서울에서 열리면서, 양측 <미·소 군사점령정부>는 공식적인 경제교류, 즉 물자교역, 전력, 우편, 통수, 등만이 합법적으로 인정되면서, 그 외의 불법적인 거래는 <38 밀무역>으로 단속되었다.

이때 [북한]은 '남북한 경제교류 및 협력'을 남침전쟁의 목적으로 시종일관 활용하였다는 <6·25 한국전쟁> 이전의 역사적 사실(歷史的事實)을 잊어서는 안 될 것이다. 이에 관한 <법(法)적 근거, 용어(用語)의 출처와 교역개념(交易槪念) 및 당시 한반도의 사정>에 관해서 아래와 같이 이를 풀이해 보고자 한다.

❷ 발생사유(發生事由)는 다음과 같다. 1945년 8월 15일 해방(解放)과 더불어 <한반도>는 '일본제국주의의 식민지 통치로부터 36년 만에 광복(光復)'을 맞이하게 되었다. 그러나 '미·소 군사점령지역 사이의 북위 38°선상에서 남북한(南北韓)이 처음으로 분단국(分斷國)'이 되는 고통을 맛보게 되었다. 결국 <한반도>의 남쪽 절반을 차지하게 된 [남한(南韓)=한국]의 경제 상태는 '취약(脆弱)한 식민지경제와 파행(跛行)적인 분단국경제'만이 남아서 기형(畸形)적인 경제파탄을 초래하게 되었다. 원래 남농북공(南農北工)이라 부르듯이 농업생산 위주의 경제마저 '식량과 생필품이 파탄'된 상황에 직면하게 되었다. 이러한 양상은 [북한 경제]도 마찬가지 이어서 과거 일제식민지하에 대륙침략의 공업기지로 비교적 우월한 생산력을 가졌다는 [북한(北韓)=북조선]도 자립(自立)이 어려웠다. 그러나 이때의 [북조선]은 일사불란한 공산주의체제(共産主義體制)하에서, 사유재산(私有財産)을 없애버리고, 토지(土地) 공산화개혁을 완수하고, 화폐(貨幣)를 없애는 동시에 배급표(配給票)로 대신하면서, 군사력(軍事力)의 양성에 총력을 기울이고 있었다.

이로서 [남북한]은 동시에 원래의 민족경제공동체(民族經濟共同體), 즉 단일경제권(單一經濟圈)을 원상회복시켜야 하겠다는 필요성을 절실히 느끼면서, 당시 [남한]의'보따리 상인(商人)들과 경제단체'들이 <남북교역>을 강력히 [미군정부] 당국에 청원하게 되었다. 여기에서 단초적으로'남북한의 경제교류는"38무역=38밀무역"이란 내국상거래(內國商去來)'가 분단된 38도선 상에서 활발하게 대규모로 이루어지게 된 것이다. <38 무역(貿易)>이란 용어는 당시 아무런 법률상의 규정이 없었기 때문에 자연발생적으로 생겨난 공식거래 이었으며, 또한'모스크바 3상협정(1945·12·26)'제3장 한반도에 관한 결정에 의거하여 국제법에 준용하는 규정, 즉"남한의 미국군과 북한의 소련군의 행정상 및 경제상의 항시적 연결(恒時的連結)을 취하기 위하여"<남북한 경제교류>가 합법적으로 이루어진 국제법 및 국내법상의 확실한 법적근거가 마련된 것이다.

❸"법적근거(法的根據)"는 다음과 같다. 위에서 지적한 바와 같이, <모스크바 협정>이'한반도 문제'를 구체적으로 경정한 뒤, 1946년 1월부터 1947년 10월까지, 진행된"미·소 공동위원회(美蘇共同委員會·Joint American-Soviet Command)"가 열리게 되었다. 이때에 <미군정법령, 대외무역규칙(對外貿易規則) 제36호> 법률이 맨 먼저 공포되면서, 공식무역거래가 되었고, 그 외는 <38밀무역(密貿易)>으로 금지되어 당국의 단속대상이 되었다. 이때 [남한 미군점령정부]는 공식적인 <남북 물자교역>에 관한 규정을 공포하는바,"연안무역(沿岸貿易,

Coast-Wise Trade)"이란 용어를 사용하였다. 육로(陸路)를 통한'38무역=38밀무역'의 무질서한 폐단이 너무도 커졌기 때문에 이를 금지(禁止)시키고, 해로(海路-인천의 용호도, 남해의 여수, 동해의 주문진 등)를 통한 공식교역을 행하였다.

또한 한반도 보다 먼저 최초의 <분단지역 경제교류>를 행했던, <동서독의 지역간무역(Interzona Handel)>을 똑같은 분단국가인 [한반도]에 받아들였다. <미군정법령 제149호 대외무역규칙>에서 '지역간무역(地域間貿易-Interzonal Trade)'이란 용어를 당시 <동서독(東西獨)>에서 실행되고 있었던 사례를 그대로 도입해서 본격적으로 사용하였다.

이에 덧붙여서, 위의 법률 속에 포함된 <지역간(地域間) 및 해안간 무역(海岸間貿易=연안교역)-Interzonal and Coastwise Trade>란 용어를 새로이 적용하여 <남북한 교류>를 바꿔서, 서해안(인천 앞바다)의 용호도와 남해안의 여수 및 동해안의 주문진 항구를 지정해서 물자반출입(物資搬出入)을 실행하도록 조치하였다. 이는 극도의 혼란을 막기 위하여 취해진 [미군정부]의 <조선 연안교역의 감독에 관한 통첩(通牒)>이 [남북한]에서는 최초의 [법적근거(法的根據)]가 된 것이다. 1945년 5월 8일 [동서독(東西獨)]의 경제교류를 역사상 최초로 창출한 [베를린 연합국협정]에서 규정된 거래내용을 보면, (1) 상품거래, (2) 자본협력, (3) 기술협력, 및 (4) 경제적 편의와 이익협력 등으로 구성되어 있으며, <상품거

래, 용역거래, 대금청산> 등 3가지로 분류된다. 또한 미, 영, 프랑스, 구소련 등 당시 연합군 4개국이 각각 점령하고 있었기 때문에 "점령지역(占領地域) 사이의 최초 물자교역"이 성립되었고, 1945년 말부터 지역간무역(Interzonenhandel)이 새로운 법률용어로서 사용되었다.

이를 뒤늦게 1947년 8월 [남조선 과도정부 상무부령 제4호] 즉 <남북한육상무역규정(Overland Interzonal-Trade)>이라는 법적용어로 확정되었다. 당시의 "지역간무역=남북교역"은 실제로 <한국내부의 상거래(Innerkorea Commerce)>으로 규정되었고, 어디까지나 지금 오늘날의 "개성공단"과는 달리 <국내 상거래>로 인정되었기 때문에, '외국무역'에 준용하는 관세(關稅)를 부과하지 않았다는 사실을 직시해 볼 일이다. <남북교역>은 너무나 혼란이 거듭되는 가운데, [대한민국 정부]가 수립 된 후, <6·25한국전쟁> 1년 전 1949년 4월 3일에 <남북교역의 정지(停止)>라는 명령으로 중단(中斷)되었다. 결국 이것이 끊어진 뒤에 동족상잔의 비참한 '한국전쟁(韓國戰爭: Korea War)'을 자초하게 된다.

❹ <남북교역>의 특성을 나타내는 당시 특수한 '경제교류'로서, "전력교류"와 "우편물 교환"에 관한 구체적 내용과 거래방식을 보면 다음과 같다. 1945년 12월에 열린 <모스크바, 미·영·소 3상협정(三相協定)>에서 국제법상 규정된 '한국에 관한 결의'의 내용은, (1) 철도, 자동차, 연안운수문제. (2) 미·소 양쪽 점령지역간 조선인의 여행 및 상

봉 문제. (3) 양 지역간의 우편물 교환문제. (4) 남·북한간의 방송 및 전화통신 문제. (5) 양 군정간의 전력교류 및 금융 융통문제. (6) 장래 남북한의 경제 및 행정상 협력문제. 등이 합의되었다.

따라서 <모스크바 협정>에서 이미 '남북한의 경제교류문제'는 포괄적인 범위가 총망라되었다고 볼 수 있다. 특히 "전력문제"는 <남북교역>에서 1946년 1월의 <미·소 회담>과 1947년 6월의 <송전협정>과 같은 '남·북 당국 사이에 쌍무적인 실무협정'이 체결되어, 당시 [남한]의 총 전력소요량 15만kW 중에서 [남한]의 생산량이 3만kW에 불과하므로, 약 9만 5천kW를 종전대로 수전(受電) 받았다. 다시 1947년 6월 13일에 <전력공급 및 전기료 지불방법>이란 "송전협정"이 체결되어 8만kW 송전량이 결정되었다. 오늘날은 '남북한이 전혀 반대로 [남한]에서 북으로 250만kW를 공급할 정도로, 총 생산량이 9천만kW'에 달하고 있다.

당시 전력가격은 1kW=15전(錢−1941년 기준)이므로, 1947년 6월 1일 이전의 송전대가를 포함해서, 약 1억 6천만 원(圓)을 대상물자(代償物資)로 맞교환하여 지불하였으나, 1948년 5월 14일 <전기료지불방법협정>의 유효기간 만기일인 1948년 5월 14일 정오를 기해서 단전(斷電) 되었다. <전력교류>에 관한 당시 북의 송전과 남의 대상물자 북송 통계는 다음 <표7-1-1>과 같다.

<표 7-1-1>, **남한의 전력생산과 북한에서의 전기 송전실적**, (1946~1948. 6.)

(단위 : 백만 kwh, %. = 월별 실적)

전력교류년도	합 계 (남한 총 전기사용량)	북한에서 전기를 남한으로 송전	당시 38°선이남의 남한자체생산전력
1945년(월평균, %)	666.0(55.4%)	442.0(36.8)	224.0(18.6)
1947년(월평균, %)	816.8(68.0%)	5426(45.2)	274.2(22.8)
1948년도 실적			
(1~5월, %)	398.7(백만kwh)	204.8(백만kWh)	193.9(백만kWh)
(4 월, %)	(74.5, %)	(41.5)	(33.0)
(5 월, %)	(56.6, %)	(15.1)	(41.5)

<자 료> : Bureau of Unilities; Department of Commerce,
USAMGIK Summation(No.33 June 1948), p.110

　또한 "우편물(郵便物) 교환문제"는 이것 역시 최초의 <남북교역>에서 1946년1월의 <미·소 공동위 협정>으로 시작되었다. 전문 9조로 체결된 '우편물 교환 협정서'는 1종 보통(普通)과 2종 엽서(葉書)로 규정하고, 38도 선상의 개성(開城)을 교환 장소로 지정하였다. 따라서 1946년 3월 15일 첫 우편물이 협정에 따라 개성에서 교환된 뒤로 남북분단(南北分斷)을 연결하는 가장 '대표적인 경제교류'가 되었으며, 6·25 전쟁이 일어나기 3일전인 1950년 6월 22일까지 제195차의 교환실적이 기록되고 있다. 결국 '교환된 총 우편물량'은 4년 4개월 동안에 [북한]으로 발송(發送)이 192만 2,180통이었고, [남한]에서 수신(受信)된 물량은 96만 3,751통에 달했다. 이로서 "남북한 우편물교환"은 <남북한

의 지역간무역>에서 특징적인 경제교류의 개념으로 부각되며, 가장 성공적인 통신(通信)을 수행한 공적이 높이 평가(評價)되고 있다. 오늘날 '인터넷 통신'에서조차 "우편물 교환"은 <공무고지서>에 활용될 뿐, 당시만큼 중요한 통신수단은 되지 않고 있다.

❺ <남북한의 특수한 경제교류>로서 또 하나의 실적(實績)이 기록되고 있는데, 바로 "연백평야 통수(通水) 문제"를 들 수 있다. 갑자기 <한반도의 분단>으로 인하여 종래 <식민지 시대의 단일경제공동체>가 38도 군사분계선이 국경선처럼 통행금지 되었을 때, 당시 '황해도 연백평야'는 드넓은 평야는 [남한] 땅으로, 그리고 '연백 땜=저수지'는 [북한] 땅으로 각각 나누어져 이었기 때문에 농업용 용수(用水)가 차단되어 농사(農事)를 지을 수가 없었다.

따라서 농부(農夫)들의 강력한 요구에 의해서 통수(通水)문제가 해결되어야 할 당면과제 이었다. 북으로부터 물 공급을 받는 대신, 남쪽의 농부들은 물값=수세(水稅)를 현금으로 납부한 특이한 사례가 이것이다. 6·25전쟁 뒤에는 그 연백평야가 완전히 군사분계선=휴전선(休戰線) 이북 [북한 영토]로 빼앗겼기 때문에 "통수문제"는 오늘날에는 아무런 문제가 없을 뿐이다. <남북교역>에서 여러 가지 물자반출입과 우편, 통신, 전력 등 문제가 있었지만, <농업통수>문제는 특수한 경제교류이었다.

2장) 《남북한 바터제-물자반출입+우편+전력+통수》 등 남북합의의정서(계약)와 거래실무수속절차.

<한반도의 물자교역-남북교역>은 "분단국(分斷國) 내부의 경제교류(經濟交流)"를 말하며, 해방 후 미군과 소련군의 분할점령지역(分割占領地域)을 가진 [남북한]과 [동서독]에서 전형적으로 이루어진 <지역간무역(Interzonal Trade)>이 주종을 이룬다. 여기에서 <분단국(Divided Countries)>이란 개념은 본래 타고난 역사적 국가성(Nationalities)이 제2차 세계대전 직후에 미·소 강대국에 의해서 인위적으로 분할된 사실을 발생 원인으로 특성지우는 바다.

그의 속성으로는 주체성(主體性-Identity), 즉 그 민족이 지닌 공통된 전통, 역사 및 문화와 법통성(法統性-Legitimacy)이 다같이 분할된 경우의 국가를 말한다. <분단국>에 속하는 나라를 열거한다면, 독일, 한국, 중국, 월남, 몽고 및 아프리카의 부룬디 등을 들 수 있으나, 여기에서는 대표적으로 "남북한(南北韓)과 동서독(東西獨)" 2개의 국가가 분단의 발생 원인으로부터 분단지역간의 경제교류(Economic Exchange)를 바탕으로 오늘날의 관계정상화(關係正常化)에 이르기까지 너무나 많은 공통점과 분단국의 대표성을 거의 완벽하게 갖추고 있다는 사실이 지적된다. [중국]은 대표성이 인정되었고, [월남(베트남)]은 무력으로 통일이 완성되었고, [독일]은 [동독]을 흡수 통일했으니까 [분단국]은 해소되었다. 그

러나 유독 [남북한]만이 영구분단으로 남아있으므로 그나마 <6·25전쟁~ 해방직후> 이루어진 <남북한 경제교류—협력>은 <한반도>만의 실 사례로서 중요한 통일선례가 된다.

1 [남북한과 동서독]은 2차세계대전 직후에 미국군(독일은 영국군, 프랑스군 포함)과 소련군에 의해서 분단점령(分斷占領)되었고, 이에 따라 2개의 점령지역간에 단일경제권(Single Economic Unit)을 재통합 시키려는 절대적인 노력이 국가단위의 분단에도 불구하고, 집요하게 추진되었다. <포츠담 협정>이나 <모스크바 3상협정>에서 합의된 국제법에 따라, 분단 당초부터'경제교류와 협력'이 공식(公式)적 또는 비공식적으로 발생되는 사례는 필수적이었다.

이와 같은 <분단국 내부의 경제교류>는 상호 적대관계에 있는 국제정치의 냉전(冷戰)체제 때문에 파행(跛行)적으로 발생되었지만, 원래의 경제공동체로서 존립해온 단일경제권(單一經濟圈)이 분단됨에 따라 기형적인 경제구조가 심화되었고, 이 때문에 경제파탄(經濟破綻)을 원상회복시키려는 열망이 제한된 범위 내에서 불가피하게 실행되기 마련이다. 따라서 이와 같은 경제교류의 성격은, 그것이 국가 대 국가 사이의 외국무역(Foreign Trade)도 아니고 그렇다고 국가내부에서 성립되는 내국상업(Domestic Commerce)이나 또는 지역통상(Regional Trade)도 아닌 특수한 형태를 가진"지역간무역"즉 <미·소 점령지역(占領地域) 사

이의 '경제교류와 협력>이란 형태가 되었다. [한국]에서는 1945년 8월 15일 해방되면서, 9월 7일 <미국 점령군 정부—하지 중장>이 [남한]을 통치하면서, 반면 [북한]에는 이미 8월 22일 <소련 점령군 정부—스치코프 대장>이 공산주의(共産主義) 통치를 행하면서, 미·소 대립이 38도선을 국경선으로 극단적인 분단이 이뤄졌다.

2 해방 직후, 한 6개월 기간은 이른바 속칭 "38무역"이 자연스럽고 자유롭게 비록 소규모의 보따리장사이긴 하지만 <남북한> 사이에 연간 거대한 물량이 교역(交易)되었다. 그러나 1946년 1월 6일에 채택된 '공동성명서(共同聲明書)'에 따르면, <미·소 공동위원회(Joint American-Soviet Commission, 1946. 1.~1947. 10.)>에서 합의된 <미·소 협정(協定)>에 따라 <교통, 여행, 우편, 방송 및 정치경제상의 협력에 관한 긴급문제의 해결과 [남북한] 사이의 화물, 교역, 전력문제> 등의 광범위한 교류와 협력을 인정하면서, '<38무역>은 <38밀(密)무역>'으로 비공식 불법거래(不法去來)가 되어 단속의 대상이 되었다.

그래서 당시 [미군점령정부]하의 <남조선과도정부>가 실시한 '무역행정시책'에 의거해서 1947년 당시에 적발된 통계수치(統計數値)를 찾아보면, 이를 미국 달러($)화폐로 환산(1원=23·44달러)해 볼 때, 총액 7만 5,763 달러($)에 달하고, 또한 1948년에는 559만 6,114 달러($)에 달한다. 물론 이 같은 금액은 당시에 단속도 소홀하고 통계도 불확실해서 신빙성이 없는 액수이지만, 공식무역(公式貿易)을 능가하는 엄청난 거래(去來)로 보인다. "38밀무역"은 당시 적발된 건수에 의해서 추정해 볼 때, 아래 <표 7-2-1 및 7-2-2>와 같다.

<표 7-2-1> 1946~8년, "38밀무역" 밀반출품명(密搬出品名), 적발건수와 금액. (단위:원=圓)

품 명	단 위	수 량			가 격		
		1946	1947	1948	1946	1947	1948
중 유	드 럼	-	30	23	-	41.100	115.000
면 화	근(斤)	-	-	18.300	-	-	274.500
연 필	타 스	-	-	100	-	-	130.000
신약품	kg	-	-	21.500	-	1.200.000	495.892
전 구	개	-	-	1.400	-	-	-
기 타	-	-	-	-	-	-	485.297
합 계						1.241.100	1.500.689

<자 료> : 무역연감(무역협회,1950년판), p. 230.
<각 주> : 적발 건수에 따른 통계에 의함. 당시 원화환산 ; 1원=22.44($)달러.

<표 7-2-2> 1946~48년, "38밀무역" 밀반입품명(密搬入品名), 적발건수 및 금액 (단위:원=圓)

품 명	단위	수 량			가 격		
		1946	1947	1948	1946	1947	1948
천일염	근(斤)	-	91.119	3.300	-	487.798	20.780
음식물	--	-	-	-	-	47.000	-
비 누	근	-	-	468	-	-	202.500
설 탕	근	-	-	400	-	-	97.000
수산물	--	-	-	-	-	-	119.550.300
카바이트	근	-	-	10.531	-	-	1.368.627
가성소다	근	-	-	6.600	-	-	2.250.000
소다회	kg	-	-	3.000	-	-	270.000
대마푸대	매 수	-	-	2.280	-	-	342.000
시멘트	근	-	-	124.950	-	-	1.200.000
비 료	--	-	-	-	-	-	4.150.000
기계류	대(臺)	-	-	5	-	-	40.000
이사화물	개(個)	-	-	4	-	-	64.000
합 계		-	-	-	-	534.797	129.560.207

<자 료> : 무역연감(무역협회,1950년판), p. 239.
<각 주> : '38 밀무역' 적발 건수 통계임.

3 [한반도]를 분단한 남북한에서 <"미·소 군정지역간"의 경제교류와 협력>은 해방직후부터 6·25한국전쟁이 발발하기 전까지의 초창기의 무분별한 교역실무(交易實務)이었기 때문에 [점령군정부의 거래정책(去來政策)]에 전적으로 의존하고 있었다. 전력교류 및 우편교환을 포함한 다양한'경제교류'가 복합적으로 시행되고 있었지만, 그래도 가장 해심적인 부문은 <물자반출입(物資搬出入)>을 찾아보아야 할 것이다. 대체로 {38무역}은 1945년 9월부터 이듬해 2월까지 진행된 속칭 남북한의 물자교역(物資交易)이었는데, 1946년 1월 3일에 우리나라 최초의 법령, 즉 <대외무역규칙(對外貿易規則)>으로서 <미군정법령, 제38호(1946. 1. 3.)>가 공포되고 대북한교역에 대해서도 해로월경무역(海路越境貿易)을 인정하는 {조선 연안(沿岸)무역의 감독(監督)에 관한 미군정의 통첩(通牒)(1946. 12. 5.)}'이 무역시책으로 공포되는 기간에 진행되었다.

이때'38무역'의 단속에 따라, "38밀(密)무역"으로 오늘날'밀수(密輸)'와 같이 거래된 물자교역을 말한다. 따라서'38무역'이란 <비공식 물자교역>의 전체 규모는 통계자료가 전혀 없어 실제로는 얼마만큼 '물자교역'이 이루어졌는지 가늠할 수가 없으나, 당시 [미군점령정부]가 불법 암거래(暗去來)라고 규정하고'비공식거래'로 물품을 몰수한 통계자료에 나타난 적발건수와 금액을 미루어 추산해 보더라도 엄청난 총 규모임을 알 수 있다."38밀무역"은 적발(摘發)된 건(件)수를 기록한 자료에 비추어 품목(品目)물자의 종류와 총 금액(金額)을 추정해 볼 때, 다음 <표 7-2-3>에서 보는 바와 같다. 먼저 1947년 및 1948년 당시의 미달러화($-弗)로 환산율(換算率)로 바꾸어 볼 때, 밀반출<密搬出> 총액은 1947년에 1백 24만 1천 100원(圓)으로서, 이를 달러화폐($)로 환산해 볼 때 2천 9백 9만 1,384달러($)에 상당하는 금액이며, 동시에 이를 다시 오늘날 현재 한국의 화폐가치 즉 1달러($)=1000원 으로 환산해 보면 대략 금액(金額)으로는, 약 3백억 원에 상당하는 규모가 된다.

<표 7-2-3> 1947년도(미군정부기간) 북에서 남으로 월별 공식 반입물자 통계

월별	육·해로	물자 품목	수 량(단위)	지역별	월별	육·해로	물자 품목	수 량(단위)	지역별
5월	해 운	사 과	430(상자)	경기도	10월	해 운	참 기 름	3,500(근)	경 기
〃	육 운	시 멘 트	4,000(대)	〃	〃	〃	시 멘 트	5,900(대)	〃
〃	〃	인쇄 용지	623(련)	〃	〃	〃		508(대)	〃
〃	〃	미농 인쇄지	1,000(권)	〃	11월	〃		2,400(대)	〃
〃	〃	건 명 태	500(타)	〃	〃	〃	신문 용지	488(권)	〃
〃	〃	세탁 비누	3,600(개)	〃	〃	〃	두 유	28(드럼)	〃
〃	〃	중 석	110(톤)	〃	〃	〃	펄 프	25(톤)	〃
6월	해 운	시 멘 트	2,020(대)	〃	〃	〃	황 금	100(돈)	〃
〃	〃	〃	3,200(대)	전 북	12월	〃	종이 박스	7,300(매)	〃
7월	육 운	조 기	600(관)	〃	〃	〃	직물 의류	4,297(매)	〃
〃	〃	염 고등어	200(포)	〃	〃	〃	시 멘 트	2,000(대)	〃
〃	해 운	시 멘 트	5,940(대)	〃	〃	〃	건 명 태	169(타)	〃
〃	〃	유산암모니아	2,000(L)	〃			양 초	10(상자)	〃
8월	육 운	세탁 비누	5,000(개)	경 기	월불명	〃	시 멘 트	10,834(대)	경 북
〃	〃	시 멘 트	4,979(대)	〃		〃	비 료	39,621(대)	〃
〃	해 운	중 석	35(톤)	〃		〃	비 누	172(상자)	〃
〃	〃	시 멘 트	500(대)	〃		〃	성 냥	20(상자)	〃
9월	육 운	시 멘 트	1,200(대)	〃		〃	펄 프	131(톤)	〃
〃	해 운	시 멘 트	8,391(대)	〃		〃	인쇄 용지	44(련)	〃
〃	〃	〃	1,538(대)	전 북		〃	유 산	145(드럼)	〃
10월	육 운	〃	13,000(대)	경 기		〃	가성 소다	22(드럼)	〃
〃	해 운	신문 용지	700(련)	〃		〃	감 초	88(근)	〃
〃	〃	마 늘	3,000(근)	〃					

<자 료> : 남조선과도정부 상무부, "상공행정년보(1947년판)" P.38쪽 인용.
<각 주> : '보상품목'이란 "물물교환에서 맞교환 대상물자"를 말함.

당시 비공식적인 남북한 간의 밀수출(密輸出) 적발건수로만 보아도 이정도의 규모일 때, 사정(司正)당국의 단속(團束)도 미숙한 상황임을 감안하고 또한 적발(摘發)되지 아니한 적어도 10배 이상의 엄청난 금액을 추정해 볼 때, 오늘날 남에서 북으로 일방적인'퍼주기식─무상지원, 또는 경제협력'과는 초기성격이 전혀 달랐다는 사실을 금방 찾아 볼 수 있다. 또한'6·25전쟁'까지의 그 당시 초기에는 엄격한"쌍무(雙務)적 상호주의(相互主義)나 공정거래(公正去來)"방식이 철저하게 지켜졌다는 사실을 간과할 수 없다. 이때에는 철저한 <바─터제 물물교환> 이었다.

4 한편 다음해 1948년도의 <밀반출입액>에 관한 실적은 [대한민국 정부]가 정식 독립된 [국민국가]로 수립된 이후의"암거래=밀수"를 사법당국이 단속한 건수만 파악한 수치이지만, 비록 별도의 <남북한 간에 공식 물자교역>이 대규모로 진행 중이었음에도 불구하고, 엄청나게 큰 규모임을 알 수 있다.

물론 그 다음해는 1949년 4월 3일에 일체의 <남북교역(南北交易)> 영원히 정지(停止)시켰기 때문에 적발된 통계가 전혀 없다. 이를 분석해 보면, 총액은 161만 2천 6백 89원(圓)으로 현저히 증가된 거래규모를 나타내고 있는바, 이를 다시 미국달러화폐로 환산해 볼 때, 3천 7백 80만 1천 4백 30달러($)에 달하고, 이를 또다시 오늘날의 한국화폐(원)로 환산해보면 대략 3백 78억원에 달하는 엄청난 규모를 파악할 수 있다.

이들 민간인들의 불법거래로서, {38밀무역 거래}는 불법적인 암거래(暗去來)이었기 때문에 정부차원의'약정서(約定書)를 비롯한 물품목록(物品目錄)도 없이 남북 사이에 민간교류로서 생필품(生必品) 위주로 물물교환(物物交換)'이 이루어졌지만, 규모는 날로 커졌다.

물론 이와 같은 거대한 총 금액(金額)은 (1) 당시에 단속도 소홀하고, 통계(統計) 숫자도 불확실해서 신빙성이 없는 액수이긴 하다. (2) 어디까지나 밀반출입(密搬出入)이므로 실제거래(實際去來)를 추정해 본다면, 10배를 능가하는 규모로 추정된다. (3) 이와는 별도로 공인(公認)된 <남북교역>에서 정식(正式)으로 수속절차를 밟아서 반출입(搬出入)한"물자교역"보다도 {38밀거래}가 2배도 넘는 금액임을 감안해 본다. (4) 밀수(密輸)규모는 당시 민생고(民生苦)를 반영하는 생존권(生存權)을 절대적으로 표출하는 지표(指標-Index)로서 매우 변칙적인 품목(品目)들이 오고 간 사실이 눈에 띄게 이색적이어서, 새롭게 주목되는 분석(分析)이 지적된다. 그래서 오른쪽 <표 7-2-4>와 같이 공식적으로 정부(政府) 차원에서 "약정서계약과 물품목록 및 연간 거래규모"를 가진 <남북한의 물자교역>을 비교하여 분석해 볼 필요가 있다.

5 한편 {3·8 반출입(搬出入)}에 관한 1947년도'통계자료'를 분석해보면, 무엇보다도 우리가 주목해볼 사실로서"공산주의 계획경제와 자유주의 시장경제 사이의 세계 최초의 <남북교역=바─터제 무역>이 거

래되었다"는 확실한 증거를 발견할 수 있다. 즉 "합의의정서(合意議定書 －계약서)와 물품목록(物品目錄)과 연간교역금액(年間交易金額)"을 먼저 사전에 [미·소 군사정부] 사이에 계약체결(契約締結)을 행하고, <남북교역－지역간무역>이 실행된 정황을 확인할 수 있다. 그 당시 '남북한 군사정부의 관계설정'이 [미국군과 소련군] 사이에 '자유주의와 공산주의체제' 대립을 전제조건으로 삼았다는 사실이 먼저 이를 뒷받침해 준다.

<표 7-2-4> 1947(미군정부정기), 남에서 북으로 월별 공식 반출물자 통계

월별	육·해로	물자 품목	수 량(단위)	보상품목	월별	육·해로	물자 품목	수 량(단위)	보상품목
5월	해 운	모직 담요	200(마)	인 쇄 지	10월	〃	전구 부속	2개물품 합계	유화소다,
〃	〃	프 란 넬	100(마)				전기용 잡품	7(톤)	철판,유산
7월	〃	개 가죽	3,000(매)	펄 프	11월	〃	무우 종자	36(석)	비 료
〃	〃	의 약 품	150,000(개)	양잿물,양회			배추 종자	29(석)	〃
8월	〃	작업 신발	15,000(족)	비 료			작업 신발	15,000(족)	〃
〃	〃	소형 전구	20,000(개)	가성소다			야채 종자	620(석)	〃
〃	〃	면·마직품	30,000(마)	비 료			물 탈	1,000(마)	펄 프
〃	〃	면 포	1,458(마)	펄 프			대형 전구	1,000(개)	〃
9월	〃	모직 면포	15,000(마)	비 료			양가죽	8,000(매)	〃
10월	〃	배추 종자	15(석)	〃			석 면	1,000(매)	〃
〃	〃	무우 종자	25(석)		12월	〃	김 해태	8,000(관)	시멘트,
〃	〃	개 가죽	8,000(매)	지물,공업품			소형 전구	50,000(개)	세탁비누.
〃	〃	면 포	150((마)	펄 프			동물 가죽	20,000(매)	〃
〃	〃	전 구	8,000(개)	펄프, 비료					

<자 료> : 남조선과도정부 상무부,"상공행정연보"(1947년판), p.38면 인용.
<각 주> : 위에서 '보상품목'은 '물물교환 방식의 '남북교역'에서 맞바꾸는 대상물자(代償物資)"를 말함.

또한 뒷날 '미·소간의 냉전(冷戰)체제'가 급속히 강화되었다는 사실에 비추어 볼 때에도, <남북지역간 물자반출입>을 위한 <합의의정서 (合意議定書－Agreement:계약서)와 이에 꼭 부수되는 물품목록(物品目錄－Commodity List)이 비록 세부품목까지 결정하지는 못했다고 하더

라도, 포괄적인 품목류별(品目類別)에 따라서 [미·소 회담]에서 합의되고, 결의하고 집행시킨 것 같다. 다만 아래 통계표에서 나타난 '품목표'들과 동시에 '맞교환 대상물자(代償物資)'로서 나타나있을 뿐인바, 물자가 부족하고 물품의 종류도 많지 못하니까 양측 사이에 포괄적으로 생필품(生必品)이나 원자재(原資材)가 교환된 것 같다. 그것도 '거래규모'가 균형을 맞추지 못해서, 1947년 [군정기]에는 남에서 북으로 물자반출이 몽땅 출초되었고, 반면 1948년 [대한민국] 때에는 북에서 남으로의 물자 반입이 입초되었다.

6 따라서 "남북한의 경제교류—남북교역"의 경우, (1) 물물교환(Barter)식 '물자교역'의 품목구조(品目構造)조차도 '공인무역(公認貿易)'에 비교해 분석해 볼 때, [북한(北韓)]에서는 당시 "미국에서 수입된 최신 물자들, 예컨대 신약품(新藥品)이나 생고무제품 등"을 반입해 가져갔지, 반면 [남한(南韓)]으로 대상물자를 반출시킬 때에는 우선 "북한의 흥남질소(화학) 비료공장에서 나온 카바이트, 시멘트 및 질산(窒酸) 화학품 등을 비롯한 공업품 등"을 주로 <남측>으로 보냈을 뿐이다. (2) 따라서 <남북의 경제교류 및 협력>에서는 제일 먼저 당시에 "바터(Barter)제 물물교환 방식이 채택되어 <미소군정(美蘇軍政)> 사이에 청산계정(淸算計定—Clearing 및 Open Account)방식"이 적용된 것이 확실하다. 특히 대금결제 시에 현금을 전혀 사용하지 않기 때문에 "동시에 결제(決濟—Negotiation), 즉 대금지급방식"이 상호 물자로 맞교환

되었다고 생각된다. 물론 이 경우 '무역수지(貿易收支)'의 차액(差額)이 클뿐더러 출초나 입초와 같은 불균형 현상이 발생하기 마련이다.

그런데 당시에 [남북한] 어느 쪽도 극도로 물자부족에 허덕이든 판에 북쪽이든 남쪽이든 간에 가장 기초적인 생필품 이외에 상품자체가 없었다. 다소간의 차이는 있지만 북의 공산품, 남의 농산품 같은 차이도 없었다. 앞의 통계표에서 보면 알겠지만, 통계품목 자체가 별반 차이가 없는 것을 알 수 있다. 뿐만 아니라 물건 자체가 품질은 조악할 뿐 아니라 실제로 소비하는데 아무런 내구성도 없었다. 쉽게 말하자면 생필품 그 자체에 불과한 품목들이었다.

더구나 그 당시 [남한은 해외귀국동포와 월남(越南)동포]들이 약 500만 명(당시 남한인구 2,000만 명)이나 몰려들어 생필품과 식량 및 전력과 생산이 파탄상태로 빠져있던 시기이었다. 반면 [북한]은 공산체제로 국가를 수립하고 "일제 강점기의 공업생산을 살리고 군수 병참기지로서의 우세한 생산력을 가동시키면서 다른 한편 남침전쟁(南侵戰爭)"을 속속 준비 중에 있었기 때문에, 당연히 [남한(南韓)]에 대한 경제교란과 동시에 요구하는 물자가 노골적으로 달라지기 시작하였다. 당시 [남한]에도 없는 물자를 [미국]에서 수입한 교역품목으로 <북측>이 강력히 요구하면서 몽땅 가져간 사실이 이를 증명하게 되었다. 결국 [남한]에서도 이를 즉각 파악하기에 이르렀고, 1948년 [대한민국]이 수립된 직후의 정책은"흑자 반입"위주의 <남북교역> 추세를 지속하게 되고, 결국은 1949년 4월 3일에는 영원히"남북교역 정지"가 되었다. 이때 {남북교역} 중단은 결국 영구히 정지 되었으며, 1년 뒤에는 엄청난 <북쪽의 6·25 남침전쟁>으로 남북은 파탄으로 직면하게 되었다.

[북한]이 노골적으로 태도를 바꾸어서 일종의'생산재나 군수물자'와 같은 [미국]의 수입품(輸入品)을 [남한]에게 요구하는 <북측>의 이상한 특성을 감안해 보면서,"남북교역"은 이때부터 본격적으로 <북의 남침 준비>에 파경(破鏡)을 맞이할 수밖에 없게 되었다. 결국 1948년 8월 15일 [대한민국 정부]가 독립된 [남북한의 각각 국가체제가 전혀 다른 정부]가 출발한 직후부터, 이미 1949년 4월 3일에는"북한공산집단 측의 남침전쟁"이 노골화되면서 남북교역(南北交易)은 영원히 정지(停止)하게 되었다는 사실을 상기할 필요가 있다. 이와 같은 상황은 여러 가지 측면에서 노출되고 있지만, 특히 군수품과 경제교란이란 측면에서 이를 집약적으로 분석해 보고, 검토해 볼 가치가 절실히 필요한 귀중한 자료가 제시된 셈이다. 그래서 해방직후에서 6·25한국전쟁 이전의"남북교역-물자반출입=물물교환"이란 역사적 경험사례는 근본적으로 수많은 교훈을 남겨주고 있는데, 특히 오늘날과 같은 일방적인 무상원조방식은 없었다는 사실이 중요하다(앞의 <표 7-2-4> 참조).

7 결론적으로 위에 표시 된 <표 7-2-4>에서 찾아 볼 수 있는 특

성은, (1)'물자반출입'에 관한 <교역수지표(交易收支表)> 상의 반출초과(搬出超過-흑자)와 반입초과(搬入超過-적자) 현상이 아마도 정치적 및 군사적 사유로 인하여 굴절된 거래(去來)를 나타내고 있었지 않았는가 하는 점이다. (2)'물물교환 품목'이 각종 거래단위로 명확하게 표시되어 있고, 또한 인도(引渡), 즉 맞바꾸는 책임을 가진 지방자치단체의 명칭이나'거래금액(去來金額)'이 쌍무(雙務)적 즉, "상호성(Bilateral)과 공정성(Fair)"을 기본적으로는 가졌으나'교역수지'는 지극히 불균형하였다는 점이다. (3) 당시"남북교역의 수속절차와 무역실무(實務-Practice)"가 엄격히 규정되어 있었으며, 운송(運送)방법 등 소위 인도방식(引渡方式-Delivery)이나'교역장소'를 비롯한'검사기관(檢査機關)'들이 한결같이"내국무역이었음으로 무관세(無關稅)"로 <바-터제 물물교환>이 규정되어 있었다. 오늘날'개성-공업단지'에서"북한의 출입국관리나 입국사증의 발부 및 제품반출입 심사"등과 같은 <국경(國境)선을 넘나드는 수속절차>가 현재도 실행되고 있어서, 예를 든다면 오늘날'개성제품'의 대미수출이'국제무역'으로 간주되고 또한'관세혜택'이 면세되지 않고 있다는 그때와의 차이점을 발견하게 된다. (4) 해방직후, 그 당시에는 전혀 이를 <내국 무역>으로 진행되었기 때문에 그 제품의 <외국수출입무역>에도 전혀 <세관>의"관세(Tex)"가 부과되지 않았다. 이 점은 똑같은'분단국 동서독일의교역'에서도 동일한 규칙이 적용되어 "<내국무역-Innerdeuchel Handel> 독일내부의 무역"이 면세(免稅)로 취급되었다. 이점 <남북교역>에서도 그대로 적용 되었다.

또한 (5)"교역경로나 교환장소"에 관해서도 극도의 혼란과 무질서가 난무하였기 때문에'38무역→38밀무역→연안무역(沿岸貿易-서해안의 용호도, 동해안의 주문진, 남해안의 여수)'을 최초의 <공식교역>으로 실천하다가 결국 1947년 [남조선과도정부]부터는"육상지역간무역(陸上地域間貿易)이'37도 59분에 위치한 5개 지점(地點)'즉 청단(靑丹), 백천(白川), 여현(礪峴), 죽암(竹岩), 양문리(陽門里)"등이 지정되었다. 또한"화물검사소(貨物檢査所)를 설치하여 반출입에 관한 검사(檢査)와 수속절차(手續節次)"를 수행하였다. 즉 오늘날의 출입국관리(出入國管理)와 세관관리(稅關管理)가 철저하게 실행된 셈이다. 물론 당시의 반출물자 수송(輸送)은 남한의'자동차상공조합연합회(自動車商工組合聯合會)'에서 담당하였고, 또한 반입물자 배급(配給)은'금융조합연합회(金融組合聯合會-(현)한국 농업협동조합)'에서 전적으로 취급하였다.

8 이 당시"남북한의 경제교류-남북교역"에서 눈에 띄게 특기할 만한'물자반출입 실무(實務)'는 오늘날의 거래실무, 즉 <물물교환-back to back L/C>와 똑같았다. 그리고 통관수속에 관세(關稅-Tariff)가 국내 상업거래로 간주되어 완전히 면세(免稅)되었다는 사실이 똑같다. 그 당시의 <지역간무역-남북교역>은 무엇보다도 물물교환(物物交換-Bater Arrangement)을 대원칙으로 규정하고 있었다는 사실이다. 그 다음에 수속절차상의 실무는, 실제거래를 완료하기 위해서 (1) 허가증(許可證-Permit) 지금의 신용장과 같음. (2) 사전보증금(事前保證

金-Cashbond) 지금의 무역금융 담보물임. (3) 지금의 <합의의정서 계약서상의 물품목록-송품장(Invoice)>에 표시한, 허가대상품목(許可代償品目-Goods and Commodities)등의 서류를 갖추어야 민간교역이 정식으로 성립되었다. 물론 <특수 무역-청산계정>이었다고 볼 수 있다.

3장) 《시장과 계획》간의 "남북교역= 청산계정+계약+결제방식+품목표+수속절차"등 실무.

1945년 8월 15일을 기하여 [일본제국주의 식민지]에서 해방된 "한반도"의 '남한지역'에 [대한민국 자유주의정부]가 <자본주의체제(資本主義體制)>를 갖추고 정식으로 수립되었다. 동시에 '북한지역'에도 [조선인민공화국 사회주의정부]가 <공산주의체제(共産主義體制)>를 갖추고 정식으로 발족하였다. 이로서 "한반도는 또다시 미국군(美國軍)과 소련군(蘇聯軍)에 의한 남북한분단국(南北韓分斷國)"으로 고착되어 오늘에 이르게 되었다. 따라서 1945년~49년 사이에 여러 가지 시행착오를 겪으면서, 당시 [동서독(東西獨)]의 <경제교류-지역간무역>과 꼭같은 모델(Model-模型)을 실행한 [남북한 경제교역], 즉 <남북교역-지역간무역>은 결국 '사회주의(공산주의)와 자유주의(자본주의)사이의 "바-터(Bater)제 물자교역"이라는 인류 역사상 최초의 특수무역거래방식'이 실제로 적용되기 시작하였다. 쉽게 말하면 바로 '자본주의체제와 공산주의체제 사이의 물물교환무역'이 그것이다.

이상과 같은 실제 사례(事例)를 기록한 자료가 다음 <표 7-3>에 나타난 통계표(統計表)이며, 근거 법령(法令)은 "1947년 8월 25일에 공포된'미군정법령'149호, 「대외무역규칙」"이며, 또 다른 시행세칙(施行細則)이 "남한과도정부시행령 제4호, 「남북한간육상무역규정」" 등 바로 2가지 법률규정이 되어있다. 이하 이를 참조하면서 '교역실무절차'를 구체적으로 설명해 보기로 한다.

１ 이상과 같이 [남북한] 사이에 해방후 <남북교역(南北交易)-지역간 무역>이란 방식의 새로운 '물물교환 무역'은 종래의 어떠한 기존방식의 제도와도 본질적으로 전혀 다르다. 모든 것이 새로운 것들이었다. 법률적인 근본규정, 예를 들면 "사회주의 무역제도"가 최초로 완비하게 되었고, 이때부터 완전한 "공산주의 대 자본주의 무역거래방식"의 대표적인 무역거래제도가 한반도에 탄생하게 되었다. 물론 이처럼 생소한 무역실무와 거래수속절차는 맨 처음 『합의의정서(Trade Agreement)와 이에 부속되는 물품목록(Commodity List)』가 일종의 매매계약서(賣買契約書)로서 체결되는데, '1년 기간'으로 합의되어 있지만, 양측 쌍방 간에 이의(異意)가 없으면 계속해서 자동적으로 연장(延長)되었다.

그 다음에는 물물교역(Barter Arrangement)과 청산계정(淸算計定-Clearing 또는 Open Accountment)방식의 물품인도(物品引渡-Delivery)와 대금결제(代金決濟-Negotiation)>가 적용되면서, 거래

실무는 종료된다. 다만 그의 과정에서 화물(貨物)의 적하(積荷)=선적(船積-Shipping)을 행하고 운송(運送-Translation)을 행하게 되고, 또한 무역금융(金融-Banking)을 지원받아야 하고, 수출입보험(保險證券-Insurance Police)을 필히 가입해야 되며, 검사(檢査-Inspection)를 비롯하여, 담보금(擔保金-Deposit) 적입과 세금(稅金-Tex)과 통관(通關-customs)업무를 수행할 때 내는 관세(關稅-Duty)등이 다 같이 수속절차에 포함된다. 그러나 "남북한 경제교류-남북교역=지역간무역"에서는 어디까지나'국내 상거래, 즉 내국무역(Domestic Commerce)'이기 때문에'국제무역거래에서 적용되는 무역계약이나 관세 및 세금과 각종 공과금(公課金)'등은 불필요하므로 적용되지 않는다.

즉 이른바 <청산계정방식의 바-터제 물물교환>이라는 생소한 용어와 개념이"남북한 사이의 경제교류=물자교역"으로서 자리 잡았고, 반면 "경제협력(經濟協力)"이란 용어는 무상원조(無償援助)의 개념(槪念)이므로 그 당시에는 심각한 물자부족과 생산능력이 없어서 이용되지 않았다(남한과도정부, 상무부령, 제4호"남북한간육상무역규정"을 참조).

② 결국 <경제교류-남북교역>만이라도 본격적으로 실행하게 되면서, 가장 중심사업으로서 <물자반출입>이 다른'경제교류 즉, 경제협력 및 전력, 우편물, 철도'와는 달리 활발하게 본격적으로 전개되었다고 지적할 수 있을 것 같다. 특히 이 당시에는"일제 강점기의 배급제도 하에서

물자부족이 극심했던 시기이었기 때문에", 물자부족이 혹심한 <남북한 양측 지역>에서 소비는 폭발적으로 증가된 반면, 생산과 공급은 태부족이 되어서,'쌍무(雙務)적인 상호주의(相互主義)나 공정거래(公正去來)'는 오히려 피해자의 처지가 되어 있는 [남한(南韓)]으로부터 엄격히 지켜졌다고 파악된다. 한말로"공산주의(共産主義)식 계획경제(計劃經濟)와 배급제(配給制)를 확립한 [북한(北韓)]과의 경쟁은 당시 [남한]의 상황으로는 대등한 경쟁을 전혀 할 수가 없었고, 열세이다.

더구나 [남한]은 식민지 국가독점자본(귀속재산)에다가, 배급제에 가까운 분배와 통제경제하에서 약간의 시장경제가 제한적으로 적용되는 가운데 획일적인 생산력의 태부족은 천정부지의'인플레이션'을 낳고, 동시에 상업, 고리대(高利貸)자본에다 모리배 간상배들의 난무하는 무정부상태 속에서 경제의 혼란과 무질서는 극에 달하고, 국가도 외환부족과 식량난 등으로 백성들의 생활고는 경제파탄 속에 절망 그대로였다.

또한 이 때문에 오직 실물경제를 약간이나마 지탱해 준 것이 바로 <남북교역=지역간무역>이었다고 설명할 수 있을 것이다. 즉"남북한 경제교류에 관해서 매년 상호간에 흑자(黑子)도 적자(赤子)도 없는 상태를 유지"하기 위한 상호조정 작용이 거래의 기본인바,'물자반출입의 무역수지 균형'을 고수하기 위해서 상호간에 반출입수지 그 자체를 1년 단위로 조정하여 과부족이 없도록 품목거래를 맞추어 교역하였다.

<표7-3-1> 1948년 남한의 대북한 반입품통계

품 명	수 량	단 위(圓)	가 격(圓)	비 고
면 포	6,319 필(疋)	15,000	94,785,000	
생 고 무	555 (톤)	530,000	132,500,000	
못(釘)	446 (톤)	170,000	75,820,000	
전 선	27 (톤)	200,000	5,400,000	
전 구	259,000개(個)	60	15,570,000	
구리 전선	2 (톤)	350,000	700,000	
작 업 화	105,600족(足)	200	21,120,000	
변 압 기	85 (대)	3,000	255.000	
전기 테이프	350,000(개)	50	1,750,000	
철 사	20 (톤)	100,000	2,000,000	
모 직 물	2,500마(碼)	4,000	10,000,000	
고 무 신	10,000(족)	170	1,700,000	
운 동 화	6,900(족)	200	1,380,000	
고무 장화	1,500(족)	1,500	2,250,000	
벨 트	1,000척(呎)	200	200,000	
기계 부속품	40(톤)	50,000	2,000,000	
변 기	65(개)	3,000	195,000	
아 연 괘	20(톤)	350,000	7,000,000	
강 심 제	2,122(톤)	420,000	889,044	
주 사 약	2,000갑(匣)	2,000	4,000,000	
혁 대	20,000(개)	60	1,200,000	
해 초	13,180관(貫)	120	1,581,600	
자동차 부품	900(개)	500	450,000	
철 강 제	2,000(평)	250	500,000	
자동차 리므	2(톤)	100,000	200,000	
와 니 tm	2(톤)	300,000	600,000	
수도 부품	1,500(개)	300	450,000	
탈 면	1,300(관)	400	520,000	
원 면	3(톤)	500,000	15,000,000	
유 황	2.000(톤)	70,000	14,000,000	
면 사	33(톤)	2,000,000	66,000,000	
합 계	-		466,515,644	

<자 료> : "무역년감"1950년판, 서울, 한국무역협회.231~2쪽을 인용.

 예를 들면 1947년 [미군정기]에는 반출초과 즉 적자(赤子)가 컸었기 때문에, 1948년에는 [대한민국]에서 반입초과에 맞추어 즉 흑자(黑子)를

만회한바 있다. <물자품목>의 대종을 이루는 공업구조는 그 당시에 북쪽은 주로 화공품(化工品)을 남으로 보내고, 반면 남쪽은 주로 기계제품(機械製品)을 북으로 반출한 상황이 눈에 뜨여서, 마치 오늘날"[남한]이 세계12위에 달하는 경제대국으로서, 최신 최고의 석유화학(石油化學) 및 기계제품(機械製品)을 비롯하여 전기전자(電氣)· 전자(電子) 및 반도체와 IT제품을 거의 무상으로 천문학적인 대규모 원조를 [북한]으로 엄청나게 지원하는 경제협력"에 비추어 볼 때 너무나도 격세지감을 느끼게 한다. 이와 같은 사실은 위 <통계표 7-3-1>에서 찾아 볼 수 있다.

④ 해방직후에 특징적으로 진행되었던 한국의"남북한 경제교류=지역간무역"에서 완전히 본 궤도에 정착된 거래실무는 여러 단계의 시행착오를 거친 끝에, [대한민국 정부]가 일종의'국영무역(國營貿易) 또는 국가무역(國家貿易)'으로 직접 국제법에 준용하는 교역실무를 관리(管理)하고 통제(統制-Control)하기 시작하게 되었다. 이때부터 완전한'법률규정을 비롯한 거래실무 및 수속절차'에 이르기까지 구체적인 제반 조치(措置)가 정착되었다는 사실을 확인할 수 있다.

우선 첫째, 세부적인'법적근거(法的根據)'에 관해서는"기본법(基本法)에서부터 시행령(施行令-대통령령)과 시행세칙(施行細則) 또는 기타 고시(告示), 공고(公告), 통첩(通牒)에 이르는 법적근거가 합리적으로 마련되었다. 그리고 행정적인 수속절차를 외국무역실무에 준용해서'관세가 없는 거래-무관세(無關稅)'로서 완벽하게 실행하게 되었다. 종래의 단일 경제권을 전제로'남북한 2개의 점령지역'이 통상(通商)하게 된 것이다. 1947년 5월 17일에"미군정법령149호, 「대외무역규칙(Regulating-Foreign Commerce)·육상지역간무역(陸上地易間貿易-Overland Interzonal Trade)」이 공포되어 완벽한 법률로서 시행되었다.

둘째, <대외무역규칙149호>의 법조문 내용이 철저하게"국제무역(國際貿易)"에 준용하는 거래실무를 적용함으로서 영문명칭(英文名稱)까지도,"Foreign Commerce"라고 즉, 국제무역(International Trade)과 비슷하면서도 관세(Tariff)는 전혀 징수하지 않으면서 내국상업거래(Domestic Commerce)를 대규모로 실행하였다는 실제 사례가 된다.

따라서"교역방식(交易方式-Terms of Trade)에 관해서도'제15조 본 법령에 사용된 용어'라는 법조문에 명시된 개념이나 해석을 찾아보면,'지역간무역이란 남·북한 사이의 수, 육, 공 무역을 의미한다.'또한'해안간무역(海岸間貿易)`·`Coast-wise Trade)이란 해안선 연안항구를 경유하는 대내 또는 지역간무역을 의미한다.'라고 명시함으로서 국제적으로 대외무역에 준용하는 국내법(國內法)이 탄생된 셈이다.

셋째, 한층 구체화 된 모법(母法)이 추가로 적용되고 있었는데, [미국군점령정부]하의 자치정부(自治政府), 즉 [남한과도정부(南韓過渡政府

-South Korea Interim Government)]에 의해서 국가차원에서 공포된 "상무부령·제4호<남북한간육상무역규정(南北韓間陸上貿易規定-Overland Interzonal Trade)"에 의해서 결정적으로 <소련점령지역> 사이에 대규모의 '물자반출입'이 실행되었다. 이 법에 근거한 1년 단위의 모든 거래실무는, 교역장소와 수속절차와 물품목록을 위시로 적자와 흑자의 차이를 조정하는 교역수지(交易收支)를 보완하기까지 완벽하게 모든 조치가 갖추어 져 있었다. 예를 든다면, 1948년도에 위의 통계표에서 보듯이 [북한]에서의 '물자반입의 거의 2배'를 [남한]에서 <북쪽>으로 반출했기 때문에 크게 적자가 났다. 그 이유는 1947년도에 [남한]이 크게 흑자를 낸 '청산거래' 때문에 이를 보충하여 "교역수지"를 상호 동등하게 청산(淸算)시킨데 기인한다.

어떻든 위에서 관찰해 본 바와 같이, 「남북한의 경제교류=남북교역」이 해방직후부터 6·25 한국전쟁 이전 사이에 활발하게 전개된 역사적 사실은 '한반도 분단국'만이 현대 세계적으로 유일하게 체험한 귀중한 사료(史料)가 아닐 수 없다. 특히 [미군정기]인 1947년과 [대한민국]이 창건된 1948년에 <바-터제 물물교환방식 즉 공산주의와 자본주의 체제 사이의 물자반출입=청산거래>형태의 "한반도 내부 무역"이 가지는 독특한 대규모 실적은 21세기 오늘의 "남북한 경제교류 및 협력"과도 비교해 볼 때 훨씬 상호주의와 공정거래의 측면에서, 정교한 체계를 확립하고 있었다고 단정할 수 있다. 그 당시는 법적근거(국제법 및 국내법)가 명백하고 또한 교역실무와 수속절차 등 행정시책이 완벽한 반면, 오늘날은 정치적 흥정이 전체를 지배할 정도이고, 남에서 북으로 방대한 물량의 무상공여(원조)가 대종을 이루고 있어, [남한]에서 [북한]으로 '경제교류와 협력'의 진면목이 일방적인 측면으로 의심될 지경이다.

이미 [대한민국 정부]가 발족된 1948년 [북한에 대한] 기본시책은 무엇보다도 『선반입(先搬入)·후반출(後搬出)』이란 태도를 확고하게 실천하고 있었다. 이 점은 오늘날에도 꼭 지켜 져야할 '대북한 거래방침' 임에도 불구하고 실상은 전혀 다르게 「선(先) 대량무상제공·후(後) 가능한 대가회수」라는 결과로 귀결되고 있다. 그런데 <남북한의 경제교류·협력>이란 과제는 통일(統一)을 생각하면서 미리 투자하고, 포용한다는 전략을 비롯해서 여러 가지 다목적적인 방안의 중심정책으로 '문민·참여정부'에서 자선사업처럼 홍보해온 사실이 있다. 문제의 관건은 <공정거래·상호주의 원칙>에 입각해서 '청산거래'를 목적으로 현실적인 실리를 주축으로 삼아야 할 것이다. 또한 체제가 다른 상대를 고려할 때, 어느 일방(남한)측이 타방(북한)에 퍼주기와 같은 색다른 <전략·전술>보다는 원칙과 약속된 계약(契約)을 충실히 지키는 일이 "교류·협력"을 발전시킬 수 있는 요체라고 판단되기 때문이다.

4장) 해방직후, 1945~49년 기간, 『남북한 경제교류』의 "총체적 특성 분석과 오늘과의 비교".

결론적으로 평가한다면,"남북한 경제교류와 협력"이란 통일사업 (統一事業)에 관한 연구는 역사적 과정과 수많은 자료를 집약해서 남북교역의 현상과, 동시에 본질을 파악해 보는데 중대한 의의가 있다고 지적할 수 있다. 따라서"교류와 협력"이 최초에 시작된 해방직후 분단국 때나 70여년이 지난 오늘날에 이르기까지 정치적인 부침을 수없이 거듭해온 '한반도 내부의 특수 무역'으로서 발생되고, 중단되고, 다시 경제협력으로 확대 발전되는 맥락을 면밀히 검토해 보면서 몇 가지 특징을 정리해 보기로 한다. <한반도>의 경우는 <동서독>과 동일한 시점에서, 동일한 방식으로 진행되었기 때문에 상호 비교하는 것이 아래에 있다.

첫째로, 교역의 기원인 바, <남북한의 지역간 무역>은 <동서독>과 같이 일련의 국제적인 연합국회담을 통한 점령정책에서 기원하지만, <동서독>의 경우가 [포츠담 회담]에서 보는 바와 같이 정치적 분산과 단일 경제권을 출발로 한데 비해서 <남북한>은 [모스크바 삼상회담] 및 [미·소공동위원회]가 정치적 및 경제적 단일권을 출발의 전기로 삼았고, 그 때문에 이들 회담은 묵시적인 합의에 의해서 경제교류가 구체적인 <무역약정>도 없이 해방직후 (1945.11.13.) 때 성립된 점이 독특하다. 따라서 최초부터 <법적 근거>가 모호하였으므로 변칙적 혼란을 피할 수 없었을 뿐만 아니라, 정치협상이 결렬되면서 <경제교류>정체를 면치 못하였으며, 목적의식조차 명백하지 못한 채로 종결되었다.

　　둘째로, 교류 특수유형으로 [3·8무역=38밀무역]과 <전력교류>를 간과할 수 없는데, 당연히 한반도의 지역간 무역도 <일반물자반출입>이 주죽을 이루지만, 초기의 [형성단계]는 <38무역>, 즉 민간 상인들의 남북지역간 상업에서 출발된 사실이다. 또한 북에서 막대한 전력을 공급받고 그 대가를 약정에 의해서 물자로 지불하는 <전력 대 물자거래>가 특이하게 거래의 상당부분을 차지한 점이다. 이는 독일의 경우에서 볼 수 없는 점이다. 따라서 이 같은 특수성을 감안해 볼 때, <한반도의 지역간 무역>은 민간인들의 <월경 상거래>가 단일경제권을 유지하려는 상호 경제적 의존관계 속에 너무나 밀착되었으며, 전력과 물자를 교역하는 특이한 거래까지 포괄해서 [지역간 무역=남북교역]의 파악되어야 한다는 점을 유의해야 할 것이다.

　　셋째로, 물자교역의 경과와 거래방식의 측면이다. 미소군정 하에서 형성기의 남북교역은 군정지역 간의 거래란 애매한 관점 때문에 속칭 <38무역>을 공인하는 과정으로 성립되었으므로 체계있는 <거래질서>를 구현할 수 없었다. 또한 양측의 거래약정도 없이 <연안교역> 또는 <지역간 상업> 등으로 변천을 거듭하면서 수속절차와 허가행위를 규정하는데 불과한 무역관리에 머물렀다. 그러나 남북교류가 <정착단계> 진입했던

[과도정부 하의 지역간 무역]은 물자반출입에 관한 제한된 법적체계와 거래질서를 확립하고 있었다.

이때의 [남북교역]은 북한의 사회주의 경제체제로 개편하는 과정에서 재개되는 경제적 필요를 남으로부터 조달받았다는 점에서, 남북 양 지역의 교역의 이익 및 <지역간 분업>을 활용할 수 있는 가능성도 배제될 수 없는 상황이었다. 당시의 정치적 대립 속에서도 경제적 이익을 추구할 수 있는 여건이 조성될 수 있는 계기에 대하여, 다만 그 이상의 동인을 얻지 못한 점이 <남북한 지역간 무역>이 <동서독의 지역간 무역=거래> 발전에 비해서 아쉽게도 결렬된 요인으로 지적된다.

최후의 [남북교역 정체기]는 남북한 지역의 별개의 정부가 발족된 뒤에 거래는 점차로 쇠퇴되는 단계였던 바, 상호간의 경제적 이익의 추구라는 동인은 상실되고 거래방식에서 [쌍무협정], [청산계정]과 같은 일정한 규칙도 없이 파국으로 돌입한 국면이다. 이미 내란을 준비해 온 [북조선]은 전략물자의 구입을 시도하고 남한 경제의 혼란 등을 의도해서 <지역간 무역>을 오용하는 상황까지 연출하였기 때문에 교역의 존속을 난이하게 만든 것이 사실이다.

이 점은 남한 측의 사정에도 원인을 지적할 수 있는데, <북한에의 의존(특히, 전력)>없이 산업의 가동이 어려워 경제가 피폐해 있었고 북과의 균형을 유지할만한 역량이 결여된 점도 지적된다. [서독]의 경제적 우위는 [동독]과 수없는 통상장애를 극복하였고 1948년 3월의 <베를린 봉쇄>는 [서독] 측의 배려로서 회복된 실례도 있었다. <지역간 무역>의 성패는 양측의 대등한 견인력 관계가 조정되는 조건이 필수적이었기 때문이다.

넷째로, [남북한]의 경제여건이 너무나 취약한 점인데, 이 때문에 보완관계를 구축하지 못하고 지역간 무역의 존립기반이 부실하였다. 다만, 교역의 경과에 부응한 특성을 정리해보면, 남한은 농업이, 북한은 공업이 <비교우위>를 분단 이전부터 유지하여 왔음에도 불구하고 [남북교역]은 상호 공산품 위주로 진행되었다는 사실이다. 공업구조상 측면에서도 [남한]은 식료품, 방직 및 기기류 등 경공업에서 우위성을 보였고, 그리고 [북한]은 금속, 화학 및 전력 등 중화학 공업에서 압도적으로 높다.

그러나 북한이 다른 농림산품을 필요로 하지 않았고, 미곡은 남한에서도 부족하기 때문이었으며, 또한 남북한의 공업구조가 지닌 경향도 상대적이었고, 그나마 남한공업은 완전 가동되지 못하는 상황이었다. 따라서 당시의 <지역간 무역>에서 반출입 물자의 내역을 보면, 북에서 화공품과 금속류가, 그리고 남에서 식품류와 기기류가 교역된 실적을 보여주고 있지만, 남에서 반출된 상당량은 <해외에서 수입된 물품>인 점도 간과할 수 없다. 결국 남북교역을 확대 발전시킬만한 경제력이 지탱되지 못하였다.

　　다섯째로, <남북한 지역간 무역>의 입장과 전망을 보면, 당시의 동향이 주목된다. 한국동란 이전에 존립했던 <지역간 무역>이 평화통일의 첫 단계로서 부활되어야 할 당위성을 제기한 때문이다. 1972년 7월 4일에 남북한에서 동시에 발표된 [7·4남북공동성명]을 통하여 <쌍방은 끊어졌던 민족적 연계를 회복하며 서로 이해를 증진시키며, 자주적 평화통일을 촉진시키기 위하여 남북 사이에 다방면적인 제반교류를 실시하기로 합의하였다>라고 함으로써 아직도 이의 실현을 가져온 바 없으나, 획기적인 대전제를 제기했던 것이 사실이다.

　　1945년 12월에 [모스크바 삼상회담]에서 <남북조선의 행정상 경제상 사항에 관한 항시적 연결>을 취하기로 합의한 것은 당시의 <남북한의 지역간 무역>으로 전개된 것과 똑같은 양태이기 때문이다. 차이가 있다면 후자가 미소간의 회담인데 반해, 전자는 남북이 당사자가 된 점이다.

　　또한 1973년 6월에 북한 측은 [남북조절위원회]의 서울회담을 통해서 <경제인의 교류, 물자의 교류, 과학기술의 교류, 자원의 공동개발, 상품전시회의 교환개최, 상사의 교환> 등 1980년대 중반이후 급격히 올림픽 공동개최를 위시로 체육회담 및 국회회담 그 외 평화협정이나 불가침조약과 최고책임자회담에 이르는 활발한 접촉과 제의가 있었던 바, 항상 남한 측은 경제교류를 먼저 실천에 옮겨야 한다고 역설한 바 있다. 그 뒤 [6·15 남북공동선언(김대중)]과 [10·4 선언(노무현)]을 비롯하여, [9·18 남북회담(문재인)] 등등의 남북한 간의 정상회담을 통해서, 연속적으로 <남북한 간의 선언이나 회담>이 추진되어 왔으나 경제교류 측면에서는 본격적인 교류가 지금까지 확립된 바 없었다.

결국 현재에 이르러 양측의 입장과 관점이 상이하고 경제여건이 변화해도 분단된 남북이 분단의 해소를 위해서 미해결의 [남북한 접촉]을 <비정치적인 경제교류>로써 시도되어야 할 과제는 너무나 크다. 여기에 <남북한의 지역간 무역=남북교역>에 관한 과거의 귀중한 경험, 그리고 분단국 독일의 성공적인 실사례는 <남북한의 분단해소>의 과제를 해결하는 특이한 모델케이스로서도 그 의의가 크다고 할 것이다.

참고: 1989년 출판된 [남북한교역]의 원문판

《이 책을 저술한 뜻을 밝힌다》

　　이 책을 집필하는 목적은,『한반도』의 불행한 최근세 야사(野史)에 비추어, 뼈를 깎는 고통속의 굴종, 즉 한(恨) 많고 원(怨) 많은 극비자료'들을 발굴해서, "100년 국운(國運)의 '현대사' 속에 숨겨진 야비한 실화 7편"을 각각 나누어 한권의 책자로 엮어 놓는데 일생일대의 의의로 삼고 있다. 감춰지고 왜곡된 사실관계의 전모를 파악하기 위해여, 필자(筆者)가 40여 년간 모은 극비사료와 연구성과를 기초로 [한국역사]의 끈질긴 생명력과 참된 본질(本質)=진실(眞實)을 추출해서, 필자 나름의 가치판단을 비화(秘話)로 기록할 목적이 첫째이고, 왜곡된 사실을 폭로하고 굴절된 기록을 고발(告發)하는 동시에 민족의 혼백(魂魄), 즉 얼과 넋을 두 번 다시 잃지 않도록 야심찬 학자의 의욕을 걸고 이곳에서 겸허하게 문제제기 하고자 하는 바이다.

　　지금「한반도」를 둘러싸고 전 지구가 최후의 심판과 후천개벽을 우려하는 징조 속에서, 세계독점금융자본들의 무정부적인 행태는 1929년의 대공황(Great Crisis)의 수만 배를 능가하는 폭발력을 연상시키는 가운데, 가히 앞날이 예측불허 되는 안개 속에서 방황하고 있다. 이른바 "천민자본주의 또는 천민사회주의"가 자본축적 500년간 찌들은 '소아병이나 모험주의'처럼, 이른바 고리대금, 강탈, 사기수법, 침략, 식민주의를 간교하게 동원해서 '금융공학=파생상품'이란 미명하에 전 세계 인민(人民)들을 영문도 모르게 착취하면서, '금융독점투기공황'이 얽혀 놓은 파탄상태로 보인다. 이윽고 거대한 5가지(5T) 첨단기술(Hi-Tech)을 무력화시키면서 인류(人類)가 5천년 동안 축적해 놓은 물질문명과 정신문화의 결정체까지 공황(恐慌-Panic)으로 파멸시키고 있다.

오늘 현재의 세계질서는, 즉 영국중심의 '팍스-브리타니카'라는 제2차 세계대전이 종결된 직후, 이미 제2차대전 이전부터 미국중심의 '팍스-아메리카나(Pax·Americana)라는 세계질서 속에서 과도적으로 존재해 있었다. 즉 '블래튼-웃즈(Bretton·Woods, 1944)체제' 또는 '국제통화기금(IMF)이라는 현 체제가 급속히 침몰해 가는 일대 전환기에 직면해서 이른바 G7-G21시대가 도래한 것이다. 사실 현재는 불완전한 시대이다. "미국식 뉴욕 월가의 '천민금융자본주의'가 드디어 전 세계를 공멸"시키는 공포 속에 헤매는 반면, 21세기 동아시아 대륙에서 중국 중심의 세계질서로 승룡(굴기)하고 있는 '팍스-시니카(Pax·Sinica)와의 혼돈(混沌

―Caos) 속에 각축을 다투는 시대라고나 할까.

눈앞에서 급변하고 있는 가공할 경제공황이나 전쟁위기가 가중되는 속에, 사회변혁 및 정치경제 세력들이 지구촌을 엄습하는 암투(暗鬪)가 전개되는 와중에 있고, 인류는 공멸의 파탄위기를 바라보고 있다. 「한반도」의 '북한 핵폐기'를 놓고 미국, 한국, 중국, 일본, 및 러시아 등 "2+4=6자 비핵회담"에 의존하는 예측 못할 극동의 정세변화를 불신하면서, 남북분단과 남남갈등 속의 자체소모가 우심한 가운데, 국력해체과정에 처한 [한국]은 향방 모를 진보와 자유 사이에서 침몰과 혼돈을 거듭하고 있다. 태초에 천지창조가 있었던 『무극(無極)→태극(太極)→황극(皇極)』의 길을 따라, 후천개벽(後天開闢)이 '최후의 심판과 구원(救援)'을 받는다는 예시처럼, 마치 유명한 "3국지 소설" 첫 구절에서 '천하대세 나누면 반드시 합하고(天下大勢, 分久必合), 합하면 반드시 나누어진다(合久必分)'이라는 동양의 변증법적 진리를 겪는 듯하다.

이 순간 '자유와 보수, 진보와 반동'이 교차되는 극도의 혼란(混亂)과 무질서(無秩序) 속에서, 굴절된 과거사의 왜곡에 관한 반성이나 비판조차 없이, 또한 냉철한 현실인식 위의 차원 높은 상황판단 속에 미래관(未來觀)과 가치관(價値觀)의 수립은 어느 때 보다도 절실할 뿐이다. 이에 따라 허무와 무질서가 난무하는 총체적 전환기를 극복하기 위한 [한국의 소명의식(召命意識)]은 '창조적 파괴의 진통' 속에 직면해 있을 뿐이다. 그동안 이 나라 [한반도]의 시대적 변천은,《조선→대한제국→미소군정→남북한》으로 굴종의 역사 100여년을 모질게 겪어 오면서, 불행했던 과거사를 지닌 이 나라가 이제는 참된 민족의 해원(解寃)을 씻고 동시에 오늘날 21세기 세계 10위권에 진입한 부강국(富强國)으로 거듭나는 대약진(大躍進)의 과제는 두말할 나위도 없으려니와 반만년 역사가 염원(念願)하는 「한반도 통일(統一)」의 완수와 "북동아시아 중심국가의 실현"을 위한 옳·밝·넓·앎·삶을 이 땅에 실천하려는 이상향(理想鄕-Utopia)의 건설은, 이 책 「한반도의 극비실화」를 엮어 펴내는 핵심사상이 아닐 수 없다.

아래 내용은, 『한반도』가 냉정한 약육강식(弱肉强食)의 침략을 받고, 결국 [대한제국~대한민국]에 이르는 1876~1948~2021년 현재 이 시대에, 부국강병이란 "국가목표와 대전략"은 증발하고, 북한합작에 의한 막연한 평화를 구가하는 가운데 대북 굴종이 논란이 되고 있다. 이 글에서 [한반도]는 왜 식민지 종속국"으로 귀결 되었는지, 오늘날에도 주체성을 상실한 채 대북-중국 논란되는 편향은 없는지 등등을 포함해서, 이들 인과관계(因果關係)를 살피면서 "각7편"에 나누어 다양한 논평(論評)을 시도해 보았다. **첫째**로 '사회과학적 운동법칙'에 따른 이른바 서세동점의 다양한 요인들을 색출해 내고자 약 40년간 수집한 극비자료들을 면밀히 검토해 보았고, **둘째**로 그 당시 제국주의가 극성을 떨치던 시대정신을 몰각하고, 주변 강대국들과 서구열강들과 [일본]이 약육강식(弱肉强食)하는 정글법칙 속에서, 허약한 국력과 독립국가의 생존권을 박탈당한 [한국]의 시대착오(時代錯誤)적인 허상(虛像)을 파악해 보도록 노력하였다. **셋째**로 위에서 언급한 근대화(近代化) 100년을 되돌아보면서 오랫동안 침몰당한 [한반도]의 우여곡절을 인과응보관계(因果應報關係)에 맞추어, 필자 나름의 독자적인 사고회로(思考回路)와 독창적인 시좌(視座)에 입각해서 사실을 사실 그대로 추출해 보도록 펼쳐 보면서, 아래 [7편]의 내용들을 여러 가지 측면에서 분석해 보고 핵심과제를 파악해 보았다.

《제1편, <6·25 한국전쟁>중 '1·4후퇴' 사이에 "[미국-트루먼]은 <중공의 모택동>과 [한민족]과의 합의(合意)도 전혀 없이 '37° 휴전'(서울이남 지금의 '평택-삼척' 분활선)"을 기준 삼아 비밀리(秘密裏)에 전쟁을 종결하고, 자기네들 입에 맞는 『휴전 음모(陰謀休戰)』 흥정했다는 거래 실화(實話)를 처음 폭로하고 있다.

《제2편》 [한국침략]의 원흉 <이등박문 통감>이 뒤늦게 "대한제국의 저력과 의병투쟁을 뼈아프게 깨달은 나머지, 보호국》의 명목 하에 영속지배"를 획책하다가 암살(1909.10.26)된 결과 <한·일합병=완전식민지>로 멸망된[대한제국]을 분석해보고, <간교한 일본(-이등박문)식 동화정책>을 최초로 폭로하고 있다.

《제3편》 일제 대륙침략에 소요되는 천문학적 《전쟁비용》을 "식민지조선은행의 가공할 인플레(스와프)" 벙튀기기의 범죄정책으로 노예처럼 착취해서 조달한 전쟁비용 착취가 있었으나, [일제]가 패망된 후 80여년이 지난 오늘까지도 아직도 손해배상(損害賠償), 위자료(慰藉料), 청구권(請求權)을 간교하게 은폐하고 책임을 회피시킨 <극비음모(極秘陰謀)=조선은행사>의 귀중한 극비의 증거자료(證據資料)를 발굴해서 최초로 폭로해 보기로 한다.

《제4편》 {박정희와 만주군 출신 '군사쿠데타(1961.5.16.)}를 계기로 "고도경제성장과 선진국건설"을 성공시킨 『개발독재와 후진국 모델케이스』의 원동력은 어디에서 나온 것인가. [일제]가 "나치스·히틀러"를 모방해서,『대동아공영권』 침략의 전초로, 1931년 만주국(滿洲國)을 창건한 후, 《통제경제계획(統制經濟計劃)》이

큰 성과를 얻은 것을, {박정희}는 그 속에서 [일제]의 침략전쟁비용은 빼고, 가용자금을 <한국경제발전> 올인 전액 투자했다.

《제5편》 만·몽·중국과 태평양을 침략한 <일본군>은 "한일합병과 만주침략(1931)전쟁" 중에도, 이미 [숙종12년]이래 [청국(淸國)]에서 받은 {연변땅}의 한국영유권(韓國領有圈)이란 기득권을 인정해고, 『간도(間島-동,서,북)』 지역을 '한국영토'로 입증하는 군사작전(軍事作戰)을 수행하면서 [소련]과 흥정한 증거(證據)가 명백한바, 《백두산천지+정계비+토문강="한국의 영유권"》이란 사실은 [한국] 고유의 영토여,[청국]이나, [일본군부]가 이를 입증해 주었다. {한국}은 이점에 관해서는 일찍이 기득권을 가지고 있었다.

《제6편》 『한(韓)=완전식민지·중(中)=절반식민지·일(日)=완전독립국』이란 패턴으로 <극동 3개국>이, 19세기말 광란노도의 험악한 시대를 점철하게 되었는지, 특히 국제정치와 제국주의 패권, 즉 열강들의 약육강식(弱肉强食) 침략 속에서 국운의 흥망성쇠(興亡盛衰)를 하나의 계기(契機)적인 운명적 요인으로 고려하면서, 국력(國力), 지도력(指導力), 시대정신(時代精神)의 향방이 초래한 {한,중,일} 각국의 독특한 특성을 추론해 보았다.

《제7편》 해방 후~6·25전쟁 기간에, [분단국·한반도]의 <경제교류>의 특수문제로서 통일방략의 역사적 핵심 사료(史料)가 되는 『남북교역(南北交易·Barter-Trade to North Korea – 한국정부용어)』 또는 『지역간무역(地易間貿易·Interzonal-Trade – 미군정부용어)』을 분석해서,≪남·북한 2개 지역(Zone)간의 경제교류와 경제협력과 무역거래(貿易去來)≫에 관한 용어(用語), 개념(概念), 법적근거, 경과와 실적, 사례들을 근거로 "필자"만이 유일하게 발굴한 이른바 <남북한교역>의 해방 후 "역사적 시좌(視座)"를 결정적으로 추론해 보고, 이를 논리적으로 입증해서 전개과정을 서술해 보았다.

이상 간략한 이 책의 내용을 위에서 펼쳐 놓은 바와 같이, 전체 7편의 문단별로 나누어 이를 요약해 봄으로서, 읽는 독자들에게 "한반도 근대화 150년 기간의 문제의식(問題意識)"을 파헤쳐 보고자 시도해 보았다. 무엇보다도 《한반도학(韓半島學)》에 관한 『정치경제학(政治經濟學)』적인 서술을 통하여, 당면한 오늘의 복잡한 상황들 예컨대 주변 강대국들과의 정치경제적 국제관계의 분석과 {대한민국}의 주체성(主體性-Identity)과 법통성(法統性)-Legitimasy)과 합의성(合意性-Consensus)] 그리고 향후 《남북한통일방안- Reunification of Korea》에 이르기까지 각계각층을

망라해서 각각의 모든 부문들 간의 야사적인 핵심 문제점들을 다각도로 입증해 보고 분석해 보았다.

　　이들의 "본질과 현상 또한 원인과 결과"를 거울삼아, 과거와 현재를 분석한 기초위에 미래의 대응과제'를 도출해 내고자 그동안 숨겨져 온 극비자료들을 논거로 삼아 비록 역사는 가정이 절대로 있을 수는 없지만, 그러나 그 시대가 겪었던 비극적 순간과도 비슷한 드라마틱한 계기(契機-Moment)가 반복되었을 때, 똑같은 과오(過誤)를 반복하지 않도록 다짐하는 각오로서 이 책을 펴내는 바이다. 비록 미심쩍거나 의견을 달리하는 분들의 비판과 질책을 바라면서, 《한반도학-韓半島學》에 관하여 이를 연구 분석하고 새로운 이해와 이론을 추출하는데 초석이 되고자 한다.

　　2021(辛丑)년 11월 2일　　안성칠장산 칠장원(七莊園)에서,

　　　　　　　　오양(五洋) **장 화 수**(張 和 洙) 저술

장 화 수(張 和 洙, Chang, Wha-Soo) 「아호: 五 洋, 법명: 掌 虛」 <1940(경진(庚辰).陰3月4日生>

학력 :전주고등학교, 고려대학교 및 대학원 석사·박사학위. 일본국명치대학 및 미국버클리대학 객원교수.
경력 :고려대학교 강사, -아세아문제연구소,무역연구소 연구원.(사)한국청소년연맹 이사. 대한상사중재인.
 (사)한국무역협회 조사역. 한국국방대학원 교수. 한국경제학사학회 회장. 중앙대학교 교수 및
 사회과학대학 학장. (현)중앙대학교 명예교수. 4·19민주혁명국가유공자회,고문.

공훈 : ⑴ 대한민국 건국포장(4·19민주혁명 국가유공자). ⑵ 대한민국 대통령포장. ⑶ 한국청소년대훈장.

저서 : 「21세기대사상」-장화수교수와 탄허큰스님의 대담(1996,혜화출판). 보수와 혁신의 사회경제사상
 (1995,혜화출판). 分斷國의 經濟交流論(일어판-1980,東京泉文堂,한국어판-1989). 韓國國際貿易
 的國際化發展論(중국판-1993,吉林大學出版社.한국어판-1992).차이나러쉬의정치경제학(혜화
 출판,2004). 모택동·장개석 풍수명당이야기(혜화출판,2006). 탄허큰스님·장화수교수:대예언·
 대사상(2018.혜화출판)

韓 半島 極秘 實話
한반도 극비실화
================

초판발행 : 2021년 11월 12일

저 자 : 張 和 洙

발행인 : 안 혜 영

편집인 : 장혜정, 이우원

발행처 : 혜 화 출 판 사
주 소 : 서울시강동구성안로158(삼양Bd.4층)

등록번호:가제17-99(첫번호:제16-199)
등록일자:1993.02.16(첫등록:1988.08.24)
전 화:(02)473-7896, (02)483-6426, 팩스:(02)483-0220.
판매총판: 010-6214-3622

---

* 필자의 허가,동의 없는 무단 복제, 복사, 표절행위는 법에 위반됨.
값 : 15,000원
ISBN 978-89-86908-09-1